一本书读懂国企用工合规管理

劳达律师顾问团◎著

中国法制出版社
CHINA LEGAL PUBLISHING HOUSE

《一本书读懂国企用工合规管理》
编委会名单

序　言

1995年1月1日，《劳动法》[1] 正式实施，这部法律的实施，给我国的劳动用工体系带来了翻天覆地的变化。自此，不再有全民职工、集体职工之分，改之以“劳动者”统称；不再有正式工、临时工之分，改之以“劳动合同制工人”归类；不再有“生是企业工人，死是企业死人”的概念，改之以“社会保险制”。

然而，《劳动法》实施虽然已经将近30年，企业的管理者、普通的劳动者也大多是《劳动法》颁布后步入职场，但旧有的观念却依然深深烙印于很多人的脑海之中。尤其是一些国有企事业单位，内部仍然区分正式工、合同工、临时工，在不知不觉中违反了法律规定，特别是在2008年1月1日《劳动合同法》生效后，一些国有企事业单位因为未签订书面劳动合同、未依法缴纳社会保险等不规范用工行为承担了较为严重的法律后果。

而在员工关系处理上，对于那些符合法定解除劳动合同条件的员工，因不能随便“开除”工人的固有思维，导致企业机构臃肿，人浮于事，生产效率低下。

当然我们也应该看到，我国的劳动法律法规受立法进程、社会经济发展、地区差异等影响，形成了国家法律、行政法规、部委规章、地方法规、司法解释、政策文件等多渊源并存的现状。我们会发现，就某一条法律规定，我们的解读似乎和司法实践不一样；我们还会发现，同一个行为，在A地可能是合法的，而到了B地就变成了不合法的；我们甚至会发现，用人单位的一些并无恶意也没有侵害劳动者权益的行为，却要承担很严重的法律后果。诸如此类，不胜枚举。

为了能够让广大国有企事业单位的管理者，尤其是人力资源管理者更为

① 本书在提到法律文件名称时，为简洁方便，省略“中华人民共和国”。

精准、全面地了解我国现行劳动法律法规以及政策文件，掌握地方差异，厘清对法律的误读，做到依法用工，我们特意编辑了本书，以期读者能够在依法用工的基础上提升生产效率、经济效益。

本书收录了国家和地方相关法律规定，对法规条款做了精准的解读，同时收集了不同地区、不同类别的涉及国有企事业单位的案例，其中既有用人单位成功的案例，也有用人单位失败的案例；既有严重违法的用工行为的案例，也有用人单位在无意且非恶意的情况下却要承担较为严重法律后果的案例。

总之，法律知识、管理技巧、证据收集、诉讼方略等，本书都有所涉及，希望本书成为我们彰显社会责任的一大贡献。

梁艳松

劳达高级合伙人

广东省人力资源开发与管理研究会副会长

目录

CONTENTS

第一章　国企用工概述

第一节　国企发展的六个阶段

一、成长探索阶段：新中国成立以来至20世纪70年代后期

国有企业，顾名思义是国家对其资本拥有所有权或控制权的企业。新中国成立以来至20世纪70年代后期，我国国民经济正处于恢复过程中，国有企业逐渐成为国民经济的主导力量，成为社会主义经济的重要支柱。

▶▶典型案例：第一辆国产自行车①

很多人的生活中，都有关于自行车的记忆。汽车尚未普及的年代，自行车不仅是主要的交通工具，更是结婚“三大件”之一，承载着人们对美好生活的期待。1950年，新中国第一个自行车品牌——“飞鸽”诞生，揭开了中国自行车发展的篇章。

1950年，国家划拨13万斤小米，折合成天津自行车厂恢复生产的启动资金。当年4月，20名工人组成研制团队，天津自行车厂筹备恢复生产。

“当时新中国刚成立，大家翻身做主人，心里都憋着一股劲儿。”一个4亿人口的大国，连一辆像样的自行车都生产不出来，说不过去。天津飞鸽自行车有限公司原总经理沙云澍说，当时要啥没啥，就连生产零部件的原材料都没有。“研制小组找来汽油桶，压平后做车架和车把。”

起初的自行车，工艺不达标，骑行很笨重，被戏称为“礼拜车”，只能放假时拿出来显摆用。

---

① 扎西：《第一辆国产自行车》，载《人民日报》2019年10月4日，第6版。

研制小组决定改进生产工艺，找来进口的兰陵自行车拆开研究，在自行车后轮的轴皮上发现了关键。新的车型提高轴皮加工精度，减小压力角，大大降低了阻力，使骑行轻快起来。

1950 年 7 月，第一辆试制车研制成功，紧接着首批生产了 10 辆，这是新中国第一批全部国产化的自行车。“这批车又轻又快，轮子转起来像飞。当时老百姓企盼和平，就叫‘飞鸽’吧。于是，飞鸽的品牌就诞生了。”沙云澍说。

我国的国有企业，始于临时宪法性质的《中国人民政治协商会议共同纲领》(以下简称共同纲领)，于 1949 年 9 月 29 日由中国人民政治协商会议第一届全体会议通过。共同纲领提出：“国营经济为社会主义性质的经济。凡属有关国家经济命脉和足以操纵国民生计的事业，均应由国家统一经营。凡属国有的资源和企业，均为全体人民的公共财产，为人民共和国发展生产、繁荣经济的主要物质基础和整个社会经济的领导力量。”

正是在这一方针指导下，在经济恢复过程中，国民经济结构发生了深刻变化，国营经济比重上升，私人资本主义经济比重逐年下降。国有企业开始成为国家经济发展的基石，小到衣食住行，大到国之重器，国有企业都扮演着关键的角色。诞生了一批新中国第一甚至世界第一，例如第一款国产自行车——飞鸽自行车、第一台国产电视机——“北京牌”黑白电视机、第一根无缝钢管、第一辆汽车、第一条自主建设的铁路、第一架喷气式飞机……

在这样的背景之下，国有企业及其管理体系基础形成。

二、扩大经营自主权阶段：20 世纪 70 年代后期至 80 年代中期

1978 年 12 月，中共十一届三中全会召开，提出全党工作重点转移到经济建设上来。国有企业发展进入全新时代。会议指出，让地方和工农业企业在国家统一计划的指导下，有更多的经营管理自主权；按经济规律办事；提高工作效率，认真实行考核、奖惩、升降等制度。

▶▶典型案例：探访四川首批国营企业放权改革试点企业宁江机床[①]

1965 年，为响应“备战备荒，开启三线建设”号召，1400 多名南京机床

① 罗之飏：《探访四川首批国营企业放权改革试点企业宁江机床》，https://cbgc.scol.com.cn/home/105494，最后访问时间：2022 年 4 月 22 日。

厂人乘火车来到青城山下岷江边建立国营三江机床厂。为体现从南京内迁属性，“三江机床厂”很快改名为“宁江机床厂”。

“那时我们厂每年生产多少、人员待遇如何，都是按指标定了的。”老员工郑义和回忆。在计划经济时代，宁江机床厂年产能逐渐升至上千台。但在“统购统销”的国营企业管理体制下，企业产量不断压缩，宁江机床厂“有劲使不出”。

改革开放春风吹起，1978 年，宁江机床厂入选四川首批 6 家国营企业放权改革试点，次年 6 月 25 日，宁江机床厂破天荒在《人民日报》上刊登新中国第一张生产资料广告，让当时定义为生产资料的机床产品直接面向市场销售。

“要登广告就要登在《人民日报》上，让全国都知道，天塌下来我来顶着。”郑义和还清晰记得为刊登这条广告，时任宁江机床厂厂长刘伦宝如何力排众议。当时广告设计图样送到北京，得到国务院领导首肯后，由第一机械工业部部长审阅，副部长签发。“从酝酿到刊发，前后花了 3 个月时间。”

5000 多元的广告费换来巨大经济效益。广告刊发后，宁江机床厂一个月内就收到 700 台订货。同年，广告主打产品纵切自动车床生产了 405 台。入厂已 14 年的郑义和第一次涨了工资，从 53 元涨到 70 多元。此后数年，订单和产量逐年增长。

宁江机床厂改进企业经营体制的成功实践，为国营企业改革树立了示范。1980 年 6 月，国营企业放权改革试点企业增加到 6600 多家，约占全国预算内工业企业总数的 16%、产值的 60%、利润的 70%。同年 9 月 2 日，国务院批转国家经委《关于扩大企业自主权试点工作情况和今后意见的报告》，批准从 1981 年起，国营企业全面推开扩大企业自主权工作。

在国企发展和改革的历程中，这个阶段被称为“扩大经营自主权阶段”。在这个阶段，国企发展和改革的关键是打破政企不分，明确政府、企业的定位和职责，政府逐步推出对企业微观经营活动的干预，强化国有企业的企业属性，而非行政属性或政府属性。国有企业由上缴利润变为依法缴纳所得税，国企改革就此起步。

当时，四川省率先在宁江机床厂等六个具有行业代表性的工业企业开展扩大企业自主权试点。试点的举措包括，在《人民日报》刊发广告“国营宁江机床厂承接国内外用户直接订货”，这是自新中国成立以来，全国第一个生产资料广告。广告刊发之后，积压的车床成为畅销产品，上缴利润过千万元。其中，允许在年终计划完成之后，拿出少量的利润给职工发放奖金。

在当时而言，这些都是惊天动地的举措。这一事件被誉为打响了“国企改革的第一枪”。这些举措起到很好的示范效用，其他省份的国有企业纷纷效仿。

三、承包经营责任制阶段：20 世纪 80 年代中期至 90 年代初

国企发展和改革进入承包经营责任制时期。承包经营责任制，简单理解就是，企业在社会主义公有制的基础上，按照所有权与经营权分离的原则，以承包经营合同形式，确定国家与企业的责权利关系，使企业做到自主经营、自负盈亏的经营管理制度。承包经营责任制是中国全民所有制企业中经营责任制形式的一种，主要在大中型国营企业中实行。这个阶段的发展关键词可归纳为“所有权经营权分离”，采取的措施可归纳为“国家所有，经营权下放，探索多种形式的经营责任制”。

典型案例：马胜利：国企承包第一人①

上世纪 80 年代初，农村已开始实行家庭联产承包责任制，但在城市，经济改革并未真正破局。和几乎所有的国营大厂一样，当时马胜利供职的石家庄造纸厂，仍在计划经济的道路上缓慢前行。

在漫长的岁月里，工厂只管生产，原料由国家供给，产品由国家包销，质量好，上级会给点奖励、发个奖状，质量粗劣，国家也照收不误。

党的十一届三中全会以后，经济体制有了变革，国家不再包销售。由于没有建立自己的销售渠道，这家年产量不到 1000 吨卫生纸的造纸厂，仓库里却积压了 900 多吨。

面对这一窘境，胆大心细的马胜利，向厂长自荐当起了销售科长。凭着对市场的敏锐直觉，不到 3 个月，他就将这积压的卫生纸销售一空。这次“牛刀小试”，进一步增强了马胜利对自己销售能力的信心。

1984 年，国有企业承包制进入探索时期。当时，国家给这家厂子下达了

① 任腾飞：《马胜利：国企承包第一人》，http：//www. sasac. gov. cn/n2588025/n4423279/n4517386/n9551442/c9711599/content. html，最后访问时间：2022 年 4 月 22 日。

年利润17万元的任务。虽然这是一个有着800多人的大厂，但由于已经连年亏损，厂领导不敢接下来。

得悉这个情况，本就“不安分”的马胜利再也坐不住了。他用一个令人错愕的举动，为自己45年的平凡人生，加上了非凡的注脚。

在一个百花吐艳的春日，已经对改革有所思考的马胜利，在石家庄造纸厂大门前贴出了一张《向领导班子表决心》的“大字报”：我请求承包造纸厂！承包后，实现利润翻番！工人工资翻番，达不到目标，甘愿受法律制裁。

在“大字报”的两旁，马胜利还配着一副对联：“大锅饭穷途末路，铁饭碗日薄西山。”

在此之前，马胜利曾多次向厂领导进言改革，却事与愿违。可想而知，此次激进的方式，更被厂领导解读为要“夺权”，于是，马胜利的科长职务也随之被免。

半个月之后，事情迎来了转机。当时的石家庄市长了解到相关情况后，带领160多人在造纸厂召开了“答辩会”。

面对现场众多或好奇或质疑的眼神，马胜利侃侃而谈。对于如何实现自己的豪言，他给出的办法是，通过“三十六计”和“七十二变”，对外搞活经济，对内从严治厂，关心群众生活……并且宣称“把17万掉个个儿，实现利润70万”。

经过答辩，马胜利通过了考验，市长一行人对马胜利的经营策略表示认可。1984年4月19日，上级正式下文，造纸厂举行了隆重的承包签字仪式，马胜利正式成为中国国企承包第一人。

在这个阶段，发生了三起典型事件。其一，沈阳防爆器械厂宣告破产。1986年8月3日，辽宁省沈阳市人民政府举行新闻发布会，发布会上，连续亏损10年负债额超过全部资产2/3的沈阳防爆器械厂在经过一年期限的“破产警戒通告”和重整拯救无效后，宣告破产倒闭。这是新中国第一家破产的国有企业。沈阳防爆器械厂宣告破产，就像地震一般带来巨大冲击波，社会主义企业不倒闭的神话般历史从此画上了句号。专业人士接受媒体采访时称，沈阳防爆器械厂的破产，当时是打破“大锅饭”“国有企业铁饭碗”的理念，在计划经济为主的时代喊出了破产的先声。市场经济是中国的必然之路。

其二，马胜利毛遂自荐承包石家庄造纸厂。1984年，马胜利毛遂自荐承包石家庄造纸厂，率先在国有企业打破“铁饭碗、铁工资”制度，并推出改革“三十六计”和“七十二变”。承包第一年就为造纸厂盈利140万元，承包4年，利润增长21.94倍。马胜利很快成为那个时代的新闻人物。当然承包过程中也出现了各种问题，这是这个时期国企改革的缩影，客观地讲也是一个不断探索的过程。

其三，私营经济第一次被提到。1988年4月12日，第七届全国人民代表大会第一次会议通过《宪法修正案》，修正案规定：“国家允许私营经济在法律规定的范围内存在和发展。私营经济是社会主义公有制经济的补充。国家保护私营经济的合法的权利和利益，对私营经济实行引导、监督和管理。”“私营经济”的提法在此第一次出现，这也意味着私营经济的地位通过国家根本大法的形式得到了承认和确定。

四、现代企业制度阶段：20世纪90年代初期至21世纪初

1993年11月，中共十四届三中全会召开，会议明确提出转换国有企业经营机制，建立现代企业制度。会议指出，建立现代企业制度，是发展社会化大生产和市场经济的必然要求，是我国国有企业改革的方向。现代企业制度，是指以市场经济为基础，以企业法人制度为主体，以公司制度为核心，以产权清晰、权责明确、政企分开、管理科学为条件的新型企业制度。

从此，我国的国有企业发展和改革，进入现代企业制度阶段。在这个阶段，国有大中型企业推进建立现代企业制度试点，实施公司制度，具备条件的企业可以改组为独资公司、有限责任公司、股份公司，经过严格审定之后可以成为上市股份有限公司。小型国有企业可以采取承包经营、租赁经营等方式，改组为股份合作制，也可以出售给集体或个人等。

20世纪90年代中后期，国有企业亏损前所未有，国有企业破产总数达到新的历史数值，“下岗”成为这个时期的热点词。1997年9月，中共十五大召开，十五大提出，要按照“产权清晰、权责明确、政企分开、管理科学”的要求，对国有大中型企业实行规范的公司制改革，采取改组、联合、兼并、租赁、承包经营和股份合作制、出售等形式，加快放开搞活国有小型企业的步伐。这些举措被称为“抓大放小”。

1999年9月22日，中共第十五届中央委员会第四次全体会议通过《中共中央关于国有企业改革和发展若干重大问题的决定》指出，国有企业改革和发展的主要目标是：“用三年左右的时间，使大多数国有大中型亏损企业摆脱

困境，力争到本世纪末大多数国有大中型骨干企业初步建立现代企业制度。”

这个时期国企发展和改革的方针可以归纳为十大方面：以公有制为主体，多种所有制经济共同发展；从战略上调整国有经济布局和改组国有企业；改革同改组、改造、加强管理相结合；建立现代企业制度；推动企业科技进步；全面加强企业管理；建立企业优胜劣汰的竞争机制；协调推进各项配套改革；全心全意依靠工人阶级，发挥企业党组织的政治核心作用；推进企业精神文明建设。

一场国企脱困战就此打响。上百万家国有、集体中小企业改制退出了公有制序列，涉及职工4000万人。5000多家扭亏无望的国有大中型困难企业政策性关闭破产，安置职工上千万人，近3000万人下岗。这一时期是中国国有企业发展和改革推动力度最大，同时也是最艰难、社会风险最大的阶段。

由此，国企发展和改革进入一个新的发展阶段。

五、股份制产权制度阶段：2000年初至2010年初

2002年11月，中共第十六次全国代表大会召开，大会报告指出，深化国有资产管理体制改革，改革国有资产管理体制，在坚持国家所有的前提下，充分发挥中央和地方两个积极性，建立中央政府和地方政府分别代表国家履行出资人职责，享有所有者权益，权利、义务和责任相统一，管资产和管人、管事相结合的国有资产管理体制。要深化国有企业改革，大力推进企业的体制、技术和管理创新。除极少数必须由国家独资经营的企业外，积极推行股份制，发展混合所有制经济。实行投资主体多元化，重要的企业由国家控股。按照现代企业制度的要求，国有大中型企业继续实行规范的公司制改革，完善法人治理结构。

2003年3月16日，国务院国有资产监督管理委员会成立，简称国资委。国资委是国务院的特设机构，根据授权，代表国家履行出资人职责，指导推进国有企业改革和重组；对所监管企业国有资产的保值增值进行监督，加强国有资产的管理工作；推进国有企业的现代企业制度建设，完善公司治理结构；推动国有经济结构和布局的战略性调整。2003年10月14日，中共第十六届中央委员会第三次全体会议通过《中共中央关于完善社会主义市场经济体制若干问题的决定》，明确提出建立健全现代产权制度。产权是所有制的核心和主要内容，包括物权、债权、股权和知识产权等各类财产权。建立归属

清晰、权责明确、保护严格、流转顺畅的现代产权制度。完善公司法人治理结构，按照现代企业制度要求，规范公司股东会、董事会、监事会和经营管理者的权责，完善企业领导人员的聘任制度。股东会决定董事会和监事会成员，董事会选择经营管理者，经营管理者行使用人权，并形成权力机构、决策机构、监督机构和经营管理者之间的制衡机制。

2005 年 4 月，国务院发布了《关于 2005 年深化经济体制改革的意见》，明确要求大力推进国有企业股份制改革。加快推进国有大型企业股份制改革，支持具备条件的企业逐步实现主营业务整体上市。以建立健全国有大型公司董事会为重点，抓紧健全法人治理结构、独立董事和派出监事会制度。同年 10 月，国资委在宝钢集团有限公司引入董事会制度。这一举措，在国有企业产权制度改革中具有典型和重要意义。

2006 年 12 月，国务院办公厅转发国资委《关于推进国有资本调整和国有企业重组的指导意见》，针对国有经济分布仍然过宽，产业布局和企业组织结构不尽合理，一些企业主业不够突出，核心竞争力不强，为完善国有资本有进有退、合理流动的机制，就国有资本调整和国有企业重组提出意见。兼并重组成为这个时期国企发展和改革的特点。

六、混合所有制改革阶段：2013 年至今

混合所有制改革提上日程。2013 年 11 月 12 日，中共第十八届中央委员会第三次全体会议通过《中共中央关于全面深化改革若干重大问题的决定》，明确指出，积极发展混合所有制经济。国有资本、集体资本、非公有资本等交叉持股、相互融合的混合所有制经济，是基本经济制度的重要实现形式，有利于国有资本放大功能、保值增值、提高竞争力，有利于各种所有制资本取长补短、相互促进、共同发展。允许更多国有经济和其他所有制经济发展成为混合所有制经济。国有资本投资项目允许非国有资本参股。允许混合所有制经济实行企业员工持股，形成资本所有者和劳动者利益共同体。

国企“四项改革”试点启动。2014 年 7 月 15 日，国资委宣布，在中央企业启动“四项改革”的试点，分别是国有资本投资公司试点，混合所有制经济试点，高级管理人员选聘、业绩考核和薪酬管理职权试点及向央企派驻纪检组试点，新一轮国企改革迈出实质性步伐。

未来国企发展和改革指导性文件发布。2015 年 8 月 24 日，中共中央国务

院发布《关于深化国有企业改革的指导意见》指出，坚持和完善基本经济制度。这是深化国有企业改革必须把握的根本要求。坚持公有制主体地位，发挥国有经济主导作用，积极促进国有资本、集体资本、非公有资本等交叉持股、相互融合，推动各种所有制资本取长补短、相互促进、共同发展。

在国资委公布的2021年中央企业经济运行情况资料中显示，国企改革三年行动70%目标任务顺利完成。中国特色现代企业制度和国资监管体制向更加成熟定型迈出实质性步伐，企业市场化经营机制改革在更大范围、更深层次破冰破局，战略性重组、专业化整合、新兴产业布局，有力推动国有资本结构优化提升，改革为企业高质量发展提供了强劲动力。

第二节 国企用工的五次历史沿革

一、固定用工制度：新中国成立以来至20世纪50年代末期

固定用工制度，顾名思义是指劳动者长期固定在一家单位从事工作或劳动的用工制度。我国的固定用工制度始于新中国成立初期，由国家对劳动者的就业实行统分统配，工作单位长期固定不变。在固定用工制度下，国有企业没有招工自主权，同样，一般情况之下国有企业亦不能辞退劳动者，存在典型的能进不能出的现象。

固定用工制度的兴起与新中国成立初期的社会和经济环境密切相关。众所周知，新中国成立之初，百废待兴，国家经济进入恢复期；受到新中国成立之前特定的社会和经济环境影响，大中城市存在大量的失业人口，这部分人员的就业问题成为当时政府需要重点解决的问题。1950年6月，为解决失业问题，当时的政务院发布《关于救济失业工人的指示》，其中规定在招聘新工人和职员时，原则上应由当地劳动局设立之劳动介绍所统一介绍，这在一定程度上实现了失业人员再就业的管理，固定用工制度亦由此开始。

1952年8月，为了迎接即将开始的大规模的国家建设，全面解决各种失业人员的就业问题，逐步消灭失业半失业现象，有计划地把城乡大量的剩余劳动力充分应用到生产事业及其他社会事业中来，并进而逐步做到统一调配劳动力，政务院发布了《关于劳动就业问题的决定》要求，逐步做到统一分

配劳动力，同时要求“对于失业的和在业的职工家属中之劳动妇女及其他家庭劳动妇女，应尽可能根据原料和销路的条件，组织她们替工厂加工或进行其他手工业生产……”固定用工制度进一步得到发展，并且在企业中得到了广泛的应用。

1954 年政府工作报告显示，由于国家建设的需要和生产的发展，劳动就业的人数逐年增加，旧中国遗留下来的严重失业现象已经大大减少。人民政府不但对原来的国民党政府机关中的人员和官僚资本企业中的职工采取了“包下来”的政策，避免了失业现象的增加，而且大力地进行了帮助失业者就业的工作。从 1950 年 7 月到 1953 年底，仅由各地劳动部门介绍就业的就有 207 万人。

固定用工形式成为当时国有企业的主要用工形式，在解决失业、就业方面发挥着重要的作用，在特定的社会和经济发展背景下，具有重要的积极作用和意义。从固定用工制度发展和形成的过程中，我们亦不难发现，在固定用工形式之外，亦存在类似“组织他们替工厂加工”的用工形式。

二、固定用工制度为主劳动合同制用工为辅：20 世纪 50 年代末期至 60 年代中期

统一介绍就业，统一调配就业，能进不能出是固定用工制度的典型特征。从宏观角度来看，这种用工制度在劳动力调配、解决失业、推动就业方面具有很大的优势；从微观角度来看，通过分配过来的人员，有时候未必是企业需要的人员；当然，亦未必是劳动者愿意接受的企业、工作岗位。同时，加之单位不能随意辞退员工。那么，随着用工时间的增长，各种矛盾就会突出。

1957 年 12 月，国务院发布《关于各单位从农村中招用临时工的暂行规定》。根据该规定，国有企业需用的临时工，优先从本单位多余人员中调剂，内部无法调剂的由地方劳动部门从当地其他单位调剂，依然无法满足的从当地城市招用，当地城市招用不能解决时，才可从农村招用临时工。各单位从农业社招用临时工的时候，必须与农业社和外出做工的社员共同签订劳动合同。劳动合同上应该写明临时工的工作职务、工作期限、工资福利、农业社所规定的外出做工的社员与农业社的经济关系及三方的其他权利和义务等。续订合同或者提前解除合同的手续，也应该在合同中写明。合同签订以后，三方均须严格遵守。合同式样由劳动部制定发布。

1957年国务院政府工作报告中提到，“在很长的时期内，劳动就业的主要方向仍然是参加农业劳动。手工业和服务性行业也将是劳动就业的一个辅助方面。最近上海、江苏、广东等地方劳动部门因地制宜地积极帮助将近一万多失业人员参加了手工业、服务性行业和各种社会辅助劳动，这是一个好经验。今后还应该提倡由社会团体和群众自己想出各种办法，扩大就业范围，协助国家解决劳动就业问题”。

1962年10月，国务院发布的《关于国营企业使用临时职工的暂行规定》规定：“招用临时职工的单位，应当与职工或者职工所在组织（合作社、公社、生产队）签订劳动合同。劳动合同的主要内容，应当包括工作任务、工作期限和工资福利待遇等。对于季节性的临时职工可以在工作结束时签订预约合同，以便稳定其基本队伍；对于其他临时职工，应当在劳动合同期满时立即辞退。国营企业之间借调临时职工，应当签订借调合同。企业与职工或者职工所在的组织签订劳动合同，应当报告当地劳动部门备案；劳动部门有监督双方执行合同的责任。”

为了促使企业、事业单位积极推行两种劳动制度，少用固定工、多用临时工，1965年3月，国务院发布《关于改进对临时工的使用和管理的暂行规定》规定，少用固定工、多用临时工，经济合理地使用劳动力；必须从社会上招用职工时，凡是临时性、季节性的工作，都应当使用临时工；已经使用固定工的临时性工作，应当逐步地改用临时工；招用临时工时签订合同；临时工的劳保待遇，暂按各地现行规定执行。

在这个时期，国有企业中已经存在劳动合同制用工，国家在固定用工制度的基础之上，推出了长期合同、短期合同、亦农亦工合同。

三、固定用工制度与劳动合同制并行：20世纪60年代中期至70年代中后期

固定用工制度和劳动合同制并行，临时工、劳动合同工，与固定工在劳动福利、社会保障、医疗、住房、养老等待遇方面存在比较大的差异。在参加工会、入党，属于那个年代比较重要的事情方面，临时工、劳动合同工则无法参与。在特定的社会环境下，临时工、合同工在劳动福利、社会保障、工资水平、参加工会组织等方面有着强烈的诉求，上海地区最为突出。随后，这些问题亦得到解决，即临时工、劳动合同工转为了固定工。

1971 年 11 月，国务院发布《关于改革临时工、轮换工制度的通知》，规定常年性的生产、工作岗位，应该使用固定工，不得再招用临时工。现在这种岗位上使用的临时工，凡是生产、工作确实需要，本人政治历史清楚，表现较好，年龄和健康状况又适合于继续工作的，经群众评议，领导批准，可以改为固定工。

在这样的社会背景之下，以往国企存在的临时工、劳动合同工等绝大多数转为了固定工，国有企业的用工形式回到新中国成立初期。

四、试行劳动合同制：20 世纪 70 年代中后期至 90 年代初

1978 年 12 月，中共十一届三中全会召开，提出全党工作重点转移到经济建设上来，国有企业发展进入全新时代，扩大经营自主权成为国有企业改革的主要方向，这里亦包含国有企业用工的自主权。

国有企业在人员进出管理上享有一定自主权，包括可以择优录用员工，严重违纪的人员可以开除。1979 年 7 月，国务院发布《关于扩大国营工业企业经营管理自主权的若干规定》，规定："企业有权按国家劳动计划指标择优录用职工。企业根据自己的实际情况制订考工标准，经过考试招收职工。企业有权根据职工的表现进行奖惩。对那些严重违反劳动纪律，破坏规章制度，屡教不改，造成重大经济损失的，可给予开除处分。开除后，可以留厂劳动，发给生活费。"

国有企业试行劳动合同制度。1983 年 2 月，原劳动人事部发布《关于积极试行劳动合同制的通知》，指出我国现行的以固定工为主体的用工制度，事实上已成为一种无条件的"终身制"，它同分配上的平均主义结合一体，形成了"铁饭碗""大锅饭"的严重弊病。其主要表现是能进不能出，能上不能下，干多干少一个样，技术高低一个样 ，一线二线一个样。用工制度上"铁饭碗""大锅饭"的积弊，势在必改。劳动合同制是用工制度方面破旧创新的一项重要改革，应当坚决而有秩序地推行。劳动合同制的适用范围既包括全民所有制单位，也包括区、县以上集体所有制单位；既包括普通工种，也包括技术工种，一个时期内以新人新制度（即新招工人实行劳动合同制）、老人老制度（即原有固定工仍实行现行制度，但也要本着打破"铁饭碗"的精神，逐步加以改革）作为过渡；经过若干步骤，最终达到所有职工都实行劳动合同制。

国有企业在人员进出管理上的自主权进一步扩大。1984 年 5 月，国务院发布《关于进一步扩大国营工业企业自主权的暂行规定》，规定："企业可以根据需要从外单位、外地区招聘技术、管理人员，并自行确定报酬。""厂长（经理）有权对职工进行奖惩，包括给予晋级奖励和开除处分。企业有权根据生产需要和行业特点，在劳动部门指导下公开招工，经过考试，择优录用。有权抵制任何部门和个人违反国家规定向企业硬性安插人员。"

国有企业用工制度改革稳妥推行阶段。1986 年 7 月，国务院发布《国营企业实行劳动合同制暂行规定》，要求："企业在国家劳动工资计划指标内招用常年性工作岗位上的工人，除国家另有特别规定者外，统一实行劳动合同制……可以招用五年以上的长期工、一年至五年的短期工和定期轮换工。不论采取哪一种用工形式，都应当按照本规定签订劳动合同。企业招用一年以内的临时工、季节工，也应当签订劳动合同。"

1992 年 2 月，原劳动部发布《关于扩大试行全员劳动合同制的通知》要求，各省市选择部分地域试行全员劳动合同制，劳动合同制逐渐替代固定工成为企业用工的主要形式。

五、劳动合同制：20 世纪 90 年代初至今

1992 年邓小平南方谈话时提出要建立社会主义市场经济体制，中共十四大正式提出建立社会主义市场经济体制的目标。这个时期国有企业改革步入建立现代企业制度阶段，国有企业的内部外环境发生了深刻变化，在劳动合同制推行多年之后，1994 年 7 月《劳动法》通过并于 1995 年 1 月 1 日起实施。根据《劳动法》规定，建立劳动关系应当订立劳动合同，确定了全员实行劳动合同制。至此，劳动合同制成为国有企业的主要用工形式，并且通过立法给予明确，国有企业用工由计划转向市场。

劳务派遣的兴起和发展。提到劳务派遣，离不开外国驻华机构，20 世纪 70 年代末 80 年代初，为了解决外国驻华各机构的用工问题，负责向外国驻华各机构办事处派遣相关服务人员的机构——北京外企人力资源服务有限公司（FESCO）应运而生。我国的劳务派遣业务萌芽于此，这亦是中国人力资源服务行业的发端。在《劳动法》实施多年之后，劳动合同管理中存在的问题凸显，于是 2007 年 6 月 29 日第十届全国人民代表大会常务委员会第二十八次会议通过《劳动合同法》并于 2008 年 1 月 1 日起实施，这是专门规范劳动合同

制用工的立法。此时，劳务派遣进入一个快速发展阶段，根据全国总工会调查的数据显示，截至2010年底，国内劳务派遣规模达到6000万人，估算下来约占全国职工总人数的20%，国有企业亦存在大量使用劳务派遣的情况。有数据显示，劳务派遣用工比例接近50%，当然，这些数据并未获得相关部门的认可。

2012年《劳动合同法》针对劳务派遣内容进行了修订，从设立经营劳务派遣业务行政许可、明确界定“临时性、辅助性、替代性”岗位范围、严格控制劳务派遣用工数量、落实被派遣劳动者同工同酬权利和加重违法处罚等方面作出了新的法律规定。2013年3月，国资委发布《关于规范中央企业劳务派遣用工管理有关问题的通知》，要求认真贯彻实施新修订的《劳动合同法》，严格规范劳务派遣用工管理。2014年《劳务派遣暂行规定》实施，至此，劳务派遣业务进入下降调整阶段。

2014年之后，国有企业采用外包用工的形式逐渐增加，市场上外包的类型多种多样，比如，人力资源外包（HRO），即企业将人力资源管理的工作全部或者部分委托第三方专业机构管（办）理，包括但不限于招聘、薪酬调查、员工关系、培训、用工政策咨询等。商务流程外包（BPO），即企业将商务流程中的全部或者部分流程委托第三方操作，包括但不限于财务、行政、资产管理、营销等。信息技术外包（ITO），即企业将IT系统的全部或者部分外包给专业的信息技术服务公司。此外，还存在岗位外包、劳务外包、工序外包、生产外包等类型的外包。

越来越多的国有企业开始尝试新业态用工。在这些外包兴起和发展的同时，互联网经济、共享经济等新业态蓬勃发展，根据国家信息中心发布的《中国共享经济发展报告（2021）》内容显示，初步估算，2020年我国共享经济参与者人数约为8.3亿人，其中服务提供者约为8400万人。

第三节　国企用工面临的三大挑战

一、人员进出存在的问题和挑战

▶▶典型案例：某集团公司通报招聘整改情况

某集团公司党组关于巡视整改情况的通报中提到，关于公开招聘程序不规范，“内部招聘”问题突出的问题。

（1）建章立制，堵塞制度漏洞，杜绝暗箱操作。针对“内部招聘”突出的问题，修订了《某集团员工招聘录用管理办法》，从集团层面规范了各二级机构员工公开招聘程序，统一了有关标准，堵塞了制度漏洞，以切实纠正和克服“内部招聘”等不正之风。

（2）调查处理两家二级公司“内部招聘”突出的问题。集团公司党组书记、纪检组长和分管领导分别约谈了两家公司党政一把手和纪委书记。两家公司党委向集团公司党组作了书面检查；分别召开党委会，党政主要负责同志在会议上作了深刻检查；公司党委对人事部门负责人进行了提醒谈话，对其履行把关责任不到位进行了严肃批评；制定、完善了员工招录制度；补充、完善了相关人员录用手续；对录用人员专业与招聘要求不符的，进行了人岗匹配测评；对违规聘用人员进行了清退，追回违规发放的全部薪酬，并对相关责任人进行了问责。

（3）组织各二级公司开展2010年以来高校毕业生、留学生接收工作情况的专项检查。各公司从本单位员工招聘工作制度建设情况、2010年以来应届毕业生及留学生的招录方式和工作程序、招聘计划与岗位对接及招录员工的人岗匹配情况以及违规招聘等五个方面对本单位新员工招聘接收情况进行了认真自查。集团公司对四家单位进行了重点抽查核实。专项检查中反映出来的问题主要有：招聘制度建设滞后；工作程序待规范；公开招聘未充分落实等。

人员进出，是指国有企业人员的招聘和劳动合同解除或终止管理。我们知道国企用工的历程是，从固定工制度到固定工制度为主劳动合同制为辅，再到后来的临时工、劳动合同制统一转为固定工制度，又从固定工制度到固定工制度同时试行劳动合同制，之后取消固定工制度到现在劳动合同制用工制度。国有企业用工发展的历程，也是国有企业用工制度改革的历程。

在国有企业用工的历程中，在人员招聘管理中“子女顶替”“内招”制度影响比较广泛。1953年1月发布的《劳动保险条例实施细则修正草案》规定，工人职员因工死亡或因工残废完全丧失劳动力，其供养直系亲属具有工作能力而该企业需人工作时，行政方面或资方应尽先录用。为当时国企人员招聘采用“子女顶替”提供了一定程度的法律依据，在以后的30余年中，这项招聘政策得到广泛的应用，直到1986年7月，国务院《关于发布改革劳动制度四个规定的通知》。通知明确规定，废止“子女顶替”制度，“子女顶替”制度实行多年，弊病甚多，必须废止，“内招”职工子女的办法也必须废止。

这些非市场化的人员招聘在制度层面的依据被废止，但是，实际上依然缓冲存在了很多年。比如，2014年4月，大庆油田公司对持续多年的劳动用工和招聘政策进行调整，其中对部分招聘专业范围内的油田子女毕业生，由原来直接选聘到操作岗位，改为通过择优选拔，自费进行职业技能培训，合格后才能进入企业工作。对此，部分油田应届子女毕业生及家长不理解、不接受，数千名大庆油田职工及其亲属到大庆油田公司门前聚集抗议。当年，该事件迅速引起了各类媒体报道和广大网友的强烈关注，绝大多数声音并不支持职工们的诉求。

央广网评论员在评论文章《大庆油田职工子女为何还包分配》中提到：“对于大庆油田职工和家属聚集，抗议公司改变职工子女大学毕业包分配制度，网上一片骂声就能说明问题。父母在好的单位，儿女也要进这个单位？不然就集体聚集逼迫公司答应？难不成真要走‘龙生龙凤生凤，老鼠儿子会打洞’的老路子？这让国家的相关文件不成了一纸空文？对于那些真正的人才来说，也不公平。再说了，大庆油田是全国人民的大庆油田，不仅仅只是大庆油田职工的，难不成全国人民都应该将自己子女‘包分配’进入大庆油田？”“当然了，如果大庆油田职工子女足够优秀，可以跟其他社会人员一道竞争上岗，‘不拘一格降人才’吗？以包分配的形式解决自己子女工作，这本就不合规，再携众聚集就更涉嫌违法了。对于此类事件，应该依法严肃处理，不能让私利以非法手段强行所得。否则，大失了民心，也会让我们的国企改革倒退了30年。”伴随着国企改革的推进，国企人员的招聘基本实现市场化，但是，“近亲繁殖”现象多有出现，比如，萝卜招聘、内部照顾、交叉安排等方式，时常出现在媒体报道或者国家监管部门的工作报告中。

在人员劳动合同解除或终止管理中，相对于外企、民企而言，国有企业市场化程度比较低，对于国有企业解除或终止管理中存在的现象和问题可以归纳如下。

（一）内部退养

内部退养，又称为“内退”，是国有企业安置富裕、冗余人员的常用方式之一，一般是指员工距退休年龄不到五年的，经本人申请，企业领导批准，可以退出工作岗位休养。其实施依据是1993年4月国务院发布的《国有企业富余职工安置规定》。其中第九条规定：“职工距退休年龄不到五年的，经本人申请，企业领导批准，可以退出工作岗位休养。职工退出工作岗位休养期间，由企业发给生活费。已经实行退休费用统筹的地方，企业和退出工作岗位休养的职工应当按照有关规定缴纳基本养老保险费。职工退出工作岗位休养期间达到国家规定的退休年龄时，按照规定办理退休手续。职工退出工作岗位休养期间视为工龄，与其以前的工龄合并计算。”

内部退养政策，在安置国有企业富裕、冗余人员方面具有重要的作用，可以缓解矛盾、腾出岗位、维护社会稳定等；内部退养政策的弊端也是显而易见的，那就是内部退养期间企业依然需要负担一定的成本，尤其遇到岗位数量需要持续缩减的企业，单纯从成本角度考虑，也许市场化的经济性裁员对企业发展更有利些。

（二）停薪留职

停薪留职，顾名思义，就是停止支付劳动报酬，保留职位（用工关系）。这项政策始于20世纪80年代初期，原人事部、原国家经济委员会发布《关于企业职工要求“停薪留职”问题的通知》，规定停薪留职的时间一般不超过二年。停薪留职期间，不升级，不享受各种津贴、补贴和劳保福利待遇；因病、残而基本丧失劳动能力的，可按退职办法处理。停薪留职人员在从事其他收入的工作时，原则上应按月向原单位缴纳劳动保险金，其数额不低于本人原工资的20%。

实践中，很多国企经营困难，人员出现富裕、冗余，但不能办理内部退养，又不想实施裁员，于是停薪留职政策应运而生。虽然规定停薪留职时间一般不超过两年，但是实践中，长达10年、20年的并不少见。这是计划经济向市场经济转型过程中的附带品，有人称之为计划经济和市场经济的好处两头占，即停薪留职保留“铁饭碗”下海去闯荡，发现苗头不对亦可重回国企端“铁饭碗”。

随着国企用工制度的改革推进，停薪留职已经不被大范围应用，被市场化的依法解除劳动合同所替代，但是，停薪留职导致的历史遗留问题依然存在，停薪留职的身影依然出现在国有企业人员安置分流的政策中。当然，停薪留职的措施，与国企用工市场化的改革方向是背道而驰的，最终也会消失在历史的长河中。

（三）长期病假

长期病假，是指国有企业对于患病的人员并未严格按照法律规定给予医疗期、解除或终止劳动合同，而是超过法律规定的医疗期期限，继续给予病假、维持劳动合同关系。1994 年 7 月审议通过的《劳动法》，1994 年 12 月劳动部发布的《企业职工患病或非因工负伤医疗期规定》，2008 年 1 月 1 日生效实施的《劳动合同法》等，对患病人员的医疗期、病假时长、劳动合同的解除或终止提供了标准、操作路径和要求。

实践中，很多国企并未严格按照法律法规政策要求执行，甚至在有些国企出现了病假长达一二十年的情形，有些人员在此期间享有最低工资标准的生活费和最低基数缴纳的社会保险、公积金费用，更有甚者在福利待遇享有方面，与正常工作的人员并无差异。这些现象的存在，一方面是受到计划经济时代管理思维影响，另一方面是由企业本身在用工制度改革方面执行和落实不到位，市场化水平低所导致。

从企业和人力资源管理的角度来看，对于那些身患重病、丧失劳动能力的人员长期病假的存在有其合理性，毕竟法律规定的是底线，并非唯一的管理标准；但是，对于那些“长期病假”同时又在其他企业正常工作的人员，长期病假情形的存在，满足了个别人员或群体的利益诉求，最终侵害了企业的合法权益，损害了在职人员的利益，是一种弊远大于利的存在。

（四）不辞而别

不辞而别，是指员工未到企业上班，同时自己不主动提交辞职申请，企业也未按照法律规定给予解除或终止劳动合同处理的情形。实践中，通常有两种情形，一种是企业视为员工自己离职，停发工资福利待遇，停止缴纳社会保险、公积金费用，但是未向人员出具解除或终止劳动合同证明文件；另一种是企业按照最低要求支付生活费，缴纳社会保险、公积金费用。

针对不辞而别引发的争议，在司法实践中，有个专门的词汇——“长期两不找”，即劳动者长期未向用人单位提供劳动，用人单位也长期不再向劳动者支付劳动报酬等相关待遇。对于“长期两不找”时劳动者和企业之间的关系，实践中存在三种典型的观点，其一，认为劳动关系已经解除，既然劳动关系认定在法律上存在事实上订立了劳动关系，那么，也对应存在事实上解除了劳动关系。其二，劳动关系应当依法建立、依法解除，企业未依法定程序履行解除手续，需要承担劳动者在此期间的基本生活费。其三，既然双方不相往来，各自未履行劳动合同义务，那么属于劳动关系中止状态，劳动合同暂停履行；在暂停履行期间，企业可以不支付劳动报酬并停止为劳动者缴纳社会保险、公积金费用。

这类争议在国有企业比较多发，在外企、民企则比较少见，主要与企业的经营历史背景、用工管理的市场化程度密切相关。

（五）健康问题

这里的健康问题，不包含前述的长病假，主要是指因为员工健康原因，企业不再正常安排其工作，其亦无需履行申请病假的手续，但是企业依然按照正常出勤对待，或者存在俗称的“泡病假”的情形。实践中，出现这种情形的可能性原因主要有以下几种：其一，企业未严格执行各项管理制度，导致员工游离于制度之外，长期无法受到制度的约束；其二，企业人事管理制度本身比较宽松，执行时亦非常宽松；其三，薪酬福利待遇设计不合理，导致不上班或少上班，和上班时获得薪酬福利待遇相差不大；其四，大家各自安好，不要发生争议、纠纷的管理思维。

这些情形很大程度上属于违反企业劳动纪律的行为，前提是企业有规范、合理的劳动纪律管理制度。从这一点来看，按照市场化用工的管理思维，遇到游离制度之外的、“泡病假”的情形，企业完全可以做到对其进行管控，并依法解除劳动合同关系。

（六）长期待岗

长期待岗，是指企业通知员工回家等候通知，不签订书面协议，不需要履行请假手续，在此期间给予正常发薪或者给予发放一定数额生活费的情形。出现这类情形的原因，与上述健康问题比较类似，但是起因有所不同，可能是因为人员富余，或者与领导有冲突，或者员工对企业不满，或者存在违纪的行为，或者员工纯粹就是不想上班等。解决的思路可参考健康问题的处理思路。

（七）怠于解除劳动合同

怠于解除劳动合同，主要是指员工存在违纪行为或者给企业造成了经济损失，符合企业制度规定中的解除劳动合同条件，但是，企业不主动行使解除劳动合同的权利，继续与员工保持劳动合同的情形。这类情形属于未严格执行制度所导致。

如何解决员工“能出”的问题？根据现行劳动保障法规政策和人力资源管理的实践，可以归纳为如下几点：

1. 建章立制

建章立制，是指企业需要一套规范的人事管理体系，包括考勤、休假、劳动纪律等人事管理制度，其中应包括休假、劳动合同订立、续签、解除、终止等管理的流程，同时还应当包括对应的各类合同、通知、表单等。这是企业实现人员“能出”的基础。实践中，往往存在制度缺失，或制度内容不合理，或制度内容脱离实际情况等现象，导致遇到解除劳动合同事件时，无制度可用，或制度用不上的尴尬境地。

2. 合规的理念

合规的理念，是在日常人力资源管理过程中，尤其是涉及劳动合同的解除、终止事项时，要遵循法律规定，遵循企业内部制定的制度进行管控，减少随意性。

3. 执行既定的制度

简言之，对于违反企业管理制度的行为，要严格按照制度规定执行，需要通过培训、宣传、教育等措施，让企业内部人员具有这种意识，形成依规办事的良好氛围。

二、岗位管理存在的问题和挑战

▶▶典型案例：某某汽车启动高职级人员任期制聘用工作

2022年2月11日，媒体以“向市场化迈进，某某汽车全体高职级人员重新竞聘上岗”为标题报道了某某汽车启动高职级人员任期制聘用工作。2月8日，某某汽车召开了干部会，启动总经理级及以下高管、党群、管理类高职级人员任期制聘用工作，推进任期制和契约化管理，解聘全体高职级人员重新竞聘上岗。

据了解，此次某某汽车高职级人员任期制聘用，将在全公司范围内拉通盘点及审视人力资源配置，首先对公司所有二级单位总经理级人员进行全体解聘、重新聘用。本次聘用制度调整，除了考量工作岗位能力，还将从干部年轻化、知识结构、性格特征等维度综合审视，给“勇于创新、主动担当、敢于拼搏、善于学习、认同和践行企业领先文化的优秀干部提供成长机会”。

对于此次推进的任期制工作，某某汽车董事长强调，这是深化国有企业三项制度改革、加大市场经营机制改革的必然要求，是实现公司转型升级高质量发展的必然要求，也是全面激发干部员工勇于担当、善于作为的工作热情，全力营造求真务实、干事创业氛围的重要举措。公司将营造公平公正、公开透明、充满活力的选聘工作局面，通过人才结构调整与转型，真正激发干部、员工活力，建立一支敢于创新、敢于担当、想干事能干事干成事的年轻化干部队伍，推动和保证战略达成，实现公司价值与员工价值的共赢。

因此，也有业内人士认为，某某汽车此次解聘全体高职级人员，并进行重新竞聘上岗，是向市场化迈进的关键一步。

员工任期制聘用制度，背后的核心是人力资源管理的“人岗匹配”原则，是指根据员工不同的素质和能力，将员工安排在各自最适合的岗位上，实现“人适其岗”“岗得其人”的目的，这是企业人力资源有效配置和合理使用的基础。同时，把合适的人放在合适的岗位，人岗匹配是激活员工主观能动性、激发工作积极性的基础，亦是岗位管理的核心内容。岗位管理的终极目标就是实现“人岗匹配”，具体的表现形式就是岗位能上能下，从字面意思来看，“上”与“下”就意味着是一种动态的管理，需要有“上”与“下”的路径存在，若不存在路径则无法实现动态的“上”与“下”。这时候人就与岗位绑定、固化在了一起，岗位能上不能下。这是国有企业在用工制度改革方面要重点解决的问题，也是国有企业人力资源管理上存在的典型问题。

（一）岗位管理存在的问题

1. “人”与“岗”固化的问题

“人”与“岗”固化，是指“人”与“岗位”绑定在一起，导致“人”与“岗”无法相分离的情形。实践中，典型的情形就是无论干得多与少，或者好与坏，均不影响其继续待在岗位上，长此以往人员的工作积极性就会降低。出现这种情形的原因，一是岗位与劳动关系并未做分离，劳动合同期限存在三种类型，无论何种期限的劳动合同，解除或终止劳动合同均受到法律规定的严格限制。工作内容抑或“岗位”对“人”有素质和能力要求。实践中，很多企业直接将劳动合同期限与岗位任职期限直接绑定，导致“人”和“岗”在法律上被固定了下来。二是“长期”“稳定”“铁饭碗”的心态长期存在，一定程度上导致企业本身并不想去进行人员的调整。在这样的背景之下，员工能上不能下的现象突出，尤其是管理岗位。

2. 岗位退出机制缺失的问题

岗位能上能下，需要有“上”“下”的通道和机制，实践中，在很多企业这种通道和机制都是缺失的。从劳动法和员工关系管理的角度，这种通道包括以下方面的内容：奖惩管理机制、绩效管理和考核机制、岗位（胜任力）管理机制、岗位和薪酬的管理规则等。其中，奖惩管理机制，是指有一套完备可行的奖惩制度，奖惩的结果与岗位的任职相关联，即奖惩结果作为岗位任职的一项条件；但是，实践中，很多企业的奖惩制度颁布之后数年，甚至十数年不做任何调整，日常管理中亦不会轻易用于惩罚员工，即便员工存在违纪的行为。绩效管理和考核机制，其核心是组织绩效和个人绩效的管理，简单理解就是为了实现组织经营目标，个人需要完成的工作任务和成果。也就是把企业的经营通过岗位职责、岗位绩效考核、绩效管理等方式与个人连接起来，是科学定岗定编、生产经营任务自上而下分解的过程。但是，实践中，有些企业认为，这些都仅仅是一张考核表。岗位（胜任力）管理机制，是绩效管理和考核密不可分，实践中通过定岗定编来确定岗位职责，通过绩效考核来确定工作任务和达成度，借此来确定“人”与“岗”是否匹配，岗位（胜任力）管理机制则是一套“人”与“岗”互动的规则。岗位和薪酬管理的规则，即俗称的以岗定薪的规则，在国有企业是比较成熟的，也是不同岗位对应不同的薪资标准。现实存在的问题是，这些机制之间缺少有效的连接，客观上导致岗位退出没有通道，或者没有依据可以参照。

（二）应对策略

如何解决岗位“上”和“下”的问题，从劳动法和员工关系管理的角度，主要有两种策略。

1. 绩效管理和考核机制

绩效管理，是指企业各级管理者和员工为了达到组织目标共同参与的绩效计划制订、绩效辅导沟通、绩效考核评价、绩效结果应用、绩效目标提升的持续循环过程，绩效管理的目的是持续提升个人、部门和组织的绩效。绩效管理和考核工作，围绕持续提升个人、部门和组织的绩效进行。市场上绩效管理和考核的工具很多，KPI①、OKR②、平衡计分卡、末位淘汰制度、360测评等。从实务操作和法律风险管控的角度来看，无论采用哪种绩效考核管理工具作为岗位能上能下的通道，首先，考核的项目和评价的标准应当尽量符合 SMART 原则③；其次，应当事先与员工明确考核结果与岗位上或者下的逻辑关系。

2. 岗位聘用机制

将劳动关系和岗位相分离，通过岗位聘用协议、岗位职责说明书等形式，约定任职岗位必须具备的条件，符合条件的“上”，不符合条件的“下”，对于是否符合条件，本身就是一种评价标准。实践中，也有些企业选择将其与绩效管理和考核机制配合使用，“上”和“下”的路径都已经打通，岗位上的人就会动起来。

综上，通过绩效考核、岗位聘用制等形式，建立起岗位任职的条件和评价规则，逻辑关系越清晰，岗位越容易实现“上”与“下”。

三、薪酬管理存在的问题和挑战

▶▶典型案例：国有企业工资决定机制改革取得重大突破

2018 年 5 月 25 日，国务院印发了《关于改革国有企业工资决定机制的意见》。此次改革的内容主要包括四点：一是改革工资总额决定机制。要综合考虑国家工资收入分配宏观政策要求、企业发展战略和薪酬策略、生产经营目标和经济效益、劳动生产率、人工成本投入产出率、职工工资水平等一揽子因素。同时，明确了企业经济效益增则工资增、企业经济效益降则工资降的挂钩联动原则。

二是改革工资总额管理方式。对国有企业工资总额全面实行预算管理，根据企业功能性质定位、行业特点并结合法人治理结构完善程度，对其工资

① Key Performance Indicator，即关键绩效指标考核法。

② Objectives and Key Results，即目标与关键成果法。

③ Specific、Measurable、Attainable、Relevant、Time-bound，即目标管理原则。

总额预算方案分别实行备案制或核准制。

三是完善企业内部工资分配管理。在坚持落实国有企业内部薪酬分配法定权利的基础上，对完善企业内部工资总额管理制度、深化企业内部分配制度改革、规范企业工资列支渠道提出了原则要求。

四是健全工资分配监管体制机制。对加强和改进政府对国有企业工资分配的宏观指导调控、落实履行出资人职责机构监管职责、健全国有企业工资内外收入监督检查制度和问责机制作出明确规定。

关于改革国有企业工资决定机制的意见主流媒体进行了报道。其中，新华社以“联动经济效益，完善分配、监管机制——国有企业工资决定机制改革取得重大突破”为题进行了报道；《光明日报》报道称“国有企业工资决定机制改革取得重大突破”；《人民日报》以“解决市场化分配程度不高、监管体制不健全等问题 让国企员工收入分配更合理有序”为题进行了报道；《人民日报·海外版》称“解决工资分配‘该高的不高、该低的不低’问题，国企工资决定机制改革落地”。

过往对于国有企业员工收入的印象是旱涝保收、“大锅饭”，也就是无论企业经营状况好与坏，对员工本人的收入基本没有影响，也是因为这样的因素，很多人对国企趋之若鹜，公务员、事业单位、国有企业是那时候很多人就业的前三位选择，当然，亦是现在很多毕业生的优先选择。但国有企业在薪酬管理上存在一些问题。

（一）国有企业薪酬管理存在的问题

1. 工资分配与组织绩效关系弱

工资分配与组织绩效关系弱，是指工资分配的模式和数额与企业的经营情况缺少相关性。比如，今年企业亏损1000万元与盈利1000万元，对具体员工个人的收入不会产生影响，或者影响比较微弱。实践中，有些国企在这方面做得比较突出，即工资分配与组织绩效关系比较强。例如，某企业系跨地域、跨行业的国有控股公司，员工4万余人。其员工的工资收入与组织绩效之间存在联动关系，根据组织绩效的不同，员工的工资收入在0.8、1、1.2三个系数之间进行浮动。这也意味着组织绩效差的时候，员工只能拿到正常工资的80%，平常可以拿到100%，组织绩效优异的时候，员工可以拿到1.2倍的工资。这样的工资分配模式，形成“一荣俱荣，一损俱损”的格局。这种工资分配模式相对是科学和合理的，能够塑造出企业和员工合作共赢，一起发展的企业文化和经营理念。

2. 工资分配与个人绩效关系弱

工资分配与个人绩效关系弱，是指员工个人收入有悖于“多劳多得，少劳少得，不劳不得”的薪酬分配原则，员工个人收入的多少与个人绩效之间没有明确关系。以调薪为例，实践中，很多企业有年度调薪的惯例，确切地说叫作普调，即所有的人员都会调薪，年年如此，这时薪资水平与工作能力、个人绩效似乎没有直接的关系，其负面效应可想而知，尤其是当企业发展处于停滞或收入下滑的阶段。

（二）应对策略

薪酬对企业进行人员的选、育、用、留，具有重要的影响作用。薪酬分配应当遵循“多劳多得，少劳少得，不劳不得”的基本原则。换言之，员工的薪酬应当与组织绩效、个人绩效等相关联。那么，如何实现薪酬的“增”与“减”呢？

1. 搭建科学合理的薪酬结构

从动态的角度来看，薪酬结构可分为固定薪酬和浮动薪酬，在日常人力资源管理工作中，我们习惯称之为固定工资和浮动工资。其中，浮动的设计又是多样化的，比如，用出勤与交通补贴、餐补相关联，根据组织、个人业绩赋予不同计算系数等。这样的薪酬结构本身就有“增”和“减”的功能。至于两者之间的比例是二八开，还是三七开，本身并无定论，适合自己企业的才是最好的。

2. 构建薪酬与工作能力的逻辑关系

理顺并设定薪酬与工作能力的逻辑关系，实现薪酬的“增”与“减”。实践中，计件制受到很多企业的欢迎，当然并非所有的工作都可以计件。需要注意的是，计件制是一种计薪的方式，并非一种工时管理的方式。另外，需要企业通过上述绩效考核管理工具的运用来实现薪酬的“增”与“减”，绩效考核与薪酬之间的逻辑关系要求与上述相同。

3. 构建薪酬与劳动纪律的逻辑关系

薪酬与劳动纪律的逻辑关系，绝对不是搞一套罚款管理制度；而是建立一套奖励的机制，比如，通过设置全勤奖，来管控员工迟到、早退、旷工；设置安全奖，来管控员工的遵守安全生产制度的情况；设置优秀员工奖，来引导员工遵守员工行为规范、职业道德、劳动纪律等。简言之，薪酬的“增”

与“减”可以与员工日常的行为挂钩。

第四节　国企用工常见的九大类型

一、劳动合同制用工

劳动合同制用工是我国企业现行的基本用工形式。根据法律规定，建立劳动关系，应当订立书面劳动合同。劳动关系，是指企业招用劳动者成为其成员，劳动者在企业的管理下提供有报酬的劳动而产生的权利义务关系。劳动关系的基本内容包括劳动者与企业之间的工作时间、规章制度、劳动安全和卫生、社会保险、职业培训、休息时间、劳动报酬等。

典型案例：将员工注册个体工商户规避劳动法不可取①

【裁判要旨】

事实劳动关系是指用人单位与劳动者之间没有订立书面合同，但双方实际履行了劳动权利义务而形成的劳动关系。是否构成劳动关系，应从人格上、组织上、经济上综合认定孔某对某商贸服务公司是否具有从属性。

【案情简介】

2019年3月20日，孔某到某商贸服务公司（承接某互联网平台在某区的网上订餐和配送业务）在某个社区设立的站点担任全职骑手，从事送餐服务，双方未签订书面劳动合同。站点站长每天给骑手排班，排到班次的骑手当天必须上线，不上线则按规定扣款，骑手通过某商贸服务公司管理的App自动派单进行送餐等。某商贸服务公司每月通过银行转账方式给骑手支付工资、代缴个人所得税，并为骑手缴纳商业意外伤害险。2020年8月，该商贸服务公司与某网络科技有限公司签订《服务协议》，要求骑手在后者的协助下通过网络注册个体工商户营业执照，后者和骑手注册的个体工商户签订《项目转包协议》，约定双方是民事承包关系，后者向骑手给付的是承包费而非工资。此后，该商贸服务公司将骑手的工资转账给某网络科技有限公司，后者通过

① 《北京市人力资源和社会保障局2021年北京市劳动人事争议仲裁十大典型案例》。

支付宝向骑手支付。同时，某网络科技有限公司从该商贸服务公司收取管理费。2020年10月30日，孔某在送餐途中不慎摔伤，后被送至医院治疗。孔某受伤后未为该商贸服务公司提供劳动。因申请工伤认定需要，孔某向仲裁委提出仲裁申请。要求确认2019年3月20日至仲裁立案之日与某商贸服务公司存在劳动关系。

【裁判结果】

仲裁委裁决支持了孔某的仲裁请求。

【案例分析】

事实劳动关系是指用人单位与劳动者之间没有订立书面合同，但双方实际履行了劳动权利义务而形成的劳动关系。是否构成劳动关系，应从人格上、组织上、经济上综合认定孔某对某商贸服务公司是否具有从属性。孔某入职后按照某商贸服务公司的站长排班安排，并根据某商贸服务公司管理的App自动派单进行送餐，在人格上具有从属性；孔某的工作时间、工作内容需站长安排，不上线须依据某商贸公司的制度进行扣款，可认定双方之间存在管理与被管理的关系，具有组织上的从属性；某商贸服务公司根据孔某的工作业绩按月向其发放报酬，且为孔某投保了雇主责任险，故在经济上具有从属性。2020年8月后，孔某虽与某网络科技有限公司签订《项目转包协议》，但签订该协议系在某商贸服务公司安排、要求下签订，工资虽由某网络科技公司通过支付宝支付，但工资来源仍为某商贸服务公司；除签订协议、工资给付主体有变化外，管理方式、管理人员、工作内容等均没有变化。综上，应认定孔某与某商贸服务公司之间存在劳动关系。

【劳达点评】

企业用工形式的调整，根源上是企业生产组织形式的变革，本质上是企业管理模式的调整。在生产组织形式、企业管理模式未做任何变动的情况之下，依靠书面协议去劳动关系化，显然无法达到预期目的。换言之，如果凭一纸协议就能规避法律风险，比如规避缴纳社保费用、支付加班费等，显而易见，这是非常不现实的。

（一）劳动合同制用工的特征

1. 倾斜性

从立法目的来看，劳动法的目的（宗旨）在于保障劳动者的合法权益，调整劳动者和企业之间的关系，构建和发展和谐稳定的劳动关系，在立法上对劳动者的保护具有一定的倾斜性。我国现行《劳动法》制定的目的是保护劳动者的合法权益，调整劳动关系，建立和维护适应社会主义市场经济的劳动制度，促进经济发展和社会进步。《劳动合同法》制定的目的是完善劳动合同制度，明确劳动合同当事人的权利和义务，保护劳动者的合法权益，构建和发展和谐稳定的劳动关系。劳动法倾向于对劳动者的保护，这与劳动关系本身的特征具有重要的关系，需要国家通过立法给予特殊的保护。

从立法内容来看，企业需要承担更多的法定义务。在劳动关系权利和义务内容方面，尤其在劳动基准方面存在大量的强制性规定，即企业必须遵守的规定。比如，在招聘用人方面，禁止企业对女性劳动者、残疾人、乙肝病毒携带者等实施就业歧视；在工作时间方面，禁止强迫加班、超时加班；在休息休假方面，劳动者依法享有带薪年休假、婚假、丧假、产假、法定假日等休假；在劳动报酬方面，试用期内、正常提供劳动时、企业停工停产时、带薪假期休假时，都应当遵守国家法律的最低要求支付劳动者工资；在违约责任方面，除非法律有明确规定的情形，禁止企业向劳动者主张违约责任、索要违约金等。

从争议时举证责任分配来看，企业需要承担更多的举证责任。比如，因减少劳动报酬发生争议时，企业需要举证已经按照约定足额支付劳动报酬；因计算工作年限发生争议时，企业需要举证员工的工作年限；因解除劳动合同发生争议时，企业需要举证解除劳动者的证据、依据、程序符合法律的要求等。

2. 法定性

从劳动关系建立来看，当劳动者和企业之间就是否存在劳动关系发生争议分歧时，判断劳动者和企业之间是否存在劳动关系，并非由双方的合意（劳动者和企业双方是否有建立劳动关系的意愿或意思）而决定，而是根据认定事实劳动关系的标准进行审查和认定。劳动争议仲裁委员会或人民法院经过审查，只要劳动者和企业之间同时符合以下三项标准，即可认定劳动者和企业之间存在事实劳动关系，无论劳动者和企业事先签署了何种类型的协议或合同。

（1）企业和劳动者主体适格

企业依法注册成立或登记的，即可作为劳动关系中的主体——用人单位，包括但不限于企业（法人企业和非法人企业）、个体经济组织（雇用 7 人以下的个体工商户)、民办非企业单位（企业事业单位、社会团体、非营利的社会组织等）等。国家权力机关、行政机关、司法机关、军事机关、政协机关也属于用人单位范畴；医院、学校、科研机构、党派团体、工会、共青团、妇联、工商联、足球协会、文学艺术联合会、法学会等也属于用人单位范畴。劳动关系中的主体——劳动者，即具有劳动能力，以从事劳动获取合法收入作为生活资料来源的人员，包括已经年满 16 周岁的人员且未超过退休年龄的人员（女性员工退休年龄为 50 岁，女性管理人员/技术人员等为 55 周岁，男性员工退休年龄为 60 周岁)，企业停薪留职人员、未达到法定退休年龄的内退人员、下岗待岗人员、企业经营性停产放长假人员，以及与其他企业存在劳动关系的人员等，均属于劳动者的范畴。

（2）存在监督和管理关系，从事有报酬的劳动

监督和管理关系，是指企业依法制定的各项劳动规章制度适用于劳动者，劳动者接受企业的劳动管理。从事有报酬的劳动，即企业需要向劳动者支付报酬。实践中，一般而言这些报酬是劳动者的主要收入来源。

（3）劳动是企业的业务组成部分

劳动者提供的劳动是企业的业务组成部分，简言之，劳动者从事的工作是企业日常生产或经营活动的组成部分。

3. 隶属性

劳动关系的隶属性，是指劳动者和企业之间存在管理和被管理的关系，对劳动者人身具有一定限度的支配权利，即俗称的用工自主权。比如，在劳动秩序和纪律方面，劳动者成为企业的成员，需要遵守企业依法制定的安全生产、各项劳动人事管理、奖惩等制度、流程、标准，比如，按时上下班、保质保量完成工作任务等，如果劳动者违反这些事项，企业有权给予劳动纪律处分，包括但不限于减发奖金、处分，甚至解除劳动合同关系。在工作内容方面，当具有正当、合理的事由时，企业可以单方临时或永久调整劳动者的工作内容，劳动者本人不能拒绝。在劳动报酬方面，企业可以通过依法签订的集体合同或制定的工资分配制度来进行工资的分配等。

4. 特定性

劳动关系的特定性，从劳动者的角度看，是指劳动者需要亲自履行劳动合同义务和享有权利，不能找其他人员代替履行劳动合同，这亦是法律的强制性规定。在民事法律关系中，在双方协商一致的情况之下，是允许第三方

代为履行劳动合同义务和享有权利的。比如，在承揽合同中，承揽人和定作人协商一致时，承揽人可以把部分事务交由第三人实施。若企业允许劳动者找人代替履行劳动合同，那么，企业与代替履行劳动合同的人员，将形成新的劳动关系。

从企业的角度看，是指企业需要亲自履行劳动合同义务和享有权利，若企业将其权利和义务转移给第三方，第三方和劳动者之间亦会形成新的劳动关系。除非劳动者、企业、第三方就三者之间的合作关系有着明确的约定，比如，借调性质、共享用工性质、劳务派遣性质。反之，劳动者向第三方主张存在新的劳动关系，或者主张企业和第三方两者同时向其承担法律上的用人单位的责任，属于司法实践中的混同用工。

5. 连续性

相对民事法律关系而言，劳动关系具有很强的连续性，劳动关系的存续时间通常伴随着岗位的存续时间，甚至是企业的存续时间，除非在劳动合同履行期间，出现符合解除或终止劳动合同的情形，反之，劳动关系将会连续存在。

6. 稳定性

劳动关系的稳定性体现在，从立法层面来看，劳动保障立法之宗旨在于构建和发展和谐稳定的劳动关系。从劳动合同的订立来看，企业与劳动者自用工之日即与劳动者建立劳动关系，建立劳动关系应当订立书面劳动合同。已经建立劳动关系未订立书面劳动合同的，应当自用工之日起一个月之内订立书面劳动合同；超过一个月不满一年未订立书面劳动合同的，企业每月需要向劳动者支付双倍工资；超过一年未订立书面劳动合同的，视为双方已经订立无固定期限劳动合同。

从劳动合同期限来看，劳动者在企业连续工作满 10 年，或者 2008 年之后连续两次订立固定期限劳动合同（无特殊情形的），或者企业初次实行劳动合同制度或者国有企业改制重新订立劳动合同时，劳动者在该用人单位连续工作满十年且距法定退休年龄不足十年的；劳动者提出或者同意续订、订立劳动合同的，除劳动者提出订立固定期限劳动合同外，应当订立无固定期限劳动合同。

从劳动合同的解除和终止情形、条件、程序来看，现行法律已经明确规定解除、终止劳动合同的情形、程序，企业和劳动者不得约定有关劳动合同解除和终止的情形、条件、程序。

（二）劳动合同制用工的误区

1. 劳动合同本身的问题

众所周知，根据法律规定，订立的书面劳动合同应当具有必备条款，劳动合同缺少必备条款的由劳动行政部门责令改正，给劳动者造成损害的，应当承担赔偿责任。这里必备条款包括：

（1）企业的名称、住所和法定代表人或者主要负责人

这些信息的作用在于，一方面劳动者遇到争议纠纷时，可以根据这些信息申请劳动争议仲裁或诉讼；另一方面劳动争议仲裁委员会或法院送达法律文书时，作为企业能够及时收到法律文书的保证。所以，企业的基本信息对劳动者和企业一样重要。

（2）劳动者的姓名、住址和居民身份证或者其他有效身份证件号码

这些信息的作用与上述企业的信息类似，同时，隐含着企业需要对劳动者的身份进行审查的意思，审查劳动者身份的真实性是管控风险的重要阶段。

（3）劳动合同期限

劳动合同的期限分为三类：固定期限、无固定期限、以完成一定工作任务为期限。与劳动合同期限密切相关的是试用期的期限长短，而试用期是考察新员工的重要期限。劳动合同期限与企业的岗位存续、业务形态之间存在密切关系。故此，劳动合同期限并非一个简单的期间，而是需要结合岗位任职要求、业务情形、企业经营状况、劳动者的素质和能力等综合因素进行考量之后确定。

（4）工作内容和工作地点

工作内容，即需要劳动者做的事项，实践中，在劳动合同中一般约定为岗位名称，比如，销售专员、人事专员、司机等。这时，就需要通过岗位责任说明书，或者绩效考核任务书，或者岗位聘用协议等方式进一步明确企业对劳动者需要提供工作的具体事项和要求。不过，有些企业缺少上述进一步补充的约定，导致出现的情形是当遇到工作内容发生争议时，企业通常不容易说明哪些事情是需要员工做的，员工未做或做不到的标准是什么。

工作地点是指履行劳动合同的地域，并非指简单约定工作地点在中国境内或上海市、北京市，亦非约定工作地点在上海市静安区某某路某某号，而是需要根据业务情形、经营的实际情况等综合考虑来约定。

（5）工作时间和休息休假

工作时间，简言之是指企业和劳动者之间约定适用的工时制度。我国的工时制度有三种：标准工时制度、不定时工时制度、综合计算工时制度，后两者需要经过劳动行政部门的审批方可适用，前者双方可以直接适用。这里涉及工时制度之间如何转换及加班、值班、调休等之间的互动关系。

休息休假，简言之是指劳动者依法可以享有的各类假期，这些假期属于劳动基准的范围，比如，婚假、丧假、产假、育儿假、病假等。除此之外，实践中亦有企业根据自身实际情况给予员工某些福利的休假。对于休息休假的管理，通常需要企业制定的规章制度来实施，包括请假的手续、流程、资料、纪律等。这里就需要劳动合同内容和规章制度之间实现有效的链接和互动。

（6）劳动报酬

劳动报酬，是劳动者付出体力或脑力劳动所得的对价，体现的是劳动者创造的社会价值，包括货币、实物、保险等。这是劳动合同核心的条款，也是劳动关系的核心内容，但是，实践中，无论在劳动合同条款方面，还是在企业的规章制度方面，有关劳动报酬的内容都比较少；有些企业作了些规定，但都是一些原则性的规定。这里的因素是多方面的，一是多数企业认为劳动报酬比较敏感，公开有关劳动报酬的具体规则，容易使员工之间相互攀比，引起不良的影响；二是有些企业认为劳动报酬抑或是定薪，属于企业用工自主权，不需要通过劳动合同约定或规章制度的形式进行明确，明确之后反而会限制企业的用工自主权；三是有些企业认为薪酬本身就是企业的核心秘密，是需要采取多项保密措施的，不适合公开。但并非所有的企业都是如此，实践中，有些企业把劳动报酬分配的规则做了透明化处理。

（7）社会保险

依法需要参加的基本养老、生育、医疗、失业、工伤等社会保险。实践中，各省市在此基础之上，可能存在大病医疗等。

（8）劳动保护、劳动条件和职业危害防护

劳动保护，是指企业根据国家法律、法规，依靠技术进步和科学管理，采取组织措施和技术措施，消除危及人身安全健康的不良条件和行为，防止事故和职业病，保护劳动者在劳动过程中的安全与健康，其内容包括：劳动安全、劳动卫生、女工保护、未成年工保护、工作时间与休假制度等。

劳动条件，是指劳动者在劳动过程中所必需的物质设备条件，如有一定空间和阳光的厂房、通风和除尘装置、安全和调温设备以及卫生设施等。

职业危害防护，是指企业为了预防和防治职业病而采取的各项措施，包括但不限于职业病岗前、岗中及离岗时的体检，职业培训，防护用品的选择、配置、使用和维护等综合性的防治措施。

(9) 法律、法规规定应当纳入劳动合同的其他事项

比如，根据《职业病防治法》规定，需要告知职业病维护因素的内容等。

劳动合同的内容除了上述必备条款之外，还可以包括一些约定条款，企业和劳动者之间可以就约定试用期、培训、保守秘密、补充保险和福利待遇等其他事项进行约定。

为什么订立的书面劳动合同内容有必备条款和约定条款的要求呢？立法的根本目的在于能够使劳动合同内容明确、全面、具体，更好地规范企业和劳动者之间的权利和义务关系。换言之，书面劳动合同是双方权利和义务分配的重要凭证或方式，也是预防和管控争议的重要方式，但是，实践中很多企业并不重视对于双方权利和义务的约定，导致劳动合同丧失了其原本的价值。遇到争议和纠纷时，就会发现劳动合同起到管控争议纠纷的作用。

2. 岗位与劳动关系未分离

岗位，简言之，是企业为完成某项事务而设置，比如，董事长、总经理、人事总监、人事专员等。劳动关系的内容之一就是工作内容，实施的载体是岗位。前者可以理解为“事”，后者可以理解为“人”，即人需要做事情。岗位并非稳定的、连续的，随着社会、经济、技术、企业自身情况的变化，岗位可能会消失或者减少。比如，统计员岗位，以往很多企业，尤其是生产自造型企业通常会存在大量的统计员岗位，负责原材料、产品等统计工作，随着企业引入信息化管理，这些岗位就会减少或消失。又如电话接线员岗位、发报员岗位等已经消失在历史的长河中，超市的收银员岗位、高速公路的收费员岗位正逐渐被人工智能替代等。

可见，岗位和劳动关系在稳定性、连续性方面存在差异性，实际上会出现岗位上人员空缺的情形，比如，患病、工伤、生育等都会导致岗位上人员的空缺。从劳动法和员工关系管理的角度，岗位和劳动关系应该是分离的，即劳动合同之外应当存在岗位聘用合同，把“人”和“事”相分离，同时设定好两者之间链接和互动的规则。这时候，无论是“人”发生变化，还是“事”发生变化，都可以单独进行处理，这有利于风险管控，也是科学的管理方式。但是，

实践中能够完全实现岗位与劳动关系分离的企业并不多见。在国有企业的用工管理中，对于高级管理人员，按照国企改革的要求，是必须实现分离的。

3. 劳动报酬与个人绩效、组织绩效缺少强相关关系

劳动报酬与个人绩效、组织绩效之间的逻辑关系，实现的路径主要有三种：一种是在劳动合同中约定三者之间的逻辑关系，岗位聘用协议属于劳动合同的一种形式；另一种是在绩效考核任务书中明确三者之间的逻辑关系；还有一种是在企业依法制定的制度中写明三者之间的逻辑关系。这些操作的背后，需要企业有一套科学合理的绩效考核、管理制度，这个制度实施的前提是有科学合理的岗位设置以及企业经营战略等，所以，这是一套综合性的管理工作。实践中，实现三者强相关、逻辑关系明确是很多企业做管理追求的目标。

二、劳务派遣用工

劳务派遣用工是我国的企业用工补充形式。劳务派遣，即劳务派遣单位根据用工单位需要，将与自身签订劳动合同的符合用工单位条件的劳动者派遣到用工单位工作，被派遣劳动者接受用工单位的管理、指挥和监督，劳务派遣单位向用工单位收取一定的管理费的特殊用工形式。这是一种使用和雇佣相分离的用工模式，其最基本的特征就是劳务派遣单位“招人不用人”，用工单位“用工不招人”。

在劳务派遣关系中，涉及三种法律关系：一是劳务派遣单位与派遣劳动者订立劳动合同，建立劳动关系。二是劳务派遣单位与用工单位订立劳务派遣协议，建立民事合同关系。目前国家、地方均出台了一系列法规对这种民事合同关系进行严格管制。三是用工单位与派遣劳动者之间虽不一定签署书面协议，但构成实际用工关系。

▶▶典型案例：劳动者超时加班发生工伤，用工单位、劳务派遣单位是否承担连带赔偿责任①

【裁判要旨】

劳务派遣用工中，劳动者超时加班发生工伤，用工单位和劳务派遣单位

---

① 人力资源社会保障部、最高人民法院：《关于联合发布第二批劳动人事争议典型案例的通知》（人社部函〔2021〕90号）。

对劳动者的损失均负有责任，应承担连带赔偿责任。劳动者与用工单位、劳务派遣单位达成赔偿协议的，当赔偿协议存在违反法律、行政法规的强制性规定，欺诈，胁迫或者乘人之危情形时，不应认定赔偿协议有效；当赔偿协议存在重大误解或者显失公平情形时，应当支持劳动者依法行使撤销权。

【案情简介】

2017 年 8 月，某服务公司（已依法取得劳务派遣行政许可）与某传媒公司签订劳务派遣协议，约定某服务公司为某传媒公司提供派遣人员，每天工作 11 小时，每人每月最低保底工时 286 小时。2017 年 9 月，某服务公司招用李某并派遣其至某传媒公司工作，未为李某缴纳工伤保险。2018 年 8 月、9 月、11 月，李某月工时分别为 319 小时、293 小时、322. 5 小时，每月休息日不超过 3 日。2018 年 11 月 30 日，李某工作时间为当日晚 8 时 30 分至 12 月 1 日上午 8 时 30 分。李某于 12 月 1 日凌晨 5 时 30 分晕倒在单位卫生间，经抢救无效于当日死亡，死亡原因为心肌梗死等。2018 年 12 月，某传媒公司与李某近亲属惠某等签订赔偿协议，约定某传媒公司支付惠某等工亡待遇 42 万元，惠某等不得再就李某工亡赔偿事宜或在派遣工作期间享有的权利，向某传媒公司提出任何形式的赔偿要求。上述协议签订后，某传媒公司实际支付惠某等各项费用计 423497. 80 元。此后，李某所受伤害被社会保险行政部门认定为工伤。某服务公司、惠某等不服仲裁裁决，诉至人民法院。

原告诉讼请求：惠某等请求判决某服务公司与某传媒公司连带支付医疗费、一次性工亡补助金、丧葬补助金、供养亲属抚恤金，共计 1193821 元。某服务公司请求判决不应支付供养亲属抚恤金；应支付的各项赔偿中应扣除某传媒公司已支付款项；某传媒公司承担连带责任。

【裁判结果】

一审法院判决：按照《工伤保险条例》，因用人单位未为李某参加工伤保险，其工亡待遇由用人单位全部赔偿。某服务公司和某传媒公司连带赔偿惠某等医疗费、一次性工亡补助金、丧葬补助金、供养亲属抚恤金合计 766911. 55 元。某传媒公司不服，提起上诉。二审法院判决：驳回上诉，维持原判。

【案例分析】

本案的争议焦点是李某超时加班发生工伤，用工单位与劳务派遣单位是否应承担连带赔偿责任。

《劳动法》第三十八条规定："用人单位应当保证劳动者每周至少休息一

日。”第四十一条规定：“用人单位由于生产经营需要，经与工会和劳动者协商后可以延长工作时间，一般每日不得超过一小时；因特殊原因需要延长工作时间的，在保障劳动者身体健康的条件下延长工作时间每日不得超过三小时，但是每月不得超过三十六小时。”《劳动合同法》第九十二条第二款规定：“……用工单位给被派遣劳动者造成损害的，劳务派遣单位与用工单位承担连带赔偿责任。”《国务院关于职工工作时间的规定》（国务院令第174号）第三条规定：“职工每日工作8小时、每周工作40小时。”休息权是劳动者的基本劳动权利，即使在支付劳动者加班费的情况下，劳动者的工作时间仍然受到法定延长工作时间上限的制约。劳务派遣用工中，劳动者超时加班发生工伤，用工单位和劳务派遣单位对劳动者的损失均负有责任，应承担连带赔偿责任。劳动者与用工单位、劳务派遣单位达成赔偿协议的，当赔偿协议存在违反法律、行政法规的强制性规定，欺诈，胁迫或者乘人之危情形时，不应认定赔偿协议有效；当赔偿协议存在重大误解或者显失公平情形时，应当支持劳动者依法行使撤销权。

本案中，某服务公司和某传媒公司协议约定的被派遣劳动者每天工作时间及每月工作保底工时，均严重超过法定标准。李某工亡前每月休息时间不超过3日，每日工作时间基本超过11小时，每月延长工作时间超过36小时数倍，其依法享有的休息权受到严重侵害。某传媒公司作为用工单位，长期安排李某超时加班，存在过错，对李某在工作期间突发疾病死亡负有不可推卸的责任。惠某等主张某传媒公司与某服务公司就李某工伤的相关待遇承担连带赔偿责任，应予支持。惠某等虽与某传媒公司达成了赔偿协议，但赔偿协议是在劳动者未经社会保险行政部门认定工伤的情形下签订的，且赔偿协议约定的补偿数额明显低于法定工伤保险待遇标准，某服务公司和某传媒公司应对差额部分予以补足。

【劳达点评】

毋庸置疑的是，用工单位给被派遣劳动者造成损害的，劳务派遣单位与用工单位承担连带赔偿责任。需要企业注意的是，在劳务派遣用工的过程中，用工单位需要关注派遣单位用工的合规性；在各类外包用工的过程中，亦应关注承包公司的用工合规性；否则，企业若在用工过程中稍微有些越界或不合规的行为，将难逃承担连带责任的风险。

（一）劳务派遣制用工的特征

1. 劳动关系和劳动力使用分离

在劳务派遣关系中，劳务派遣单位属于劳动法中的用人单位，履行用人单位对劳动者的义务，换言之，劳务派遣单位和派遣人员之间存在劳动关系，劳务派遣单位承担用人单位的全部权利和义务。因此，劳务派遣单位要与被派遣劳动者订立书面劳动合同，并且应当订立两年以上的固定期限劳动合同，劳动合同内容除了必备条款之外，同时还需要约定用工单位、派遣期限、工作岗位等情况。

劳务派遣单位和用工单位之间签署劳务派遣协议，劳务派遣协议应当约定派遣岗位和人员数量、派遣期限、劳动报酬、社会保险费用的数额和支付方式、违约责任等。

在劳务派遣关系中，用工单位对派遣人员进行监督、管理，同时需要履行以下义务：执行国家劳动标准，提供相应的劳动条件和劳动保护；告知被派遣劳动者的工作要求和劳动报酬；支付加班费、绩效奖金，提供与工作岗位相关的福利待遇；对在岗被派遣劳动者进行工作岗位所必需的培训；连续用工的，实行正常的工资调整机制。

2. 劳务派遣用工的适用岗位特定

有关劳务派遣用工岗位的规定，2012 年《劳动合同法》修订之前，劳务派遣只能在临时性、辅助性或者替代性的工作岗位上实施，当时并未就岗位作进一步的规定；2012 年《劳动合同法》修订之后，在上述规定的基础之上，进一步明确，临时性工作岗位是指存续时间不超过 6 个月的岗位；辅助性工作岗位是指为主营业务岗位提供服务的非主营业务岗位；替代性工作岗位是指用工单位的劳动者因脱产学习、休假等原因无法工作的一定期间内，可以由其他劳动者替代工作的岗位；俗称劳务派遣用工的“三性”岗位。

为什么会对劳务派遣适用的“三性”岗位进行限定呢？全国人大常委会在《关于〈中华人民共和国劳动合同法修正案（草案）〉的说明》的修改劳动合同法的必要性中提到，“劳务派遣是劳动合同法规范的一项重要内容，也是劳动合同法实施中遇到的一个重大问题。劳动合同法颁布实施后，出现了劳务派遣单位数量大幅增加、劳务派遣用工规模迅速扩大的情况。劳务派遣用工存在的突出问题主要有：一是劳务派遣单位过多过滥，经营不规范；二是许多用工单位长期大量使用被派遣劳动者，有的用工单位甚至把劳务派遣作为用工主渠道；三是被派遣劳动者的合法权益得不到有效保障，同工不同酬、不同保障待遇的问题比较突出，参与企业民主管理和参加工会组织等权利得不到很好落实，一些被派遣劳动者长期没有归属感，心理落差较大。劳务派遣用工制度的滥用不仅损害了劳动者的合法权益，也对常规的用工方式和劳动合同制度造成较大冲击。这些问题如不尽快解决，必然给和谐劳动关系和社会稳定带来负面影响。全国人大常委会在2008年和2011年对劳动合同法进行的执法检查中都明确要求，要严格规范劳务派遣用工，保障被派遣劳动者的合法权益”。

对于临时性、替代性的岗位法律已经有明确界定，对于辅助性岗位并未进行具体的规定，但是规定了确定辅助性岗位的方式，即用工单位决定使用被派遣劳动者的辅助性岗位，应当经职工代表大会或者全体职工讨论，提出方案和意见，与工会或者职工代表平等协商确定，并在用工单位内公示。

3. 使用劳务派遣人员的数量特定

限制用工单位使用劳务派遣人员的数量，是2012年《劳动合同法》修订涉及劳务派遣的核心内容之一，随后人社部承接劳动合同法有关派遣人员数量的规定，发布《劳务派遣暂行规定》将派遣人员数量限制为10%。根据上述规定，用工单位使用的被派遣劳动者数量不得超过用工单位订立劳动合同人数与使用的被派遣劳动者人数之和的10%。

4. 劳务派遣人员退回的限制

实践中，对于劳务派遣人员的退回存在两种观点：一种观点是约定退回，即用工单位可以根据和劳务派遣单位的约定将劳务派遣人员退回劳务派遣单位；另一种观点是法定退回，即用工单位将劳务派遣人员退回劳务派遣单位应当符合法律规定的情形。后者是目前主流的观点。

根据法律规定，劳务派遣人员或用工单位存在下列情形时，用工单位可以依法将派遣人员退回劳务派遣单位：

①劳务派遣人员在试用期间被证明不符合录用条件的；

②劳务派遣人员严重违反用人单位的规章制度的；

③劳务派遣人员严重失职，营私舞弊，给用人单位造成重大损害的；

④劳务派遣人员劳动者同时与其他用人单位建立劳动关系，对完成本单位的工作任务造成严重影响，或者经用工单位提出，拒不改正的；

⑤因劳务派遣人员欺诈、胁迫、乘人之危致使劳动合同无效的；

⑥劳务派遣人员被依法追究刑事责任的；

⑦劳务派遣人员患病或者非因工负伤，在规定的医疗期满后不能从事原工作，也不能从事由用工单位另行安排的工作的；

⑧劳务派遣人员不能胜任工作，经过培训或者调整工作岗位，仍不能胜任工作的；

⑨用工关系订立时所依据的客观情况发生重大变化，致使用工关系无法履行，经用工单位与派遣人员协商，未能就变更劳动合同内容达成协议的；

⑩用工单位依法实施经济性裁员的；

⑪用工单位被依法宣告破产、吊销营业执照、责令关闭、撤销、决定提前解散或者经营期限届满不再继续经营的；

⑫劳务派遣协议期满终止的。

派遣人员具有以下情形的，在派遣期限届满之前，用工单位不能依据上述⑨⑩的情形将派遣人员退回劳务派遣单位，派遣期限届满的，应当延续至相应情形消失时方可退回：

①从事接触职业病危害作业的派遣人员未进行离岗前职业健康检查，或者疑似职业病病人在诊断或者医学观察期间的；

②在用工单位患职业病或者因工负伤并被确认丧失或者部分丧失劳动能力的；

③患病或者非因工负伤，在规定的医疗期内的；

④女职工在孕期、产期、哺乳期的；

⑤在用工单位连续工作满 15 年，且距法定退休年龄不足 5 年的；

⑥法律、行政法规规定的其他情形。

（二）劳务派遣制用工的误区

1. 劳务派遣等于灵活用工

在企业用工管理过程中，难度最大的问题有三个——调岗、降薪、解除。在劳务派遣用工形式中，对于派遣人员的调岗、降薪、解除都会受到双方签订的派遣协议约束，实践中，很多派遣单位尽可能或者把所有的劳动法律上承担的义务，通过派遣协议的条款转嫁用工单位。如果用工单位没有法律依据就想把派遣人员退回，前提是派遣人员签字同意，在这样的场景之下，劳务派遣用工形式就不是很灵活，甚至比劳动合同用工还被动。另外，很多劳务派遣单位本身并不规范，甚至缺少一套有效运行的人力资源管理体系，包括劳动争议纠纷的预防和管控体系。实践中，有些用工单位认为，只要提前通知对方，对方就必须离开。但是，派遣人员被退回之后派遣公司如何安排？如果涉及劳动合同解除，经济补偿甚至赔偿怎么办？往往遇到争议纠纷之后，用工单位还是要承担连带责任。尤其是，该缴的社保没缴，该发的工资没发，该给的补偿没给，最后还要由用工单位背“黑锅”。故此，劳务派遣并非灵活用工。

2. 试图通过构建派遣关系减少法律责任

实践中，有些企业为了规避社保基数不足或者不缴纳社保的风险，认为可以通过劳务派遣关系转移社保缴纳的风险。根据法律规定，社会保险费的数额和支付方式，是劳务派遣协议应当载明的内容。如果双方约定不缴纳或低基数缴纳，劳务派遣单位通常会通过条款将补缴及产生的费用约定由用工单位承担。即便未约定由用工单位来承担，由于双方对劳务派遣人员的使用已然违反了现行法律规定，这时候，用工单位亦难逃承担连带责任。故此，试图通过构建劳务派遣关系减少未缴纳或未足额缴纳社保的风险是不太容易实现的。

三、外包用工

外包用工，是指用工单位（发包方）将其全部或者部分业务，或职能发包给外包单位（承包方），由该外包单位自行组织、安排人员按照发包方即用工单位的要求完成相应的业务或工作。目前市场上外包的类型各种各样，比如，人力资源外包，即企业将人力资源管理的工作全部或者部分委托第三方专业机构管（办）理，包括但不限于招聘、薪酬调查、员工关系、培训、用工政策咨询等；商务流程外包，即企业将商务流程中的全部或者部分流程委托第三方操作，包括但不限于财务、行政、资产管理、营销等；信息技术外包，即企业将 IT 系统的全部或者部分外包给专业的信息技术服务公司。此外，还存在岗位外包、劳务外包、工序外包、生产外包等类型的外包。

市场上，外包用工兴起于劳务派遣被规制之后，在国企用工的历程中，在某些行业应用外包的历史比较久远。

（一）外包用工的特征

其一，以“委托合同”之名完成“劳动合同”之实，用工单位无须承担用工责任，而由承包方承担用工管理和责任。其二，管事不管人，用工单位只能对外包服务的质量、成果等进行管理，不能直接对外包人员进行管理。其三，民事法律与劳动法律的交织，发包方与承包方之间的关系适用于民事法律，承包方与其工作人员的关系可能适用于劳动法律，也有可能适用于民事法律。其四，多方主体参与，发包方、承包方、劳动者，甚至存在承包方二次发包等。

（二）外包用工的误区

1. 内部承包经营和外包用工混淆

内部承包经营，是指企业将内部职能或者生产任务外包给与其存在劳动合同关系的员工，由员工自己或者招聘人员完成承包任务的形式。在内部承包经营模式中，一般由企业提供产地、生产资料，承包人员独立核算并自负盈亏，承包人员需要遵守企业的各项管理制度，服从企业的管理等。企业在操作内部承包经营时，一种选择是与承包者解除劳动关系，签订承包经营合同；另一种选择是与承包者继续维持劳动关系，但是将其工资、社保、公积金、福利等打包进发包费用，由承包者自行决定分配规则。

实践中，有些企业认为这就是外包，承包者及招录的工作人员风险自担与发包企业不存在任何法律关系。事实上，企业真的不需要承担任何责任和风险吗？比如，我国现行《劳动合同法》第九十四条规定的是个人承包经营者的连带赔偿责任，即个人承包经营违反《劳动合同法》规定招用劳动者，给劳动者造成损害的，发包的组织与个人承包经营者承担连带赔偿责任。这意味着，承包者违法用工时，发包的组织（企业）需要和个人承包经营者一起向劳动者承担连带赔偿责任。原劳动和社会保障部《关于确立劳动关系有关事项的通知》规定：“建筑施工、矿山企业等用人单位将工程（业务）或经营权发包给不具备用工主体资格的组织或自然人，对该组织或自然人招用的劳动者，由具备用工主体资格的发包方承担用工主体责任。”《劳动部关于企业内部个人承包中保险待遇问题给四川省劳动厅的复函》指出，企业与职工个人签订承包合同，是企业内部经营管理的一种方式。企业经营机制的转变，并未改变企业和职工的劳动关系，也未改变承包者的职工身份。虽然该复函已经失效，但是在司法实践中，一直认可内部承包经营关系和劳动关系并存。企业将其经营业务以内部承包的形式承包给内部员工或者其他主体，判断从事内部承包业务内容的员工是否仍与原企业存在劳动关系，应考虑以下因素：是否存在企业通过名义上的承包关系逃避用工责任，实际上仍由企业自负盈亏、自担经营风险；员工是否仍遵守企业的规章制度，接受企业的劳动管理；员工的劳动报酬是否仍由企业确定标准和发放；员工对内部承包关系是否明知；在劳动合同未到期的情况下，企业是否以内部承包为由提出修改或者解除劳动合同；员工是否仍以企业的名义对外从事劳动；企业是否允许或者明知承包人以企业名义招聘员工等。

由此可见，企业内部承包经营方式，如果使用不规范，继续沿用以往的管理方式，并非法律意义上的外包，不仅不能减少用工中的风险，反而会增加企业的责任和风险。例如，某国有企业将自己的生产车间承包给其内部员工，企业提供生产场地、生产资料；企业一年给予固定额度的承包费用，承包者交付一定数量和符合质量要求的产品；具体生产需要的人数、工资数额等由承包者负责。承包者招录进来的人员，需要遵守企业制定的考勤制度、安全生产管理制度，由企业根据承包者提供的名单、工时数等计算工资并直接支付，甚至以企业的名义为这些人员购买工伤保险，进行职业病、工伤的认定等。企业采用这种模式持续多年，承包者招募进来的人员总数高峰时接近3000人，企业管理称这个群体为“农民工”。这些人员到了退休年龄时，因为承包者未给他们缴纳养老保险导致其无法办理退休手续并享受养老保险待遇，相继有人员通过法律渠道要求确认和企业之间存在劳动关系，均得到法院的认可，据此要求补缴养老保险亦得到支持。

2. 以外包之名行派遣之实

劳务派遣用工，劳务派遣单位根据用工单位需要，将与自身签订劳动合同的符合用工单位条件的劳动者派遣到用工单位工作，被派遣劳动者接受用工单位的管理、指挥和监督，劳务派遣单位向用工单位收取一定的管理费的特殊用工形式。劳动合同用工是我国企业的基本用工形式，劳务派遣用工是补充形式。

四、关联企业之间人员的借调

关联企业之间人员的借调在国有企业具有悠久的历史，与受到各方热捧的共享用工具有异曲同工之妙。关联企业之间人员的借调，是指员工与用人单位（被借调单位）的劳动合同关系不变，根据用人单位、员工、用工单位（借调单位）的约定，员工到用工单位提供服务的一种形式。起初，以企业间的经营指导、技术指导交流以及企业集团内人员交流为目的，亦存在解决部门编制的问题；通常是短期的、暂时的、不具有经常性，且借调单位以及被借调者不以此作为营业目的，实践中，也存在长期借调的行为。

（一）人员借调的法律关系分析

从法律角度分析，被借调单位与员工之间订立劳动合同，存在劳动关系；被借调单位和借调单位不能以经营为目的从事借调行为，因为这样有非法劳务派遣的嫌疑。两者多属于民事上的合作关系，或者公司法律上的关联关系。借调单位和员工虽然不存在劳动合同，但实际上符合认定事实劳动关系的特征，事实上造就了员工与两个企业之间存在劳动关系。法律并不禁止双重劳动关系的存在，在司法实践中，通常称这类用工为“混同用工”，混同用工的法律风险是，在有关联关系的用人单位交叉轮换使用劳动者，工作内容交叉重叠的情况下，对劳动者涉及给付内容的主张，可根据劳动者的主张，由一家用人单位承担责任，或由多家用人单位承担连带责任。

（二）人员借调中的法律风险

人员借调中的法律风险，可以从劳动关系、工资支付关系、社会保险关系三个维度来分析。

1. 劳动关系、工资支付关系、社会保险关系三者一致

即用人单位和劳动者之间存在劳动关系，由用人单位支付工资，以用人单位名义参加缴纳社会保险。这是劳动合同制用工的基本法律要求，即用人单位和劳动者之间建立劳动关系，用人单位依法支付劳动报酬并缴纳社会保险费用。在实际操作过程中，三者之间可能无法保持一致，出现以下不同的情形，则会衍生出不同的法律风险。

2. 劳动关系与工资支付关系、社会保险关系不一致

换言之，被借调单位与员工之间订立劳动合同维持劳动关系之后，员工被借调走，借调单位给员工发放工资、缴纳社保。在这样的场景之下，员工发生工伤事故之后，若借调单位来为员工申请工伤认定，则需要承认其和员工之间存在劳动关系。当然，双方存在事实劳动关系，但是，实务操作中一般会事先通过人员借调协议约定否认双方存在劳动关系。那么，因为工伤认定和享受工伤保险待遇的需要违反曾经签署的协议，认可双方存在劳动关系，难免有弄虚作假骗取社会保险待遇的嫌疑，同时，借调单位认可事实劳动关系之后，存在未签订书面劳动合同应支付双倍工资的风险以及视为双方已经订立无固定期限劳动合同的风险。若以被借调单位的名义申报工伤，则面临

无法享有社会保险待遇的风险，因为被借调单位没有给员工缴纳社会保险，这时候借调单位面临全额承担工伤保险待遇的风险。另外一个问题就是社会保险缴纳问题，若员工主张被借调单位未依法为其缴纳社会保险，借调单位缴纳的社会保险是否可以得到劳动行政部门、法院的认可，实践中亦存在比较大的分歧。

3. 劳动关系与工资支付关系一致，与社会保险关系不一致

在这种场景之下，被借调单位面临补缴社会保险的风险，正如上文所分析的，借调单位代为缴纳社会保险存在不被认可的风险。工伤待遇、医疗待遇等社会保险待遇的风险与上述情况基本一致。

4. 劳动关系与社会保险关系一致，与工资支付关系不一致

在这种场景之下，风险是总体可控的，工资支付关系可以通过代替支付工资来解释。但是，应注意工伤认定需要被借调单位来进行。

5. 劳动关系、工资支付关系、社会保险关系各不一致

在这种场景之下，与员工之间有劳动关系和事实劳动关系的单位均未为员工缴纳社会保险。当遇到员工工伤、就医等需享受社会保险待遇时，只有虚构劳动关系这条路可走，这时参与其中的企业、员工涉嫌社会保险相关的违法和犯罪，这是法律风险最高的一种场景。同时，借调单位、被借调单位均存在为员工补缴社会保险和滞纳金的风险。

（三）人员借调中的风险管控

建议签订人员借调协议，借调协议内容应当包括，工作内容、工作条件、工作地点、职业危害、安全生产状况、劳动报酬、企业规章制度、人员的退回等。

建议完善借调单位、被借调单位之间的人事管理流程，包括劳动纪律的处分、工伤事故的处理、劳动合同的解除等。

从合规和风险管理的角度，最低的限度应当是确保劳动关系和社会保险关系一致，突破这个底线将会衍生更多的法律责任和风险。

五、退休返聘

退休返聘，是指用人单位中的受雇佣者已经到达或超过法定退休年龄。根据相关法律规定，用人单位与其招用的已经依法享受养老保险待遇或者领取退休金的人员发生用工争议而提起诉讼的，应当按劳务关系处理。企业停

薪留职人员、未达到法定退休年龄的内退人员、下岗待岗人员以及企业经营性停产放长假人员，因与新的用人单位发生用工争议而提起诉讼的，应当按劳动关系处理。关于劳动者已达到退休年龄，但是未依法享受养老保险待遇或者领取退休金，双方之间是否构成劳动关系或者劳务关系，在司法实践中，各省市存在诸多差异。

此类用工的特点包括：其一，劳动者主体的特定性，在退休返聘这类用工模式中，劳动者已经享有养老保险待遇或者领取退休金，这里需要明确的是，享有养老保险待遇或者领取退休金与退休年龄没有必然关系。其二，双方合作的灵活性，任何一方都是随时或者按照约定解除用工关系。赔偿适用于过错原则，即用工过程中发生意外事故的，根据双方各自的过错承担责任，这与工伤事故的无过错责任截然不同。其三，各项待遇的可约定性，即双方可以就劳动报酬、休息休假等事项进行自由约定。双方可以订立口头的合同，也可以订立书面的合同。笔者建议双方订立书面的合同，将工作内容、劳动报酬、休息休假、解除条件、违约责任、过错赔偿等事宜约定清楚，这样才有助于定分止争。

六、实习生用工与风险管理

典型案例：王某诉江苏强某橡塑科技有限公司、徐州某职业技术学院校外实习期间人身损害赔偿纠纷案①

【裁判要旨】

学生基于学校的安排到校外企业实习是学校教学内容的延伸和扩展，学校和企业都负有一定的安全教育和管理义务。学生在校外企业实习期间进行与其所学知识内容相关的实际操作，不应认定学生与企业之间存在劳动关系。学生在实习过程中受到的伤害，应按一般民事侵权纠纷处理，根据有关侵权的法律规定，由学生、学校、企业按过错程度分担责任。

【案情简介】

原告王某系被告徐州某职业学院工程系橡胶大专071班的学生。2009年12月1日，被告徐州某职业学院按教育部文件统一安排毕业生实习，原告进

① 《最高人民法院公报》2014年第7期。

入被告江苏强某橡塑科技有限公司（以下简称强某科技）顶岗实习，约定第一个月工资 1000 元，从第二个月开始每月工资 1500 元。2009 年 12 月 30 日下午 3 时许，原告王某等人在强某科技安排下，给其公司新厂房门刷漆，因厂房门比较高，原告站在三脚架上刷门，在推动三脚架从一侧至另一侧时，三脚架倾倒，导致站在三脚架上的原告王某从两米多高的三脚架上坠落受伤。原告王某受伤后，被告强某科技将其送往宿迁市中医院救治，后转至句荣市中医院救治，住院治疗 23 天，花费医疗费 17871 元，被告强某科技已给付 15000 元医疗费，并护理 11 天。诉讼中，经本院委托鉴定，原告王某伤情构成十级伤残。

原告王某诉称，原告系被告徐州某职业学院工程系橡胶大专 071 班的学生。2009 年 12 月 1 日，原告进入被告强某科技顶岗实习。2009 年 12 月 30 日下午 3 时许，原告在给被告公司新厂房门刷漆时受伤，后被告强某科技把原告送往宿迁市中医院救治，又转至句容市中医院救治，住院治疗 23 天。原告在被告职业学院的安排下在强某科技实习，在强某科技工作时受伤，两被告应共同赔偿原告的伤后经济损失。现要求判令两被告赔付原告各项损失 134904 元，并负担本案全部诉讼费用。

被告强某科技辩称，原告因自己的过失受到伤害，其应承担大部分责任。我公司与原告之间没有劳动或雇佣的法律关系，我公司是受徐州某职业学院委托安排原告的实习工作，该实习行为是徐州某职业学院教学的延伸，其实习应派驻老师，且一般性工作和持续性工作应由徐州某职业学院指导，我方不应对原告承担赔付责任。原告受伤是在 2009 年 12 月 30 日，原告起诉已过诉讼时效，对其受伤原告已无法查实。

被告徐州某职业学院辩称，原告在 2009 年 12 月底在第一被告强某科技处受伤是事实，我方就赔付事宜多次与强某科技进行协商。原告在事故发生时的身份已经转变，是作为员工在强某科技工作的，从伤害过程来看，学校是没有过错的，所以不应承担责任。学校和强某科技不是委托、被委托的关系，原告是经过双向选择进入强某科技工作的。综上，我方不是适格被告，不应承担赔偿责任。

【裁判结果】

原告王某系被告徐州某职业学院的在校学生，其基于学校的安排到强某科技实习，因此项实习是该学校教学内容的延伸和扩展，所以该学校对原告在实习单位的安全仍负有一定的安全教育和管理义务；作为实习单位的强某科技，在原告实习期间，负有对原告进行安全教育与相关培训的义务，为原告提供安全的工作场所，以保障原告在实习期间的人身安全。由于原告是基于实习到强某科技进行与其所学知识内容相关的实际操作，其与强某科技之间不存在劳动关系，原告在实习过程中受到的伤害应按照一般民事侵权纠纷处理。本案中，作为实习单位的强某科技虽然对原告进行了实习培训，但其对原告在实习时可能存在的安全隐患仍负有直接的提醒和注意义务，因强某科技未尽到相关义务，对原告受伤的损害结果存在一定的过错，应承担相应的赔偿责任，本院酌定为60%。徐州某职业学院未加强对学生的必要管理，负有疏于管理的责任，该学校对原告受伤的损害结果也存在一定的过错，应承担相应的赔偿责任，本院酌定为20%。原告在工作中过于自信，在三脚架移动过程中没有离开三脚架，对其受伤的损害结果存在一定的过错，应减轻二被告赔偿责任，本院酌定为20%。原告因本起事故造成的损失，符合法律规定的，依法予以保护。判决被告强某科技赔付原告王某39855.8元；被告徐州某职业学院赔付原告王某18838.6元。

【劳达点评】

实习生用工关系不同于劳动关系，与劳务关系亦不相同，劳务关系之间双方主体地位是平等的，不存在管理和被管理的关系，而实习则需要置于企业的管理之下；同样亦不同于雇佣关系，雇佣关系和劳务关系同属民事法律关系，即参与主体之间地位是平等的，不存在人身依附性、隶属关系。实习关系，是根据双方意思自治，构建的一种民事法律关系，适用于《民法典》的调整。案例中的学生基于学校的安排到企业进行实习，因此项实习是该学校教学内容的延伸和扩展，所以该学校对实习生在实习单位的安全仍负有一定的安全教育和管理义务；作为实习单位的企业，在实习生实习期间，负有对实习生进行安全教育与相关培训的义务，为实习生提供安全的工作场所，以保障实习生在实习期间的人身安全，反之则需要承担责任。

（一）普通在校生的实习

普通在校生的实习，这里是指中国境内依法设立的中等职业学校和高等院校的在校生，利用业余时间勤工助学、积累实践经验的活动。这里需要注意的是，高中、大专、大学已经毕业等待入学的人员，企业不能招募其为实习生，因为他们已经毕业，同时尚未注册新的学籍，此时并非在校生。

企业和实习生是否可以建立劳动关系？根据原劳动部关于印发《关于贯彻执行〈中华人民共和国劳动法〉若干问题的意见》的通知规定，在校生利用业余时间勤工助学，不视为就业，未建立劳动关系，可以不签订劳动合同。换言之，企业和实习生可以不建立劳动关系，不订立劳动合同。

在什么情形下企业和实习生之间存在劳动关系？主要有两种情形：第一种情形，双方协商一致。实践中，有些企业基于招揽、保留优秀人才的目的，愿意与实习生建立劳动关系，订立劳动合同。首先，这种操作并不违反法律的规定，只要实习生年满16周岁即具备签订劳动合同的资格，此时其为未成年工，企业用工除应遵守《劳动法》《劳动合同法》及相关规定之外，同时还应当遵守《未成年工特殊保护规定》的相关规定；已经年满18周岁的，则不需要遵守《未成年工特殊保护规定》的相关规定。第二种情形，应当认定为劳动关系。例如，在北京地区的司法实践中，认为在校生在企业进行实习应当根据具体事实进行判断，不能一概而论，对于完成学校的社会实习安排或者自行从事社会实践活动的实习，不认定为劳动关系。但是，企业与在校生之间名为实习，实为劳动关系的除外。即实习生从事的劳动已经成为企业用工的组成部分，与其他员工对企业的贡献已经没有多大区别。

从企业的角度，与实习生建立劳动关系之后，可能会面临社会保险无法缴纳的问题，这时建议购买雇主责任险以管控风险。

普通实习时企业需要承担哪些法律风险和责任？根据上述分析，一般情况下，企业与实习生之间可以不建立劳动关系，那么，企业和实习生之间的法律关系不受劳动法及相关法律法规的调整，应当适用《民法典》的相关规定。实践中，普遍认为企业与实习生之间构成特殊的民事法律关系，就民事法律关系而言是平等主体之间的人身关系和财产关系，即双方当事人的地位是平等的；而实习生需要接受企业的管理，遵守企业的劳动纪律，存在一定的人身隶属性，且存在管理和被管理的关系，故此，双方并非典型的民事法律关系，而属于一种特殊的民事法律关系，实习生在实习过程中受到伤害的应当按照民事侵权纠纷进行处理，因实习发生争议的按照民事纠纷处理。

（二）顶岗实习

顶岗实习，是指初步具备实践岗位独立工作能力的学生，到相应实习岗位相对独立地参与实际工作的活动。对于全日制学历教育的中等职业学校和高等职业学校学生进行专业技能培养的实践性教育教学活动，安排顶岗实习的，则需要严格按照《职业学校学生实习管理规定》规则进行，该规定对于这类实习有着严格的规定，比如，实习需要签订三方（学校、企业、学生）实习协议，在人数方面不能超过在岗职工总数的10%，不能高于同类岗位总人数的20%；顶岗实习一般不能超过6个月；合理确定顶岗实习报酬，原则上不低于本单位相同岗位试用期工资标准的80%或最低档工资标准；强制购买实习责任保险等。

（三）认知实习

认知实习，是指学生由职业学校组织到实习单位参观、观摩和体验，形成对实习单位和相关岗位的初步认识的活动。对于这类实习，也属于《职业学校学生实习管理规定》管理的范畴，对于实习人数、实习报酬则不存在强制性的要求，有的企业与学校、实习生自由约定，不过也需要强制购买实习责任保险等。

（四）跟岗实习

跟岗实习，是指不具有独立操作能力、不能完全适应实习岗位要求的学生，由职业学校组织到实习单位的相应岗位，在专业人员指导下部分参与实际辅助工作的活动。对企业的要求与认知实习基本相同，这里不再赘述。

（五）在华留学生的实习

统计数据显示，现阶段在华留学生接近50万人，其中高等教育在校留学生超过30万人。[①] 实践中，这些留学生通常亦会寻找一些实习的机会，那么，企业可以接纳或招募在华留学生作为实习生吗？

根据《外国人入境出境管理条例》以及相关规定，在华留学生持有学习类居留证的，需要在校外勤工助学或者实习应当按照以下程序进行。首先，应当获得所在学校同意，比如有就读的院校出具的同意实习的证明文件；其次，向公安机关出入境管理机构申请居留证件加注“勤工助学”或者“实习地点、期限”等信息。未经过加注上述信息，在华留学生不得在校外勤工助学或者实习，企业亦不得接纳或招募其为实习生。

对于在华留学生本人，超出规定的岗位范围或者时限实习的属于非法就业，其本人可以被依法遣送出境，且自被遣送出境之日起一至五年之内不准

---

① 参见中国政府网：http://www.gov.cn/xinwen/2019-06/03/content_5397181.htm，最后访问时间：2023年3月7日。

入境；同时亦可被处于五千元以上二万元以下罚款，情节严重的可以拘留五日以上十五日以下，尚不构成犯罪的，公安部门可以驱逐出境，自被驱逐出境之日起十年内不准入境。

企业非法招用在华留学生的，按照每人一万元进行罚款，总额不超过十万元；有违法所得的，没收违法所得。

（六）实习生管理与风控建议

首先，在校生身份的审查与确认。可以通过学生证、学校出具的在读证明等文件综合审查与确认其在校生的身份，同时，亦可让实习生提供所在学校的联络人、联络方式等，通过学校核实其在校生的身份。对于未满 18 周岁的实习生应当谨慎使用。

其次，虽然实习协议并非法定要求，但笔者倾向于建议企业与实习生订立书面实习协议，针对实习期间的待遇、劳动纪律、商业保险等事宜进行明确约定。

再次，关注实习生身份的转换，若其已经毕业，继续维持实习关系的应当自毕业之日起一个月内与其签订劳动合同，否则企业则存在承担双倍工资的风险。同时，企业亦需要及时为其缴纳社会保险费用，以管控工作期间发生意外事故的赔偿风险或者员工投诉社保费用的风险。

最后，对于入职的实习生，企业应当进行安全教育、岗前培训、提供符合国家要求的劳动保护和劳动条件，同时购买实习责任保险或雇主责任险以保障实习过程中的意外事故。

七、兼职用工模式

兼职并非法律概念，而是实践中企业在用工管理中约定俗成的概念，一般具有短期性、临时性，亦存在长期兼职的情况。企业和员工之间口头约定兼职，或者签订书面兼职协议的，双方之间究竟是何种法律关系呢？

根据《关于确立劳动关系有关事项的通知》规定，用人单位招用劳动者未订立书面劳动合同，但同时具备下列情形的，劳动关系成立：用人单位和劳动者符合法律、法规规定的主体资格；用人单位依法制定的各项劳动规章制度适用于劳动者，劳动者受用人单位的劳动管理，从事用人单位安排的有报酬的劳动；劳动者提供的劳动是用人单位业务的组成部分。

换言之，判定企业和员工之间的关系应考量是否存在上述成立劳动关系的实质构成要件，即劳动者是否为该用人单位招用，工作安排和工资是否受该用人单位管理和支配。如果双方的关系符合上述三项特征，则兼职关系就是事实劳动关系。若不符合则属于民事法律关系，可能是劳务关系、承揽关系、代理关系、居间关系等。

故此，企业在使用兼职用工时，需要从《民法典》中寻找构建双方权利和义务的依据，并根据《民法典》中规定的内容来订立双方之前的合同，构建双方之间的权利和义务关系，并全面履行各自的权利和义务；若企业逾越界限按照劳动合同制形式来行使权利和要求对方履行劳动者的义务，那么，就需要承担实施劳动关系的法律责任。

八、劳务用工模式[①]

劳务用工模式，是指平等的民事主体之间就一方向另一方提供劳务，另一方接受劳务并支付对价而相互形成的权利义务关系的一种用工模式，它属于民事关系中的一种。在劳务用工模式中，双方存在财产关系，并不存在隶属关系，不存在管理与被管理的关系，劳动力供给方提供劳务服务，用工需求方支付劳务报酬，各方独立，地位平等。

从用工模式参与主体来看，在劳务关系中，提供劳务的一方可以是企业、自然人（劳动者）、其他经济组织等，即参与劳务关系的主体是多样化的。与劳动关系相比，用工企业在劳动力供给方上有更多的选择余地。

从劳务报酬支付来看，劳务关系双方法律地位是平等的，劳务报酬支付的形式、时间、方式由双方协商确定。在劳务报酬支付的形式上，一般遵循公平合理、等价有偿的原则，当然也可以是无偿的；在劳务报酬支付的时间上，可以预先支付，可以按阶段支付，亦可在劳务结束之后一次性支付；在劳务报酬支付的方式上，可以是人民币、实物、有价证券或同等价值的物品等。

从劳务关系履行来看，劳务人员有独立、自主的决定权，不需要接受用工单位的管理，不需要接受用工单位劳动纪律、规章制度的约束。

从法律责任承担来看，在劳务关系中，一般由劳务提供方独立承担法律

---

① 参见劳达—HI伙伴法税顾问团队编著:《灵活用工合规手册》，中国财富出版社有限公司2021年版。

责任；违反劳务约定的，需要承担违约和侵权等民事责任。

从适用法律来看，劳务关系作为一种民事法律关系，尊重劳务双方的意思自治，除违反国家法律、法规等强制性规定外，一般情况之下法律不作干预。因为劳务关系是平等主体之间的财产关系，适用于民事法律规定，是否需要订立劳务合同或协议，由双方协商之后确定。

对于劳务关系，是否需要订立书面合同，法律未作强制性的要求，可以订立书面劳务合同，亦可订立口头劳务合同，笔者建议订立书面劳务合同。

九、灵活用工模式①

现阶段，“灵活用工”的概念在市场上已经被广泛使用，但对于什么是“灵活用工”，无论是在实践上还是在理论上，都并无定论。法律上既没有对“灵活用工”进行定义，也没有解释过“灵活用工”究竟是指什么。

在人力资源服务市场上，各人力资源服务机构对于灵活用工的产品和服务内容表述亦存在不同。比如，中智经济技术合作股份有限公司官方网站显示，该公司灵活用工服务是以服务外包的形式为企业提供“优质、高效、便捷”的项目管理和办公室文职服务。北京外企人力资源有限公司官网显示，灵活用工管理，包括外包和劳务派遣管理、非全日制用工与短期用工管理、灵活用工招聘流程外包三类业务。英格玛人力资源集团（Engma）官网显示，灵活用工，在规定工作任务或固定工作时间长度的前提下，企业根据有关雇佣关系制度的现行法律法规，通过使用兼职、自雇、短期合同等多种工作方式，完成既定工作内容，帮助实现企业人力资源队伍快速调整、精确匹配、弹性管理和敏捷适应环境变化。科锐国际（Career International）官网显示，灵活用工是针对招聘旺季人才短缺、新项目、员工短期替补及编制紧张等情况带来的人员需求，提供短中长期项目及人员外包。通过岗位外包、服务流程外包，支持客户提升组织灵活性、降低风险。万宝盛华大中华有限公司（Manpower Group Greater China）官网显示，万宝盛华大中华灵活用工服务，致力于为企业提供专业而灵活的外包服务，有效应对企业季节性、临时性、周期性的发展变革挑战。

---

① 参见劳达—HI伙伴法税顾问团队编著：《灵活用工合规手册》，中国财富出版社有限公司2021年版。

人力资源和社会保障部在《关于我国灵活就业情况的统计分析》中认为，灵活就业人员，主要由以下三部分构成：自营劳动者，包括自我雇佣者（自谋职业）和以个人身份从事职业活动的自由职业者等；家庭帮工，即那些帮助家庭成员从事生产经营活动的人员；其他灵活就业人员，主要是指非全时工、季节工、劳务承包工、劳务派遣工、家庭小时工等一般劳动者。《劳动报》将“灵活用工”定义为，包含以非全日制用工为代表的时间上的灵活、以劳务派遣为代表的雇佣形式上的灵活、以业务外包为代表的服务形态上的灵活，以及以平台型用工为代表的就业形式上的灵活。

从劳动合同用工的视角来看，现阶段劳动合同用工是我国企业的基本用工形式，法律也是这样界定的。在整个劳动合同用工过程中，对于企业用工管理而言最难的三个问题是调岗、降薪、解雇。如果这三个问题能够有效地解决，或者说都能很方便地解决，就可以称之为“灵活用工”。同时，笔者认为“灵活用工”不等于不缴纳社保、不守法、违法，而是更加方便业务需求，即实现业务需求与用工供给的灵活对应关系。

灵活用工的蓬勃发展，是市场对其本身价值和意义的认可。虽然现阶段对于“灵活用工”的概念莫衷一是，但是不妨碍我们从劳动合同用工的视角去观察现行的各类用工形式，包括传统的非全日制用工、劳务派遣、实习生、退休返聘、劳务外包、兼职、各类民事法律关系；同时也包括随着新产业、新业态、新经济模式发展，显示出共同拥有而不占有的特点，产生的诸如平台用工、众包用工、网约工、共享员工等用工形式。

换言之，灵活用工可能是非全日制用工、劳务派遣、实习生、退休返聘、劳务外包、兼职、各类民事法律关系等模式的一种形式。故此，企业在采用灵活用工模式时，应当重点关注和识别其法律上的依据和逻辑是什么。如果缺少明确的法律上的依据和逻辑，那么这种灵活用工可能就会被认定为事实劳动关系，或者混同用工，企业需要承担用人单位的法律责任或者连带赔偿责任。

第五节　市场化用工制度的特征和要求

国有企业用工制度，是指国有企业招录和使用劳动力所规定的制度。从国有企业用工的发展历程来看，国有企业的用工制度经历了以固定工为主，临时工、劳动合同制等补充，到以固定工为主，再到试用劳动合同制，发展到现在的以劳动合同制为主，劳务派遣、外包等多种形式并存。国有企业用工制度现状可以概括地归纳为，伴随着国有企业改革的推进，基本完成了从计划用工向市场用工，从固定工到劳动合同制的转变。国有企业用工制度是国有企业改革的重要内容之一。目前国有企业用工制度虽然转向了市场化，但是，现阶段依然存在市场化不彻底的问题，如招聘中的"萝卜""近亲繁殖"现象，人员退出机制缺失等问题。

市场化，简单理解就是以市场需求为导向，以优胜劣汰为手段，实现资源充分合理配置，效率最大化目标的机制。市场化用工机制，就是以企业的用人需求为导向，通过优胜劣汰的手段，实现人力资源充分合理配置，实现人力资源效率最大化目标的机制。

一、劳动合同管理为核心

劳动合同管理是市场化用工管理制度的核心，亦是国有企业用工制度改革的着力点和重心。市场化用工制度在于健全和完善劳动合同管理制度，根据劳动合同制用工的法律规定，企业和劳动者之间建立劳动关系就应当订立书面劳动合同。从时间线上来看，劳动合同（关系）存在建立、变更、中止、解除、终止五项内容。这五项内容贯穿劳动合同（关系）的始终，背后有着非常丰富的含义，不能相互代替，亦不可乱用。劳动合同管理是一个动态管理的过程。

（一）建立

关于劳动合同（关系）的建立，一种观点认为是基于双方的合意，即企业和劳动者双方有建立劳动合同（关系）的意思表示，这里的意思表示既包括双方通过订立劳动合同的方式进行明示，也包括双方以实际行动各自履行劳动关系项下的权利和义务；另一种观点认为是基于法律的规定，即企业和劳动者之间的关系符合认定劳动关系的标准，则双方就构成法律上的劳动关系。其实，无论是合意还是法定，都不难看出，决定企业和劳动者双方是否存在劳动关系的，是彼此之间的行动和法律规定。或者说，在实际用工已经开始的情况下，劳动关系是否建立不取决于企业的单方意愿。劳动关系建立是劳动合同（关系）的起点，一旦建立起劳动关系，则需要依据《劳动法》《劳动合同法》及相关劳动保障法律法规政策运行。根据法律规定，用人单位自用工之日起即与劳动者建立劳动关系。用人单位招用劳动者未订立书面劳动合同，但同时具备下列情形的，劳动关系成立：用人单位和劳动者符合法律、法规规定的主体资格；用人单位依法制定的各项劳动规章制度适用于劳动者，劳动者受用人单位的劳动管理，从事用人单位安排的有报酬的劳动；劳动者提供的劳动是用人单位业务的组成部分。

（二）变更

在劳动合同（关系）履行期间，对劳动关系项下的权利和义务进行调整，当这种调整实质上涉及双方利益时，就会构成劳动合同（关系）的变更，劳动合同（关系）变更的形式有三种。

第一种：法定变更，即依据法律条文的规定进行的调整。比如，随着最低工资标准的调整，企业最低病假工资、员工正常出勤下的工资标准、停工停产期间的工资等都需要作出调整；员工被诊断患有职业禁忌必须调离原岗位；任职期间员工形成婚姻等特定关系，违反岗位不相容原则必须调离岗位；根据政府行业监管要求，某些岗位超过任职期限必须调整等。

第二种：约定变更，包括事前约定和事后约定。事前约定，即企业和劳动者事先约定变更的条件，比如，根据事先签订的劳动合同、岗位聘用协议、绩效考核书、岗位说明书等文件内容对岗位、薪酬、工作地点等进行的调整；事后约定，包括但不限于对岗位、薪酬、工作地点等进行协商之后约定，包括明示和默示两种形式，明示即书面的记录，默示即以实际行动来履行。

第三种：合理必要的变更。这是企业用工自主权的一部分，属于劳动关系人身隶属性的特殊存在，但是这种权利的使用受到了严格限制，企业不能滥用用工自主权。实践中，对于如何界定“合理行使”或“滥用”用工自主权，法律上没有明确的规定和标准，但是依然存在某些公认的标准，比如，企业在行使用工自主权时不能存在侮辱、歧视，降低员工薪酬待遇应当有依据或合理性，调整工作岗位或工作地点应当有必要性。同时，企业在采取变更措施时，应当已经采取了若干措施减少对员工的负面或不利影响；在决策的过程中体现出了民主参与性、民主管理性等。

（三）中止

顾名思义，就是暂停，企业和劳动者不再继续享有劳动合同（关系）项下的权利，同时亦不需要履行义务，比如，停止发放工资、停止缴纳社保、中止期间不计入工龄等。中止包括以下两种形式：

一种是企业和劳动者双方约定，正常情形下，法律并不禁止这种约定，但当员工处于患病、工伤、女职工“三期”等特殊情形时，除非劳动者对自己应当享有的权利和自己愿意放弃的权益比较清楚之外，双方的约定会存在不被法律认可和支持的风险，因为排除他人合法权益的协议存在可撤销、无效的法律风险。

另一种是法定中止，劳动者涉嫌违法犯罪被限制人身自由时、因不可抗力无法履行时等，企业可以单方通知劳动者中止劳动合同。

（四）解除

在劳动合同（关系）期满之前提前结束劳动合同（关系）视为解除，注意不要与终止混用。缘何两者不能混用呢？从企业方来看，在操作程序上，解除劳动合同（关系）需要履行告知工会的程序，而终止劳动合同（关系）则无需告知工会；在操作依据上，终止的依据均属于法定，解除的依据亦均属于法定，但是在法定之下企业可以做一些设定。

劳动合同（关系）的解除分为六大类情形：企业和劳动者协商一致解除；劳动者提前通知解除；劳动者单方解除；过失性解除；非过失性解除；经济性裁员。

其中，协商一致解除，是指双方就劳动合同（关系）解除通过沟通、谈判达成合意，包括企业提出协商、劳动者提出协商两种形式。无论何种形式，任何一方不同意，均无法构成协商解除劳动合同（关系）。

劳动者提前通知解除，包括试用期内提前三日、试用期满提前三十日两种形式，注意这是劳动者的单方解除权利，是劳动者独享的权利，企业不享有这样的权利。劳动者提出之后，无论企业是否同意，无论是否安排工作交接，均不影响劳动合同（关系）的解除，企业如果设置障碍进行干预，无论是否有合理的理由，均需要承担法律责任。

劳动者单方解除包括六大类情形，可细分为若干小类情形。过失性解除包括六大类情形，可细分为若干小类情形。非过失性解除包括三类情形，即常见的不胜任工作、医疗期满、客观情况发生重大变化。最后一类解除是经济性裁员，需要符合实体性条件和程序条件。

（五）终止

劳动合同（关系）主体资格灭失或劳动合同期满不再继续是为终止，注意不要与解除混用。终止劳动合同（关系）的情形有十一大类若干小类，包括：用工之日起一个月内，员工拒绝订立书面劳动合同的；用工之日起超过一个月不满一年，员工拒绝补签书面劳动合同的；劳动合同期满的；劳动者达到退休年龄的；劳动者依法享受基本养老保险待遇的；劳动者死亡的；劳动者被法院宣告死亡的；劳动者被法院宣告失踪的；企业方破产的；企业被吊销营业执照的；企业被责令关闭的；企业被撤销的；企业决定提前解散的；双方协商不再续签劳动合同的。终止劳动合同在操作程序上不需要通知工会，在操作依据上应按照法定条件执行。

健全和完善劳动合同管理，就是依法做好劳动合同建立、履行、变更、解除、终止等各项工作的管理，实现劳动合同的动态管理。

二、岗位管理为基础

动态劳动合同（关系）管理是劳动合同（关系）管理的一种理念，即劳动合同（关系）并非固定不变的，而是随着企业内外部环境、员工自身环境等因素不断发生变化的。动态劳动合同（关系）管理具有三个显著特征：岗位能上能下、薪酬能增能减、人员能进能出。

从劳动法和员工关系管理的角度来看，动态劳动合同（关系）管理的核心在于构建劳动合同（关系）的五点（建立、变更、中止、解除、终止）与薪酬、福利、绩效、岗位、培训、劳动纪律相互之间的逻辑关系，（见图 1-1）目的在于实现岗位能上能下、薪酬能增能减、人员能进能出。

这个逻辑关系的起点应当基于工作内容，即围绕岗位管理进行设计。岗位是支撑点，薪酬、劳动纪律是两翼，福利、培训是辅助，绩效考核管理工具是驱动力。

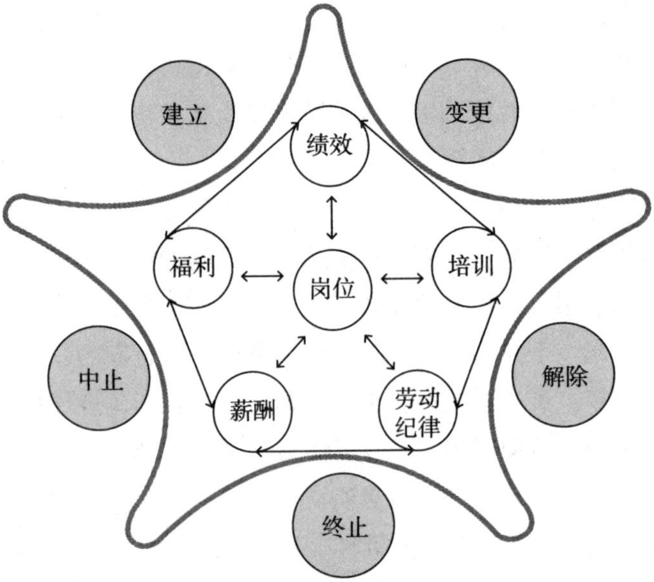

图 1-1　动态劳动关系管理图示

（一）动态劳动合同（关系）管理的起点

劳动，根据劳动力的支出和适用，分为脑力劳动和体力劳动，就是俗称的“做什么事情”。在人力资源管理领域，常用的概念是“岗位”，是组织（用人单位）要求个人（劳动者）完成的一项或者多项责任以及为此赋予个人（劳动者）的权力的总和。简单理解，岗位就是员工需要做什么工作，同时享有的权限和需要承担的责任。对应到劳动法领域，则是劳动合同（关系）履行过程中员工享有的权利和应履行的义务。

实践中，一般而言企业不会针对劳动者需要做的事项、权利、义务等在劳动合同中作出具体的约定，尤其是对于“需要做的事项”，即“工作内容”并未具体约定，而是约定其职务/职位/岗位名称。同时，有些企业会选择通过岗位说明书、绩效考核任务书等形式进一步明确工作内容，对工作内容的完成程度给予评价。当然，也有很多企业没有岗位说明书、绩效考核任务书。

在法律上讲究的是权利和义务，主要依靠双方事先的约定或者实践习惯来判断。换言之，需要员工做什么没有明确约定，做到什么程度亦没有评价标准，与薪酬、福利、劳动纪律、劳动关系等没有逻辑关系。遇到岗位调整、薪酬调整时，只能依靠约定俗成的规矩或习惯管理，这样的操作往往容易发生争议纠纷，这时企业和劳动者心里清楚是怎么回事，企业往往能说得清楚，但无法用证据“讲清楚”，最终因此输了官司。

如果对“需要做什么”的问题都没有清晰明确的界定，那么，动态劳动合同（关系）管理更是无从谈起。因此可以说岗位管理是起点和支撑点，是薪酬、福利、劳动纪律等的核心依托。

（二）动态劳动合同（关系）管理的两翼

为什么说用工制度和薪酬制度是动态劳动合同（关系）管理的两翼？企业招用劳动者成为其成员，劳动者提供劳动，企业向其支付报酬，这是双方权利和义务互动的基础逻辑。其中，劳动者需要完成劳动任务，企业需要组织劳动过程和进行劳动管理，一套科学合理的用工制度的存在成为必要保障，毕竟依靠文化进行管理、实现管理的企业是少数，没有任何制度，企业在法律面前无异于“裸奔”。同时，面对劳动关系的书面形式、长期稳定、解雇保护等法律特征，用工制度的重要性不言而喻。其中，薪酬制度的目的在于实现对员工的吸引、激励、保留、离职管理等。企业内外部环境在变，员工自身在变，薪酬不能维持不变，如何让薪酬动起来，就需要通过薪酬制度来实现。

换言之，动态劳动合同（关系）管理的实现离不开用工制度和薪酬制度的支撑，它们是实现动态劳动合同（关系）管理的两翼（基石），也是劳动合同（关系）管理的基石。

（三）动态劳动合同（关系）管理的辅助

动态劳动合同（关系）管理中的福利，在这里主要是指企业为了吸引、稳定员工而自行采取的福利措施，包括但不限于工作餐、班车、工作服、车辆、住房、健康体检、带薪休假、商业保险等。福利属于薪酬管理的重要组成部分，亦是全部劳动报酬的组成部分。福利一般分为普惠式福利，即所有员工都可以享有的福利；条件式福利，具备某些特定的条件，比如达到一定工作年限、业绩、职位等方可享有的福利。

从动态劳动合同（关系）管理的角度，条件式福利相对于普惠式福利更加具有优势，福利应该与岗位、绩效等相关联，这样有利于最大限度地发挥其价值。福利由企业根据自身实际情况来设定，企业可设置丰富多样的福利，亦可没有任何福利。因此，福利属于动态劳动合同（关系）管理辅助性的因素。

动态劳动合同（关系）中的培训亦由企业根据自身实际情况决定。从动态劳动合同（关系）管理的角度来看，培训应当围绕两方面来进行，一方面是提升员工的工作技能，包括但不限于沟通、管理、协作、技能等；另一方面是培养员工的职业道德、劳动纪律，包括但不限于工作内容、职业道德、履约纪律、考勤纪律、保密纪律、安全生产纪律等。

（四）动态劳动合同（关系）管理的驱动

如何建立多劳多得、少劳少得、不劳不得，公平、合理、科学的薪酬分配机制，是企业人力资源管理工作的重要组成部分。实践中，对于工作任务的分配、工作任务的完成情况及程度，多依托绩效管理来实现，可将绩效管理理解为岗位和薪酬之间的“调节器”。换言之，通过绩效管理的应用，可实现岗位与岗位、岗位与薪酬之间的动态管理，动态劳动合同（关系）管理的驱动力亦在于此。

从动态劳动合同（关系）管理的角度，通过绩效管理对工作任务进行分配，对工作任务完成的情况、程度进行评价；根据评价的结果，确定其是否符合岗位任职要求，确认其对应享有的薪酬、福利；引起劳动合同的变更、解除；若绩效管理的工具能够符合法律上证明员工无法胜任工作要求，比如KPI，则可以根据考核结果来解除员工的劳动合同关系。

明确的工作任务安排，从数量、质量方面对工作任务的完成情况进行评价，评价的标准越符合SMART管理的原则，评价结果与岗位、薪酬等之间的关系越明确具体，这些操作越有助于实现动态劳动合同（关系）管理的实现。

三、依法规范用工管理

近年来，灵活用工，各种类型的外包用工、共享用工、众包用工、平台用工等模式兴起。国有企业在采用这些用工形式时，应当依法规范用工管理，可以从以下四个方面进行。

（一）重视用工实践

用工实践，是指用工的各参与主体实际上是如何享有权利和履行义务的。简言之，就是各参与主体之间互动的形式是什么样的。实践中用工各方参与主体之间互动形式可以归纳如下：

劳动过程管控型，企业方面基于对质量、效率管理的需要，对劳动者的劳动过程进行管控，包括但不限于制定、发布适用于用工人员的劳动规章、薪酬制度、奖惩制度、安全生产等各项管理制度，旨在通过对这些制度的执行实现质量、效率层面的目标。

劳动成果管控型，与劳动过程管控型的企业不同，这类企业不关注用工人员提供劳动的过程，亦不会制定、发布适用于用工人员的各项管理制度，仅关注劳动成果是否达成，即用工人员提供的劳动成果是否符合事先约定的交付成果。

劳动时间管控型，有些企业关注的重点在于劳动时间（工作时间），这类企业通常会通过考勤制度、奖惩制度等对用工人员的劳动时间进行管控。

节点管控型，基于质量、效率管理的需求，有些企业仅就某些影响质量、效率的关键节点进行管控，比如，用工人员的工作地点必须接受企业的安排；企业对用工人员进行指派、调度；用工人员必须接受企业的奖惩；用工人员不能拒绝“接单”；等等。

混同管控型，即把用工人员与劳动合同人员混合在一起使用，对劳动过程、劳动成果、工作时间等进行全面的管理和管控。

不同管控类型的用工会产生不同的法律关系，管控方式越接近的用工实质上越是趋同。换言之，叫什么名字不重要，重要的是做什么事情。用工的客观事实是合规风险管理的起点，离开这个起点就谈不上合规风险管理。

（二）关注法律关系

从法律关系的主体来看，是指法律关系的参加者，即依法享有权利和承担义务的当事人。在用工的法律关系中，可能存在两方或多方主体，企业方包括但不限于用工需求单位、劳务派遣单位、承包单位、平台经营单位等；劳动者方包括适龄劳动者、在校生、退休返聘人员等；用工需求方包括但不限于在我国境内的各类企业、个体经济组织、民办非企业单位、会计师事务所、律师事务所等组织和基金会等，以及国家机关、事业单位、社会团体等。

从法律关系的内容来看，是指用工的参与方依法享有的权利和承担的义务。比如，在非全日制用工形式中，用人单位对劳动者享有监督、管理的权利，同时承担支付劳动报酬的义务等；劳动者享有获得劳动报酬的权利，同时承担根据用人单位要求提供劳动的义务等。在其他用工的权利和义务设置过程中，应当遵循对等的原则，即权利和义务是相对的，没有无权利的义务，也没有无义务的权利，如果存在加重对方义务、排除对方权利的情形，这种约定同样在法律上存在被认定为无效的风险。换言之，在其他用工形式上，如果企业把各类风险转嫁给劳动者，在法律上这种目的通常难以实现。

从法律关系的客体来看，是指用工各方享有权利和承担义务的载体，即俗称“做了什么事”“有什么样的成果”，与上述提到的用工实践密切相关。换言之，如果某种类型的用工，仅有纸面的权利和义务，并无实际的用工行为，即权利和义务的载体不存在，那么，这种虚构的法律关系，必然会存在法律上的风险。

（三）掌握量化风险

对标劳动关系项下的常见风险及经济成本进行量化。换言之，如果操作不当“用工”被认定为事实劳动关系则需要承担劳动合同制的成本支出。

（四）重视管理工具

用工的风险管控工具包括三大类：管理制度、业务流程、操作指引。管理制度，是指基于成本、效率、质量的管理需要，在用工单位管理制度的基础之上转化为对用工人员的一套工作质量、服务水平等监督、考核、验收的制度。这是用工单位进行间接管理的重要途径，是解决用工单位顾虑的重要举措，亦是管控法律风险的重要工具。

业务流程，即指用工人员开展工作的一系列程序、标准、要求等。同样这些业务流程需要按照管理制度转化的思路进行转化，转化成一套对服务质量、效率监督、考核、验收的标准。

操作指引，亦可称为内部操作手册，包括但不限于对用工供应商的选择、监督、考核、评价的标准，管理制度、业务流程转化时的操作流程，就业人员意外事故处理的流程，就业人员争议的处理流程等。换言之，操作指引就是企业采用的用工管理的具体操作形式。

第六节　国企用工的劳动法律依据体系

一、劳动保障法律法规政策

随着我国社会和经济情况的发展，在劳动保障法律法规政策等规制方面日臻完善，从效力层级方面，由上至下影响企业用工管理的包括但不限于法律、行政法规、地方性法规、部门规章、规范性文件、司法解释、业务指导性文件、典型案例、具体业务口径等。

简单理解，法律是原则性和宏观性的；行政法规、地方性法规是对法律的进一步细化；规范性文件是对前三者更进一步的说明；司法解释、审裁意见、典型案例、具体业务口径等是实际操作中遇到问题时的裁判尺度和标准。

（一）法律

劳动保障法律，是指由全国人民代表大会和全国人民代表大会常务委员会制定的劳动保障方面的规则，包括调整劳动关系、劳动合同关系、社会保险关系等方面。法律有综合性的，也有专门性的，比如，为了保护劳动者的合法权益，调整劳动关系，建立和维护适应社会主义市场经济的劳动制度，促进经济发展和社会进步制定的《劳动法》，是劳动法领域的基础法律规定，也是综合性法律。为了完善劳动合同制度，明确劳动合同双方当事人的权利和义务，保护劳动者的合法权益，构建和发展和谐稳定的劳动关系制定的《劳动合同法》，是专门性法律；为了规范社会保险关系，维护公民参加社会保险和享受社会保险待遇的合法权益，使公民共享发展成果，促进社会和谐稳定制定的《社会保险法》；为了促进就业，促进经济发展与扩大就业相协调，促进社会和谐稳定制定的《就业促进法》；为了公正及时解决劳动争议，保护当事人合法权益，促进劳动关系和谐稳定制定的《劳动争议调解仲裁法》；为保障工会在国家政治、经济和社会生活中的地位，确定工会的权利与义务，发挥工会在社会主义现代化建设事业中的作用制定的《工会法》；等等。

（二）行政法规

劳动保障行政法规，是指国务院按照法定程序制定的有关行使劳动保障行政权力、履行行政职责的规范性文件的总称，包括条例、规定、办法。“条例”是指对某一方面的行政工作作比较全面、系统的规定。比如，为了贯彻实施《劳动合同法》制定的《劳动合同法实施条例》；为了保障因工作遭受事故伤害或者患职业病的职工获得医疗救治和经济补偿，促进工伤预防和职业康复，分散用人单位的工伤风险制定的《工伤保险条例》；为了贯彻实施劳动和社会保障法律、法规和规章，规范劳动保障监察工作，维护劳动者的合法权益制定的《劳动保障监察条例》等。

“规定”是指对某一方面的行政工作作部分的规定。比如，为了合理安排职工的工作时间和休息时间，维护职工的休息权利，调动职工的积极性，促进社会主义现代化建设事业的发展制定的《国务院关于职工工作时间的规定》；为了减少和解决女职工在劳动中因生理特点造成的特殊困难，保护女职工健康制定的《女职工劳动保护特别规定》；为保护未成年人的身心健康，促进义务教育制度的实施，维护未成年人的合法权益制定的《禁止使用童工规定》。

“办法”是指对某一项行政工作作比较具体的规定。比如，为统一全国年节及纪念日的假期制定的《全国年节及纪念日放假办法》等。

（三）地方性法规

劳动保障地方性法规，是指法定的地方国家权力机关（省级人大）依照法定的权限，在不与宪法、法律和行政法规相抵触的前提下，制定和颁布的在本行政区域范围内实施的规范性文件。比如，以北京市为例，为了规范劳动合同制度，保护劳动者及用人单位的合法权益，根据《劳动法》及有关规定，结合北京市实际情况制定的《北京市劳动合同规定》；为规范工资支付行为，维护劳动者的合法权益，根据《劳动法》及有关法律、法规的规定，结合北京市实际情况制定的《北京市工资支付规定》；为了规范集体协商和签订、履行集体合同的行为，维护劳动者和用人单位的合法权益，建立和谐稳定的劳动关系，根据《劳动法》和《工会法》，结合北京市实际情况制定的《北京市集体合同条例》。

（四）部门规章

劳动保障部门规章，是指国务院各部门、各委员会根据劳动法律和行政法规的规定和国务院的决定，在本部门的权限范围内制定、发布的调整本部门范围内的行政管理关系的，并不得与宪法、法律和行政法规相抵触的规范性文件。比如，为了保障社会保险基金安全，规范和加强社会保险基金行政监督，根据《社会保险法》和有关法律法规制定的《社会保险基金行政监督办法》；为了维护在内地（大陆）就业、居住和就读的香港特别行政区、澳门特别行政区居民中的中国公民和台湾地区居民依法参加社会保险和享受社会保险待遇的合法权益，加强社会保险管理，根据《社会保险法》等规定制定的《香港澳门台湾居民在内地（大陆）参加社会保险暂行办法》；为了规范劳务派遣，维护劳动者的合法权益，促进劳动关系和谐稳定，依据《劳动合同法》和《劳动合同法实施条例》等法律、行政法规制定的《劳务派遣暂行规定》等。

（五）规范性文件

劳动保障部门规章，是指劳动保障法律范畴以外的其他具有约束力的非立法性文件。比如，为指导用人单位和劳动者依法规范订立电子劳动合同，根据《劳动合同法》《民法典》《电子签名法》等法律法规，由人社部组织编写的《电子劳动合同订立指引》；为深入贯彻落实国家人力资源社会保障部等八部门《关于维护新就业形态劳动者劳动保障权益的指导意见》（人社部发〔2021〕56号），促进平台经济健康发展，维护新就业形态劳动者合法权益，上海市人力资源和社会保障局等八部门发布的《关于维护新就业形态劳动者劳动保障权益的实施意见》；为进一步规范集体协商和签订、履行集体合同的行为，保护劳动者的合法权益，构建和发展和谐稳定的劳动关系，根据《劳动合同法》《上海市集体合同条例》《集体合同规定》《工资集体协商试行办法》等相关规定制定的《上海市集体合同审查办法》；等等。

（六）劳动法律相关的司法解释

劳动法律相关的司法解释，是指国家最高司法机关在适用法律过程中对具体劳动法律问题应用所作的解释，包括审判解释和检察解释两种。比如，最高人民法院为审理劳动争议案件，自2001年至2012年期间，先后发布了四部《最高人民法院关于审理劳动争议案件适用法律若干问题的解释》，2020年12月25日，上述四部司法解释“合四为一”的《最高人民法院关于审理劳动争议案件适用法律问题的解释（一）》发布，自2021年1月1日起施行。类似性质的司法解释还有《最高人民法院关于审理工伤保险行政案件若干问题的规定》，等等。

（七）劳动争议的业务指导性文件

劳动争议的审裁意见，是法院系统或劳动人事争议委员系统，指导下级部门在审理劳动争议案件时，需要参照的裁判标准和尺度，旨在统一裁判标准，避免出现同案不同判的情形。劳动争议的审裁意见属于业务指导性质的文件，通常涉及对于具体问题的裁判标准和尺度，从企业用工管理的角度，是借鉴、参考意义最强的一类。比如，2017年4月，为公正、高效地处理劳动争议纠纷，统一劳动争议案件执法尺度，北京高院民一庭与北京市劳动人事争议仲裁委员会共同研究发布了《关于审理劳动争议案件法律适用问题的解答》，针对调岗调薪、调整工作地点、订立劳动合同时所依据的客观情况发生重大变化等系列问题进行解释和说明。广东省、上海市、江苏省、浙江省、山东省、四川省、云南省等省市历年均发布类似解答、意见，这样的操作在大部分省份已成为一种常见的做法。甚至有些市一级的法院、劳动人事争议委员会也会联合或单独发布类似的解答、意见，如烟台市、东莞市、中山市、宁波市、徐州市等。

（八）典型案例

劳动争议典型案例，是指各级人民法院或劳动人事争议仲裁委员会或人力资源和社会保障部门，为了实现“加强裁审衔接，统一案件处理标准”而发布的典型案例，属于业务指导性非常强的文件，但是不具有法律上的强制执行力。比如，人力资源社会保障部和最高人民法院联合发布了第一批、第二批劳动人事争议典型案例，其中2021年6月30日发布的第二批劳动人事争议典型案例，针对社会关注的加班问题，对工时及加班工资法律适用标准进行了明确，请各地仲裁机构、人民法院在办案中予以参照。为预防和减少劳动人事争议发生，更好服务“两区”建设，2021年11月6日，北京市人力资源和社会保障局发布2021年劳动人事争议仲裁十大典型案例，涉及加班费、新就业形态劳动关系认定、规章制度制定、竞业限制、“三期”女职工权益保护、解除劳动合同、解除聘用合同等类型，这也是北京市第七次发布仲裁典型案例。广东省、上海市、江苏省、浙江省、山东省、重庆市、四川省等省市也有类似的做法。

（九）具体业务口径

具体业务口径，是指在涉及具体劳动保障相关业务时，比如，社会保险登记、增员减员的时间节点；申请工伤认定、异地医疗等报备登记的要求；申请工伤保险待遇、生育保险待遇、失业保险待遇等需要提交的资料、流程等。实践中，相同的事项在不同的办事窗口可能会有不同的要求。

二、其他与用工有关的规定

（一）国资委制定的规范性文件、政策等

国资委，即国务院国有资产监督管理委员会，为国务院直属特设正部级机构，代表国家履行出资人职责。国资委根据国务院授权，依照《公司法》等法律和行政法规履行出资人职责，指导推进国有企业改革和重组；对所监管企业国有资产的保值增值进行监督，加强国有资产的管理工作；推进国有企业的现代企业制度建设，完善公司治理结构；推动国有经济结构和布局的战略性调整。

国资委制定的规范性文件、政策，如2021年10月17日发布的国资委

《关于印发〈关于进一步深化法治央企建设的意见〉的通知》；2021 年 12 月 13 日发布的《关于印发〈中央企业重大经营风险事件报告工作规则〉的通知》等政策性文件。这些政策性文件是需要央企执行的，同时各省市国资委也会进一步提出要求，也就是说通常地方性国有企业也是需要参照执行的，或者有更加严格的要求。这些政策性文件涵盖企业管理的方方面面，当然企业用工亦包含在内，比如，在用工方面影响比较大的《关于进一步深化中央企业劳动用工和收入分配制度改革的指导意见》等。

（二）党规党纪

1. 中国共产党章程

党章是党的根本大法，是全党必须遵循的总规矩，党章集中体现了党的性质和宗旨、党的理论和路线方针政策、党的重要主张，规定了党的重要制度和体制机制，是全党最基本、最重要、最全面的行为规范。

2. 党内法规制度

党内法规制度，由准则、条例、规定、办法、规则、细则、规范性文件等组成，这是中国共产党党员需要遵守的纪律。比如，2016 年期间发布、修订发布的《关于新形势下党内政治生活的若干准则》《中国共产党廉洁自律准则》等属于准则；2021 年期间发布的《中国共产党纪律检查委员会工作条例》《中国共产党党徽党旗条例》《中国共产党组织工作条例》，2020 年修订发布的《中国共产党党员权利保障条例》等属于条例；2021 年发布的《中国共产党组织处理规定（试行）》等属于规定；2021 年修订发布的《公务员录用违规违纪行为处理办法》等，国有企业有些重要岗位通常需要参照执行。除此之外，还有党的通知、意见等规范性文件。

在企业里具有中国共产党党员身份的员工，尤其是国有企业中具有中国共产党党员身份的员工，在履行劳动合同的过程中，除了遵守企业依法制定的各项人事管理制度之外，还要遵守党的章程、党内法规制度。

3. 纪检监察相关规定

国有企业的特殊身份人员或群体，除了适用《劳动法》之外，还需要受到纪检监察相关规定的约束。比如，根据《监察法》第十五条之规定，监察机关对国有企业管理人员的职务违法和职务犯罪有权进行监察。同时，根据《公职人员政务处分法》，国有企业管理人员有违法行为的，监察机关可以予以警告、记过、记大过。情节严重的，由所在单位直接给予或者监察机关建议有关机关、单位给予降低薪酬待遇、调离岗位、解除人事关系或者劳动关系等处理。

（三）《民法典》《公司法》等关联法律

1.《民法典》

2020年5月28日，第十三届全国人大第三次会议表决通过了《民法典》，《民法典》被称为“社会生活的百科全书”，是新中国第一部以法典命名的法律，在法律体系中居于基础性地位，也是市场经济的基本法。《民法典》自2021年1月1日起施行，《婚姻法》《继承法》《民法通则》《收养法》《担保法》《合同法》《物权法》《侵权责任法》《民法总则》同时废止。

《民法典》的核心亮点之一是人格权独立成编，以凸显对人格权的保障，当然亦辐射到企业用工的日常管理。比如，健康权，劳动者的身心健康受到法律保护。实践中，有些企业存在超时安排劳动者工作的情况，或者其他侵害劳动者身心健康的情况，如果劳动者受到损害时，可依据健康权受到侵害，要求企业承担赔偿责任。人身自由权，企业不能以非法拘禁等方式剥夺、限制劳动者的行动自由，或者非法搜查劳动者的身体，此时劳动者可以要求企业承担民事责任。企业使用劳动者的肖像从事宣传等活动时，应当遵循《民法典》有关肖像权的规定；在日常管理中应当避免侵犯劳动者的隐私权，依法保护个人信息，同时企业有防止和制止性骚扰的责任等。

由此可见，《民法典》已经渗透到企业日常用工管理的方方面面，影响企业的用工管理。

2.《公司法》

国有企业的高级管理人员，在企业内身居要职，身份关系特殊复杂，法律关系交叉，不但受到劳动法律法规政策的调整，同时还受到党的纪律、监察法、政务处分法的约束，亦受到公司法及相关法律法规的调整。一方面，从公司法的角度来看，股东大会选举产生董事，董事会聘任或解聘董事长、总经理等，这些属于《公司法》调整的法律关系范畴。股东大会、董事会、董事长、总经理根据《公司法》、公司章程规定的程序和议事规则来决定高级管理人员的任免，亦不会存在法律上的问题。同时，国有企业高管的任免，还涉及与上级主管部门、上级党委、本企业党委之间关系的协调。另一方面，从劳动法律关系的角度来看，原劳动部〔1994〕360号文规定“实行公司制的企业厂长、经理和有关经营管理人员，应根据《公司法》中有关经理和经营管理人员的规定，与董事会签订劳动合同”。因此，有理由认为企业高级管理人员和企业之间应当同时存在劳动关系（政府部门委任或任命的具有国家公务员身份人员除外）。如果管理人员和企业之间订立了劳动合同，并约定合同岗位为总经理、董事长等高级管理岗位，就造成了劳动合同中的高级管理人员岗位和公司法中高级管理人员职务竞合。在这样的背景之下，从企业合规和风险管理的角度来看，企业高级管理人员的用工管理亦充满了挑战。

3.《个人信息保护法》

经过十多年酝酿论证、全国人大常委会三次审议，2021 年 8 月 20 日第十三届全国人大常委会第三十次会议表决通过了《个人信息保护法》，自 2021 年 11 月 1 日实施。这是我国首部专门针对个人信息保护的系统性、综合性法律，建立了以“告知—同意”为核心的个人信息处理规则，对个人信息的收集、存储、使用、加工、传输、提供、公开、删除等的处理进行了规定。其中，企业作为用人单位，在用工、人力资源活动中，基于订立、履行劳动合同所必需，或按照依法制定的劳动规章制度和依法签订的集体合同实施人力资源管理所必需时，可对个人信息进行处理。

最高至五千万元罚款，或上一年度营业额百分之五的罚款。根据《个人信息保护法》的规定，违反《个人信息保护法》规定处理个人信息，或者处理个人信息未履行《个人信息保护法》规定的个人信息保护义务的，由履行个人信息保护职责的部门责令改正，给予警告，没收违法所得，对违法处理个人信息的应用程序，责令暂停或者终止提供服务；拒不改正的，并处一百万元以下罚款；对直接负责的主管人员和其他直接责任人员处一万元以上十万元以下罚款。有上述行为情节严重的，由省级以上履行个人信息保护职责的部门责令改正，没收违法所得，并处五千万元以下或者上一年度营业额百分之五以下罚款，并可以责令暂停相关业务或者停业整顿、通报有关主管部门吊销相关业务许可或者吊销营业执照；对直接负责的主管人员和其他直接责任人员处十万元以上一百万元以下罚款，并可以决定禁止其在一定期限内担任相关企业的董事、监事、高级管理人员和个人信息保护负责人。

最重可承担刑事责任，判处七年以下有期徒刑。违反《个人信息保护法》规定，构成违反治安管理行为的，依法给予治安管理处罚；构成犯罪的，依法追究刑事责任。同时，我国《刑法》规定，违反国家有关规定，向他人出售或者提供公民个人信息，情节严重的，处三年以下有期徒刑或者拘役，并处或者单处罚金；情节特别严重的，处三年以上七年以下有期徒刑，并处罚金。

如何理解“告知—同意”“个人信息处理”“所必需”等，对于人力资源管理工作而言无疑是新的挑战和问题。

第二章 国企用工契约化管理与人事制度合规管控

第一节 招聘入职五大常见问题与典型案例

一、招聘阶段就业歧视

平等原则是民事主体从事民事活动的基本原则。民事主体的法律地位是平等的，享有平等的民事权利，其合法权益受到法律的平等保护。就业作为最大的民生，劳动者通过就业获得生活来源，实现自身社会价值。平等权在就业方面具体体现在劳动者享有平等就业权，这是宪法和法律赋予劳动者的基本权利。平等就业并非指无差别的绝对平等，而应该理解为符合就业岗位应聘条件下，劳动者不因与就业岗位无关的其他因素遭到排斥。

《就业促进法》第三条规定："劳动者依法享有平等就业和自主择业的权利。劳动者就业，不因民族、种族、性别、宗教信仰等不同而受歧视。"以"等"字结尾，表示歧视事由不完全列举，不应局限于法律条款提及的四种情形。只要是招聘单位将与工作岗位无关的因素列为录用条件，排斥应聘者的行为，都可视为就业歧视。常见的就业歧视包含性别、户籍、年龄、学历、身体状况、婚姻状况和生育等歧视。尽管招聘阶段的就业歧视现象屡禁不止，但部分劳动者在明知遭到就业歧视的情况下仍选择默认或退让。随着社会法治对人格权的重视，劳动者保护人格尊严意识越来越强，就业歧视纠纷也逐渐增加，应得到充分重视。

典型案例

【案号】（2020）浙01民终736号

【裁判要旨】

用人单位以应聘者是“××省人”为由拒绝其应聘，该行为侵犯了应聘者平等就业的权利，给应聘者造成精神损害，应公开道歉并酌情确定向应聘者赔付精神损害赔偿及维权费用。

【案情简介】

2019年7月，某公司通过某招聘平台向社会发布了一批公司人员招聘信息，其中包括“法务专员”“董事长助理”两个岗位。2019年7月3日，闫某通过某招聘平台手机App就某公司发布的前述两个岗位分别投递了求职简历。闫某投递的求职简历中包含姓名、性别、出生年月、户口所在地、现居住城市等个人基本信息，其中户口所在地填写为“××省××市”，现居住城市填写为浙江省杭州市西湖区。某招聘平台手机客户端显示闫某投递的前述“董事长助理”岗位在2019年7月4日下午2点28分被查看，28分给出岗位不合适的结论，“不合适原因：××省人”；“法务专员”岗位在同日下午2点28分被查看，29分给出岗位不合适的结论，“不合适原因：××省人”。闫某因案涉公证事宜，支出公证费用1000元。闫某请求：1. 判令某公司向闫某口头道歉；2. 判令某公司自判决生效之日起连续十五日在《人民日报》《河南日报》《浙江日报》上向闫某登报道歉；3. 判令某公司向闫某支付精神抚慰金6万元；4. 诉讼费、公证费等一切与诉讼相关费用由某公司承担。

【裁判结果】

综合某公司的主观过错程度、侵权行为的方式以及对闫某造成的精神损害后果等因素，酌情确定由某公司赔付闫某精神损害抚慰金9000元，并支持其合理的维权支出1000元。为消除某公司侵权行为造成的不利影响，法院另判定由某公司对闫某进行口头道歉并在全国性媒体上登报致歉。（注：原审法院判决某公司在《法制日报》[①] 公开登报赔礼道歉，道歉声明的内容须经原审法院审核；逾期不履行，原审法院将在国家级媒体刊登判决书主要内容，所需费用由某公司承担）

---

① 编者注：现为《法治日报》。

【劳达分析】

该案例选自最高人民法院2022年2月公布的第二批人民法院大力弘扬社会主义核心价值观典型民事案例。以下两种情形是招聘就业歧视纠纷易发环节：

（1）发布歧视性招聘广告：招聘广告上常见的“男性优先”“仅限男性”“已婚已育”“××户口优先”等表述。

（2）落聘原因涉及就业歧视：招聘单位经过简历筛选、面试后，将未能应聘的原因归结为与招聘岗位无关的因素。

应聘者要维权的，通过招聘网页截屏、录音、邮件、微信沟通等方式取证并提起诉讼。招聘阶段发生就业歧视纠纷，因劳动关系尚未建立，不属于劳动争议，按人格权纠纷案受理。人格权是我国《民法典》规定的公民的一项基本民事权利。侵犯公民的人格权，侵权人承担相应民事侵权责任，具体方式包含停止侵害、赔礼道歉、赔偿损失等。承担民事责任的方式可以单独适用，也可以合并适用。司法实践中法官会结合用人单位侵权行为、损害后果等因素综合判断，当一种责任形式不足以保护受害人时，会同时合并适用其他的责任形式。鉴于求职者的维权意识越来越强，用人单位在发布招聘广告、与求职者沟通时切勿使用涉及就业歧视的相关信息，如果有特殊岗位需求情况，则可以在招聘筛选、面试中灵活把握。

二、入职欺诈手段签订的劳动合同效力

民事主体从事民事活动，应当遵循诚信原则。《劳动合同法》第二十六条规定，以欺诈手段，使对方在违背真实意思的情况下订立或者变更劳动合同的，该劳动合同无效。用人单位与劳动者签订劳动合同时，享有对劳动合同直接相关的基本情况的知情权。“劳动合同直接相关的基本情况”具体包括学历、身份信息、工作履历、健康等个人情况。这些个人情况说明与事实有重大出入的，属于劳动合同无效，可以解除劳动关系。但应聘者的婚恋、生育状况等信息不属于“劳动合同直接相关的基本情况”，与劳动合同的履行不存在必然关系，即使劳动者存在刻意隐瞒、隐婚、隐育，不属于入职欺诈行为，不能以此为由解除劳动关系。

典型案例

【案号】（2018）京01民终7258号

【裁判要旨】

劳动者采用欺诈手段与用人单位建立劳动关系，后经发现被解除劳动关系的，不属于违法解除，无需支付违法解除劳动合同赔偿金。

【案情简介】

2015年5月5日，于某入职某公司工作，当日，于某填写了《员工入职履历表》，其上载明2007年至2011年，于某在上海信息管理专修学院取得本科学历，并签字确认如下申明："我对每一个问题的回答及所提供的资料都是真实的，同意公司获取关于我过去及目前雇主的所有信息及其他合适的资料，公司已经告知本人工作内容、工作条件、工作地点、职业危害、安全生产状况、劳动报酬，员工手册等相关制度已知晓其内容，我知道歪曲这份求职申请表上任何信息都是可以无偿解聘的"；在签批处载明，于某的试用期工资为正式工资的80%，转正工资为12000元，试用期2个月，职务为JAVA工程师。于某为证明其学习履历，向某公司提交了《普通高等学校毕业证书》，载明于某于2007年9月至2011年7月在本校计算机学院计算机信息管理专业学习，修完本科课程，成绩合格准予毕业，落款为"上海信息管理专修学院"并盖章。自2017年3月起，于某的职务调整为技术部门项目经理，月工资调整为25000元。在职期间，于某与某公司订立了期限为2年的劳动合同书，2017年5月5日，于某与某公司再次订立了劳动合同书，约定合同期限为自2017年5月5日起至2019年5月4日止，岗位为技术部门项目经理……乙方（于某）所提供的各种与甲方（某公司）招聘要求有关的证件的真实性有疑义的，甲方可以解除本合同……

于某正常出勤至2017年11月1日，当日，某公司向于某送达了《解除劳动合同通知书》，载明"由于你提交的《普通高等学校毕业证书》在国家指定的查询网站上查询不到任何信息，且你在我公司对其提出疑问后，不能做出合理的说明或解释，亦未提交任何材料证实你的真实学历，我公司认为，你的行为不仅违背了入职时的承诺，亦构成对我公司的欺诈。现依据《劳动合同法》第二十六条第一款第（一）项、第三十八条（后补正为第三十九条）第一款第（五）项之规定，与你解除劳动合同"。于某亦于当日办理了离职交接手续。经核实，于某认可其在入职时提交给某公司的上海信息管理专修学院的毕业证书系虚假。

后于某申请劳动仲裁，要求某公司支付其违法解除劳动合同赔偿金及延时、休息日及法定节假日加班费、工资差额等。某公司亦申请劳动仲裁，要求确认双方劳动合同无效并由于某支付公司损失。

【裁判结果】

法院以于某提供虚假的学历证明、采用欺诈手段与公司建立劳动关系为由，确认于某与公司之间在2015年5月5日至2017年11月1日期间订立的劳动合同无效并无不妥。公司要求无需支付于某违法解除劳动合同赔偿金，有事实与法律依据。

【劳达分析】

入职欺诈中最常见的是学历欺诈。诚实信用原则是用人单位与劳动者双方均应当遵守的基本原则。提供虚假学历，属于以欺诈手段使公司与其建立劳动关系的行为，认定劳动合同无效，用人单位以此为由解除劳动关系的无需支付经济补偿金。但并不是所有的入职欺诈行为都会被认定为劳动合同无效。劳动者提供虚假学历，是否符合劳动合同无效情形，实践中主要的审查点包含以下几点因素：

(1) 学历是否作为录用条件：常见证据包括用人单位发布过的招聘广告、录用条件确认书、岗位任职条件确认书等。

(2) 录用时是否已知晓劳动者学历不符合要求：若劳动者入职时已提供过学历，或学历造假现象较明显，但用人单位未尽到审慎义务，未能及时发现，劳动合同履行较长时间后，再主张学历欺诈的，存在不被认定的风险。例如，《广州市劳动人事争议仲裁委员会、广州市中级人民法院关于劳动人事争议仲裁与诉讼衔接若干问题的意见综述》第五条指出，用人单位将学历、工作经历等明确列为入职条件，劳动者在入职时故意编造、伪造其学历、工作经历等条件，用人单位主张劳动合同无效的，应予支持，但用人单位在合理期限内未就劳动者的工作表现提出异议的除外。

(3) 明知劳动者存在学历欺诈行为，但劳动合同期满仍续订的，可能会被认为学历欺诈不影响劳动关系建立。续订劳动合同后，再主张学历造假的，存在不被认定的风险。

实操层面上，用人单位除了保留能够证明录用条件的相关证据外，要求应聘者对本人提供的所有信息的真实性做出承诺，并强调如有虚假，公司将保留解除其劳动关系的权利。此外，也可以将入职欺诈列为不符合录用的条件、严重违纪情形，发生相应情形时可以灵活掌握。

三、体检不合格能否拒绝录用

健康检查是招聘过程中不可缺少的环节。法律法规对部分招聘岗位的从业人员健康有禁止性规定，例如，食品生产经营从业人员，需进行预防性体检，检查结果合格的，方可持证上岗。除法律上有强制性规定的，以体检不合格为由拒绝招聘，则涉及就业歧视风险。尤其是对于乙肝病毒携带者，国家有专门规定。2008 年开始实施的《就业服务与就业管理规定》第十九条第二款规定，用人单位招用人员，除国家法律、行政法规和国务院卫生行政部门规定禁止乙肝病原携带者从事的工作外，不得强行将乙肝病毒血清学指标作为体检标准。2010 年人社部发布《关于进一步规范入学和就业体检项目维护乙肝表面抗原携带者入学和就业权利的通知》，进一步明确取消就业体检中的乙肝检测项目，维护乙肝表面抗原携带者就业权利，保护乙肝表面抗原携带者隐私权。除卫生部核准并予以公布的特殊职业外，健康体检非因受检者要求不得检测乙肝项目，用人单位不得以劳动者携带乙肝表面抗原为由予以拒绝招（聘）用或辞退、解聘。

▶▶ 典型案例

【案号】（2016）浙 01 民终 7987 号

【裁判要旨】

招聘单位在无法证明招聘岗位是国家规定的××病毒携带者禁止从事的工种或岗位的情况下，仅以应聘者携带××病毒为由拒绝录用，侵犯了平等就业的权利，应承担民事赔偿责任。

【案情简介】

2016 年 4 月 6 日，李某应聘某公司工艺工程师岗位。2016 年 4 月 11 日，某公司向李某发送录用意向书，决定录用李某为公司员工，年薪为 80000 元，试用期 3 个月，试用期间工资为正式工资的 80%，并要求李某于 2016 年 4 月 18 日携带相关资料，包括解除劳动关系证明书原件或复印件、杭州市级医院出具的体检合格证明等进行入职报到。该录用意向书另规定，若李某体检不合格或未能与前单位解除劳动关系等，该录用意向书自动失效。2016 年 4 月

15 日，李某体检结果表明其××表面抗原、××核心抗体、××e 抗原三项均为阳性，某公司因此决定不录用李某。2016 年 9 月 8 日，李某诉至法院，请求判令：1. 某公司向李某进行书面赔礼道歉；2. 某公司赔偿李某因应聘事宜所发生的往返交通费、通讯费 200 元；3. 某公司支付李某 2 个月的误工费 16000 元；4. 某公司向李某赔偿精神损害抚慰金 40000 元。

【裁判结果】

某公司在无法证明工艺工程师系国家规定的××病毒携带者禁止从事的工种或岗位的情况下，仅以李某系××病毒携带者为由拒绝录用李某，侵犯了李某平等就业的权利，应承担民事赔偿责任。法院根据公司的过错程度、李某遭受的损害后果、本案的具体情形，酌情确定李某的物质损失为 10000 元。公司对李某实施了就业歧视，侵犯了李某的人格权利，并造成了李某一定的精神损害，酌情确定 2000 元精神损害抚慰金。

【劳达分析】

《就业促进法》第三十条规定，用人单位招用人员，不得以是传染病病原携带者为由拒绝录用。但是，经医学鉴定传染病病原携带者在治愈前或者排除传染嫌疑前，不得从事法律、行政法规和国务院卫生行政部门规定禁止从事的易使传染病扩散的工作。因此用人单位发出录用通知后，再进行入职体检的做法存在法律风险。如果用人单位对应聘者的健康有严格要求，为避免就业歧视风险，应进行入职体检后，再发出录用通知书。

四、录用通知书能否撤销

经过面试筛选后，用人单位会给决定录用的应聘者发出录用通知书。录用通知书一般载明入职时间、应聘岗位、劳动合同期限、入职后各项待遇等，符合法律上要约的特征。招聘单位向应聘者发送录用通知书，是发出希望与应聘者建立劳动关系的意思表示，属于订立劳动合同的要约。要约生效适用到达主义原则，一旦应聘者收到录用通知书时，要约即时生效。招聘单位发出录用通知书后，因故再撤回的，该撤回通知应当在录用通知书到达应聘者之前或者与录用通知书同时到达应聘者。

应聘者收到录用通知书后，在指定期限内作出接受工作邀请的意思反馈，属于承诺。如果应聘者按要约作出同意接受工作邀请的承诺，录用通知书对于双方当事人均具有法律约束力。同样依据到达主义原则，应聘者想撤回承诺也应当在通知到达招聘单位之前或与承诺同时到达招聘单位，才能阻止承诺生效。如果要约与承诺生效，对招聘单位与应聘者均具有法律约束力。录用通知书生效后，用人单位又想不发生撤回的效果，只能撤销，但此时则需要承担缔约过失责任。

▶▶典型案例

【案号】（2018）京0105民初84714号

【裁判要旨】

公司已向应聘者发出录用通知书、确定了入职及签订劳动合同的时间后，决定不再与应聘者签订劳动合同，公司就此承担缔约过失责任，赔偿因此给对方造成的损失。

【案情简介】

2018年2月2日，某公司向叶某发出《聘用意向书》，2月5日叶某回复表示接受聘用邀请。2月9日某公司又发出入职通知，要求2月22日叶某入职，并将与其订立劳动合同及安排新员工培训。《聘用意向书》中写明入职后的工资待遇为：年度总薪酬1502480元，由以下部分组成：固定工资每月83300元、交通津贴每月1500元、住房补贴每月15000元、养老津贴每月为基本工资的15%，运动津贴每年5000元，随12月工资发放，另有可变薪酬，根据公司的激励计划有机会获得。2018年2月14日某公司通知叶某因内部岗位撤销，取消录用。叶某主张要求支付工资、住房补贴、养老津贴，继续履行劳动关系协议。

【裁判结果】

某公司在双方就叶某入职达成一致意见并已向叶某发出录用通知书、确定了入职及签订劳动合同的时间后，决定不再与叶某签订劳动合同，应就此承担缔约过失责任，赔偿因此给叶某造成的损失。根据叶某的损失情况及某公司的责任大小，法院判决某公司应按照其《聘用意向书》中载明的两个月的工资标准赔偿叶某的失业损失。

【劳达分析】

招聘单位单方撤销录用通知的行为发生在双方劳动关系正式建立之前，一般情况下按缔约过失责任民事纠纷受理。有的地方，劳动仲裁委员会认定不属于仲裁委员会受理范围，作出不予受理的决定后，当事人对仲裁决定不服，在法定期限内诉至管辖法院，法院再按劳动争议受理。

录用单位撤销录用通知承担的缔约过失责任的主要形式是，承担应聘者的损失赔偿。应聘者与原工作单位解除劳动关系，必然需要一定的时间寻找新的工作机会以获得收入来源，客观上会受到一定损失，录用单位应承担赔偿责任。此时，法院综合考量应聘单位的过失程度、应聘者在原单位的收入情况、录用通知上载明的工资标准等情形，衡量赔偿金额，一般按一个至三个月工资标准判决赔偿金。赔偿范围具体而言，包括以下内容：

(1) 缔约费用：如面试交通费、入职体检费等；

(2) 为准备履行劳动合同所花费的费用：如因异地工作发生的租房费用等；

(3) 机会损失成本：失去与他人订立劳动合同的机会造成的损失、解除与原单位劳动合同而发生的工资损失等。

综上所述，用人单位应审慎发出录用通知书，一旦发出不随意撤销。若发生不得不撤销的情形，与应聘者积极沟通，说明具体情况，采取诚恳态度，协商解决纠纷。

五、聘用退伍军人军龄计算

军人服役期间为维护国家安全及发展作出贡献，国家对退役军人通过安排工作、扶持就业、自主就业等方式进行安置工作。国家安排工作的，一般会安排在国有企业、事业单位。政策上强调国有企业有接收安置退役士兵的责任和义务，鼓励国企带头履行国防义务、社会责任，发挥模范带头作用。因此各类机关团体、国有企业等都是接收安置符合政府安排工作条件退役军人的主体。接收退役军人，绕不开工龄计算。

2011年《退役士兵安置条例》第三十七条规定，由人民政府安排工作的退役士兵，服现役年限和符合本条例规定的待安排工作时间计算为工龄。第十九条第一款规定，对自主就业的退役士兵，由部队发给一次性退役金，一次性退役金由中央财政专项安排；地方人民政府可以根据当地实际情况给予经济补助。要求工龄累计计算的，只针对国家安排工作的退役士兵，而自主就业的退役士兵并未强制要求。

典型案例

【案号】（2019）苏民申5412号

【裁判要旨】

由人民政府安排工作的退役士兵，服现役年限和符合《退役士兵安置条例》规定的待安排工作时间计算为工龄。若政府已支付了货币安置并自谋职业，军龄不计入工龄。

【案情简介】

史某于2012年12月与某公司建立劳动关系，以劳务派遣员工身份被某公司派遣至其他单位工作。史某自2017年4月1日起未到岗上班，2017年5月2日因旷工被退回某公司。2017年5月3日，某公司以史某严重违反劳动纪律为由，解除与其的劳动合同。2017年8月10日，史某出具承诺书，载明其与某公司劳动关系于2017年5月3日解除，由某公司一次性支付经济补偿金（明确写明其对经济补偿金的计算方式和金额没有异议）。后史某又申请仲裁，主张计算补偿金应将兵龄计算进去。

【裁判结果】

法院认为，《退役士兵安置条例》第三十七条规定："由人民政府安排工作的退役士兵，服现役年限和符合本条例规定的待安排工作时间计算为工龄，享受所在单位同等条件人员的工资、福利待遇。"史某退役后至某公司工作，系自谋职业，且人民政府已按规定向史某支付了一次性经济补助金，故史某要求将其兵龄视同工龄、由某公司支付服役期间的工龄补偿款，没有依据。

【劳达分析】

根据《退役士兵安置条例》第十九条第一款的规定，对自主就业的退役士兵，由部队发给一次性退役金，地方人民政府可以根据当地实际情况给予经济补助。此时，该一次性退役金就视为对军龄的一种补偿，军龄不再累计计算至用人单位。军队退伍、转业军人的军龄，初次就业的，其军龄计算为接收安置单位的连续工龄。如果退役军人自愿放弃国家安排工作机会、选择灵活就业的，不再由政府安排工作，按退役士兵在部队选择自主就业应领取的一次性退役金和地方一次性经济补助之和的一定比例发给一次性就业补助金。因此，自愿放弃国家安排工作机会的退役军人，也不涉及军龄累计计算。故录用退役军人时，应确认其退役方式是否属于军龄累计计入工龄的情形，并以书面方式确认相关事宜。

第二节 劳动合同必备条款和约定条款设计

劳动合同是劳动者与用人单位确立劳动关系、明确双方权利和义务的协议。建立劳动关系应当订立劳动合同，劳动合同是劳动者实现劳动权利的重要保障，是用人单位合理使用劳动力、巩固劳动纪律、提高劳动生产率的重要手段，也是减少和防止发生劳动争议的重要措施。

国有企业劳动合同用工管理和普通企业相比在劳动合同书方面并无特殊，但从人员分类上而言，国有企业的高级管理人员（本节所述的国有企业高级管理人员，除公司法规定的董事、监事和高级管理人员外，还包括职业经理人及国有企业认为的担任关键和重要岗位的管理人员，以下简称国企高管人员）在企业内身居要职，身份关系特殊复杂，法律关系交叉，不但受到劳动法律法规政策的调整，同时还受到党的纪律、监察法、政务处分法的约束，亦受到公司法及相关法律法规的调整。

一方面，从公司法的角度来看，股东大会选举产生董事，董事会聘任或解聘董事长、总经理等，这些属于《公司法》调整的法律关系范畴。股东大会、董事会、董事长、总经理根据《公司法》、公司章程规定的程序和议事规则来决定高级管理人员的任免，亦不会存在法律上的问题。国有企业高管的任免，还涉及与上级主管部门、上级党委、本企业党委之间关系的协调。另一方面，从劳动法律关系的角度来看，《劳动部关于全面实行劳动合同制的通知》（劳动部〔1994〕360号文）规定，实行公司制的企业厂长、经理和有关经营管理人员，应根据《公司法》中有关经理和经营管理人员的规定，与董事会签订劳动合同。

因此，有理由认为国企高管人员和企业之间应当同时存在劳动关系（政府部门委任或任命的具有国家公务员身份人员除外）。如果遇到国企高管人员和企业之间订立了劳动合同，并约定合同岗位为总经理、董事长等高级管理岗位，就造成了劳动合同中的高级管理人员岗位和公司法中高级管理人员职务竞合。在这样的背景之下，国企高管人员的劳动合同条款的设计具有一定的特殊性，下文将以此为视角，重点论述。

一、劳动合同必备条款的设计

根据《劳动合同法》的规定，劳动合同应当载明以下条款：公司名称、住所和法定代表人或者主要负责人姓名；员工姓名、住址和居民身份证或者其他有效身份证件号码；劳动合同期限；工作内容和工作地点；工作时间和休息休假；劳动报酬；社会保险；劳动保护和劳动条件、职业危害防护；法律、法规规定应当纳入劳动合同的其他事项。

对于国企高管人员而言，笔者认为应对劳动合同期限、工作内容和工作地点、劳动报酬这三个必备条款进行有针对性的设计。

（一）劳动合同期限设计要点

有的国有企业和选聘的国企高管人员会签订两份文件，一份是聘用协议，通常会从《公司法》和公司章程角度出发，希望由公司把握职业经理人的岗位及其期限的决定权。另一份是劳动合同，但劳动合同条款属于通用模板，并按照公司劳动合同管理的规定确定劳动合同期限。这样一来就可能存在国企高管人员的劳动合同期限与聘用协议期限不一致的情况。当劳动合同期限短于聘用协议期限时，如果企业不及时订立书面劳动合同，便易导致劳动合同届满未依法续签，企业将可能承担支付双倍工资的法律风险；当聘用协议期限短于劳动合同期限时，聘用协议届满企业不同意劳动者继续担任高管或拒绝劳动者继续从事关键岗位时，则有可能引发劳动合同违法变更的争议风险。

【劳达建议】

如果采用此方法与国企高管人员签订相关文件，建议前后贯通起来，避免出现冲突。可以在劳动合同文本中关于劳动合同期限处增加兜底条款，比如：本合同期限届满后，双方未主动提出与对方不续签劳动合同，且双方继续保持原有用工状态的，视为双方同意按照本合同约定的劳动条件继续续签，续签期限与本合同期限保持一致。双方无须另行签署书面的劳动合同，且乙方不得以未另行续签书面的劳动合同为由，主张相关权利。

（二）工作内容和工作地点设计要点

劳动合同中工作内容条款主要包括：岗位的名称、工作职责、工作要求以及相关的弹性工作任务。

1. 工作内容设计要点

（1）岗位名称

国有企业一般都设置了较为规范的职级体系，定岗定编工作做得较为严谨。从劳动合同法的角度而言有利有弊，弊端就是后期调岗的空间较小。针对国企高管人员建议：岗位名称不要过于具体，尽可能概括和体现职位工作任务和特点。

（2）工作职责

工作职责的约定要和职位说明书基本保持一致，可以将职位说明书的职位描述拷贝或者概括一下。工作职责描述方面应当“宽紧适当”，同时需要区分岗位职责和任职要求。

（3）工作要求

工作要求的约定要和绩效考核指标相衔接，可以将绩效考核的主要指标内容纳入其中，尽量涵盖指标项；以免未来实施绩效考核时，绩效指标和劳动合同约定的工作要求相冲突。

（4）相关的弹性工作任务

基于书面劳动合同相对固定化，有时候与实际管理的灵活性不相适应，对“工作内容”条款有必要作兜底式的约定，比如一些临时性、突发性工作任务的安排，员工也应当积极服从并努力去完成，而不能以超过工作内容为由拒绝履行。同时，由于国企高管人员可能会内部调动到其他公司担任管理人员或身兼数职，所以约定工作内容的时候应当结合该国企高管人员可能涉及的具体工作内容，承担的工作任务和分管的领域所涉工作等，在劳动合同中作概括性描述。

【劳达建议】

示例1：甲方聘请乙方担任______________岗位（职务），

该岗位属于 □高级管理人员　□非高级管理人员

□高温作业　□非高温作业

乙方同意在劳动合同有效期内，甲方可根据生产经营需要、工作需要、机构调整、资产变动、乙方的工作能力、绩效考评结果、身体状况等情况，对乙方的工作地点、岗位、职责、薪资进行调整，调整后将按新的工作岗位确定乙方的工资报酬，实行以岗定薪、岗变薪变的原则。如乙方拒绝调岗，视为不服从公司的工作安排。

若因公司业务需要，甲方需将乙方调动至其他地点、部门、职能、机构或其他分部或本公司的子公司、分公司或关联公司及客户的不同办公地点，乙方应自愿服从于新任命职务或新工作地点所适用的相关条款与条件。

示例2：存在竞聘上岗情形的示例条款

乙方也可通过竞聘取得工作岗位。乙方工作岗位发生变更的，应根据岗位变更情况，重新订立《岗位协议书》。如乙方不能胜任工作，甲方可按依法制定的规章制度将其纳入待岗管理。

2. 工作地点设计要点

工作地点作为劳动合同的必备条款，本意是限制公司任意调动劳动者工作地点的管理权，但是会“误伤”部分正常经营的企业。企业变更工作地点只有两个途径：要么通过协商一致，风险最小但是协商成本很高；要么单方调整，协商成本最低但是法律风险极高，如果公司无法证明单方调整的充分合理性，单方调整的决定不但会被撤销，甚至还会波及推定解雇的风险。公司要规范约定工作地点的条款，为日常管理提供有力依据，应当考虑以下几个问题。

（1）可否约定一个宽泛的工作地点

比如有些企业约定工作地点时就只写省份名称、城市名称，不写具体位置，以免将来调整时被束缚手脚。那么，这样可行吗？

这样做是有风险的，从用人单位经营的角度看，工作地点在劳动合同履行过程中发生变化可能是常态。但用人单位通过与劳动者在劳动合同中将工作地点宽泛地约定为“全国”“北京”等，并不能达到用人单位日后变更工作地点无须与劳动者协商的目的。劳动者在签订劳动合同后，已经在实际履行地点工作的，将被视为双方确定具体的工作地点。用人单位不得仅以工作地点约定为“全国”“北京”为由，无正当理由变更劳动者的工作地点。但并不是说用人单位不得约定“全国”“北京”这样的工作地点，如果采用该种方式约定，需要双方在劳动合同中对用人单位经营模式、劳动者工作岗位特性等作特别提示。

（2）可否对“合理的单方调整工作地点”的认定进行约定

当然可以。劳动合同的工作地点条款如果仅约定一个明确的地理位置，对当事人来说意义不大，应针对未来可能的公司搬迁、个人工作地点调动等问题，作出一些指向性明确的约定，为公司单方调整工作地点提供合同依据。

比如，约定市内公共交通可以达到、通勤时间不超过××小时、公司提供通勤班车等情形的工作地点调整视为合理性调整，劳动者应当服从工作地点调整。

(3) 是否需要在调整工作地点时签订书面协议

这是最完善的办法，通过协商之后签订书面变更工作地点的协议，之后发生争议的概率较低。但是，实践中很多企业或员工并不能按照完美的方案进行，如此一来在合同中增加适当条款方可解除实际管理问题。

【劳达建议】

示例1：因乙方的工作性质系到客户所在地提供技术服务，故无法约定在某一具体地点工作。现经甲乙双方协商一致，乙方的工作区域为：×××区域内，包括但不限于×××省××市××市、××省×××市××等。只要在上述约定的整个区域内，甲方均有权对其进行工作安排，且甲方根据业务需要及乙方工作情况，随时可以在约定的区域内进行调动。此调动属于劳动合同的履行，不属于工作地点的变更，乙方应认真遵守甲方的安排。

示例2：根据实际履行规则，即使双方没有签订书面协议，已经按照变更后的工作地点实际履行（去新地点上班）的，即视为该工作地点的变更已经生效。

（三）劳动报酬设计要点

1. 工资数额或工资标准的计算方式应明确

工资应明确，但并不一定要表现为具体的数字金额，也可以表现为明确的计算方式，如实行计件工资时写明计件定额和计件单价。若工资约定不明确，用人单位将承担一定风险。实务中，常见的会出现以下两种情况：其一，没有明确的工资标准，同时也缺乏实际工资发放记录。仲裁或法院将会按照同工同酬的原则处理，同时仲裁或法院一般倾向于认为该约定不明是用人单位造成的，因此在确定工资数额时会尽量按照较高标准来认定。其二，如果劳动关系已经存续一段时间，用人单位也已经发放过工资，则实务中一般会将实际发放的工资作为正常的工资标准。对于实际工资发放标准，单位是有举证责任的。

2. 工资构成应合理

工资构成通常可以分为三类：一是基本的固定工资；二是浮动的可调整工资，如绩效工资、效益工资和奖金等；三是其他类型的激励。基本的、固定的工资部分可以在劳动合同中约定，浮动部分的工资则可由规章制度明确规定如何调整。这样既能保证工资标准明确，又能实现用人单位灵活调整薪资，调动员工积极性的目的。第三类工资可以针对国企高管人员进行专门设计，结合公司的实际，除前两项外，可以在劳动合同或者在单独协议中明确。

3. 设定异议期

关于用人单位和劳动者在劳动合同中约定了工资异议期是否有效的问题。实践中，一种观点认为：劳动者和用人单位约定的工资异议期，只要不存在欺诈、胁迫、乘人之危等违背双方真实意思表示的情形，就是合法有效的，双方均应遵守。劳动者未在约定的异议期内提出异议的，属于对工资没有异议。另一种观点认为：工资异议期实际上是对劳动者提出工资异议权利的限制，因此该期限并不低于仲裁时效一年的规定，否则无效。

关于这两种观点，在不同的地区均由不同的法院认同过，所以用人单位设计劳动报酬条款时可以加入异议期，但针对国有企业，建议将异议期设置得长一点，不少于一年。

【劳达建议】

1. 一般只在劳动合同中约定基本工资，而且这个基本工资在合同期内都是不变的，其他的工资、奖金、津贴、补贴等，统一约定为按照公司的薪酬制度执行。

2. 劳动合同中不宜过度明确工资构成和具体数额（难以变更），单独签署的附件名称，类别要和劳动合同一一对应。单独签署薪资确认单的必须有时间限制，最好明确一年一变更。

3. 固定工资可以在劳动合同中进行约定，并约定将固定工资作为加班费和假期工资的计算基数。

4. 浮动工资可以与员工的绩效考核挂钩，根据每个月的绩效考核分数，决定浮动工资数额的多少，这样就可以让员工了解到在本公司是多劳多得、不劳不得的。浮动工资与员工的日常表现相挂钩，出现违纪行为的，扣绩效考核分数；出现被嘉奖行为的，加绩效考核分数。

5. 加入异议期的表述，以下表述可供参考。第一种表述：乙方在收到工资条后应及时对考勤、工资数额、工资结构等工资条所列明的事项进行核对，如果有异议的，应在一年内以书面意见或邮件形式向甲方人事部提出；未提出异议的，视为对工资条中所列各项均予以认可。第二种表述：员工应对每月发放的工资金额和项目认真核算，如有异议，应于当年度12月31日前向公司提出书面异议，逾期视为无异议。

二、劳动合同约定条款的设计

根据《劳动合同法》的规定，除劳动合同的必备条款外，公司与员工还可以约定以下条款，针对国企高管人员应当将重点放在试用期条款和保守商业秘密条款。

1. 试用期条款设计要点

（1）谨慎约定其他名为见习或实习，实际属于试用期的条款

试用期条款应当注意劳动合同期限的长短，根据劳动合同的期限确定试用期的期限。很多国有企业会设定见习期、实习期等，规定待见习期或实习期满合格后才进入试用期，当实习期和见习期加起来的天数超过试用期法定最长时间时，用人单位可能面临试用期期限违法的问题。违法约定试用期，按照《劳动合同法》第八十三条的规定，对已履行的超过法定试用期限或约定试用期无效的期间，用人单位需以劳动者试用期满月工资为标准，按已经履行的超过法定试用期的期间向劳动者支付赔偿金。

（2）明确约定试用期录用条件

关于试用期录用条件的约定应属于试用期管理的“灵魂”。用人单位与劳动者签订劳动合同时，用人单位应当以书面形式规定具体的录用条件，并告知劳动者。录用条件应尽量具体、量化、可操作，以工作考核指标为例，须明确试用期考核部门、考核时间、考核方式、考核内容等，并要求员工签字确认《录用条件确认书》。

通常而言，试用期录用条件的确定包含两大类，第一类属于基本的录用条件确认，是所有员工都适用的内容，主要包括基本条件方面、争议纠纷方面、诚实信用方面；第二类属于员工的绩效类规定，是各公司、各部门个性化的内容，需要公司和部门根据自己的实际情况设定，该内容有可能会一人一策，尤其针对高管类人员签署相关文件时，需要公司根据实际要求进行个性化设计。加入企业重点考察的内容并设定目标未达到的属于不符合录用条件。

【劳达建议】

示例：若乙方在试用期内“不符合录用条件”，甲方有权随时解除本合同。上述条款中的“不符合录用条件”包括但不限于下述情形：

基本条件类：

①存在任何工作内容或其他事项上的虚假陈述、提交虚假材料、隐瞒事实的行为。

②未按要求及时提交社保与档案转移手续。

③隐瞒或与原公司未依法解除、终止劳动合同或劳动关系。

④与前用人单位或第三方签订的竞业限制协议。

⑤不具备工作岗位所必备的执业资质条件。

⑥体检结果不符合公司该岗位录用标准。

⑦拒绝与公司签订劳动合同。

⑧在试用期内请事假天数超过×天的，或者有旷工行为。

⑨试用期内累计迟到、早退××次以上者。

⑩因工作失误累计给用人单位造成损失达到×××元及以上的。

⑪在试用期未达到考核标准的。

绩效类：

①试用期考核结果低于80分的。

②试用期内不能完成与公司/部门签订的《试用期考核表》中的考核指标、工作内容的。

③试用期内工作表现或业务成果多次（超过两次）不符合岗位职责要求的。

④试用期违反公司规章制度、操作规程的。

⑤劳动合同或公司规章制度规定的其他不符合录用条件的行为或事实。

2. 保密和竞业限制条款设计要点

商业秘密是国有企业保持企业核心竞争力的基石。此外，国有企业作为我国国民经济的重要支柱，在生产经营过程中还可能涉及国家秘密，尤其是一些涉密企业，因此国有企业面临着保护国家秘密和商业秘密的双重任务。

根据《保守国家秘密法》的规定，国家秘密是关系国家安全和利益，依照法定程序确定，在一定时间内只限一定范围的人员知悉的事项。根据国家秘密的重要程度，密级可分为绝密、机密、秘密三级。机关单位对国家秘密应采取确定密级、确定保密期限和知悉范围、作出国家秘密标志、按照保密制度严格处理秘密等多种方式保护国家秘密。

国有企业高管人员接触国企商业秘密和国家秘密的可能性较大，故应当在劳动合同中对该类人员保守商业秘密和国家秘密作细化规定，可以通过劳动合同附件的形式签署。

关于具体内容的设计思路在本书第八章“国企商业秘密保护体系的搭建”中将详细进行论述。

第三节 如何理顺劳动合同和岗位聘用的逻辑

一、岗位聘用制度概要

用人单位对劳动者的工作安排是根据市场环境变化、经营战略调整、任职者的工作表现等情况灵活调整的。岗位灵活管理是建立充满生机和活力的用人制度，是提高员工队伍整体素质、增强企业活力的重要措施。尤其在消除劳动合同短期化现象，提倡建立长期稳定劳动关系的大环境下，在较长的劳动合同期限内能实现灵活管理岗位是非常必要的。

处理劳动关系稳定性与灵活性的平衡、实现岗位动态管理的有效举措之一是岗位聘用制度。岗位聘用制是指将劳动关系与岗位分开管理的制度，即在劳动合同约定的框架内，通过签订岗位聘用协议的方法细化岗位职责及具体工作内容，再给岗位设定聘用期限，且该聘用期限一般短于劳动合同期限。每次聘任期满时，对上一聘任周期内工作表现进行综合考核，再结合企业实际情况决定续聘、解聘或转岗。

对国有企业而言，政策上鼓励实行岗位聘任制度。早在 2015 年发布的《关于深化国有企业改革的指导意见》中就强调建立健全企业各类管理人员竞争上岗等制度，建立健全以合同管理为核心、以岗位管理为基础的市场化用工制度，实现企业各类管理人员能上能下、员工能进能出的合理流动机制。国有企业员工队伍相对稳定，流动性低，动态管理岗位，实现市场化用工管理尤为重要。

二、岗位聘用制度引发的劳动争议

岗位聘用制度相关的劳动争议一般是因岗位被撤销、任职者不称职、绩效考核结果不达标等原因，员工未能续聘导致的。此时用人单位与员工就调岗调薪未达成一致，员工也不同意协商解除劳动关系，最终企业采取单方调岗调薪，甚至单方解除劳动关系引发了劳动纠纷。例如，劳动者不服从单方调岗及调薪，要求恢复原岗位及原待遇；劳动者拒绝完成用人单位安排的新工作或拒绝到新岗位报到，因旷工被解除劳动关系等。此类纠纷，判断用人单位措施是否合法，最关键的审查要点是调岗措施是否具有合法合理性。

岗位约定是劳动合同的重要条款，原则上岗位变动需要用人单位与劳动者协商一致。现行劳动法律体系对于调整岗位有较为严格的限制。司法实践中，在考虑保护劳动者权益的基础上，平衡劳资双方的利益，也认为调整岗位是企业用工自主权体现的主要方式之一。即劳动合同履行过程中，用人单位有权根据相关法律规定及劳动合同的约定，对劳动者的工作岗位进行相应调整，以实现劳动力的合理、优化配置。需要注意的是，以不同的理由调整工作岗位会表现出不同的法律意义。有些地方对调岗的合理性认定有明确的规定。

《北京市高级人民法院、北京市劳动人事争议仲裁委员会关于审理劳动争议案件法律适用问题的解答》第五条规定，用人单位与劳动者约定可根据生产经营情况调整劳动者工作岗位的，经审查用人单位证明生产经营情况已经发生变化，调岗属于合理范畴，应支持用人单位调整劳动者工作岗位。用人单位与劳动者在劳动合同中未约定工作岗位或约定不明的，用人单位有正当理由，根据生产经营需要，合理地调整劳动者工作岗位属于用人单位自主用工行为。判断合理性应参考以下因素：用人单位经营必要性、目的正当性，调整后的岗位为劳动者所能胜任、工资待遇等劳动条件无不利变更。

《天津市贯彻落实〈劳动合同法〉若干问题实施细则的通知》第十条规定："用人单位与劳动者约定可根据生产经营情况单方调整劳动者工作岗位的，用人单位对劳动者工作岗位进行调整时，应同时符合以下条件：（一）用人单位生产经营的客观需要；（二）调整后工作岗位的劳动待遇水平与原岗位基本相当，但依据《劳动合同法》第四十条第一项、第二项有关规定调整岗位的除外；（三）调整工作岗位不具有歧视性、侮辱性；（四）不违反法律法规的规定。用人单位与劳动者签订的劳动合同未约定调工作岗位有关内容，用人单位规章制度也未做相关规定的，除依据《劳动合同法》第四十条第一项、第二项有关规定调整工作岗位情形外，用人单位与劳动者协商一致，可以调整工作岗位。"

总体来讲，基于用工自主权的岗位调整，属于企业用工自主权的合理范围的审查点包含以下要点：

①用人单位不得违反法律的规定，这是最基本的底线。

②作出调整劳动者岗位的决定，需要具备经营上的必要性。

③调岗不应使劳动者的尊严或技能受损。

④调岗不应严重影响劳动者家庭生活和日常生活。

⑤调整不得存在变相辞退劳动者的目的。

典型案例

【案号】（2021）京01民终8935号

【裁判要旨】

用人单位与劳动者的劳动关系存续期间的权利义务变更，仍应通过协商一致予以确认，劳动合同约定用人单位有权单方调岗的，用人单位亦应合理作出调岗安排并对调岗的合理性承担证明责任。

【案情简介】

2010年5月26日，姚某入职某公司。2010年5月26日，某公司（甲方）与姚某（乙方）签订《岗位聘任协议书》，约定："第四条　其他：1. 乙方收到甲方晋升、降级或变更工作岗位通知后三日内，如拒绝重新签订《岗位聘任协议书》，将视为乙方单方解除劳动合同关系，甲方不予支付任何经济补偿……"

2018年3月29日，某公司发布《关于财务管理人员人事任免的通知》，载明：根据公司业务发展需要，经研究决定，对财务管理人员任免如下：免去姚某公司财务总监职务。本通知自发布之日起生效。同日，某公司的集团北部战区发布《关于人事任命的通知》，载明：任命姚某为北部战区家庭宽带业务经营总监。

姚某曾任某公司财务总监，于2018年3月29日被免职，此后姚某未从事原工作，亦未向某公司提供其他劳动。某公司以月工资标准33333元支付姚某2018年3月至8月工资，以月工资标准7762元支付姚某2018年9月至2019年11月工资，自2019年12月起停发姚某工资。

2020年4月23日，姚某委派律师向某公司发出律师函，要求支付工资差额。

【裁判结果】

某公司应继续按每月33333元的原岗位工资标准向姚某支付2018年9月

至2019年11月30日的工资差额383565元、向姚某支付2019年12月1日至2020年5月31日的工资199998元。

【劳达分析】

劳动合同约定用人单位有权单方调岗的，用人单位亦应合理作出调岗安排并对调岗的合理性承担证明责任。用人单位对劳动者的调岗并未经过协商一致的，要求用人单位提交充分证据证明其单方调岗的合理性。此案中，公司将员工的岗位从财务岗调整至业务岗，调整后新岗位的工作内容、岗位职责与调整前岗位的工作内容及岗位职责缺乏关联性，职业技能不相匹配，明显不妥。虽然双方在岗位聘用协议中约定，如果员工未签订或拒绝重新签订《岗位聘任协议书》，视为员工辞职，公司不支付补偿金，但该约定明显违反法律规定，对劳动者不具有约束力。并且劳动者未提供劳动是用人单位对其岗位调整所致，当用人单位无法证明调整岗位具有合理性时，最终应承担相应法律后果。

三、岗位聘用制度的操作方法

应如何设计岗位聘用制度，使该制度具有可操作性，同时防范执行过程中可能出现的法律风险，提醒及建议如下：

（一）岗位聘用制度履行民主程序

根据《劳动合同法》第四条第二款的规定，直接涉及劳动者切身利益的规章制度或者重大事项，应当经职工代表大会或者全体职工讨论，提出方案和意见，与工会或者职工代表平等协商确定。把岗聘制度做成公开的制度，履行民主程序，既能保证其合法有效性，也能在此过程中听取员工对该制度的想法，通过讨论及协商缩短企业与员工之间的认知差距，达到双方利益平衡。同时，按法律要求履行过民主程序的制度，是对员工进行劳动管理的依据，不仅有引导、管理的功能，还可以作为解决争议的证据。

（二）签订岗位聘用协议

落实到具体的岗位及劳动者个人，在劳动合同中约定宽泛的工作内容外，另行签订岗位聘任书。岗位聘用协议的条款结合岗聘制度，将具体的聘用条件、聘用期限、对应的各项待遇、聘用期结束时不同情况下劳动关系处理方法以协议方式加以约定。如此即使发生劳动争议，也容易被法院认可，员工不易推翻。

劳动合同与岗位聘用协议分开管理后，可能会出现两份文件终止时间不一致的情况。例如，劳动合同期满，但岗位聘用协议尚未到期。因此岗位聘用协议中应明确两份文件之间的关系。即岗位聘用协议是劳动合同的附加协议，或者劳动合同的组成部分，写明劳动合同终止或解除时，岗位聘用协议一并终止或解除。

（三）采取内部公开竞聘方式

常言道，群众的眼睛是雪亮的。岗位聘用采取公开竞聘方式，有利于保障岗位聘用的公正性和科学性。具体方法为，确定竞聘的岗位，组建竞聘评审小组，制定并公布竞聘方案，公开评选规则。竞聘评审小组里除公司管理层、业务部门领导外，还可以邀请全体员工或相关部门员工共同参与。如果竞聘考核采取打分制，也给予员工打分一定的比重，流程上做到多元化考核。

岗位竞聘实施阶段，在设计《竞聘方案》《竞聘申请表》等配套文件时，对竞聘不成功时产生的各项后果充分进行告知与提示。此时，员工自愿参加竞聘应当预见到如竞聘不成功必然产生的后果，在一定程度上可以证明其参加竞聘即表明愿意接受竞聘失败的后果。

为确保竞聘考核的客观、公平、公正，在竞聘考核的整个过程中可以建立申诉渠道，当落选的员工对竞聘结果有异议时，有权利申诉。这也是保障员工合法权益，确保流程公正必不可少的一步。

（四）落聘员工的劳动关系处理方法

岗位聘用制度设计最棘手的环节是员工不能续聘时的处理方法。分流落聘人员采取的常见方式有调岗、待岗、内退、协商解除等。

1. 调岗

调岗应优先考虑工作内容、岗位职责与调整前岗位具有关联性且与劳动者的职业技能相匹配的岗位。调岗同时调薪的，调岗后的薪资待遇在薪酬制度中应当有明确规定，且与原岗位待遇相比应维持在合理范围内，不应出现断崖式恶意降薪。

2. 待岗

待岗是指劳动合同期限内，非因劳动者的原因导致企业停工停产，劳动者无法正常工作的状态。法律只规定了停工停产期间工资待遇，对停工停产的标准及流程并未作出规定。因此，实操中如果没有把握好尺度，则有可能被认定为变相裁员或逼员工离职的恶意待岗。为防止用人单位滥用用工自主权，侵犯员工的合法权益，对单方待岗的合理性审查较为苛刻。安排待岗需要签订待岗协议。员工拒签待岗协议的，发生劳动争议应举证证明待岗的合理性、非恶意性。因此，安排单方待岗前先提供调岗、调薪等机会，履行协商程序，仍未协商一致时再安排待岗，而不是直接安排待岗。此外，尽量缩短待岗期限、待岗待遇高于法定标准等方法，有利于证明待岗并非恶意性措施。

3. 内退

内退政策一般只针对临近法定退休年龄、在本企业工龄较长的员工，先离岗退养，等到法定退休年龄时再办理退休。从法律层面来讲，内退也是待岗的一种方式，实操上内退待遇往往比一般待岗更高些。

4. 协商解除

制定高于法定标准的协商解除补偿方案，引导员工选择自主择业，放弃岗位聘用的机会，预防单方解除劳动关系引发的劳动争议，分流富余人员，减少人员安置压力。

第四节　人事管理制度常见问题及典型案例

一、规章制度概要

（一）规章制度的意义

俗话说，没有规矩，不成方圆。企业的人事规章制度，就是企业规范员工行为的规矩，是人力资源管理走向规范化的途径。我国劳动法对用人单位的强制性规定较多，但同时赋予用人单位一定的用工自主权。用工自主权的行使是通过具体的规章制度来落实的，即在法律框架内，具体描述用人单位与劳动者双方权利义务落实的方法及流程，形成成文的规章制度，以此作为企业内部人员管理的操作规范。

国有企业作为国民经济支柱，要在激烈的市场竞争中不断提升核心竞争力，应制定合法合规的规章制度，规避用工风险，营造遵纪守法、和谐有序的用人环境。2018 年国资委发布的《中央企业合规管理指引（试行）》中就指出，严格遵守劳动法律法规，健全完善劳动合同管理制度，规范劳动合同签订、履行、变更和解除，切实维护劳动者合法权益。建立健全合规管理制度，制定全员普遍遵守的合规行为规范，针对重点领域制定专项合规管理制度，并根据法律法规变化和监管动态，及时将外部有关合规要求转化为内部规章制度。

（二）规章制度与劳动纪律

规章制度与劳动纪律有相似，也有区别。规章制度是用人单位制订的约束劳动者行为的准则，经过法定的民主流程后对劳动者具有约束力。劳动纪律是劳动者应该遵守的基本行为准则和规范，无论是否履行民主程序，是否提前告知，劳动者都应遵守。例如，上班不能迟到、早退，请假需要按规定提前审批等都属于劳动纪律。无论其所属行业、从事岗位，劳动者都应该遵守的基本规则。

《劳动合同法》第四条第一款规定，用人单位应当依法建立和完善劳动规章制度，保障劳动者享有劳动权利、履行劳动义务。《劳动法》第三条第二款规定，劳动者应当完成劳动任务，提高职业技能，执行劳动安全卫生规程，遵守劳动纪律和职业道德。

遵守劳动纪律和职业道德是对劳动者最基本的职业要求，即便在规章制度未作出明确规定、劳动合同亦未明确约定的情况下，如劳动者存在严重违反劳动纪律或职业道德的行为，用人单位亦可以依据《劳动法》的规定与劳动者解除劳动合同。

（三）规章制度与劳动合同约定冲突

《最高人民法院关于审理劳动争议案件适用法律问题的解释（一）》第五十条第二款规定，用人单位制定的内部规章制度与集体合同或者劳动合同约定的内容不一致，劳动者请求优先适用合同约定的，人民法院应予支持。因此，在劳动合同约定与规章制度规定出现冲突时，劳动者有权要求将劳动合同的特殊约定作为劳资双方履行劳动权利义务的依据。由此可见，规章制度的规定与劳动合同约定不一致，且制度规定对劳动者存在不利的，劳动者具有选择权。为了避免劳动者签订劳动合同后，用人单位修改规章制度，且两者不一致导致适用依据不清楚，可以在劳动合同中约定劳动合同条款与规章制度的规定不一致时，条款自动失效。

二、人事管理制度常见问题

（一）主体适格

《劳动合同法》第四条第一款规定："用人单位应当依法建立和完善劳动规章制度……"由此可见，法律层面上规章制度制定及修改的主体应该是企业，而不是某个部门或企业内部某个人。有些企业的规章制度是由企业内部某个部门起草的，但也应当是经企业授权制定及发布，因此并不意味着某个部门有制定规章制度的法定资格。制度制定及发布以用人单位名义进行，才能保证规章制度的有效性。

那么，总公司的制度是否直接适用于子公司？因劳动关系具有人身依附性的特点，规章制度只对与本单位存在劳动关系的员工具有约束力。总公司与子公司之间虽然在内部管理上存在上下级隶属关系，但从劳动关系法律层面上，总公司与子公司是独立的用工主体，总公司的规章制度无法直接适用于与子公司存在劳动关系的员工。国有企业集团化公司较多，通常由总公司牵头制定统一的规章制度，集团内关联企业直接引用总公司制度管理本企业员工。国有企业人员管理是在集团各企业之间交叉用工，在全国范围内调配人员，长期以来形成的管理习惯会导致集团总公司的制度可以适用于旗下全部下属企业的错误认知。

在司法实践中，有些法院对子公司适用总公司的规章制度采取较为宽容的态度。例如，《江苏省高级人民法院劳动争议案件审理指南》（2010年）指出，有独立法人资格的子公司执行母公司的规章制度，如子公司履行了《劳动合同法》第四条规定的民主程序，或母公司履行了《劳动合同法》第四条规定的民主程序且在子公司内向劳动者公示或告知的，母公司的规章制度可以作为处理子公司劳动争议的依据。江苏省判例中也有些案例支持，认为母公司履行了相应民主程序制定的规章制度，子公司派出代表参加了母公司职工代表大会，且在子公司内向劳动者公示或告知的，母公司的规章制度可以作为处理子公司劳动争议的依据。

那么，分公司是否可以直接适用总公司制度？应先捋清分公司与子公司的区别。如前所述，子公司具有法人资格，依法独立承担民事责任。但根据《公司法》第十四条第一款的规定，分公司不具有法人资格，其民事责任由公司承担。但在劳动法领域，依据《劳动合同法实施条例》第四条的规定，劳动合同法规定的用人单位设立的分支机构，依法取得营业执照或者登记证书的，可以作为用人单位与劳动者订立劳动合同；未依法取得营业执照或者登记证书的，受用人单位委托可以与劳动者订立劳动合同。因此，分公司也可以自行制定规章制度。如果分公司参照总公司的制度，总公司制度履行民主程序时，应该将分公司员工一并纳入，制度确定后向分公司的员工进行公示或告知。

（二）合法性

规章制度内容合法是指规章制度不得违反法律、法规的规定。根据《劳动合同法》第三十八条的规定，若用人单位规章制度违反法律、法规规定，损害劳动者利益的，劳动者可解除劳动合同，此时用人单位应支付经济补偿金。《最高人民法院关于审理劳动争议案件适用法律问题的解释（一）》第五十条第一款规定："用人单位根据劳动合同法第四条规定，通过民主程序制定的规章制度，不违反国家法律、行政法规及政策规定，并已向劳动者公示的，可以作为确定双方权利义务的依据。"由此可见，内容不合法的规章制度，即使履行了民主流程且进行了告知或公示，也不具备约束力，不能作为处理劳动关系的依据。

有些企业为追求经济效益，在规章制度中规定女员工入职两年后方可结婚、禁止员工之间恋爱、员工出现违纪行为罚款等。这些条款显然违反法律规定，是无效条款。

▶▶典型案例

【案号】（2021）京01民终4359号

【裁判要旨】

罚款一般是指行政机关依法对违反行政管理秩序的公民、法人或者其他组织，以承担一定金钱给付义务的方式予以惩戒的行为。根据《行政处罚法》的相关规定，罚款作为行政处罚种类之一，只能由法律、法规、规章设定。《企业职工奖惩条例》于2008年1月15日予以废止。现行法律、行政法规未再赋予企业对其员工进行罚款的权利。

【案情简介】

蒲某于2017年8月3日入职某公司，从事销售工作，2020年1月从某公司离职。蒲某负责的某省档案学校项目在上线后未产生达标的交易量，被某公司判定为无效项目，需自行承担项目上线所产生的强弱电施工费用5248.56元，故某公司从蒲某2019年9月的工资中将上述费用扣除。蒲某及袁某（另案劳动者）负责的某师范学院食堂项目因重复立项，被某公司认定为有弄虚作假行为，某公司对其作出罚款3万元的处罚通知，且需要其自行承担强弱电施工的费用，公司综合考虑之后决定处罚蒲某及袁某各8000元，并实际在蒲某2019年7月及2019年8月的工资中进行了扣款，共计7680元。

【裁判结果】

某公司于判决生效之日起七日内向蒲某返还罚款。

【劳达分析】

企业罚款的法律渊源是1982年国务院发布的《企业职工奖惩条例》，其中第十二条规定："对职工的行政处分分为：警告，记过，记大过，降级，撤职，留用察看，开除。在给予上述行政处分的同时，可以给予一次性罚款。"该条例适用于全民所有制企业和城镇集体所有制企业的全体职工。但2008年1月15日，国务院公布了《关于废止部分行政法规的决定》（国务院令第516号），规定《企业职工奖惩条例》已被《劳动法》《劳动合同法》代替。因此，在现行法律框架内企业经济处罚权失去了法律支持。为了规避罚款法律风险问题，用人单位可以将违纪行为与绩效挂钩，根据绩效表现给予奖励或者不予奖励。例如，设定全勤奖励，无迟到早退则发放全勤奖，反之则不予发放。如此一来，"罚款"则变为"奖励"。此外，如果劳动者造成用人单位经济损失的，可以追究损失赔偿责任。

（三）合理性

规章制度条款的合理性，主要体现在劳动者违纪行为与违纪责任相匹配。明显扩大了违纪结果，加重违纪责任的，一般认定为不合理。虽然司法实践中尊重用人单位的经营自主权，但会限制用人单位滥用管理权。如果违纪行为的认定对员工过于苛刻，超出一般人的可承受范围，为保障员工的合法权益，超出一般人的可承受范围，则不会得到支持。例如，员工言语上顶撞领导视为严重违纪，被解除劳动关系的，明显超出一般人可承受的范围。如果是因与领导的矛盾，上班时间殴打领导，显然是已经明显超出了员工基本行为准则范围，可以按严重违纪处理。

典型案例

【案号】（2019）新01民终3981号

【裁判要旨】

用人单位制定规章制度不仅要符合法律法规的规定，而且要兼具合理性，若单位规章制度过于苛刻，没有弹性空间，劳动者只能被迫接受，显然不合理，不能作为解除劳动关系的依据。

【案情简介】

2004年8月1日，孙某入职某学校，从事会计岗位。某学校制定的《员工手册》第7.6条规定："……迟到或早退30分钟以上者视为半天旷工，3小时以上者视为一天旷工，主管级别双倍受罚……一年内累计三天旷工者将给予书面严重警告处罚，情节严重者予以开除处理。"2017年2月19日，孙某签收了《员工手册》。2017年4月17日至10月7日期间，孙某休产假。产假届满后，孙某请事假一星期。2017年10月16日，孙某上班，双方因工作安排等问题发生争议。2018年1月4日，某学校作出决定，载明："违纪事实：2017年11月期间，孙某多次出现上下班打卡后外出不在岗的情形，经统计，仅2017年11月，孙某累计旷工天数达11天。2017年12月5日，公司对其进行批评教育谈话并向其送达了《最终书面警告》一份。2017年12月6日，孙某拒不改正，仍然旷工。根据公司《员工考勤管理制度》（2017年2月19日孙某签字确认）第7.6条之规定，孙某无视公司制度，经批评教育拒不改正，情节严重，影响恶劣，经公司研究决定，现对孙某作出解除劳动合同处理，并在15日内为其办理档案及社会保险关系转移手续。"同日，某学校给孙某邮寄送达了解除劳动合同书。孙某请求支持劳动合同解除补偿金。

【裁判结果】

法院认为，某学校制定的《员工考勤管理制度》中"迟到或早退30分钟以上者视为半天旷工，3个小时以上者视为一天旷工"的规定扩大了劳动者的责任，有失合理性，因此《员工考勤管理制度》不能作为其解除与孙某劳动关系的依据，且某学校称孙某多次出现上班打卡，打卡后外出不在岗，擅自脱岗的行为，但其提供的查岗记录均无孙某本人的签字确认，无法证实孙某旷工的事实，故某学校依据《员工考勤管理制度》单方作出解除与孙某的劳动合同的决定违反法律规定，鉴于孙某仅向某学校主张解除劳动合同补偿金，系对自身权利的处分，某学校应当向孙某支付解除劳动合同经济补偿金。

【劳达分析】

规章制度中规定“迟到或早退30分钟以上者视为半天旷工”等条款，在司法实践中难以获得支持。即使劳动者迟到或早退30分钟，也只能认定为旷工30分钟，而不能直接放大认定为旷工半天。处理此类问题，可以将迟到、早退的次数与违纪挂钩，例如一年内累计迟到10次以上，属于严重违纪。规章制度的合理性应结合用人单位的性质、工作岗位要求、劳动者的主观过错、劳动者的行为对用人单位的影响，综合考虑劳动者的行为是否达到严重程度。

（四）民主程序

规章制度有效应符合程序要件。根据《劳动合同法》第四条的规定，用人单位在制定、修改或者决定直接涉及劳动者切身利益的规章制度或者重大事项时，应当履行民主程序并告知或公示。这里的“规章制度”是指企业内部实施的规范劳动者义务和保障劳动者权利的全部规定，包括薪酬福利制度、劳动合同管理制度、考勤制度、奖惩制度等。凡是涉及劳动者切身利益的规章制度都应走民主程序，民主程序强调制定制度的过程中劳动者的参与，保护劳动者的合法权益。印章管理制度、财务制度、行政报销制度等不涉及劳动者切身利益的规章制度无须履行民主程序。

▶▶典型案例

【案号】（2021）闽02民终7097号

【裁判要旨】

用人单位在制定有关劳动报酬等直接涉及劳动者切身利益的规章制度或重大事项时，应当经职工代表大会或全体职工讨论等民主程序，并向劳动者公示。直接涉及劳动者切身利益的重大事项，未经民主程序决定并向劳动者公示，亦未与劳动者协商取得一致，仅通过邮件告知便直接停发工资薪金，于法无据。

【案情简介】

张某于2019年8月1日入职某公司。2020年3月1日，某公司通过邮件形式向员工发送《关于启动“新冠危机·二级危机响应”人力资源政策的公告》（以下简称《公告》），其中载明：“特别说明：二级危机期间，全员无C值。”仲裁庭审确认：某公司在张某《录取通知书》上载明，张某实际薪资为试用期工资19000元/月，转正后的月薪为20400元，包含基础工资A值8500元、绩效工资B值3400元、净利分红C值8500元，其中C值工资为季度发放。张某2020年1月至3月的C值工资并未发放。

某公司《公司职员薪资框架调整管理办法（试运行）》规定公司已于2018年4月1日就净利分红C发放条件制定明确的规章制度，即月部门净利≥0时，个人可获得C；部门无净利则为0。

张某于2021年4月2日以某公司作为被申请人向申请仲裁，裁决请求为：某公司支付张某2020年1月1日至2020年4月3日期间的工资27267.79元[2020年1月至3月未发放的净利分红C值（8500元×3）+2020年4月1日至2020年4月3日工资（20400元÷21.75×3）-已支付1046元]。

【裁判结果】

某公司主张其于2018年4月1日制定规章制度《公司职员薪资框架调整管理办法（试运行）》，明确净利分红C值工资发放条件，但未能证明上述规章制度或重大事项符合经民主程序制定并在张某入职后明确告知，故该规章制度不应采纳作为确定双方权利义务的依据。再次，某公司主张在新冠疫情期间发送《公告》，已告知员工不发放净利分红C值工资，但该《公告》内容与劳动报酬有关，亦属直接涉及劳动者切身利益的重大事项，某公司未经民主程序决定并向劳动者公示，亦未与劳动者协商取得一致，仅通过邮件告知便直接停发该项工资薪金，于法无据，对该主张本院亦不予采纳。综上，2020年1月1日至2020年4月3日期间，某公司理应向张某发放净利分红C值工资。

【劳达分析】

如果用人单位仅仅向劳动者公示了相关规章制度，并未履行相应的民主程序，该规章制度对劳动者是否构成约束力呢？如果是《劳动合同法》实施（2008年）前制定的规章制度，虽未经过《劳动合同法》第四条第二款规定的民主程序，但内容未违反法律、行政法规及政策规定，并已向劳动者公示或告知的，可以作为用人单位用工管理的依据。如果是《劳动合同法》实施后制定的规章制度，则应履行民主程序。司法实践中，法院一般对民主程序进行形式审查，审查重点放在规章制度的送达及告知程序上。

第五节 人事管理制度设计的主要步骤及风险防控

一、现状调研

（一）法律法规调研

规章制度内容不与法律法规、政策相违背，这是最基本的要求。起草规章制度，首先要从学习相关法律规定开始。自1995年施行《劳动法》以来，我国已出台了《劳动合同法》《劳动争议调解仲裁法》《社会保险法》等一系列法律法规，同时以行政法规、部门规章、地方性法规、司法解释等为辅，形成了现行劳动法体系。但随着社会经济发展、互联网新技术革新、就业形式多样化，劳动用工领域不断衍生出复杂的新问题，司法机关也根据新形势，合理掌握裁判尺度，适时出台规范性意见。法律规定不是一成不变的，而是随社会生活不断更新变化，用人单位应实时关注新的动态，及时更新规章制度。

（二）行业情况调研

不同行业员工关系管理呈现不同特点，劳动争议频发的领域也不同。例如，制造业、建筑业等传统劳动密集型产业的劳动争议“重灾区”是工作时间、劳动关系确认、劳动报酬、工伤赔偿、社会保险等问题；互联网行业、高科技行业是弹性工作制、加班、浮动工资、竞业限制、商业秘密保护等问题。起草规章制度不能照搬照抄，应该根据企业所属行业普遍面临的核心问题及特点灵活调整。同时，可以借鉴同行业其他企业的管理方法及先进经验，这样才能进一步提高本企业的管理水平。

（三）本企业情况调研

规章制度应结合本企业规模、业务特点、领导风格、企业文化、员工心态等自身情况量身定做，确保规章制度的可行性、适用性。本企业现状调研可以采取座谈会、讨论会、访谈、问卷调研等方式，广泛听取企业经营层与有关部门的意见，尤其是让更多的管理层参与进来，切实让企业各领域人员关注的问题充分反映到制度中。关注点除了现已暴露出来的问题以外，还可以涵盖当前有所忽略，但将来可能会引发风险的潜在问题。围绕着这些关注点制定制度，大方向是正确的。同时还应考虑企业能否执行的问题。如果把一套非常标准的规章制度引进来，但企业根本没有相应的执行能力，那么再标准化的制度也起不到任何作用。

二、确定基本框架

规章制度有框架与内容，两者不可分割。撰写顺序为确定了规章制度核心的关注点之后，先列出框架，后再填充内容。框架也是基于内容产生的。人事规章制度的基本框架通常包括以下模块：

①总则：公司概况、企业文化、组织架构等。

②分章节：包含招聘录用、薪酬福利、考勤管理、绩效考核、离职管理、行为规范、奖惩规定、教育培训、商业秘密保护、行为规范等。

③附则：制度修订、制度效力、解释权等。

三、设计具体条款

搭建完基本框架后，设计具体条款，应注意以下四个方面的风险防控。

（一）合法性管控

合法性管控是制度条款设计的一项基本要求。即使制度履行了完备的民主程序，但内容不合法也无济于事。明显有悖法律的条款，看似保护用人单位经济利益，但自始至终是无效的条款，对劳动者不具有约束力，一旦发生劳动争议，企业仍无法逃避法律责任。对于法律上无明文规定且司法实践中存在争议的内容，应结合当地司法机关倾向性的裁判规则，谨慎写入规章制度。如果裁判主流规则不明确，可借鉴的案例寥寥无几，不宜直接写入规章制度。

▶▶范例：“员工自愿加班且不主张加班费”

【分析】

制度上直接排除员工申请加班费的权利的条款是无效的。是否需要支付加班费，关键看加班是不是企业安排的。如果劳动者能证明用人单位要求其加班，是变相安排加班的，企业仍需要支付加班费。

▶▶范例：“本年度未使用完的年假，视为员工主动放弃，公司不支付任何补偿”

【分析】

未使用完的年假，可以安排第二年使用。用人单位安排，但是劳动者因本人原因且书面提出不休的，才可以视为主动放弃，而不是直接剥夺员工享受年休假补偿或跨年使用年休假的权利。

▶▶范例：“两次考核不达标时，按员工自愿辞职处理”

【分析】

绩效考核不达标解除劳动关系属于劳动者非过错性解除，有明确的法定解除程序，并且用人单位应当支付经济补偿金，与员工自愿辞职属于不同的法定情形，不能一概而论。

▶▶范例：“每月15日以前入职的新员工缴纳当月社会保险”

【分析】

与劳动者建立劳动关系，用人单位就有义务为其缴纳社会保险，即使入职未工作满一个月，当月也应当为员工缴纳社保。除非员工前一家单位在同城，离职时已经缴纳当月社保，操作层面上新单位无法重复缴纳。

▶▶范例：“试用期考核不合格的，可以延长试用期，延长后试用期不超过法定标准”

【分析】

试用期能否延长，司法实践中存在争议。第一种观点认为，用人单位与劳动者双方协商一致，且延长后的试用期未超过法定期间，延长试用期行为合法［参考判例：(2018) 闽民申141号］。第二种观点认为，试用期延长属于再次约定试用期的情形，不符合《劳动合同法》第十九条规定，延长协议应属无效［参考判例：(2017) 京民申1290号］。因此此类条款不宜直接写入制度。

（二）合理性管控

规章制度的合理性，强调的是公平公正，符合公序良俗，大多数人都能接受。公平公正是指用人单位与劳动者之间权利义务的平衡以及用人单位对待不同劳动者的公平性。符合公序良俗是指企业行为应当遵守公共秩序，符合善良风俗，不得违反国家的公共秩序和社会的一般道德。规章制度不符合公序良俗或者对员工过于苛刻，超出一般人的可承受范围的，会认定为侵犯员工权益，不被认可。

▶▶范例："员工上班时间去卫生间每次不得超过 5 分钟"

【分析】

工作时间去卫生间是正常的生理需求，严格限制上卫生间时间，损害身心健康，明显损害了劳动者的基本权利，属于"明显不合理"。

▶▶范例："员工工作失误给公司造成经济损失一千元的属于严重违纪"

【分析】

企业作为市场主体，在经营过程中必然要承担经营风险，如果将所有的经营风险都转嫁给员工，显然不合理。并且一千元的损失对企业也不会造成严重后果，显然夸大了劳动者违纪行为的后果。界定严重违反规章制度的行为的标准，应结合劳动者岗位职责及行为发生环境等综合考量。

（三）可操作性

1. 不能照抄照搬法律规定

人事管理制度的意义在于，在法律规定框架内细化企业与员工的权利义务，以法律为主、制度为辅的方式确定员工管理的标准。因此，照抄照搬的法律规定的规章制度形同虚设，没有任何意义。比如，劳动者严重违反规章制度、劳动者严重失职给用人单位造成损害以及其他对完成本单位的工作任务造成严重影响的等情形，劳动合同法赋予用人单位解除劳动关系的权利。"严重"标准则需要在规章制度中予以明确、合理的定义或界定。

▶▶范例

以下情形属于"给公司造成重大损害"：

①造成公司直接或间接经济损失达人民币一万元以上的；

②造成工伤事故或安全生产事故的；

③造成公司受到人民币二万元以上行政罚款处罚的；

④造成工作进度延迟三日以上的；

⑤造成公司声誉或信誉下降的；

⑥致使公司丢失客户或市场；

⑦导致客户投诉累计五次以上。

2. 宜细不宜粗

科学的规章制度是给出明确的标准，以提高执行效果为目的。因此，规章制度应写清楚是什么、怎么做、什么可行、什么不可行、不做会如何等，应具体明确，不能模棱两可。条款既要有实体性要求，又要有程序性规定，对权利义务有明确的指引，才能具备可操作性，便于执行。

范例：加班审批制度

【是什么】

加班是指公司安排员工在超过法定标准工作时间或劳动合同约定的标准工作时间以外，安排员工提供与本职工作相关的劳动。以下情形不视为加班：

①正常工作时间故意降低工作效率、虚增工作任务而延长工作时间的；

②不办理加班审批手续或未经批准擅自加班的；

③以安全生产为目的安排值班的；

④因处理个人事务下班后仍留在办公室内的；

⑤其他国家法律法规规定加班免除的情形。

【如何批准】

经以下审批程序公司与员工双方共同确认的加班为公司安排员工的有效加班：

①员工所属部门负责人与员工协商后，安排员工加班。

②加班开始前、结束后员工应当在考勤管理系统中留时间记录。如员工在工作场所以外的地方加班无法刷卡时，需要事后补齐考勤电子记录。

③员工按照公司规定的加班申请流程申请加班，写明加班实际开始时间及结束时间、加班工作内容概要后提交。

④员工所属部门负责人按照加班审批流程确认其加班事实，人事部门与考勤记录核对其加班时间后，员工加班方可认定为有效加班。

员工加班，公司按法律规定支付加班费。其中，休息日加班的，公司优先安排调休。每次调休时间原则上不得超过三天，且在六个月内调休完毕。因工作需要，确实无法安排调休的，由公司依照相关规定支付加班费。

【违反的后果】

滥用职权，批准虚假、不实的加班或假期申请的，按违纪处理。

▶▶范例：病假制度

【是什么】

病假，指员工因病或非因公负伤，需要停止工作接受治疗的期间。在病假期间外出从事旅游、娱乐等非疾病医治行为的或从事有偿活动的不视为病假。

【怎么做】

(1) 突发急诊时，员工或员工家属应在每日工作时间开始后两小时内向部门领导或人事部请假，并在医生诊断当天向公司提供相关的证明文件。

(2) 病假分为短期病假与长期病假，连续五日以上病假视为长期病假。短期病假休假申请需经所属部门负责人及其上级审批，人事部门核对无误后方可生效。长期病假需报总经理审批。

(3) 员工申请病假的，必须向公司提交如下病假资料：

①挂号单、病历本；

②员工常住地医保定点医疗机构开具的门诊急诊病假单原件；

③公司需要的其他相关的辅助检查资料复印件。

(4) 员工提供病假相关证明后，公司仍对员工的疾病事项存有合理怀疑时有权要求员工进行复查。公司指定复查医院，必要时派专人陪同复查。

(5) 病假期间工资参照国家及地方相关规定支付。

【不遵守的后果】

任何虚报、伪造病假证明等行为，一经查实，视为严重违反公司的规章制度，解除劳动关系并不支付任何经济补偿。

3. 兜底性条款

兜底性条款，指的是所列条款当中没有涵盖，或者暂时预测不到的具体的情形。“其他情形”“有类似于上述行为的其他行为”等表述，属于典型的兜底性条款。兜底性条款的作用是用概括性、模糊性的表述增加制度的弹性，同时防止不周延性。

4. 制度的严格化与人性化

制定制度的目的是预警性，是规范员工行为，促使其遵守制度，并不是惩戒员工。制度设计应把握好制度严格化与人性化管理的平衡。尤其是处罚条款的设计应呈现教育为主、处罚为辅的管理方法。当员工出现违规行为时，企业应先进行教导及纠正，而不应直接处罚，同时鼓励员工自我纠正，对积极悔改的员工给予减免措施。

▶▶范例

- 不服从工作调动不到岗，经劝导无效的，视为一般违纪行为。
- 未经批准自行休假、未履行完休假申请流程或休假逾期不归，经劝导无效的，视为一般违纪行为。
- 受处罚的员工，在三个月之后的工作中，有良好表现，可依情况，由本部门负责人提出，经公司领导批准后，撤销处分。
- 如果违纪员工真诚反省，积极改正，致力于各项事后补救措施，为挽回公司损失作出显著贡献的，再结合员工过往工作表现和业务成绩，公司可以减轻或者部分免除或者免除其处罚。

（四）实时性

一个好的规章制度，是在企业发展过程中逐步积累、不断修正而来的。制度执行后，要构建信息反馈机制，畅通反馈渠道，及时了解掌握执行过程中存在的问题，适时进行修改完善，存在缺陷的要及时修正，与时俱进，逐步完善。

四、审查规范性

规章制度的用语应使用规范的书面语言，用词要规范，表述言简意赅，语句前后照应。语言要准确、简洁。名称、称谓、术语需统一。其中涉及法律术语的，应与劳动法术语保持一致。

▶▶典型案例

【案号】（2018）津02民终3871号

【裁判要旨】

当对格式条款的理解存在不同解释时，应作出不利于格式条款制作方的解释。

【案情简介】

毕某于2006年6月1日进入某公司从事操作工工作。原告经公司工会同意于2017年4月24日修订了《员工奖惩管理办法》，规定在第4.6.3条“有不良行为，道德败坏，严重影响公司声誉或在公司内造成严重不良影响的”；第4.6.7条“年度内得到两次严重警告或劳动合同期内累计得到四次严重警告的”；第4.6.15条“在公司内打架、恐吓或暴力威胁他人者”；第4.6.22条“员工有意见或诉求时应通过工会与公司协商解决或通过仲裁、诉讼等法律途径解决。参与怠工或罢工或采取其他扰乱公司生产经营秩序的行为，经公司督促后，仍不改正的”情形下，公司可以不经预告即解除劳动关系。

毕某之妻亦在某公司工作，2016年9月26日早，毕某以对公司对其妻子的工作安排不满及其妻子身体患病为由与工厂长交涉，过程中毕某言语激烈，并用随身携带的工作锤砸了工厂长的办公桌。随后毕某于当日书写了事情经过，表示愿意接受某公司对其作出的处罚决定，并表示以后不再发生过激行为。某公司依据2016年版《员工奖惩管理办法》第4.7.7条规定对毕某作出严重警告的处罚决定，毕某书面表示接受处罚并保证今后不会再犯。

2017年7月5日，毕某在和部门领导谈话过程中将鱼缸和花盆摔到地上。某公司于2017年7月11日以破坏生产秩序，对公司造成严重影响为由，依据《员工奖惩管理办法》第4.6.3条的规定，经企业工会同意作出给予被告解除劳动关系处罚的决定。毕某要求继续履行劳动合同。

【裁判结果】

对于《员工奖惩管理办法》第4.6.7条“年度内得到两次严重警告”中“年度”的理解，双方亦各执一词，某公司认为自毕某第一次得到严重警告处罚决定之日起计算一年，而毕某则认为是自然年度，故在格式条款理解上应作出不利于格式条款制作方的解释。毕某两次行为发生在两个自然年内，故即使某公司对毕某的第二次行为作出严重警告的处罚决定亦不足以构成直接累加为直接解除劳动合同的条件。毕某要求继续履行劳动合同的主张，符合法律规定，予以支持。

【劳达分析】

格式条款是指一方预先拟定，而不是双方协商形成的。对格式条款的理解发生争议的，首先按照通常理解予以解释。对格式条款有两种以上解释的，作出不利于提供格式条款一方的解释。上述案例中用人单位制度上规定“年度内得到两次严重警告”视为严重违纪行为，但并未明确规定该年度为自然年度，还是自第一次违纪行为发生之日起计算一年。因此，用人单位作为格式条款的提供者，当其对于“年度”的解释与劳动者存在分歧时，法院按照不利于用人单位的解释进行判决。

五、履行民主流程

《劳动合同法》第四条第二款至第四款规定，用人单位在制定、修改或者决定有关劳动报酬、工作时间、休息休假、劳动安全卫生、保险福利、职工培训、劳动纪律以及劳动定额管理等直接涉及劳动者切身利益的规章制度或者重大事项时，应当经职工代表大会或者全体职工讨论，提出方案和意见，与工会或者职工代表平等协商确定。在规章制度和重大事项决定实施过程中，工会或者职工认为不适当的，有权向用人单位提出，通过协商予以修改完善。用人单位应当将直接涉及劳动者切身利益的规章制度和重大事项决定公示，或者告知劳动者。该条款强调规章制度制定及修订过程，充分保障劳动者参与、协商权利。

（一）确定协商对象

根据《企业民主管理规定》的规定，企业可以根据职工人数确定召开职工代表大会或者职工大会。企业召开职工代表大会的，职工代表人数按照不少于全体职工人数的百分之五确定，最少不少于三十人。职工代表人数超过一百人的，超出的代表人数可以由企业与工会协商确定。职工代表大会的代表由工人、技术人员、管理人员、企业领导人员和其他方面的职工组成。其中，企业中层以上管理人员和领导人员一般不得超过职工代表总人数的百分之二十。有女职工和劳务派遣职工的企业，职工代表中应当有适当比例的女职工和劳务派遣职工代表。因此，人数较多的企业选举职工代表，人数较少的直接召开全体职工大会讨论通过规章制度。

（二）发布规章制度草案

意见听取应针对全体员工。具体方法为将已经起草的规章制度草案或意见征求稿，公示给全体员工，同时要求针对制度反馈本人意见。意见反馈应设定截止时间，也可以约定逾期不反馈视为无任何意见。具体的意见反馈方式可以采取邮件、意见征信函反馈等多种渠道。

（三）讨论及协商

讨论及协商应通过职工大会或职工代表大会履行。会议应准备签到表，与会人员签字。开会内容以讨论员工反馈的意见为主，合理的意见和建议应尽量接受，企业无法落实的建议说明理由。如果采取表决制，依据《企业民主管理规定》，按照少数服从多数的原则，经全体职工代表的过半数通过。对重要事项的表决，应当采用无记名投票的方式分项表决。会议过程应整理成会议纪要，会议结束后参会人员要签名。

六、公示或告知

（一）直接签收法

将规章制度做成手册发给员工，员工直接签收后由企业留存或者直接将员工手册等规章制度交给员工，由员工签名后留存签收单。签收单上可以写"员工已经认真阅读了上述规章制度，理解了上述规章制度的所有内容，并且愿意遵守上述规章制度"。如果签收的是修改过的规章制度，需要注明具体版本。

（二）劳动合同约定法

将规章制度作为劳动合同附件，在劳动合同中约定员工签订劳动合同时已知晓规章制度。该方法容易举证，但弊端是将来修改规章制度，可能会被认定为劳动合同的变更，要求用人单位与劳动者协商一致。

（三）会议或培训法

采取会议或培训方式的，活动应有仪式感，并且让参加人员签到。签到表里需写明培训时间、地点、参会人员、培训内容。如果采取的是视频会议方式，最好将会议过程录下来。

（四）考试法

考试可以采取开卷或闭卷方式，员工答卷后保留试卷。

（五）邮件、公司内网告知

以邮件、内网方式告知的，应要求员工阅读后回复。邮件地址、内部网用户名应该是员工事先确认过的。邮件、内网公告的弊端是，相关证据属于电子证据，电子证据保存时间久远容易丢失，从而增加了企业的举证成本，为保全证据必须有相应的技术支持。

第三章 国企劳动合同合规管理与风险防控

第一节 劳动合同订立环节典型问题分析

在企业的用工管理中，签订、续订劳动合同是非常重要的一个环节，订立书面劳动合同是《劳动合同法》的强制性规定，未签订书面劳动合同对应着相应的罚则。签订劳动合同是确定劳动关系的重要表现形式，签订的书面劳动合同是双方出现争议时的有效法律依据，也是确认双方权利义务的重要依据。签订书面劳动合同体现了用人单位对劳动者的尊重及信任。所以说，签署劳动合同是企业用工中的首要步骤。

一、未在规定时间内签订劳动合同产生的风险

根据《劳动合同法》的规定，劳动合同签订时间为自用工之日起一个月内，用工之日即劳动者为用人单位提供劳动的第一日。与劳动者签订劳动合同是用人单位的法定义务，若未能在法定时间内签署劳动合同将承担相应的法定责任，即从次月开始支付劳动者双倍工资。

依照法律规定，劳动者应当签订无固定期限劳动合同，但用人单位不与劳动者签订无固定期限劳动合同的，用人单位也将会承担双倍工资的惩罚。

▶▶典型案例

【案号】（2021）京03民终143号

【裁判要旨】

用人单位未续签劳动合同，需要向劳动者支付双倍工资。

【案情简介】

刘某系某公司员工，2018年10月25日，根据密云区人民政府京密办发

（2018）36号文，某公司由转制单位接收人员、资产和负债。根据改制方案，对于编外合同工有两种选择方案：一是选择解除劳动关系支付经济补偿，二是选择跟随转制单位被接收。在启动接收工作后，刘某表示既不选择解除劳动关系领取经济补偿，也不选择跟随转制单位划转。

刘某与某公司签订的劳动合同于2018年12月31日到期终止，此后由于双方未就改制方案达成一致，刘某仍在原岗位工作。刘某于2020年7月24日申请仲裁，要求某公司支付2019年1月1日至2020年1月未签订劳动合同双倍工资差额。后刘某提起诉讼。

一审法院认为，双方虽无继续建立劳动关系的合意，但鉴于刘某仍在原岗位工作且改制工作仍在进行中的实际，虽系刘某不同意签订劳动合同，但用人单位也应对此按照法律规定予以处理，而非放任不签订劳动合同状态持续，故刘某要求支付未签劳动合同双倍工资差额于法有据。关于仲裁时效问题，劳动争议申请仲裁的时效期间为一年。仲裁时效期间从当事人知道或者应当知道其权利被侵害之日起计算。故对刘某要求支付2019年7月24日至2019年12月31日未签劳动合同双倍工资差额的诉讼请求，一审法院予以支持；其主张2019年1月1日至2019年7月23日未签劳动合同双倍工资差额的诉讼请求，已超过仲裁时效，一审法院不予支持；刘某不服，提起上诉。

【裁判结果】

北京市第三中级人民法院经过审理，判决驳回上诉，维持原判。

【劳达分析】

通过本案可以得出以下结论：

第一，签订劳动合同是用人单位应当履行的义务，即便劳动者不签署，也不能避免用人单位的该项义务，放任不管也是用人单位的过错。当劳动者不同意签订劳动合同时，应当终止劳动合同，而非放任不签订劳动合同状态继续，此时终止劳动合同公司无需支付任何补偿，也将避免双倍工资的赔偿。

第二，关于双倍工资计算标准各地区也有不同的规定，司法实践的主流观点认为，双倍工资的计算标准应当是当月应得工资。至于是否需要扣减奖金、年终奖、补贴、津贴、加班费等一些项目，各地区在实践操作中也是不同的。比如北京地区认为因基本工资、岗位工资、职务工资、工龄工资、级别工资等按月支付的工资组成项目具有连续性、稳定性特征，金额相对固定，属于劳动者正常劳动的应得工资，应作为未订立劳动合同二倍工资差额的计算基数，不固定发放的提成工资、奖金等一般不作为未订立劳动合同二倍工资差额的计算基数。[①] 上海地区认为二倍工资应当扣除加班工资和非常规性奖金福利。[②] 江苏地区则认为二倍工资计算基数除包括计时工资或者计件工资外，还包括加班加点工资、奖金、津贴和补贴等货币性收入。劳动者当月工资包含季度奖、半年奖、年终奖的，应按分摊后该月实际应得奖金数予以确定。[③] 广州地区认为二倍工资差额的计算基数为劳动者当月应得工资，但不包括以下两项：一是支付周期超过一个月的劳动报酬，如季度奖、半年奖、年终奖、年底双薪以及按照季度、半年、年结算的业务提成等；二是未确定支付周期的劳动报酬，如一次性的奖金，特殊情况下支付的津贴、补贴等。[④]

针对前文论述可知，用人单位在计算未签劳动合同双倍工资时，地区差异较大，具体数额应当根据当地的规定或裁判口径来确定。为减少不必要的用工成本，建议用人单位应当及时和劳动者签订劳动合同。

二、劳动合同到期后未及时续订劳动合同

（一）到期续签劳动合同是否有一个月宽限期

司法实践中普遍认为《劳动合同法》第八十二条中一个月签订劳动合同

---

① 《北京市高级人民法院、北京市劳动人事争议仲裁委员会关于审理劳动争议案件法律适用问题的解答》第二十一条规定："（3）计算'二倍工资'的工资标准时，因基本工资、岗位工资、职务工资、工龄工资、级别工资等按月支付的工资组成项目具有连续性、稳定性特征，金额相对固定，属于劳动者正常劳动的应得工资，应作为未订立劳动合同二倍工资差额的计算基数，不固定发放的提成工资、奖金等一般不作为未订立劳动合同二倍工资差额的计算基数。"

② 《上海市高级人民法院关于劳动争议若干问题的解答》第三条规定："……劳动关系双方对月工资有约定的，双倍工资的计算基数应按照双方约定的正常工作时间月工资来确定。双方对月工资没有约定或约定不明的，应按《劳动合同法》第18条规定来确定正常工作时间的月工资，并以确定的工资数额作为双倍工资的计算基数。如按《劳动合同法》第18条规定仍无法确定正常工作时间工资数额的，可按劳动者实际获得的月收入扣除加班工资、非常规性奖金、福利性、风险性等项目后的正常工作时间月工资确定……"

③ 《江苏省高级人民法院、江苏省劳动人事争议仲裁委员会关于审理劳动人事争议案件的指导意见（二）》第二条规定："用人单位因未与劳动者签订书面劳动合同而应每月支付的二倍工资，按照劳动者当月的应得工资予以确定，包括计时工资或者计件工资以及加班加点工资、奖金、津贴和补贴等货币性收入。劳动者当月工资包含季度奖、半年奖、年终奖的，应按分摊后该月实际应得奖金数予以确定。"

④ 《广州市中级人民法院关于审理劳动争议案件的参考意见》第十八条规定："用人单位未按法规规定签订书面劳动合同而每月支付双倍工资的，以标准工资作为计算基数。"

的宽限期应同样适用于续订劳动合同的情形，即劳动合同到期后一个月内续订劳动合同即可，超出一个月未续订劳动合同的，将要支付劳动者双倍工资。北京地区需要在到期前一个月通知是否续订劳动合同，因此自然没有一个月的宽限期的标准。

（二）自动续签劳动合同条款是否有效

▶▶典型案例

【案号】（2021）京03民终18938号

【裁判要旨】

员工手册规定劳动合同到期自动续延，在劳动合同到期后未签订书面劳动合同仍需支付双倍工资。

【案情简介】

陈某某和某公司签订了自2017年3月9日至2020年3月8日的劳动合同，约定岗位为营养讲师，月工资7000元，合同到期后未续签。陈某某入职当日签订了《入职承诺书》，内容包括"……我已认真阅读了《员工手册》并熟记在心并严格遵守，同时成为新员工模仿的榜样……"某公司《员工手册》中规定："13.14.3　合同期满，除员工提出变更合同条款外，劳动合同到期自动续延。属于第一次续延的，合同期限与原合同相同，其他约定同原合同；属于第二次续延的，合同期限为无固定期限，其他约定同原合同。13.14.4　双方均未明确续签意向的，员工继续工作公司不持异议的，依据上述约定处理。"陈某某工作至2021年3月30日离职。

陈某某于2021年3月29日向怀柔区劳动人事争议仲裁委员会提出仲裁申请，要求支付工资差额、销售提成及未签劳动合同二倍工资差额。怀柔区劳动人事争议仲裁委员会于2021年7月5日作出裁决：某公司支付陈某某2020年3月9日至2021年3月8日未签劳动合同二倍工资差额89459.88元。

【法院观点】

一审法院认为：劳动者和用人单位的合法权益均受法律保护。关于未签劳动合同的二倍工资差额问题，某公司的《员工手册》里明确规定合同期满，除员工提出变更合同条款外，劳动合同到期自动续延。《员工手册》对劳动合同到期续延的规定，并非不合理地免除或者减轻用人单位责任、加重劳动者责任的规定，亦未排除劳动者的主要权利，是对用人单位和劳动者均有约束力的有效条款。陈某某已经签署了《员工手册》，且在与某公司签订的劳动合同到期后继续在某公司工作，原劳动合同自动续延至与原合同相同的期限，合同约定内容不变。因此陈某某要求未签劳动合同的二倍工资差额，缺乏依据，一审法院不予支持。

二审法院认为：首先，该《员工手册》记载的发布及修改时间均早于某公司成立时间，因无其他证据佐证，故对其真实性本院不予采信；其次，陈某某虽然在入职承诺书上签字，但其中关于"我已经认真阅读员工手册"的承诺显然系某公司预先打印的格式条款，且某公司亦自认向陈某某出示《员工手册》后又收回了，故现有证据并不足以证明陈某某已经收到《员工手册》，即使陈某某收到了《员工手册》，因某公司提交的《员工手册》真实性存疑，现有证据亦不足以证明某公司提交的《员工手册》与陈某某阅读的《员工手册》内容一致；最后，在《员工手册》并未交付劳动者的情况下，以其中关于劳动合同自动续延的规定替代用人单位签署劳动合同的义务并不合理。综上，某公司提交的《员工手册》不足以证明双方约定劳动合同到期后自动续签，某公司未与陈某某签订书面劳动合同应支付陈某某未签订劳动合同双倍工资差额。经核算，陈某某上诉主张的未签订劳动合同双倍工资差额数额不高于法定标准，本院依法予以支持。

【裁判结果】

某公司于本判决生效之日起7日内支付陈某某未签劳动合同二倍工资差额89459.88元。

【劳达分析】

本案可谓一波三折，仲裁裁决了用人单位支付劳动者双倍工资差额，一审判决用人单位无需支付双倍工资差额，二审最终判决用人单位需要支付双倍工资差额。之所以三个裁判机构的认定结果会截然不同，取决于一份重要的证据——《员工手册》，该公司提供的《员工手册》中规定："劳动合同到期自动续延。"该《员工手册》中的该项规定，一审法院认为对劳动者有效。而二审法院基于对《员工手册》真实性的存疑而未认定，最终判决用人单位支付双倍工资差额。

如果担心人力资源部忘记续签劳动合同的工作，除了在《员工手册》中规定劳动合同自动续签条款外，还可以将自动续签条款写入劳动合同。但归根结底，笔者认为这种方法不宜推荐至用人单位普遍适用，建议用人单位在劳动合同期满前就和员工续签劳动合同。为了避免人力资源部忘记续签可以设计多种解决方案，比如按照批次将员工劳动合同到期时间统一至同一个时间段，并将这个时间段避开繁忙期。或者通过人力资源数字化系统或第三方平台提醒人力资源部员工劳动合同到期应续签劳动合同。

三、提高或降低原劳动合同条件的情形下劳动者不同意续订的

当一名员工的劳动合同到期时，用人单位就面临着决定是否继续留用该员工的问题。若留用该员工的劳动合同条件发生变化，当用人单位提高了劳动合同条件，如提高工资标准时，劳动者拒绝续签劳动合同，要求用人单位支付经济补偿金，用人单位有权拒绝支付。当用人单位降低了劳动合同条件时，劳动者不同意续订劳动合同，则用人单位仍需要支付经济补偿金。这里需要注意的是何谓降低劳动条件，法律对此并没有明确规定，但若是足够影响劳动者的收入及正常生活状态的都属于降低劳动合同条件，如薪资、工作地点、岗位等。

▶▶典型案例

【案号】（2021）沪01民终11694号

【裁判要旨】

续订劳动合同中增加管理要求，是否属于降低劳动合同条件。

【案情简介】

陆某某于2011年5月9日进入被告上海某人力资源有限公司，并被先后派遣至A公司、B公司、C公司从事安全监督工作。双方签订有三份劳动合同，最后一份合同约定期限至2020年12月31日。劳动合同期满，被告虽已将用于续订的劳动合同、岗位聘用协议及劳动合同补充协议书提供给原告，但与岗位聘用协议约定相比，劳动合同补充协议书中涉及的劳动合同变更和解除条款增加了“乙方同意甲方有权根据经营需要或乙方自身能力及表现，调整乙方具体工作部门和岗位及劳动报酬”及“劳动者30天内累计旷工达三天及以上可解除劳动合同”等约定。陆某某不同意续签劳动合同，某公司以陆某某不同意续签为由终止了原劳动合同。陆某某提起仲裁，仲裁委作出裁决：对申请人的请求不予支持。陆某某不服该裁决，于法定期限内诉至上海市长宁区人民法院。

上海市长宁区人民法院认为该增加的补充协议内容并未降低原劳动合同条件，驳回陆某某的请求。陆某某不服，提起上诉。

上海市第一中级人民法院维持原判。

【劳达分析】

本案实质属于判断用人单位和劳动者续签劳动合同时是否维持或提高劳动合同条件的标准。本案劳动者认为用人单位通过补充协议的形式增加了原劳动合同的条款，且该条款的增设将损害劳动者的实际利益或提高原劳动合同的条件。但该案件经过一裁两审均未支持员工的主张。通过法院的认定我们大致可以得出增加管理性规定并不必然影响员工的实际利益的结论。

关于如何认定续签劳动合同时用人单位是否维持或提高了原劳动合同条件，笔者认为主要可以从三个方面的条款来判断：一是关于劳动报酬、工作时间、休息休假、社会保险、劳动保护和职业危害防护等权利性条款；二是关于增加劳动合同期限、变更工作地点、工作岗位等中立性条款；三是关于规章制度、调岗调薪、不胜任工作等用人单位加强管理，增加劳动者责任的义务性条款。

第一，单纯增加劳动报酬、提高社会保险、增强劳动保护和职业危害防护等应属于提高劳动合同约定条件。但用人单位方擅自改变薪酬体系或计算标准，则有侵犯劳动者合法权益的可能，应回归是否同意维持原薪酬体系续订劳动合同进行判定，如果不能回归则不宜认定。工作时间从标准工时制改为综合工时制或从综合工时制改为标准工时制的，属于提高还是维持原劳动合同条件应结合劳动报酬模式、工作模式以及调整给员工造成的影响进行判断。

第二，关于增加劳动合同期限的问题，虽然客观上增加了劳动关系解除或终止的难度，一定程度上也加重了用人单位的义务，但这本身也是用人单位承担社会责任的体现，并不会影响劳动者的自由择业权。劳动者完全可以根据劳动合同法相关规定提前通知用人单位后解除劳动合同。因此，增加劳动合同期限应当被认定为提高劳动合同约定的条件；反之，则应当被认定为降低劳动合同约定的条件。

对于工作地点和工作岗位调整，如系因用人单位经营状况发生变化而引起的调整，并未增加劳动者额外劳动负担的，则应属于合理的变更，仍属于维持或者提高劳动合同约定条件。如果调整工作地点和工作岗位增加了劳动者额外的劳动负担，则不属于维持或者提高劳动合同约定条件。

第三，在保护劳动者合法权益的同时，用人单位的自主用工权同样应当得到尊重和保护。在用人单位制定的规章制度内容合法、程序正当的情况下，可以允许其制作、修订合同文本，增设管理性条款等，此种情况下应当视为维持了原劳动合同条件。若调岗调薪、不胜任工作的界定客观、合理，程序正当，且不具有针对性、侮辱性，应当视为维持了原劳动合同条件，没有加重劳动者的义务。

四、特殊人员劳动合同管理典型问题

（一）内退人员

内退也称内部退养，即劳动者无需提供劳动，与用人单位仍保持着劳动关系状态，与用人单位签署相关协议，用人单位同意支付一定的工资并按规定缴纳社保。国务院于1993年发布的《国有企业安置富余职工规定》第九条规定："职工距退休年龄不到五年的，经本人申请，企业领导批准，可以退出工作岗位休养。职工退出工作岗位休养期间，由企业发给生活费。已经实行退休费用统筹的地方，企业和退出工作岗位休养的职工应当按照有关规定缴纳基本养老保险费。职工退出工作岗位休养期间达到国家规定的退休年龄时，按照规定办理退休手续。职工退出工作岗位休养期间视为工龄，与其以前的工龄合并计算。"

▶▶典型案例

【案号】（2013）陕民一申字第00718号

【案情简介】

付某某2002年时向其所在的某公司提出申请，要求内退，某公司与其签订了内退协议，并按月支付内退工资，依法缴纳社会保险。付某某认为双方签订的内退协议属于无效协议，因其签订协议时距离退休并非不足5年，不符合办理内退的要求。2012年，付某某提起诉讼，要求某公司补发工资527500元、补缴社保。案件经过一审、二审后，付某某对终审判决不服，又向当地高院提起再审申请。

【裁判结果】

本院认为，2002年付某某在办理内退时虽不满足距法定退休年龄不足5

年的规定，但诉讼中双方对付某某向被申请人递交退养报告及双方签订退养协议的事实均不持异议，且某公司按月向付某某支付内退工资，并依照法律规定为付某某缴纳社会保险。上述行为并未违反国家劳动法的禁止性规定，付某某再审主张内退协议系受胁迫签订无充分事实依据，其要求确认办理内退无效的申请理由本院不予采信。付某某内退后，其要求按照在岗职工工资标准支付工资的理由亦无事实和法律依据。原判认定社会保险的缴纳标准由社会保险机构核算，不属人民法院审理劳动争议案件的范围并无不当，付某某主张某公司为其全额缴纳社会保险的再审理由本院亦不予采信。综上，付某某的再审申请不符合《民事诉讼法》第二百条规定的情形。依照《民事诉讼法》第二百零四条第一款之规定，裁定如下：驳回付某某的再审申请。

【劳达点评】

本案是一起诉至高院的劳动争议案例，用人单位在与劳动者签订了内退协议的情况下依然被劳动者起诉。若用人单位不能保存完整十几年前的协议原件，则本案有可能存在败诉风险。另外，对于此类特殊人员，能够胜诉也取决于在协议签署时严格遵守相关的流程。本案中是有员工内退申请报告作为证据的，该证据可以证明员工自愿退休，没有受到公司的胁迫，因此，用人单位的文档保管及离职流程的合规和完善是至关重要的。

（二）停薪留职人员

用人单位与停薪留职人员应当签署相关协议，约定保留劳动关系，保留编制，是否缴纳社会保险，在约定的期限到达或者其他条件成就时返岗工作。这类人员一般出现在国企事业单位，大多因为国家政策调整，国企改制、下海潮等原因而产生。

（三）待岗人员

待岗人员系用人单位与劳动者协议约定用人单位同意保留劳动关系，保留编制，支付待岗工资、缴纳社保，无需其提供劳动的人员。此类情况产生的原因可能是员工竞聘失败或长期休病假、岗位不胜任等。

以上几类人员均是国有企业比较常见的情形，也因时间比较久远成了历史遗留问题。以上几类人员均与用人单位保持着劳动关系，劳动者提出或用人单位在目前状态提出解除劳动合同，产生劳动争议的概率较大。用人单位若未与此类人员签订相关有效协议或协议未留存完整，则将会产生败诉的风险。此类人员若到新的用人单位应聘本工作岗位，虽然其已经与其他公司有劳动关系，但仍然会被认定与新的用人单位存在劳动关系，后续的用工风险仍然存在。《最高人民法院关于审理劳动争议案件适用法律问题的解释（一）》第三十二条第二款规定：“企业停薪留职人员、未达到法定退休年龄的内退人员、下岗待岗人员以及企业经营性停产放长假人员，因与新的用人单位发生用工争议而提起诉讼的，人民法院应当按劳动关系处理。”可见用人单位聘用这类人员发生争议仍会按照劳动关系处理，后续会存在工伤赔偿、补缴社保等风险。

第二节　劳动合同变更环节典型问题分析

《劳动合同法》中明确了劳动者与用人单位签订劳动合同需要约定的劳动合同条款，包括用人单位名称、劳动者姓名及身份证号码、劳动合同期限、工作内容、工作地点、劳动报酬等条款，一旦双方签订了劳动合同，用人单位与劳动者就应当按照劳动合同约定的条款全面履行各自的义务，一旦涉及变更劳动合同中的条款，若未有法定理由，则需双方协商一致，对用人单位的要求即征得劳动者的同意。当然《劳动合同法》也规定了在一些特定情形下用人单位可以单方调整劳动合同，如当出现员工被证明不胜任的情形，或者存在员工病假至医疗期满仍无法从事原工作的情形等。

一、变更劳动合同的八类情形

（一）劳动合同主体变更

劳动合同主体变更是否属于劳动合同的变更，目前仍然存在争议。有两种观点：一种观点认为劳动合同主体也属于劳动合同内容条款之一，理应算作劳动合同的变更。另一种观点认为劳动合同主体变更实际是劳动关系的解除，不应当作为劳动合同的变更。司法实践中也存在判决结果不同的案例。

1. 用人单位合并、分立导致合同变更

根据劳动合同法的规定，用人单位发生合并、分立的情况，原劳动合同继续有效，可按照实际情况重新签署劳动合同，劳动合同由继承权利义务的用人单位继续履行即可，劳动者无权拒绝履行原合同。

2. 用人单位名称变更、法定代表人变更等情况

劳动合同签订主体中用人单位名称变更、法定代表人变更等并非用人主

体实质性变更，劳动合同继续有效，无需重新签署劳动合同。

3. 用人单位关联公司之间变更、派遣公司与用人单位之间变更

用人单位关联公司之间的调转是比较常见的情况，即便是关联公司，也属于不同的独立法人主体，应当属于不同的用人主体，若要变更则需要劳动者的同意，需要重新签订劳动合同，同时对于用人单位安排的劳动主体变更，工龄应当连续计算。

派遣员工转为用人单位的正式员工的情形也是常见情形，大部分员工是同意的，若是劳动者不同意变更，用人单位也无权单方变更。

（二）工作地点变更

工作地点的变更是目前常见的劳动合同变更的一种情形，基于用人单位的经营需求，调整劳动者到不同的地点工作，以满足用人单位工作需求。大部分用人单位起草的劳动合同中也明确了用人单位享有该项权利，但仅仅在劳动合同中约定工作地点的变更，并不能完全作为有权变更工作地点的依据，还要综合考虑多种因素保证调整工作地点的合理性，包括工作地点调整的客观需要、对劳动者正常生活的影响、公司经营性质等。例如，作为连锁经营企业，对劳动者工作地点的调整是常见的，也是连锁经营企业对劳动者灵活调配的需要。

▶▶典型案例

【案号】（2018）川民申4917号

【裁判要旨】

异地调整工作地点，员工不服从，解除劳动合同被认定为违法解除。

【案情简介】

周某与某公司签订劳动合同，工作地点为四川省成都市，劳动合同对于工作地点的约定为："某公司业务所涉及区域及某公司下属分、子公司、参股公司所在地及其业务所涉区域。"周某同意某公司根据工作需要和人力资源合理配置的需要，调整周某的工作岗位和工作地点，周某服从某公司的管理和调动安排后，公司调整周某工作地点至江苏省盐城市，周某不同意某公司的安排，未至该地上班，某公司以周某不接受工作调动为由解除劳动合同。周某不服提起仲裁，后经过诉讼，均以某公司违法解除为判决结果。某公司又向四川省高院提起再审。

再审法院认为：劳动合同约定的工作地点相关条款在文义上缺乏特定性，属于对工作地点约定极为宽泛的概括性条款，且该条款强调了周某必须服从某公司的调动安排，排除了劳动者与用人单位对工作地点进行协商的权利，应属无效，不能作为用人单位行使任意调岗权的依据。

对于工作调动，用人单位作为用工主体，虽然拥有用工自主权，但是该权利并非用人单位绝对的单方权利，其行使应限制在合理的范围之内，以平衡企业经营自主权与劳动者合法权益。故在双方对于工作调动的约定过于宽泛的情况下，应对用人单位调岗的合理性进行考察。在调动工作地点时，应从适当性以及必要性的角度去衡量企业经营利益与造成劳动者的家庭以及社会关系不利变更之间的关系，兼顾双方的利益而达到共赢。

本案中，根据查明的事实，周某在入职某公司后，一直在成都地区工作生活多年，客观而言周某难以不顾家庭生活前往异地就职，而周某在调岗时亦将此情况告知某公司，但某公司在成都仍有子公司的情况下将周某的工作地点从四川省成都市跨省调整到江苏省盐城市，属于对周某劳动权益的重大不利变更，超出合理范围。原审法院认为某公司在未与周某对工作地点变更达成一致的情况下，以周某不接受工作调动为由解除与周某的劳动合同于法无据，应属违法解除并无不当。

法院裁定：驳回某公司的再审申请。

【劳达点评】

本案中虽然用人单位在劳动合同中约定了用人单位单方调整工作地点的权利，但未能举证证明调整的合理性，同时工作地点的异地调动没有考虑劳动者的实际生活情况，对劳动者造成巨大生活不利的情况属于不合理的变更，最终被认定为违法解除。

（三）薪酬福利变更

薪酬福利是劳动者最敏感的部分，若是增加薪酬福利劳动者当然欣然接受，但若是降低了薪酬福利，则很容易引发劳动者的不满，甚至会造成劳动者群体性事件。劳动法相关规定有一些法定的调岗理由，但几乎没有法定降薪的规定，因此大部分公司若想要降薪，基本上是需要与劳动者协商一致的。用人单位往往非常想以薪资调动劳动者的积极性，希望能做到薪酬可上可下，实现薪酬激励作用。此时对于薪酬结构、薪酬制度的设计就尤为重要，要善用绩效考核薪酬，或者制定定岗定薪制度。

（四）工作内容变更

工作内容也称工作职责，是劳动者主要从事的日常工作内容，一般用人单位在劳动者入职前就会告知其所在工作岗位的工作内容，入职后会签署相应的工作职责。当用人单位准备变更劳动者的工作内容时，也会涉及劳动合同的变更。大部分司法案例认为对于劳动者工作内容正常的变更，在不会增加劳动者的工作量或者降低劳动者收入的情况下，应当属于用人单位的管理自主权范畴，属于合法的变更。但若是不合理的调整，则会引发违法后果，如劳动者是从事销售的人员，调整工作内容为安保，实际是变相调整工作岗位，将会引发违法的后果。

（五）职级变更

一般的大型国有企业中都会设定管理职级，也会制定职级管理办法，对于职级的调整是否属于劳动合同的变更并没有统一答案。一种观点认为，职级调整一般对应着薪资水平，如果随意调整职级会造成劳动者的损失；另一种观点认为，职级调整是用人单位的用工自主权，不属于劳动合同的变更，用人单位有权利单方调整。根据《全民所有制工业企业法》第三十二条规定："企业有权决定机构设置及其人员编制。"国有企业对于职级的调整是有法律依据的，属于用工自主权的范畴，但不应当滥用经营自主权，还是应当以公司制度为依据，合理合法地行使该项权利。

▶▶典型案例

【案号】（2017）京民申3375号

【裁判要旨】

国有用人单位基于公司程序作出的合理的职级调整、岗位调整符合法律规定。

【案情简介】

张某某，任职某公司经营部副部长，于2016年2月收到党委通知《关于张某某同志免职的通知》，通知中免去了张某某的经营部副部长职务，职级调整后相关待遇降低。张某某无法接受公司的降职处理提起仲裁，要求撤销党委作出的《关于张某某同志免职的通知》，恢复其经营部副部长职务，最后二审法院认为因该请求不属于人民法院受案范围，二审法院不予处理，张某某不服又向北京市高院提起再审申请。

【裁判结果】

北京市高院认定二审作出的判决符合法律规定，并无不当，张某某再审理由不成立，驳回张某某再审申请。

【劳达点评】

本案中，对于张某某职级岗位的调整是基于国有公司性质及职级调整程序作出的，并且对张某某曾经作出过多次的岗位职级调整，都未经过张某某的同意，因此调整具有合理性，属于用人单位的经营自主权范畴，是合法的调整。

（六）绩效变更

1. 绩效工资变更

员工的绩效工资一般需要用人单位制定绩效考核制度，若没有绩效考核制度且实际上并未对员工有效考核的，则不能认定为绩效工资，很可能被认定为基本工资范畴，因此并不是约定了绩效工资就是绩效工资范畴，要看实际是不是落地执行了绩效考核。

2. 绩效考核制度变更

实操中，一些用人单位认为员工固定的薪资结构不能调动劳动者的积极性，希望将劳动者的固定薪酬调整为“固定薪酬+绩效工资”的工资结构。一般而言，劳动者是会排斥这种调整的，因为这意味着无论工作成果如何都能拿到固定工资变为努力工作才能拿到原来的工资，因此与劳动者协商变更非常困难。因此，建立绩效考核制度，变更工资结构是一项普遍的解决方案。绩效考核制度涉及员工的切身利益，依照《劳动合同法》第四条的规定，应当经职工代表大会或者全体职工讨论，提出方案和意见，与工会或者职工代表平等协商确定。在规章制度和重大事项决定实施过程中，工会或者职工认为不适当的，可以向用人单位提出，通过协商予以修改完善。制度的内容若希望得到劳动者的认可，需要在合理范围内调整，在保证不会降低劳动者的收入的情况下制定。

（七）劳动合同期限变更

劳动合同期限变更会涉及两种情况，一种是劳动合同期限变短，另一种是劳动合同期限延长。劳动合同期限变短对于劳动者而言是不利的，说明用人单位可以终止劳动合同期限的时间变短，该项变更没有任何法律依据可以允许用人单位单方缩短劳动合同期限，因此若是想要缩短劳动合同期限则需要与劳动者协商一致才可变更。劳动合同期限延长，是用人单位为了避免签署两次固定期限劳动合同后将签署无固定期限劳动合同的可能而采取的方式。但在司法实践中，延长劳动合同期限也会被认定为签署了第二份劳动合同，不能作为原劳动合同的变更。

（八）工作岗位变更

工作岗位的变更也是常见的劳动合同变更的一种。一般用人单位认为调整劳动者的工作岗位是理所当然的，是基于用人单位的自主管理权，并且很多企业会在与员工签订的劳动合同中约定“用人单位有权根据生产经营变化及劳动者的工作情况调整其工作岗位、薪资待遇”等类似条款。虽然劳动合同的约定可以视为用人单位与劳动者双方真实意思表示，对双方均有拘束力，但这并不意味着用人单位可以随意对员工工作岗位进行调整。劳动合同约定是用人单位拥有单方调岗权的依据及前提，但是需要用人单位在能够解释调岗合理性的前提下进行调整工作岗位。

二、法定调岗的主要情形

（一）不胜任工作调岗

根据《劳动合同法》第四十条第二项的规定，劳动者不能胜任工作，经过培训或者调整工作岗位，仍不能胜任工作的，用人单位提前三十日以书面形式通知劳动者本人或者额外支付劳动者一个月工资后，可以解除劳动合同。

上述条款中明确规定了在劳动者不胜任工作的情况下，用人单位有权调整工作岗位，这里的调整工作岗位是用人单位单方的，并不需要与劳动者协商一致。当然，前提是需要用人单位有充足的证据证明劳动者是不胜任原岗位的，同时调整的工作岗位也应当具有合理性，不可随意调岗，应当是与其原工作内容相关的岗位。

（二）患病或非因工负伤调岗

对于患病或者非因工负伤的员工，根据《劳动合同法》第四十条第一项的规定，劳动者患病或者非因工负伤，在规定的医疗期满后不能从事原工作，也不能从事由用人单位另行安排的工作的，用人单位提前三十日以书面形式通知劳动者本人或者额外支付劳动者一个月工资后，可以解除劳动合同。

根据上述条款规定，在患病或者非因工负伤员工医疗期满不能从事原工作的情况下是可以调岗的。在实际操作中，关于“医疗期满”我们应当注意，当员工医疗期满时要通知员工回来工作，员工表示因为疾病原因无法回到原岗位工作或者表示原岗位工作无法承受的，用人单位可以对其调岗，但需要注意的是，调整的新的岗位要比原岗位工作相对轻松，要具有一定的合理性。

（三）客观情况发生重大变化变更劳动合同

根据《劳动合同法》第四十条第三项的规定，劳动合同订立时所依据的客观情况发生重大变化，致使劳动合同无法履行，经用人单位与劳动者协商，未能就变更劳动合同内容达成协议的，用人单位提前三十日以书面形式通知劳动者本人或者额外支付劳动者一个月工资后，可以解除劳动合同。

上述条款中虽然没有直接提到用人单位可以单方调岗，但是有提到用人单位与劳动者协商变更劳动合同达成协议，未能达成一致的才可以有解除的机会，变更劳动合同在实践中也多是与员工协商变更工作岗位。虽然这里说的是协商，但是可以看出用人单位拥有更多的主动权，客观情况致使劳动者无法在原岗位继续工作，只能调整到其他岗位的情形，劳动者其实是被动接受调岗的事实，如果不能接受调整的工作岗位，劳动者可以选择解除劳动合同。

在实践中多碰到的情况是，公司组织架构调整、公司合并或其他客观原因导致一个部门或一个岗位被取消，这时用人单位可以对员工进行调岗，但是员工可以选择同意并接受新岗位，也可以不同意，不同意的用人单位解除劳动关系。在司法实践中，很多公司遇到这类情况都会选择给员工调岗，但大都是抱着与员工解除劳动关系的目的去的，所以调整岗位的时候就会有不合理的情况，比如公司本地有公司，却将员工调到外地去工作，或者调到低级别的职位，又或者调到了高级别的岗位但是工资却降低了，等等。在这种情况下员工不同意调岗，公司解除了劳动关系的，如果公司没有充分的证据证明调岗的合理性，都会被认为是违法解除。

至于这种情况下薪资是否能够调整，还是要看员工在协商过程中是否能够接受，如果员工能够接受新的岗位，但无法接受降薪的，除非用人单位可以有合理的理由解释薪资变化的合理性，否则单方降薪会产生违法后果。

（四）孕期调岗

国务院于2012年颁布的《女职工劳动保护特别规定》第六条第一款规定：“女职工在孕期不能适应原劳动的，用人单位应当根据医疗机构的证明，予以减轻劳动量或者安排其他能够适应的劳动。”

对于怀孕妇女进行调岗，其实不是公司的权利，而是公司的义务，也就是员工的权利。这种调岗的情况是怀孕女职工认为自己工作岗位的劳动量过大，不适合在原岗位工作，员工可以要求公司将其调整到工作量相对小一些的岗位上去，公司可以根据员工提供的医疗诊断证明给员工调整岗位，这种调岗的薪资水平是不能调整的。

（五）脱密期调岗

对于掌握商业秘密的员工，在终止劳动合同前，为了使其脱离工作中接触的商业秘密，可以选择将员工调整到没有商业秘密的工作岗位，但前提是双方应当在劳动合同中有相关的约定，否则只能与员工协商并得到员工的同意。

根据《劳动部关于企业职工流动若干问题的通知》（劳动部发〔1996〕355号）第二条的规定，用人单位与掌握商业秘密的职工在劳动合同中约定保守商业秘密有关事项时，可以约定在劳动合同终止前或该职工提出解除劳动合同后的一定时间内（不超过六个月），调整其工作岗位，变更劳动合同中相关内容。

除此之外，在各地区也都有关于保密期的规定。

《北京市劳动合同规定》（北京市人民政府令第302号）第十八条规定："用人单位在与按照岗位要求需要保守用人单位商业秘密的劳动者订立劳动合同时，可以协商约定解除劳动合同的提前通知期。提前通知期最长不得超过6个月，在此期间，用人单位可以采取相应的脱密措施。"

《青岛市人力资源和社会保障局关于规范劳动关系有关问题的意见》（青人社规〔2020〕4号）规定："（十九）用人单位与负有保密义务的劳动者在劳动合同中约定保守商业秘密和与知识产权相关的保密事项时，可以约定在劳动合同终止前六个月内，调整其工作岗位，变更劳动合同中相关内容，但用人单位不得降低劳动者的劳动报酬。"

《江苏省劳动合同条例》第二十七条规定："用人单位与劳动者可以在劳动合同中约定保守用人单位的商业秘密和与知识产权相关的保密事项。对负有保密义务的劳动者，用人单位可以与其在劳动合同或者保密协议中，就劳动者要求解除劳动合同的提前通知期以及提前通知期内的岗位调整、劳动报酬作出约定。提前通知期不得超过六个月。"

《上海市劳动合同条例》第十五条第二款规定："对负有保守用人单位商

业秘密义务的劳动者，劳动合同当事人可以就劳动者要求解除劳动合同的提前通知期在劳动合同或者保密协议中作出约定，但提前通知期不得超过六个月。在此期间，用人单位可以采取相应的脱密措施。”

因此，对于脱密期的调岗很多地区都允许用人单位在劳动合同中约定，保密期一般都是六个月，在此期间可以为其调整岗位。

（六）职业禁忌调岗

当员工在职业禁忌检查中发现与所从事的职业有关的健康损害时，企业应当将员工调离原岗位，避免劳动者受所从事的职业影响导致身体健康受损加重。

《职业病防治法》第三十五条第一款、第二款规定：“对从事接触职业病危害的作业的劳动者，用人单位应当按照国务院卫生行政部门的规定组织上岗前、在岗期间和离岗时的职业健康检查，并将检查结果书面告知劳动者。职业健康检查费用由用人单位承担。用人单位不得安排未经上岗前职业健康检查的劳动者从事接触职业病危害的作业；不得安排有职业禁忌的劳动者从事其所禁忌的作业；对在职业健康检查中发现有与所从事的职业相关的健康损害的劳动者，应当调离原工作岗位，并妥善安置；对未进行离岗前职业健康检查的劳动者不得解除或者终止与其订立的劳动合同。”

（七）工伤致残后的工作岗位调整

员工因工致残被鉴定为五级到六级伤残，参考其自身的劳动能力，由用人单位安排适当的工作，这也是用人单位应当履行的义务。当然，在此种情况下无法调岗的，可以支付相应的伤残津贴。

《工伤保险条例》第三十六条第一款规定：“职工因工致残被鉴定为五级、六级伤残的，享受以下待遇：……（二）保留与用人单位的劳动关系，由用人单位安排适当工作。难以安排工作的，由用人单位按月发给伤残津贴，标准为：五级伤残为本人工资的70%，六级伤残为本人工资的60%，并由用人单位按照规定为其缴纳应缴纳的各项社会保险费。伤残津贴实际金额低于当地最低工资标准的，由用人单位补足差额。”

（八）视为调岗降薪的情形

这里的视为调岗主要指待岗。待岗的实质是将员工脱离原岗位并不予安排工作的情况，也可以被看作调岗的一种情形。现有法律依据的待岗仅有一种，即非劳动者原因造成用人单位停工停产的情形，仅此类情形是法律所规定的用人单位能够降低劳动者薪资待遇的情形。

《工资支付暂行规定》第十二条规定："非因劳动者原因造成单位停工、停产在一个工资支付周期内的，用人单位应按劳动合同规定的标准支付劳动者工资。超过一个工资支付周期的，若劳动者提供了正常劳动，则支付给劳动者的劳动报酬不得低于当地的最低工资标准；若劳动者没有提供正常劳动，应按国家有关规定办理。"

该条规定的待岗，是由于用人单位原因造成的停工停产，是法定允许用人单位安排员工待岗的情形，并且法律也对工资支付进行了相关的规定。

（九）推定调岗降薪

《最高人民法院关于审理劳动争议案件适用法律问题的解释（一）》第四十三条规定："用人单位与劳动者协商一致变更劳动合同，虽未采用书面形式，但已经实际履行了口头变更的劳动合同超过一个月，变更后的劳动合同内容不违反法律、行政法规且不违背公序良俗，当事人以未采用书面形式为由主张劳动合同变更无效的，人民法院不予支持。"

该条规定的口头变更劳动合同，其实质是劳动者履行了与原劳动合同不一致的工作岗位或者薪资超过一个月的，可以被认定为变更了劳动合同。但是在司法裁判中，也经常会出现劳动者反悔或不认可变更的事实，对于口头变更及事实履行也是需要用人单位来举证的，比如邮件往来、工作岗位确认书、薪资确认单、录音录像，等等。但是如果员工可以证明其在公司调岗降薪后已经向公司提出了异议，那就无法实现推定调岗降薪的情形。

三、合规建议

（一）变更劳动合同的必要协商

因《劳动合同法》已经明确变更劳动合同应当与劳动者协商一致，因此，无论何种情形下的变更劳动合同，均建议先与劳动者协商沟通，以最大诚意争取劳动者的理解，这对成功变更劳动合同，确保变更的合法性会有很大帮助，可参考上文中法定的变更劳动合同的规定及情形，避免违法风险。

（二）注重调岗调薪的合理性

笔者总结了司法实践中对调岗"合理性"的认定，以供参考。

第一，首先是安排给员工的工作不违法。安排劳动者从事法律所不允许的工作，劳动者有权拒绝用人单位管理人员违章指挥、强令冒险作业等行为。

第二，用人单位与劳动者签订的劳动合同中有相关调岗约定。劳动合同的约定是用人单位有权调整工作岗位的前提和依据，即便用人单位不能随意调岗，劳动合同中的约定也为说服劳动者服从岗位调整提供了一定的依据。若劳动合同中没有关于调整工作岗位的约定，建议从合理性及法定调岗情形出发。

第三，用人单位作出调整劳动者岗位的决定需要具备经营上的必要性。例如，一家公司在上海有办公机构并且继续经营，并未出现需要将劳动者的工作地点调整到广州的重大事由，那调整员工岗位到广州就不具有合理性。

第四，用人单位不应当使劳动者的尊严或技能受损。比如，一个劳动者拥有某项专业技能及从业资格，并且在某岗位上有一定的工作经验，在未协商一致或劳动者未出现违反用人单位规章制度的情形下，用人单位将其调到后勤、卫生或者其他专业不对口的部门，就不具有合理性。

第五，不应严重影响劳动者家庭生活和日常利益。如上文所述，城市间的调岗，没有特殊情况，未经劳动者同意是很难实现合理性的，若是同一城市，需要考虑劳动者上班的距离、交通成本，合理考虑给予交通补贴或提供交通便利等。

总之，用人单位对于员工的调岗，不管是否有约定，都要把握好合理性，莫要针对某人作出不合理的调岗。至于降薪，除非公司有经过民主程序的定岗定薪的规章制度，否则降薪很容易引发劳动争议，也很有可能触犯法律规定。

（三）完善制度

用人单位可以充分利用规章制度对调岗调薪进行规定。规章制度作为企业内部的“小法律”，经过民主公示程序后，即对员工具有约束力，可在制度中规定在何种情况下可以调岗，可以将员工调整至什么样的工作岗位，调整后的薪资待遇如何确定。甚至有的公司直接制定定岗定薪制度，规定对应的岗位有相应的薪资，如此一来，当员工调整工作岗位时，按照岗位标准调整薪资便有了依据。

（四）用工自主权与劳动者生存权的平衡

劳动者与用人单位之间不能成为平等民事主体关系，是基于用人单位与劳动者之间的隶属关系，二者属于管理者与被管理者。但我国劳动法旨在抑制用人单位滥用管理权，避免劳动者的劳动权、生命健康权、生存权受到侵害，要求用人单位基于管理权对劳动者的管理起码要合法，在工作时间、加班时长、工作内容、休息休假等方面都有法律规定，在合法的基础上又要保证合理，如调整薪酬绩效、调整工作岗位、调整工作地点、调整工作时间等，不能让劳动者基本的生存权利受到侵害。

第三节　解除劳动合同的六大类情形与限制

解除劳动合同要严格依照劳动合同法及相关法律规定执行和操作，一旦没有依据地解除劳动合同，将会承担违法解除劳动合同的风险。例如，用人单位与劳动者书面约定绩效没达标，公司有权解除劳动合同，但实际上若真的因劳动者没达到约定的绩效标准，用人单位依约定解除劳动合同，劳动者提起劳动争议仲裁或诉讼的，用人单位依然会承担违法解除的后果。所以说解除劳动合同时要坚持严格的法定主义，没有法定的解除依据，用人单位可能将会承担巨额赔偿的后果。

因此，本节主要针对劳动合同法中明确规定的用人单位解除劳动合同的法定依据展开，将解除劳动合同的情形分为六大类，包括用人单位与劳动者协商解除、劳动者单方提前通知用人单位解除、因用人单位违法劳动者被迫解除、劳动者过错被立即解除、劳动者无过错被有条件地解除、经济性裁员，同时会就国有企业目前存在的“疑难杂症”予以分析，并给予建议。

一、协商解除劳动合同

协商解除劳动合同是目前用人单位比较常见的解除类型，司法实践中若是用人单位与劳动者签署了协商解除协议，且明确约定了双方不再有任何争议，则将会被视为已经达成了一致意见，驳回劳动者的其他请求。对于用人单位来讲，可以避免一些后续争议的产生。在协商解除协议签订过程中，需要注意以下事项。

（一）协商解除的提出主体

协商解除的提出主体可以是用人单位一方，也可以是劳动者一方，这对于劳动合同解除的效力并没有影响，但是对于解除是否需要支付补偿金有影响。一般认为，用人单位提出协商解除劳动合同，按照《劳动合同法》的相关规定，需要支付劳动者经济补偿金，即工龄每满一年支付一个月工资，不满半年支付半个月工资。若是劳动者提出协商解除劳动合同，用人单位无义务支付经济补偿金。

（二）协商解除的条款设计

司法实践中有案例显示，若是用人单位与劳动者签署的协商解除协议条款没有就相关内容作具体约定，例如对于劳动者的奖金、提成或者未休年假等未作约定，亦没有兜底条款明确双方再无争议，则劳动者另行主张的请求将被支持。因此协商解除协议的条款设计尤为重要。

第一，明确时间，包括解除劳动合同时间、支付补偿金时间、最后工作日、社保公积金缴纳至何时、工作交接的时间。

第二，明确补偿金额，包括是否要支付补偿金、支付的金额、支付的补偿金是税前还是税后。

第三，再无争议的兜底条款。该条款是避免后续再发生劳动争议的必备条款，切勿忘记约定。

第四，竞业限制的相关约定。对于签署过竞业限制协议或者有竞业限制约定的劳动者签署协商解除协议时可以一并就竞业限制是否履行作明确的约定，也避免后续为此产生争议。

（三）协商解除劳动合同的特殊情形处理

1. 从事接触职业病危害作业的劳动者协商一致解除劳动关系，但劳动者未经离岗前职业健康检查的

▶▶典型案例

【案号】（2015）沪二中民三（民）终字第962号

【裁判要旨】

职业病危害作业岗位的劳动者未做离岗前职业健康检查便协商解除劳动合同后可以主张恢复劳动关系。

【案情简介】

2010年1月，张某某与某劳务公司建立劳动关系后被派遣至A公司担任电焊工，2014年1月13日，某劳务公司与张某某签订协商解除劳动合同协议书，双方自愿达成如下协议：一、甲、乙双方一致同意劳动关系于2014年1月13日解除，双方的劳动权利义务终止；二、甲方向乙方一次性支付人民币

48160 元（以下币种均为人民币），以上款项包括解除劳动合同的经济补偿、其他应得劳动报酬及福利待遇等……双方在签订解除劳动合同协议前，张某某曾向某劳务公司提出安排其进行离职体检。某劳务公司法定代表人王某承诺签订协议后才能安排张某某体检，但在协议签订第二天即反悔。张某某向有关部门举报投诉后，某劳务公司才安排张某某离职体检。

后张某某经医院诊断为电焊工尘肺一期。经上海市劳动能力鉴定委员会鉴定为职业病致残程度七级。2014 年 11 月 27 日，张某某向上海市崇明县劳动人事争议仲裁委员会申请仲裁，要求自 2014 年 1 月 13 日起恢复与某劳务公司的劳动关系。该委裁决对张某某的请求事项不予支持。张某某于法定期间诉至上海市崇明县法院，要求自 2014 年 1 月 13 日起恢复与某劳务公司的劳动关系。上海市崇明县法院也未支持张某某的请求，后张某某不服，向上海市第二中级人民法院提起上诉，请求依法发回重审或改判支持原告诉讼请求。

【裁判结果】

二审法院经审理认为，本案中，双方于 2014 年 1 月 13 日签订的《协商解除劳动合同协议书》并未明确张某某已经知晓并放弃了进行离岗前职业健康检查的权利，且张某某于事后亦通过各种途径积极要求某劳务公司为其安排离岗职业健康检查。因此，张某某并未放弃对该项权利的主张，某劳务公司应当为其安排离岗职业健康检查。某劳务公司在没有为张某某进行离职健康检查的前提下，与张某某协商解除劳动合同，显然与《职业病防治法》的规定相悖，侵害了劳动者的正当权益，双方协商解除劳动关系的协议应当认定为无效。故二审法院认为，双方的劳动关系应予解除当日恢复。二审改判上诉人张某某与被上诉人某劳务公司自 2014 年 1 月 13 日起恢复劳动关系至 2014 年 12 月 10 日止。

【劳达点评】

对于特殊职业病危害作业岗位的员工，法律有强制性规定。根据《职业病防治法》第三十五条的规定，用人单位给接触职业病危害作业岗位的员工做离岗之前职业健康检查属于法定义务，员工即便签署了协商解除协议的，且协议中表明双方不再有争议，也不能免除用人单位的法定义务。根据《劳动合同法》第二十六条第一款第二项的规定，无效的劳动合同情形包括用人单位免除自己的法定责任、排除劳动者权利。因此，法院最后认定用人单位应当恢复劳动关系。本案中，若是在协议中明确劳动者放弃职业病健康检查，且属于劳动者真实的意思表示，则协议有效性将会被认可。

2. 怀孕女员工在不知自己怀孕的情况下签署的协商解除协议

对于此类情形下签署的协商解除协议，劳动者反悔，是不是能认定该协议无效，学术界一直有争论。一种观点认为，女员工在不知情的情况下签署的协议，若是女员工知道自己怀孕一般情形下不会同意协商解除，因此可以构成重大误解；另一种观点认为，劳动者应当对自己的情况有预判，即其应该能够考虑到自己有可能怀孕的情况，自己应当能够预见怀孕的可能，也可以说无法判断女员工是不是在已知情的情况下签署的协议，不能构成重大误解。目前大部分司法判例及业界人士同意第二种观点。因此，即便怀孕女员工在不知情的情况下签署了协商解除协议，该协议也是有效的，不能撤销。

在此建议用人单位在拟定解除劳动关系协议书时可以有针对性地设计相关条款，比如："乙方（劳动者）确认在签署本协议前已经完全理解了协议内容并充分全面考虑和预期了自身及外界的各项因素、客观情况、身体健康情况、怀孕生育情况和可能存在的问题及风险，已经充分理解其依据中国法律法规以及甲方规章制度所享有的所有法定及约定的权利和利益（包括但不限于劳动报酬、经济补偿金、休息休假、医疗期权利和待遇、女员工'三期'权利和待遇以及其他福利待遇等），在此基础上乙方自愿签订本协议。乙方在此不可撤销地承诺：本协议的效力不会受到任何于本协议签署前或签署后所发生事件的影响；除非双方协商一致并达成书面协议，否则无论在任何情况下，双方的劳动关系都将根据本协议的约定于解除日解除，且甲方无任何义务延长与乙方的劳动关系。"

二、劳动者提前通知解除劳动合同

《劳动合同法》第三十七条规定，劳动者提前三十日以书面形式通知用人单位，可以解除劳动合同。劳动者在试用期内提前三日通知用人单位，可以解除劳动合同。

（一）劳动者不遵守提前通知的法定义务

因上述条款规定属于劳动者法定的义务，若劳动者未提前三十日通知给用人单位造成损失的，用人单位可以向劳动者主张赔偿损失。

（二）劳动者用人单位提前通知劳动者离职

提前通知解除劳动合同对于劳动者而言属于法定的义务，但在实际用工过程中用人单位也必须遵守该规定吗？例如，劳动者提前三十日通知解除劳动合同，但是用人单位认为劳动者既然已经选择离职，必定无心继续工作，提出须等到三十日，要求其提前办理离职，那么这种情况下公司是否承担法律责任。司法实践中，一种观点认为，劳动者提出解除劳动合同需要提前三十日是为了给予用人单位足够的时间招到其他劳动者填补空缺，这是用人单位的权利，那么用人单位可以放弃该权利，因此可以要求劳动者提前离职；另一种观点认为，劳动者在三十日内仍然与用人单位保持着劳动关系，用人单位若提前要求其离职，就是单方解除劳动合同，因此需要用人单位承担违法解除的后果。两种观点都有相应的司法判例，出现该类情况还需参考当地裁判口径谨慎处理。

（三）在员工提出辞职过程中用人单位需注意的问题

1. 员工因个人原因提出离职时，注意审查其辞职意向

（1）口头提出离职与书面提出离职

员工提出辞职，必须以书面形式，不接受口头提出。员工通过口头方式提出解除劳动合同且不来公司，若公司置之不理，对于双方劳动关系是否解除可能会存疑。此时，应及时采取措施固定员工提出辞职的证据。例如，要求员工及时补上书面离职申请及办理离职手续，通过电话或微信联系员工，要求其对口头提出离职的内容进行确认，并保留沟通记录。

（2）辞职申请与辞职信

员工写的辞职文件采用的是“辞职申请”方式，含有“望批准”“请领导批准”“申请批准”这一类的词汇，在离职日前公司应及时进行审批。虽然辞职信和辞职申请书都是辞职的表达，但两者是有区别的。辞职信是告诉公司解除劳动关系，属于单方要求，不管公司是否审批，只要员工提出辞职三十日后即可离职。但辞职申请是向公司说明理由，提出辞职请求，是协商解除劳动合同的意向。员工提出辞职申请，但公司没有审批，严格来讲双方对离职事宜未达成一致意见，可能会认定为双方劳动关系未解除。

（3）辞职与辞去职务

有的员工提出辞职时表述不严谨，可能会写“辞去×××职务”，该现象常见于高级管理人员离职。一般来讲，员工只是提出辞去职务，而没有明确提出解除劳动关系的，不能直接认定为辞职。遇到此类情形，应要求员工明确表述辞去职务的同时是否解除劳动关系。

2. 员工提出辞职的通知期超过或不满三十天的

（1）员工在辞职申请中写的离职日期超过三十天（如员工要求四十天后离职），但公司想让员工提前离职的，只能协商确定解除日期。否则，公司满三十天就通知员工离职，属于协商不一致后公司单方解除。

（2）员工在辞职申请中写的离职日期短于三十天的（如提前十天通知辞职），公司可以拒绝并要求其满三十天后离职。法律规定的员工辞职应提前三十天提出，是对员工辞职行为的规范化要求，如果员工不履行就违反了法定辞职义务，但公司可以根据情况决定是否缩短或者放弃三十天的“缓冲期”。

（3）员工在辞职申请中未写具体离职日期的，应与员工确定具体日期。

三、劳动者被迫单方解除劳动合同

劳动者因用人单位的违法行为，被迫解除劳动合同的，明确规定在《劳动合同法》第三十八条中，劳动者可以基于用人单位拖欠劳动报酬、随意调岗降薪等情况提出解除劳动合同，同时要求用人单位支付经济补偿金。

（一）未按照劳动合同约定提供劳动保护或者劳动条件的

所谓“未按照劳动合同约定提供劳动保护或者劳动条件”中的“劳动保护”是指，要依据相关法律法规，对工作中涉及有毒有害物质的岗位或存在危险的岗位提供法定标准的保护设施、装备。“劳动条件”是根据签订的劳动合同为了从事本工作需要约定的特定条件，常见的情形包括以下几种：

1. 用人单位随意调整工作岗位

工作岗位一般会在劳动合同中予以约定，若用人单位需调整劳动者的岗位，在没有特定的法定情形产生的情况下，或是没有经过劳动者同意的，便是《劳动合同法》第三十八条规定的劳动合同约定的劳动条件，劳动者有权提出解除劳动合同并要求支付经济补偿金。

2. 用人单位随意调整工作地点

未与劳动者协商，无法定理由随意调整工作地点也会触发劳动者提起仲裁，认为用人单位未按照劳动合同约定提供劳动条件。此类劳动争议往往会演变为劳动者不同意前往工作地点，从而导致用人单位按照旷工解除劳动合同，很可能会构成违法解除的后果。

3. 用人单位要求劳动者待岗

对于无特定理由要求劳动者回家待岗或在公司待岗的情况，如用人单位要求劳动者在办公场所静坐或要求劳动者不需工作等类似情形，也会构成未按照劳动约定提供劳动条件。

4. 用人单位不为劳动者提供办公必需的用品

若是因为用人单位不提供劳动者工作必需的办公用品，如电脑、生产用具、设备等，导致劳动者无法提供劳动，属于未按照劳动合同约定提供劳动条件。

（二）未及时足额支付劳动报酬的

劳动合同中明确约定了工资标准，但没有约定薪酬的调整规则，用人单位在实际薪酬发放中随意降低或者增加薪酬，实际发放的薪酬高于劳动合同约定的，则以实际发放的金额为准。用人单位不能以劳动合同约定的劳动报酬作为理由称劳动报酬已经足额发放。同时，此条规定的劳动报酬的范围，包括计时计件工资、奖金、绩效、津贴、加班工资等。

（三）未依法为劳动者缴纳社会保险费的

关于《劳动合同法》第三十八条中的“未依法缴纳”，全国各地存在不同的裁判口径，一种观点认为未依法缴纳是指未足额缴纳；另一种观点认为未依法缴纳仅指完全未缴纳的情况，只要缴纳了便不属于本条规定的情形。对于哪种观点更准确，目前并没有明确的答案，要参考各地的司法裁判。

（四）用人单位的规章制度违反法律、法规的规定，损害劳动者权益的

此处需要注意的是用人单位制定的规章制度应以合法合规为底线，若存在违法规定的规章制度，很可能存在巨大的风险，任意一名员工都可以以此为由解除劳动合同。

（五）以欺诈、胁迫的手段或者乘人之危等情形致使劳动合同无效的

劳动者在有证据证明用人单位与其签署劳动合同存在欺诈、胁迫或乘人之危等情形时，才可主张劳动合同无效并要求经济补偿金。与此条相对应的是《劳动合同法》第三十九条第五项规定的，用人单位在能够证明劳动者有欺诈、胁迫、乘人之危情形导致签订的劳动合同无效的，可以立即单方解除劳动合同。

（六）法律、行政法规规定劳动者可以解除劳动合同的其他情形

本条款属于兜底性条款，法律无法将所有的情形都罗列出来，实践中也会不断地出现新问题、新情况，劳动者主张解除劳动合同的理由也会不断增加，笔者举例说明如下：

1. 办公场所装修后没有净化空气，甲醛超标，员工是否可以提出解除劳动合同并要求经济补偿金

在办公场所甲醛超标，用人单位未采取任何保护措施要求劳动者继续工作的情况下，劳动者有权提出解除劳动合同并要求支付经济补偿金，或者经过劳动者提出不能上班的理由为甲醛超标，用人单位仍以旷工为由解除劳动合同的将会构成违法解除。

2. 员工以被领导 PUA[①] 为由解除劳动合同，可否获得经济补偿金

“职场 PUA”是指发生在职场中的精神控制现象，上司通过一系列的精神控制方法使下属丧失自我，最终实现使下属对上司唯命是从的目的。《民法典》第九百九十一条明确规定，民事主体的人格权受法律保护，任何组织或个人不得侵害。如果劳动者有证据证明公司领导以暴力、威胁或者限制人身自由等手段强迫劳动者劳动，劳动者则可依据《劳动合同法》第三十八条的规定，立即解除劳动合同，无须提前通知，并可要求公司支付经济补偿金。

3. 女员工以未提供哺乳室为由提出解除劳动合同，可否获得经济补偿金

《女职工劳动保护特别规定》第十条规定：“女职工比较多的用人单位应当根据女职工的需要，建立女职工卫生室、孕妇休息室、哺乳室等设施，妥善解决女职工在生理卫生、哺乳方面的困难。”可见，哺乳室的设置是法定的标准，哺乳期女员工可以以用人单位未提供哺乳室为由解除劳动合同并要求支付经济补偿金。

4. 职场性骚扰，是否可以作为解除劳动合同的理由并获得经济补偿金

《女职工劳动保护特别规定》第十一条规定：“在劳动场所，用人单位应当预防和制止对女职工的性骚扰。”《民法典》第一千零一十条第二款规定：“机关、企业、学校等单位应当采取合理的预防、受理投诉、调查处置等措施，防止和制止利用职权、从属关系等实施性骚扰。”以上法律条款说明用人单位对于预防和制止性骚扰负有相应的责任，若用人单位未能采取有效的措施防止性骚扰或者在职工投诉后未能及时采取措施制止、查证或者放任，劳动者可依据《劳动合同法》第三十八条的规定，立即解除劳动合同，无须提前通知，并可要求公司支付经济补偿金。此种情况下劳动者的主张被支持的

---

① PUA，全称“Pick-up Artist”，原意是指“搭讪艺术家”，是一方通过精神打压等方式，对另一方进行情感控制的代名词。

可能性很大。

5. 办公场所装监控，是否可以以侵犯隐私为由提出解除劳动合同并主张经济补偿金

办公场所能否装监控的关键是是否侵犯劳动者的隐私权，可参考广东省高级人民法院作出的（2020）粤民申 8843 号裁定书。该案例中张某为了躲避监控摄像头坚持在工位上撑伞十多个工作日，某公司经理多次与其沟通，并两次书面发送了警号信，但张某依然打伞工作，后某公司以严重违纪为由解除劳动合同。本条焦点是张某诉请某公司支付违法解除劳动合同赔偿金是否应予支持。再审法院认为公司安装监控摄像头的目的是保证工作场所人、财、物的安全，且安装的区域是多人工作的公共场所，非劳动者的私人生活区域，且安装的位置也通常在墙角上方，某公司安装监控摄像头属于公司正常行使用人单位监管权，其行为具有一定的合理性，并无不妥之处。最终裁定驳回张某的再审申请。

通过这个案例可知，用人单位在办公场所装监控是被允许的，但建议提前告知全体员工，同时告知安装监控的目的。员工应当服从公司的安排。

四、用人单位单方解除劳动合同（无过失性辞退）

所谓无过失性辞退，是指在用人单位与劳动者均没有过错的情况下，用人单位在符合一定法定情形及程序时，有权单方解除劳动合同。有且仅有以下三种情形。

（一）医疗期满解除劳动合同

根据《劳动合同法》第四十条第一项的规定，劳动者患病或者非因工负伤，在规定的医疗期满后不能从事原工作，也不能从事由用人单位另行安排的工作的，用人单位提前三十日以书面形式通知劳动者本人或者额外支付劳动者一个月工资后，可以解除劳动合同。

解除劳动合同应注意以下事项：

1. 程序要求

医疗期已满—不能从事原工作（返岗通知）—不能从事另行安排的工作（调岗通知后明确无法从事该工作或未按要求返岗）—解除（提前三十日或额外支付一个月工资）—支付经济补偿金及医疗补助费—通知工会。

2. 经济补偿金标准

对于医疗期满解除劳动合同的劳动者而言，其离职前一直处于病假状态，发放的病假工资与其正常工作期间的工资相比相去甚远，经济补偿金是否按照劳动者的病假工资标准计算，各地存在不同的裁判口径。有些地方的裁判口径认为，若是按照病假期间的工资，不利于保护劳动者的利益，例如浙江地区均是采用扣除病假期间工资后倒推十二个月计算平均工资，也就是正常出勤工资。《浙江省高级人民法院民事审判第一庭、浙江省劳动人事争议仲裁院关于审理劳动争议案件若干问题的解答（二）》（浙高法民一〔2014〕7号）第十一条规定，计算经济补偿金的月工资应理解为劳动合同解除或者终止前劳动者正常工作状态下十二个月的平均工资，不包括医疗期等非正常工作期间。但大部分地区对此并没有地区性的指导意见。

单从法律依据而言，《劳动合同法》第四十七条第三款规定的“本条所称月工资是指劳动者在劳动合同解除或者终止前十二个月的平均工资”中明确了经济补偿金按照劳动者离职前十二个月的平均工资，并未规定扣除病假部分的工资。因此，经济补偿金的计算标准理应依照法律规定执行。

3. 医疗补助费标准

医疗补助费最早规定在《违反和解除劳动合同的经济补偿办法》（劳部发〔1994〕481号）中，但该规定已废止。各地对于医疗补助费标准有不同的规定，如根据《上海市劳动合同条例》第四十四条的规定，用人单位以劳动者患病或非因工负伤，医疗期满后不能从事原工作也不能从事由用人单位另行安排的工作为由解除劳动合同的，除按规定经济补偿外，还应当给予不低于劳动者本人六个月工资收入的医疗补助费。该规定并没有规定需要以进行劳动能力鉴定为前提。

4. 劳动合同到期因医疗期顺延至医疗期满终止是否需要支付医疗补助费

《劳动部关于实行劳动合同制度若干问题的通知》（劳部发〔1996〕354号）中规定，劳动者患病或非因工负伤，合同期满终止劳动合同的，用人单位还应当支付不低于六个月工资的医疗补助费；对患重病或绝症的，还应适当增加医疗补助费。该规定并未废止，也未有其他相关规定，因此该规定仍可继续参考执行。

（二）不胜任解除劳动合同

不胜任工作的员工几乎是每家公司都会遇到的，但各家公司的处理方式不尽相同，有的公司选择调岗降薪，有的公司选择协商解除，还有的公司直接粗暴解除。然而，对于解除劳动合同是有严格的法律流程的，任何一个环节出现缺失或不合理都将导致违法解除的后果。

1. 程序要求

制定不胜任判断依据（绩效考核目标并经员工确认）—考核结果（判断依据可量化）—培训或调岗（调岗需要合理）—仍然不胜任（考核结果）—解除（提前三十日或额外支付一个月工资）—支付经济补偿金。

2. 不胜任的判定

不胜任的判定从司法实践来看是比较严格的，对于该法条的适用，对用人单位的举证责任要求很高，首先要证明劳动者不能胜任原工作，而证明员工不胜任工作很难，参照以往的司法裁判，对于员工不胜任的行为要有定性定量的标准，也就是说可以被量化且可视的证明材料来证明员工不符合岗位要求或者考核标准无法胜任工作，以此为前提，用人单位可以对员工进行培训或者调整工作岗位。这里的调岗就不需要再经过员工同意，用人单位有权单方面调岗。

但在“不胜任”这里很多用人单位会出现问题，比如有的用人单位将考核定为A、B、C三级，经过考核某员工被评为C级，用人单位认为其不胜任工作，对他进行调岗，但是被评为C级能够认定该员工不胜任吗？与此类似的末位淘汰在司法实践中已经被认定是违法的，如果员工因此申请仲裁的话，公司方大都被判违法解除，但我们这里所说的是末位淘汰行不通，末位调岗是否可以利用一下“不胜任”？末位调岗的前提是要与员工有约定，或者本公司的规章制度有规定，如果考核不合格，将对员工进行调岗，如果员工的考核结果是末位，那么根据双方约定，可以进行调岗。从法理上分析，如果公司方不以解除为最终目的进行调岗，并且有劳动合同的约定，对于末位者进行调岗可以视为劳动合同中双方的约定。一般公司在没有劳动合同约定的情况下对劳动者进行调岗，劳动者申请仲裁或诉讼的理由就会是未按照劳动合同约定提供劳动条件，那么我们在劳动合同中约定就可以将劳动者此理由阻断。当然，调岗必然涉及调薪，对于工资的调整还是要慎重，因为一般能够调整薪资的情况，需要员工同意，否则公司必须有定岗定薪的制度。

（三）客观情况发生重大变化解除劳动合同

客观情况发生重大变化在民法领域亦称“情势变更”，是指发生不可抗力或者出现致使劳动合同全部或部分条款无法履行的情况。对于何种情况属于客观情况发生重大变化，国家及部分地区有相应的法律依据，但是法律、法规无法穷尽现实中所有的情形，例如，人工智能取代了人工，新冠疫情造成了很多企业经营困难、资金链断裂、组织架构调整是否属于客观情况发生重大变化，在司法实践中也存在大量法院自由裁量的案例。

在司法实践中，判断是否构成客观情况发生重大变化，其核心是是否系外因主导，比如北京对哪些变化属于“客观情况发生重大变化”作出了明确的规定：①地震、火灾、水灾等自然灾害形成的不可抗力；②受法律、法规、政策变化导致用人单位迁移、资产转移或者停产、转产、转（改）制等重大变化的；③特许经营性质的用人单位经营范围等发生变化的。在北京，只有符合这些情况时，公司才可以依照“客观情况发生重大变化”的条款进行操作，如果仅是内部组织调整等企业为降低成本所做的调整不属于重大变化。

当然，也有个别地区对“客观情况发生重大变化”规定得相对较松，在一定程度上尊重企业的自主权，但也需要考量是否在变革过程中充分保护了员工利益。比如，因用人单位所处市场出现萎缩、下滑，经营状况不佳、公司亏损、资金链断裂、重要业务失去、重大项目结束、终止等非公司可控的经营状况变化，造成劳动合同继续履行不能的，一般上海、江苏等地可以视为客观情况发生重大变化。

又如用人单位作出重大的经营决策，比如组织架构调整、部门岗位的裁撤、生产线优化、公司或办事处、门店的关闭或停业、资产出售、搬迁等，以上重大决策大部分都是因公司考虑经济效益，趋利避害作出的决定，这些决定可以认为更多是公司主观性的，因此会有些地区的法院并不认同该项可以作为客观情况发生重大变化，但如果该些决策足够重大，以至于符合了前述法规规定的“致使劳动合同全部或部分条款无法履行的其他情况”，有些地区，比如广东省的部分判例就认为该种情况属于客观情况发生重大变化。

用人单位以客观情况发生重大变化解除劳动合同的操作建议：

1. 证据固定

一旦涉及单方解除劳动合同，出现劳动争议的概率相对比较大，这种情况下需要用人单位提前固定证据以备应诉，关于用人单位客观情况发生重大变化的“客观”体现，例如，业务取消、订单解除、公司发生该种情况的通知等情形下的书面证据材料，避免成本等因素的证据材料。致使劳动合同无法继续履行的体现，岗位撤销、部门裁撤等原劳动合同约定的岗位已不存在，无法继续履行。

2. 参考地区出台的具体规定或裁审观点①

笔者选取的案例也可以说明不同地区的裁判口径存在差异，用人单位在操作前一定要参考当地的裁判口径，确定该地区的倾向性裁判再行定夺，不可操之过急。

3. 协商变更劳动合同是必要程序

如果没有协商变更劳动合同的环节，即便属于客观情况发生重大变化并支付经济补偿金及代通知金，也会构成违法解除劳动合同的后果。这里需要提醒注意的是，一定是协商的过程，而非用人单位的单方通知，在整个过程

---

① 各地区关于客观情况发生重大变化的规定：

1. 北京市

《北京市高级人民法院、北京市劳动人事争议仲裁委员会关于审理劳动争议案件法律适用问题的解答》第十二条规定："……'劳动合同订立时所依据的客观情况发生重大变化'是指劳动合同订立后发生了用人单位和劳动者订立合同时无法预见的变化，致使双方订立的劳动合同全部或者主要条款无法履行，或者若继续履行将出现成本过高等显失公平的状况，致使劳动合同目的难以实现。下列情形一般属于'劳动合同订立时所依据的客观情况发生重大变化'：(1) 地震、火灾、水灾等自然灾害形成的不可抗力；(2) 受法律、法规、政策变化导致用人单位迁移、资产转移或者停产、转产、转（改）制等重大变化的；(3) 特许经营性质的用人单位经营范围等发生变化的。"

2. 江苏省

《江苏省劳动保障厅关于〈江苏省劳动合同条例〉若干条文的说明》（苏劳社法〔2005〕4号）第十六条规定："第三十条第一款第（三）项中的'客观情况'是指发生不可抗力或者出现用人单位分立合并、资产转移致使劳动合同全部或部分条款无法履行；用人单位迁移致使劳动合同履行地与事先约定不一致；用人单位进行技术改造致使劳动合同所确定的工作岗位消失等情况。"

3. 深圳市

《深圳市中级人民法院关于审理劳动争议案件的裁判指引》第八十条规定："用人单位在深圳市行政区域内搬迁，劳动者要求用人单位支付经济补偿的，不予支持。用人单位由深圳市行政区域内向深圳市行政区域外搬迁，劳动者要求支付经济补偿的，应予支持。"

4. 天津市

《天津市高级人民法院关于印发〈天津法院劳动争议案件审理指南〉的通知》（津高法〔2017〕246号）第十九条规定："……用人单位因生产经营状况发生较大变化，经济效益出现下滑等客观情况，对内部经营进行调整，属于用人单位经营自主权的范畴，由此导致劳动者岗位变化、待遇水平降低，劳动者主张用人单位违法调整工作岗位、降低待遇水平的，不予支持……"

中体现的是尊重劳动者的充分协商沟通的过程，如果用人单位仅仅发通知告知劳动者调岗，并且没有相关的岗位供其选择，那么也很可能会被认为不合理，从而构成违法解除的后果。

4. 排除法定不可解除事由

依据《劳动合同法》的规定，若出现以下事由用人单位不可以客观情况发生重大变化为由解除劳动合同：

①从事接触职业病危害作业的劳动者未进行离岗前职业健康检查，或者疑似职业病病人在诊断或者医学观察期间的；

②在本单位患职业病或者因工负伤并被确认丧失或者部分丧失劳动能力的；

③患病或者非因工负伤，在规定的医疗期内的；

④女职工在孕期、产期、哺乳期的；

⑤在本单位连续工作满十五年，且距法定退休年龄不足五年的；

⑥法律、行政法规规定的其他情形。

五、用人单位单方解除劳动合同（过失性辞退）

本条是关于因劳动者的过错用人单位单方解除劳动合同的规定，其立法目的在于保障用人单位的用工自主权，但为了防止用人单位滥用解除权，立法上也严格限定了用人单位解除劳动者的条件。

（一）试用期不符合录用条件

用人单位因在试用期解除劳动合同产生的劳动争议，通过近几年的司法案例来看正呈现快速增长的趋势，即便劳动者的试用期比较短、涉及的赔偿金额相对比较低，但劳动者的诉讼成本时间和成本也很低。劳动争议案件的受理费只要人民币十元，对于劳动者的举证责任要求也很低，解除试用期员工合法与否都由用人单位举证。越来越多的劳动者为了维护自身的合法权利向劳动争议相关机构提出请求。

既然试用期解除合法的举证责任在用人单位，就要求用人单位在每一位试用期员工的管理及设定中做好相关证据准备。首先需要与劳动者以书面形式约定明确具体的试用期录用条件，这是解除的依据，之后当员工有违反录用条件的情况时，要固定好证据作为解除的事实依据。

（二）严重违纪员工的解除

严重违纪解除是劳动合同法中最严厉的解除劳动合同方式，在劳动者有严重违反规章制度行为时，用人单位有立即解除劳动合同的权利，对于解除的合法性要负充分的证明责任。

首先，制度依据。用人单位要证明有依法制定的规章制度，其中明确了严重违纪的情形。所谓依法制定，即经过民主程序制定，并且劳动者应当知晓，可以是公示或者员工签收或者就员工手册培训等证据留存。

其次，违纪事实证据固定。对于劳动者出现严重违纪时应当有事实的证据。可以通过书面员工自认、悔过书、违纪书面签收、短信、微信、邮件、录音、录像等形式证明劳动者严重违纪的事实。

再次，解除通知。应当以书面形式出具，同时有员工签收证明，也可通过 EMS 快递、电子邮件、短信、微信等形式送达，证明员工已收到。

最后，工会通知的程序。依据《劳动合同法》第四十三条的规定，用人单位单方解除劳动合同，应当事先将理由通知工会。用人单位应当将解除理由及依据向本单位工会通知，若本单位未成立工会，建议向用人单位所在地的工会通知。

（三）严重失职、营私舞弊给公司造成重大损害

对于本条的理解，应当是劳动者在工作期间没有按照劳动合同约定履行所在岗位的职责，未尽忠实勤勉义务，给公司造成了严重的损害。关于解除该劳动合同的合法要求，首先，要有严重失职的事实。其次，给公司造成了重大损失。最后，员工的严重失职与公司的损失之间有因果关系。

1. 严重失职、营私舞弊的认定

若要认定劳动者有失职行为，前提是要有劳动者的工作职责要求，这类劳动争议最容易出现的争议焦点是劳动者主张公司认定的失职行为并非自己的职责，当然不属于失职，因此为了避免该情况的产生，应当与劳动者约定详细具体的工作职责范围。当出现严重失职的时候，需要用人单位固定相关证据，最好能够有劳动者本人的事故说明书等。

2. 重大损害的认定

这里的“重大损害”没有法律的界定。何谓重大，多少钱的损失能够定义为重大，在司法实践中，对于重大损害的界定有两种判定，一种是法院行使自由裁量权，酌情判定给公司造成了重大损失，但有的法院判定双方并没

有约定，制度中也未规定，因此无法证明重大损失。因此建议用人单位在制度制定中明确重大损失的范围，如造成一万元经济损失等。

3. 损害后果的追偿

这里用人单位也有权向劳动者主张权利，即劳动者失职给用人单位造成损失的，用人单位有权向劳动者追偿。当然，这里的追偿范围有相关法规的界定。根据《工资支付暂行规定》第十六条的规定，因劳动者本人原因给用人单位造成经济损失的，用人单位可按照劳动合同的约定要求其赔偿经济损失。经济损失的赔偿，可从劳动者本人的工资中扣除。但每月扣除的部分不得超过劳动者当月工资的 20%，若扣除后的剩余工资部分低于当地月最低工资标准，则按最低工资标准支付。

（四）劳动者同时与其他用人单位建立劳动关系，对完成本单位的工作任务造成严重影响，或者经用人单位提出，拒不改正的

本条款涉及我国对双重劳动关系的认可，对于与其他用人单位建立劳动关系，只要本用人单位同意或不会对本单位的工作造成严重影响即可。因此，当用人单位发现劳动者与其他用人单位也建立劳动关系时，不要急着解除劳动合同，需要先向劳动者提出限期解除与其他用人单位的劳动关系，若其拒不改正的则可解除劳动合同。

（五）因欺诈、胁迫、乘人之危的情形致使劳动合同无效的

本条规定的情形是劳动者与用人单位都具有的解除权利，当出现劳动者或用人单位任何一方欺诈、胁迫、乘人之危令对方签署了劳动合同，均可以提出单方解除劳动合同。不同的是，劳动者提出解除劳动合同的同时可以要求经济补偿金，而用人单位则只有单方解除权利，并未规定劳动者需支付用人单位补偿金或赔偿金。

（六）被依法追究刑事责任的

本条款比较明确的是，劳动者被依法追究了刑事责任，即触犯刑法并被追究刑事责任的情形。若非触犯刑法只是违反了《治安管理处罚法》《道路交通安全法》等法律法规，被行政拘留、行政处罚的，如员工嫖娼、打架斗殴被行政处罚的，不属于本条款规定的用人单位单方解除情形。这里所称的违反刑法同时要求已经被追究刑事责任，若仅仅被刑事拘留处于侦查、审查起诉等阶段，也并不能符合本条款的情形。这里有两种情形需要注意：检察院作出的不起诉决定不属于本条被依法追究刑事责任的情形；免予刑事处罚，属于本条款规定的追究刑事责任，只是免予处罚，用人单位可以以此解除劳动合同。

六、经济性裁员

（一）经济性裁员的实体条件

可以进行经济性裁员的事由包括以下情形：

1. 依照企业破产法规定进行重整的

（1）需要注意的是，进行重整的原因是企业不能清偿到期债务，并且资产不足以清偿全部债务或者明显缺乏清偿能力，抑或有明显丧失清偿能力可能的，而不是企业因为业务调整、组织架构调整等进行重整。

（2）在发生以上重整事由的情形下，是由债权人向人民法院申请进行重整，而不是由企业自行组织进行重整。由于破产重整是在人民法院的主持下进行，用人单位相对比较好举证，而且人民法院受理破产申请后，有关债务人的民事诉讼，只能向受理破产申请的人民法院提起。使用该事由进行经济性裁员的，产生的劳动争议与破产重整在同一个法院，通常会通盘考虑。

2. 生产经营发生严重困难的

何谓生产经营发生严重困难，法律并没有给出统一的规定，各个地区的评判标准都有所差异。通常都会结合企业亏损情况、订单缩减幅度、企业员工情况等进行界定。在实际操作中，建议企业结合自身经营情况做出评估，可以通过第三方会计师事务所出具审计报告以证明亏损情况。

3. 企业转产、重大技术革新或者经营方式调整，经变更劳动合同后，仍需裁减人员的

无论是企业主动或被动的转产、重大技术革新还是经营方式调整，本质上都属于企业自主经营的范围，企业有自主决定的权利。需要注意的是在裁员之前，要与员工进行协商变更劳动合同，对员工进行调岗或培训，以适应调整后的工作需要。如果未与员工协商变更岗位即进行裁员的，很可能被认定为违法解除。

4. 其他因劳动合同订立时所依据的客观经济情况发生重大变化，致使劳动合同无法履行的

这里要注意与《劳动合同法》第四十条第三项中“客观情况发生重大变化”的区分。其一，第四十条第三项主要针对单个人员，没有达到裁员的人

数标准。其二，第四十条第三项的流程是客观情况发生重大变化，致使劳动合同无法履行，用人单位要先与劳动者协商变更劳动合同内容，未能达成一致的，再解除劳动合同。而此处的裁员流程，不需要事先与劳动者协商变更劳动合同内容，履行的是裁员的通知程序。其三，第四十条第三项的客观情况的范围比此处的范围更广，此处更加强调的是客观的经济情况发生重大变化。

（二）经济性裁员的人数条件

这里分两种情形：一是需要裁减人员 20 人以上；二是裁减不足 20 人但占企业职工总数百分之十以上。

1. 以什么为基数

有很多单位注册很多公司，在一起办公，员工与很多家公司签订劳动合同，此时只能以一家公司的人数作为基数，而不能以全部人员作为基数。此外，有些人员与用人单位建立的不是劳动关系，而是劳务关系、劳务外包、劳务派遣等。此时，这些人员是否算在总人数当中，实务中有争议。笔者认为，应当严格按照《劳动合同法》的要求，只能按照形成劳动关系的人员来认定人数。

2. 分批裁员的问题

裁员可能不是一次性进行的，在分批进行裁员时，是否每一次都要符合人数要求？笔者认为，因为每一次进行的裁员其实都是一个独立的裁员过程，针对的是当时情形下的现实情况，在分批进行时，用人单位当时的情形都应当符合法定标准。

（三）经济性裁员的程序条件

按照《劳动合同法》的要求，当满足了实体和人数要求后，经济性裁员要履行以下程序：

1. 用人单位提前 30 日向工会或者全体职工说明情况

要注意以下几点：第一，说明情况的时间是提前 30 日，提前 30 日应当是指裁员方案正式实施前的 30 日。第二，说明情况的对象是工会或全体职工。这里的工会应当指单位的工会，此时比较好操作，向工会发出函件，工会出具收到函件的回执即可。如果单位没有工会，要向全体职工说明情况。那么这里的“全体职工”是不是指一定要通知到每一个职工？笔者认为，这里的“全体职工”是一个集体概念，只要通知到绝大部分职工即可，不能因为客观上没有通知到某个员工而认定该程序违法。第三，说明情况的内容应当包括：裁员的法定情形；裁员的范围、数量及比例；被裁减人员的标准；裁员的时间及实施步骤；被裁减人员的经济补偿标准及发放时间等。

2. 听取工会或者职工的意见

同样，听取工会意见比较好操作，工会予以相应的回函即可。听取职工的意见要注意进行相关记录，可以要求员工以书面形式提出意见，即可以证明听取了职工的意见。需要注意的是，法律只是规定要听取工会或职工的意见，并没有规定要同意工会或职工的意见，所以，是否裁员的最终决定权还是在用人单位手中。

3. 裁减人员方案向劳动行政部门报告

裁员方案需要履行的是报告程序，并不需要劳动行政部门的许可。但用人单位在实施之前最好提前与劳动行政部门进行沟通，在取得了劳动行政部门的备案回执并同意的情形下，再实施裁员方案。报告的内容应当包括：裁员方案；确定的裁员名单；提前说明情况的材料；听取意见的材料；采取的减少裁员、稳定岗位的措施；经济补偿等资金的落实情况等。需要再次强调的是，程序与实体同样重要，满足了实体条件后，未履行程序要求，同样是违法解除。

（四）经济性裁员的特殊保护

1. 以下人员应当优先留用

①与本单位订立较长期限的固定期限劳动合同的；②与本单位订立无固定期限劳动合同的；③家庭无其他就业人员，有需要扶养的老人或者未成年人的。法律规定了优先留用的人员，反过来其实就是确定了裁员顺序的标准。这里有个有意思的问题，经济性裁员能不能裁减试用期员工？按道理说，试用期员工与单位订立劳动合同的时间最短，对单位贡献最小，应当是最先裁减的人员。但实际情况是，经济性裁员不能裁减试用期员工。因为《劳动合同法》规定了试用期员工只能在有第三十九条（过失性解除）、第四十条第一项（医疗期满）或第二项（不能胜任工作）规定的情形时，可以解除劳动合同，其他情形不能解除，而经济性裁员是第四十一条规定的情形。

2. 以下人员不得进行经济性裁员

①从事接触职业病危害作业的劳动者未进行离岗前职业健康检查，或者疑似职业病病人在诊断或者医学观察期间的；②在本单位患职业病或者因工

负伤并被确认丧失或者部分丧失劳动能力的；③患病或者非因工负伤，在规定的医疗期内的；④女职工在孕期、产期、哺乳期的；⑤在本单位连续工作满 15 年，且距法定退休年龄不足 5 年的；⑥法律、行政法规规定的其他情形。需要注意的是，以上人员不适用经济性裁员，但如果在裁员过程中有严重违反用人单位规章制度等《劳动合同法》第三十九条规定情形的，用人单位还是可以解除劳动合同的。

3. 裁员后优先招用

用人单位裁减人员后的 6 个月内重新招用人员的，应当通知被裁减的人员，并在同等条件下优先招用被裁减的人员。

（五）经济性裁员中特殊人员的解除限制

无过失解除和经济性裁员这两类情形中，以下特殊人员是不能解除的：

①老：在本单位连续工作满 15 年，且距法定退休年龄不足 5 年的；

②弱：从事接触职业病危害作业的劳动者未进行离岗前职业健康检查，或者疑似职业病病人在诊断或者医学观察期间的；

③病：患病或者非因工负伤，在规定的医疗期内的；

④残：在本单位患职业病或者因工负伤并被确认丧失或者部分丧失劳动能力的；

⑤孕：女职工在孕期、产期、哺乳期的。

若上文中不得进行经济性裁员的人员相应情形消失的，则可执行解除劳动合同。

七、国有企业解除劳动合同特殊情况与分析

（一）“长期两不找”员工

国有企业的发展有历史特殊性，造成了诸多历史遗留问题，比较多的争议发生在 20 世纪八九十年代，国有企业改制，出现“下岗潮”导致大批劳动者离开体制流向市场，但因为当时的法律法规并不完善，企业的合法合规意识也不强，在当初员工离开企业时并未为其办理离职手续或材料，造成了“长期两不找”的现象，出现了很多劳动者找后账，因此产生了大量的相关劳动争议案件。

导致“长期两不找”情况产生的因素有很多：①因企业长期停产、停工要求职工待岗。②因“下海”、停薪留职的政策离开单位。③员工因疾病长期

病休的。④分淡旺季的企业季节性放假后，劳动者未再返岗的。⑤解除劳动合同因劳动者或公司原因未办理离职手续或未留存相关凭证的。

“长期两不找”的状态下劳动者与用人单位到底是处于什么法律关系，劳动关系是否保持？是劳动关系中止，还是劳动关系解除？对于该历史遗留问题如何认定，业界的争论比较多，主要有两种观点：第一种观点认为，我国的劳动法领域没有劳动关系的自动终止、自动解除、视为解除或自然解除的说法，劳动关系的建立必然需要用人单位或劳动者以明示的方式作出，因此双方的劳动关系并没有解除，而是处于中止状态。第二种观点认为，劳动关系自劳动者离开用人单位之日起事实上解除。劳动者离开后原本属于旷工，同时也未向用人单位主张工资待遇、补偿金等，说明劳动者也认可双方劳动关系已经解除。不应当再苛求用人单位履行法定解除程序。

目前，两种观点均有相关司法案例的支持。根据《最高人民法院关于审理劳动争议案件适用法律问题的解释（一）》第三十二条第二款规定：“企业停薪留职人员、未达到法定退休年龄的内退人员、下岗待岗人员以及企业经营性停产放长假人员，因与新的用人单位发生用工争议而提起诉讼的，人民法院应当按劳动关系处理。”劳动者长期未提供劳动，用人单位又未依法与其解除劳动关系，双方“长期两不找”可以认定双方劳动关系处于中止履行状态。中止履行期间用人单位和劳动者不存在劳动法上的权利义务关系，也不计算为本单位工作年限。大部分法院裁判此类案例会参考上述依据，认为“长期两不找”状态属于劳动关系中止，用人单位或劳动者任一方提出即解除，至于是否需要支付补偿，各地判例仍有不同。

▶▶典型案例

【案号】（2021）京01民终5844号

【裁判要旨】

“长期两不找”期间劳动者未提供劳动，用人单位未支付工资，双方不存在劳动关系。

【案情简介】

任某某于1983年7月15日入职某公司，双方建立劳动关系。任某某正常出勤至1999年1月31日，此后某公司要求任某某回家待岗至1999年9月，其间发放待岗工资，某公司向任某某支付工资至1999年9月30日。自1999

年10月1日起，任某某未再向某公司提供劳动，某公司亦未再向任某某支付工资或报酬。

某公司主张其于1999年9月22日通知任某某解除劳动关系，解除原因系任某某涉嫌×××，公司纪检部门就此与任某某进行谈话，口头告知解除劳动合同并向任某某送达书面解除劳动关系通知及停发工资，但因时间久远，公司找不到相关留存材料。某公司就此提举了《受理举报案件告知单》，显示系由海淀区人民检察院举报中心出具，载明被举报人任某某涉嫌×××一案，经初查其行为涉嫌犯罪，已于2000年1月21日移送法院反贪局审查，请与相关部门联系。某公司主张任某某因涉嫌犯罪，于1999年12月被立案，此后刑事案件处理结果某公司不知晓，并未收到案件处理结果的书面通知。任某某认可该证据的真实性，并表示其到检察院同公司财务、审计对账，证明其不存在贪污事实，2000年1月21日被带走当日即被释放。

社会保险个人权益记录显示，某公司为任某某缴纳了1996年1月至1999年9月、2007年1月至2020年4月期间的社会保险。双方均确认2007年1月至2020年4月期间个人和单位负担的社会保险费用均由任某某承担。任某某提举的票据显示其缴纳费用，某公司为其开具收据。

任某某以要求确认与某公司存在劳动关系、某公司向其支付生活费为由，向北京市海淀区劳动人事争议仲裁委员会提出申请，该委作出京海劳人仲字［2020］第12273号裁决书，裁决：一、任某某与某公司自1999年10月1日至2020年5月25日期间存在劳动关系；二、驳回任某某的仲裁请求。任某某与某公司均不服该裁决，于法定期限内向法院提起诉讼，任某某起诉在先。

一审法院判决：一、确认1999年10月1日至2020年5月25日期间任某某与某公司不存在劳动关系；二、驳回任某某的全部诉讼请求。

二审法院认为，任某某自1999年10月1日起未再向某公司提供劳动，某公司自该日起也没有再向任某某支付过任何工资或者报酬，符合“长期两不找”的状态。某公司虽为任某某缴纳过部分时段的社会保险，但任某某承担了应由用人单位缴纳的费用，某公司向其开具收据，任某某未有证据证明其系被迫支付应由用人单位缴纳的保险费用。本院认为，综合上述情况，可以认定1999年10月1日至2021年2月25日期间双方均明知且互不履行劳动关系项下权利义务，一审法院认定该期间双方不存在劳动关系，本院认为并无不当，予以确认，某公司无需支付任某某工资，无需返还任某某社保费用。

综上所述，任某某的上诉请求不能成立，应予驳回。一审判决认定事实清楚，适用法律正确，应予维持。依照《民事诉讼法》第一百七十条第一款第一项之规定，判决如下：驳回上诉，维持原判。

【劳达点评】

本案中，任某某长达十几年没有向某公司提供过劳动，某公司未向其支付过工资，任某某在此期间也从没有向公司主张过权利，法院判定任某某与某公司之间符合“长期两不找”的状态，在此期间没有劳动关系，无需支付工资。虽然任某某未主张违法解除赔偿金或者离职补偿金，但基于双方不存在劳动关系，自然无需支付经济补偿金。对于1999年离职前的补偿，应当已经过了仲裁时效。若是在此期间用人单位一直支付劳动者基本生活费、最低工资等待遇，则双方劳动关系仍然属于存续状态，即用人单位以发放劳动报酬的方式认可了劳动关系的状态。

典型案例

【案号】（2021）粤08民终2965号

【裁判要旨】

“长期两不找”视为协商一致解除劳动合同，需要支付经济补偿金。

【案情简介】

吴某某于1982年11月起入职某公司。吴某某与某公司于1995年10月1日签订《劳动合同书》，吴某某在某公司工业生产岗位从事工作，劳动期限自1995年10月1日起至2000年9月30日止。劳动期限届满后，某公司没有为吴某某办理终止劳动合同的书面手续，也没有与其续订书面劳动合同。

2001年9月15日，某公司进行机构改革，有部分干部需分流，部分需下岗待业。需要办理自谋职业者，自决定分流起一个月内到企管办办理签订合同等手续。某公司自实行企业自主改制后，吴某某既未与某公司解除劳动合同，也没有参加某公司的榨季工作，也没有向某公司提供劳动。某公司没有给吴某某发放生活费或工资，吴某某也没有向某公司主张过生活费或工资等待遇。但某公司于2016年4月前一直帮吴某某缴纳社保费。

2016年5月7日，某公司在《湛江日报》刊登《公告》，称由于历史原因部分富余职工离开企业后，多年来未缴交个人部分社保费，一直由公司代缴，为维护企业的合法权益，限吴某某等人员自公告之日起20日内回到公司人事处办理社保补缴手续，逾期将按有关法律程序进行。某公司刊登该《公告》后即停止缴纳吴某某的社保费。自2016年5月起，吴某某的社保费由其他公司为其缴纳。

吴某某向一审法院起诉，要求某公司支付其经济补偿金50760元、失业金27072元及医疗保险45600元。

【裁判结果】

一审法院认为：本案属劳动争议案件。吴某某于1982年11月起在某公司下属的酒精厂工作，双方于1995年10月1日签订《劳动合同书》，劳动期限自1995年10月1日起至2000年9月30日止。劳动期限届满后，某公司没有为吴某某办理终止劳动合同的书面手续，也没有与其续订书面劳动合同，吴某某也没有继续在某公司处上班。对于吴某某、某公司曾存在劳动关系的事实，双方均无异议，故一审法院予以认定。对于双方劳动关系解除的时间，经生效判决确认为2016年5月，故一审法院依法予以确认。生效判决是根据某公司于2016年5月7日在《湛江日报》刊登要求吴某某到某公司处办理社保费补缴手续公告为根据进行认定。该公告并不能作为认定某公司违法解除劳动关系的根据。据此，根据《广东省高级人民法院、广东省劳动人事争议仲裁委员会关于审理劳动人事争议案件若干问题的座谈会纪要》第二十九条“劳动者与用人单位均无法证明劳动者的离职原因，可视为用人单位提出且经双方协商一致解除劳动合同，用人单位应向劳动者支付经济补偿”的规定，一审法院认定为可视为用人单位提出且经双方协商一致解除劳动合同。吴某某已多年不在某公司工作，近期没有可参照的工资标准，其工资应当参照湛江市最低工资标准1410元/月计算，即某公司应支付给吴某某的经济补偿为28905元（1410元/月×20.5个月）。一审判决：一、限某公司在判决发生法律效力后十天内支付给吴某某经济补偿金28905元；二、驳回吴某某的其他诉讼请求。吴某某及某公司均提起上诉。

二审法院认定经济补偿金计算有误，撤销一审第一项判决，改判限某公司在本判决发生法律效力后十日内支付给吴某某经济补偿金24805元；驳回吴某某的其他诉讼请求。

【劳达点评】

本案中，虽然法院认定双方属于“长期两不找”状态，但基于用人单位并未作出解除劳动关系的行为，认定双方处于劳动关系中止状态，依据《广东省高级人民法院、广东省劳动人事争议仲裁委员会关于审理劳动人事争议案件若干问题的座谈会纪要》的规定视为用人单位提出且经双方协商一致解除劳动合同，用人单位应向劳动者支付经济补偿。二审法院虽然改判，但也仅因为经济补偿金的计算出现错误，仍然认定需要支付经济补偿金。

（二）长病假员工

对于国有企业而言，长病假员工也是常见的历史遗留问题。由于国有企业对于病假员工的宽容度比较高，因此在员工一直处于疾病状态的情况下，即便满足《劳动合同法》规定的解除条件时，也未能采取单方解除的做法，而是一直容忍员工病假。长此以往，员工与公司一直保持这种“病养”状态，有的是几年，长的可达几十年。

▶▶典型案例

【案号】（2021）豫民申 361 号

【案情简介】

李某于 1982 年 7 月到某公司前身某市化工二厂工作，直到 1994 年 5 月因病开始休假，之后未再上班。2004 年以来，某公司按每月 136 元向李某发放生活费。2006 年 11 月 26 日，经某市劳动能力鉴定委员会鉴定，李某大部分丧失劳动能力。2019 年 9 月 16 日，李某向某市劳动人事争议仲裁委员会申请仲裁，该委员会于同年 11 月 8 日作出焦劳人仲字［2019］第 264 号仲裁裁决书：一、确认某公司、李某劳动关系于 2019 年 9 月 16 日解除；二、某公司支付李某生活费差额 122696 元；三、某公司支付李某经济补偿金 71250 元；四、某公司支付李某医疗补助费 11400 元；五、驳回李某的其他仲裁请求。某公司不服仲裁向法院提起诉讼。另查明，某市 2018 年 10 月至 2019 年 10 月最低工资标准为 1900 元。

【裁判结果】

一审法院判决：一、确认某公司、李某劳动关系于 2019 年 9 月 16 日解除；二、某公司支付李某生活费差额 122696 元；三、某公司支付李某经济补偿金 71250 元；四、某公司支付李某医疗补助费 11400 元。上述第二项至第四项于本判决生效后十日内履行。案件受理费 10 元，减半收取计 5 元，由某公司负担。

二审法院判决驳回上诉，维持原判。

【劳达点评】

本案中，用人单位并没有妥善地处理与长病假员工的关系，导致最终承担违法解除的后果，对于历史遗留问题，应当综合判断与劳动者之间的关系是否存续，如果像本案中的用人单位一样一直向劳动者支付生活费，表明用人单位认可与劳动者的劳动关系一直存续，无法构成上文的“长期两不找”状态。处理类似的劳动关系，应当采取协商解除为主，将矛盾化解，减少用人单位的损失。同时也建议，若是劳动者休长病假，可以按照上文提到的医疗期满解除方案执行，避免造成病假过长，“长期两不找”的局面。

第四节　终止劳动合同的主要情形与限制

劳动合同的终止是指除劳动合同解除以外，出现法定情形使劳动合同法律效力消灭，导致所确立的劳动关系终结的情形。[①] 根据《劳动合同法》第四十四条的规定，劳动合同终止的情形包括六大类，分别为：劳动合同期满的；劳动者开始依法享受基本养老保险待遇的；劳动者死亡，或者被人民法院宣告死亡或者宣告失踪的；用人单位被依法宣告破产的；用人单位被吊销营业执照、责令关闭、撤销或者用人单位决定提前解散的；法律、行政法规规定的其他情形。下文将重点论述前五类情形。

一、劳动合同期满终止

劳动合同期满，属于劳动合同终止的第一个法定事由，也是实务中最常见的终止情形之一。那么是否只要劳动合同期限届满，用人单位就可以和劳动者终止劳动合同呢？答案是不一定。需要区分是第一次劳动合同期满还是第二次劳动合同期满。如果是第二次劳动合同期满终止，用人单位是否可以合法终止劳动合同？

1. 劳动合同第二次到期，用人单位是否有单方终止权

此处我们探讨的仅是连续签订两次固定期限劳动合同后，未出现法定续延的情形，同时劳动者没有《劳动合同法》第三十九条和第四十条第一项、

① 周国良：《劳动合同终止和解除（一）》，载《中国劳动》2008 年 2 月，第 12 页。

第二项规定的情形，且劳动者提出续订或订立固定期限劳动合同的，用人单位是否有终止权的问题。

关于该问题在理论界有两种不同观点。一种观点认为，在第二次订立的固定期限劳动合同到期后，用人单位不再享有劳动合同到期终止的权利，除非劳动者决定不续订劳动合同，或者劳动者提出订立固定期限劳动合同，否则用人单位应当与劳动者订立无固定期限劳动合同。另一种观点认为，在第二次订立的固定期限劳动合同到期后，用人单位可以选择终止劳动合同，根据《劳动合同法》第十四条前后文意思，应当理解为前面两次固定期限劳动合同终止后，双方再次决定续订劳动合同的，除劳动者提出订立固定期限劳动合同外，应当签订无固定期限劳动合同。如果用人单位不愿意再次“续订劳动合同的”，则双方劳动合同终止，不存在应当订立无固定期限劳动合同的问题。

在司法实践中以上海市为代表的司法案例认为，上述条款是签订无固定期限劳动合同的情形，签订无固定期限劳动合同的前提包括“连续订立二次固定期限劳动合同”“劳动者没有本法第三十九条和第四十条第一项、第二项规定的情形”“续订劳动合同”，三个条件并列，缺一不可。“续订劳动合同”作为其中一个条件，也就意味着用人单位有权续订，也有权不续订，这一条件仅在双方均同意续订劳动合同的情况下成立。《上海市高级人民法院关于适用〈劳动合同法〉若干问题的意见》中体现了这一观点：《劳动合同法》第十四条第二款第三项的规定，应当是指劳动者已经与用人单位连续订立二次固定期限劳动合同后，与劳动者第三次续订合同时，劳动者提出签订无固定期限劳动合同的情形。

其他地区认为用人单位没有单方终止权的裁判案例，或是基于《劳动合同法》第十四条的立法背景作出的理解，或是认为签订无固定期限劳动合同的条件只有两个：“连续订立二次固定期限劳动合同”及“劳动者没有本法第三十九条和第四十条第一项、第二项规定的情形，续订劳动合同的”，第二个条件中的主语都是“劳动者”，也仅劳动者可以选择是否续订劳动合同。

总之，第二次劳动合同到期，用人单位可否享有单方终止权，法律依据均为《劳动合同法》第十四条第二款第三项，只是不同地方的法院对这一条款的理解不同。以上海市为代表的少数地方法院持肯定观点，绝大多数地方法院持否定观点。

笔者认为关于是否有终止权，用人单位必须结合当地的裁判口径来评估风险。在国家没有出台明确的规定前，仍应遵照当地的裁判意见。

2. 劳动合同期满终止是否需要提前三十天通知

《劳动合同法》并未对劳动合同到期终止需要提前三十天通知作出规定，因此我国大部分城市和地区是不需要提前通知的，即劳动合同到期当天通知亦是合法的，但劳动法的实操中还要符合地方性法规政策的规定，各地区规定不尽相同，主要可分为以下两种情况。

第一种，地方性规定中需要提前一个月通知的：北京、浙江、湖北、黑龙江、江苏、辽宁、吉林、新疆、广州、西宁等地。其中有两类特殊的情况，一类是以北京地区为代表的，不仅设定了到期应当提前一个月通知，还规定了未通知的罚则。《北京市劳动合同规定》第四十条规定："劳动合同期限届满前，用人单位应当提前30日将终止或者续订劳动合同意向以书面形式通知劳动者，经协商办理终止或者续订劳动合同手续。"第四十七条规定："用人单位违反本规定第四十条规定，终止劳动合同未提前30日通知劳动者的，以劳动者上月日平均工资为标准，每延迟1日支付劳动者1日工资的赔偿金。"另一类是以江苏省为代表的地区认为第一次到期不需要提前一个月通知，但第二次到期需要提前三十天书面告知劳动者可以订立无固定期限劳动合同。[①]

第二种，不需要提前一个月通知的地区有：上海、四川、重庆、安徽、河北、江西、湖南、内蒙古、山西、陕西、云南、海南、广西、甘肃、广东、山东。

由此可见，各地对于劳动合同期满终止的规定差异较大，如果作为集团公司，全国各地均有分支机构的，关于劳动合同期满是否需要提前三十天通知需要结合当地的规定去确定，避免因为不知晓当地的特殊规定而额外承担用工成本。

二、劳动者开始依法享受基本养老保险待遇的

根据《劳动合同法》第四十四条第二项的规定，劳动者开始依法享受基

---

① 《江苏省劳动合同条例》第十八条第一款规定："在《中华人民共和国劳动合同法》实施后，用人单位与劳动者连续订立了二次固定期限劳动合同，且劳动者没有《中华人民共和国劳动合同法》第三十九条和第四十条第一项、第二项规定情形的，用人单位应当在第二次劳动合同期满三十日前，书面告知劳动者可以订立无固定期限劳动合同。"

本养老保险待遇的，劳动合同终止。但后出台的《劳动合同法实施条例》第二十一条规定："劳动者达到法定退休年龄的，劳动合同终止。"那么问题就来了：对于已达到法定退休年龄但未享受基本养老保险待遇的人员，劳动合同到底能不能终止？若已达到法定退休年龄但无法享受养老待遇的人员在本单位继续用工究竟是按劳动关系还是按劳务关系处理，法律未作明确规定，司法实践中存在较大争议，主要分为以下三种。

第一种：只要达到法定退休年龄，就直接按照劳务关系处理，不考虑是否享受养老保险待遇或领取退休金，如北京、广东。

第二种：区分不同的情况处理，如上海。

①对于劳动者已开始依法享受基本养老保险待遇的，应严格按《最高人民法院关于审理劳动争议案件适用法律若干问题的解释（三）》[①] 的规定，劳动者与用工单位发生争议，按劳务关系处理。

②对于虽已达到法定退休年龄，但用人单位未与其解除劳动关系仍继续用工，未按规定办理退休手续的，按劳动关系处理。

③对于已达到法定退休年龄，且用人单位与其已解除劳动关系，但因劳动者社会保险费缴费年限不够，不能享受养老保险待遇的，劳动者只要依照《社会保险法》有关规定补缴社保费后即可享受养老保险待遇，其再就业与用工单位发生争议的，按劳务关系处理。

第三种：依据具体用工形式判断是劳动关系还是劳务关系，如江苏。

①用人单位与其招用的已经依法享受基本养老保险待遇或领取退休金的人员发生的用工争议，按劳务关系处理。

②用人单位与其招用的已达到或超过法定退休年龄但未享受基本养老保险待遇或领取退休金的人员发生用工争议，双方之间用工情形符合劳动关系特征的，应按劳动关系特殊情形处理。劳动者请求享受《劳动法》《劳动合同法》规定的劳动报酬、劳动保护、劳动条件、工作时间、休息休假、职业危害防护、福利待遇的应予支持。但劳动者请求签订无固定期限劳动合同、支

---

① 已失效。现相关规定见《最高人民法院关于审理劳动争议案件适用法律问题的解释（一）》第三十二条："用人单位与其招用的已经依法享受养老保险待遇或者领取退休金的人员发生用工争议而提起诉讼的，人民法院应当按劳务关系处理。企业停薪留职人员、未达到法定退休年龄的内退人员、下岗待岗人员以及企业经营性停产放长假人员，因与新的用人单位发生用工争议而提起诉讼的，人民法院应当按劳动关系处理。"

付二倍工资、经济补偿、赔偿金及社会保险待遇的不予支持。双方另有约定的除外。

通过以上论述我们大致可以了解关于该条款项下在实际操作中的核心问题。如果用人单位的在职员工马上达到法定退休年龄且达到退休年龄后就可以办理退休手续或已经享受养老保险待遇，当员工达到法定退休年龄时，用人单位就应当为其办理劳动合同终止手续，尽可能做到提前三十天通知。各地政策不一，此处不再赘述。

如果用人单位的在职员工马上达到法定退休年龄，但因社会保险费缴费年限不够，不能享受养老保险待遇的，达到法定退休年龄能否直接终止双方之间的劳动关系，笔者建议一定需要向当地劳动人社部门咨询最新政策，并按照当地的最新政策执行。若当地没有明确的规定，人社部门也不给予明确答复的，参照当地的裁审口径去处理。上述两类情况均不能满足的，建议向员工发送书面的劳动合同终止通知书。

对于劳动者达到法定退休年龄与用人单位之间是否构成劳动关系之所以存在争议，就是因未享受退休养老保险待遇的这部分劳动者一旦发生因工受伤能否认定工伤，能否得到相应的救济这一问题引起的。从目前的审判实践而言，只要达到法定退休年龄，大部分地区认为劳动关系即法定终止，但针对未享受养老待遇而发生工伤的劳动者，经认定为工伤的，法院依然保护该部分劳动者的工伤保险待遇权益。因此，在这部分人员的用工方面，劳动者和用人单位都要慎重考虑可能存在的风险。

三、劳动者死亡，或者被人民法院宣告死亡或者宣告失踪的

在民事领域中，公民死亡、被人民法院宣告失踪或者宣告死亡的，将丧失民事权利能力和民事行为能力。在劳动领域中，公民死亡、被人民法院宣告失踪或者宣告死亡的，劳动合同一方主体资格消灭，客观上丧失提供劳动的可能，之前签订的劳动合同因为缺乏一方主体而归于消灭，属于劳动合同终止的情形之一。

那么，死亡时间的确定就关系到劳动合同终止时间的确定，确定了死亡时间就确定了劳动合同终止的时间。劳动合同终止的时间与劳动报酬的发放时间、社会保险缴纳的截止时间有一定的关系。比如，劳动报酬的支付时间问题。根据《工资支付暂行规定》第九条规定：“劳动关系双方依法解除或终

止劳动合同时，用人单位应在解除或终止劳动合同时一次付清劳动者工资。”按此规定，劳动合同终止时工资应当在劳动合同终止时一次性支付，以江苏省为例，《江苏省工资支付条例》第十九条规定：“用人单位与劳动者依法解除或者终止劳动关系的，应当在劳动关系解除或者终止之日起两个工作日内一次性付清劳动者工资。双方另有约定的除外。劳动者死亡的，用人单位应当按照满一个工资支付周期支付其工资。”可知如果劳动者死亡，单位可能涉及的问题会比较多。

首先，需要确定劳动者的死亡时间。《民法典》第十五条规定：“自然人的出生时间和死亡时间，以出生证明、死亡证明记载的时间为准；没有出生证明、死亡证明的，以户籍登记或者其他有效身份登记记载的时间为准。有其他证据足以推翻以上记载时间的，以该证据证明的时间为准。”

死亡时间的确定先以死亡证明记载的时间为准。死亡证明主要包括以下几类：死于医疗单位的，由医疗单位出具死亡医学证明书；正常死亡，但医疗单位无法出具死亡医学证明的，由社区、村民委员会或居民委员会出具证明；非正常死亡的，由公安机关出具死亡证明；已经火化的，由殡葬部门出具火化证明。以上证明中载明的死亡时间是判断自然人死亡时间的最基本依据。如果没有死亡证明的，以户籍登记或其他有效身份登记记载的时间为准。如果有其他证据能推翻以上记载时间的，以该证据证明的时间为准。

其次，就是因劳动者死亡致使劳动合同终止的和后续收尾工作，包括支付工资、社保和住房公积金及企业年金的清算工作，用人单位为员工购买商业险涉及商业险的理赔等问题。

最后，劳动者死亡的，按照《劳动合同法》的规定，用人单位无需支付经济补偿金，涉及工伤问题的，按照《工伤保险条例》的规定执行。但企业出于好意施惠支付一定补偿的也是可行的，具体问题具体分析。

四、用人单位被依法宣告破产的

根据《劳动合同法》第四十四条的规定，“用人单位被依法宣告破产”是劳动合同终止的法定事由。与劳动合同的解除不同，导致劳动合同终止的事由是不以主观意志为转移的客观法定事由。将“宣告破产”作为劳动合同终止的法定事由有其合理性，原因在于企业破产宣告后，才最终从程序上排除企业存续的可能。①

然而实践中通常会出现混淆受理破产和宣告破产两个概念的情形，误认为法院受理破产后劳动者和企业的劳动合同即自动终止。实际情况是企业从被法院受理破产到宣告破产往往需要经过很长一段时间。此时的企业可能走向破产清算，但也有可能通过破产重整或者破产和解实现重生。在企业主体资格消灭前，债务人可能因多种原因需要员工继续处理经营相关工作或者其他事务性工作，破产重整和破产和解自不必说，即使是企业无重整或和解可能的情形，债权人会议也可决定企业继续营业②。

综上所述，宣告破产是用人单位终止与劳动者劳动关系的法定事由，受理破产不能产生终止劳动关系的法律效果。但企业在被受理破产后、宣告破产前，通常需要根据企业的实际经营情况精简人员，终止与部分员工甚至全部员工的劳动关系。此时管理人可通过与员工协商一致解除、单方通知解除和经济性裁员解除与员工的劳动合同。在此过程中，管理人应审慎履职，严格遵守《劳动合同法》关于解除劳动合同的程序限制，最大限度地平衡破产企业与劳动者双方的合法权益。

五、用人单位被吊销营业执照、责令关闭、撤销或者用人单位决定提前解散的

由于适用劳动合同终止事由与员工终止劳动关系，相较于劳动法律中的其他法定解除事由，即使劳动者属于特殊员工（如系医疗期、“三期”员工等），用人单位仍然与之终止劳动合同。故实践中，许多连年亏损的企业倾向于选择该路径与劳动者终止劳动合同并进行员工安置。

然而，由于仅依据法条字面意思往往不能准确界定“决定提前解散”究竟意指何种唯一的、具体的时间节点，劳资双方常因对终止劳动合同的准确时间节点存在不同理解而产生争议。“劳动合同终止时间”的不确定其实来源于“提前解散事实”本身作为一个时间段而带来的不确定性。由于公司提前解散原因多样，清算任务也不同，所以从股东决议解散到最后公司注销的时

① 王欣新：《谈破产企业劳动合同的终止问题》，载《人民法院报》2014年12月17日，第7版。

② 参见《企业破产法》第六十一条。

间跨度也不同。因此，公司提前解散并非发生于某一时间点，而是一个时间段，短则几天，长则数年，在这一过程中，各项法律关系按照清算过程被一一终止，其中就包括与劳动者的劳动关系。所以，“劳动合同终止时间”是一个动态变化并受用人单位清算程序影响的时间点。①

笔者以“提前解散”“清算”“审批”“注销”“劳动合同终止”“劳动关系终止”“时间节点”作为关键词进行交叉检索，发现法官针对公司提前解散前提下的劳动合同终止的时点问题存在如下不同裁审观点：

（一）关于劳动关系终止时点的主要裁审观点

主要有以下几种观点：一是以公司为员工办理终止劳动合同手续之日为劳动关系终止时点；二是通知员工劳动合同终止的时间为劳动关系终止时点；三是原审批机关核准公司提前解散之日为劳动关系终止时点；四是用人单位权力机构作出提前解散公司的决议之日为劳动关系终止时点；五是用人单位成立清算组之日为劳动关系终止时点；六是用人单位在工商登记机关办理注销登记之日为劳动关系终止时点；七是用人单位被司法机关判决解散之日为劳动关系终止时点。

根据上述观点，笔者结合北京地区的几个判例总结了北京地区的实务要点：法院在审查此类案件时，更多地侧重于考察用人单位提前解散这一事由是否属实，如果在案件审理过程中用人单位确已注销或查明用人单位确已在依法进行清算注销程序、提前解散属实的，则对于用人单位在决定提前解散后具体哪一个时间节点终止劳动合同，并不过分苛求。一般情况下已经进行到清算组备案的，仲裁委以及法院都采信用人单位提前解散的主张，认为劳动合同无法继续履行，不会恢复继续履行或者支持赔付赔偿金。部分仅需股东会决议即可。

如果在案件审理过程中，用人单位仍未注销完成的，部分裁判者会要求用人单位除解散决议外，提供进入清算程序等相关证据，以进一步确认用人单位提前解散属实。当用人单位名为提前解散，实际未解散或裁判者对用人单位是否将要解散产生合理怀疑时，为了保护劳动者的合法权益，裁判者将认定用人单位单方终止劳动合同违法。

---

① 孙超：《公司提前解散情形下的劳动合同终止时间的认定——基于24份判决书的实证研究》，载《北京政法职业学院学报》2017年第4期，第47—48页。

【劳达建议】

用人单位决定提前解散后，不论在哪一个时间节点终止劳动合同，用人单位应确保提前解散这一事由真实，如果是为了与劳动者终止劳动合同而恶意编造解散理由或决定解散后又反悔的，则用人单位不得以提前解散为由与劳动者终止劳动合同，否则将构成违法终止劳动合同。

（二）公司以提前解散为由与员工终止劳动合同后又继续经营是否构成违法终止劳动合同

公司经营活动本身是一种复杂的商事活动，面临诸多的市场及经营风险，随着经营规模、效益情况、市场定位等因素的变化，企业有权依据相关法律法规决定停止经营并提前解散、关闭企业，这属于企业经营自主权的应有之义。但由于公司解散通常有一个持续的过程，常有公司在作出提前解散决议后仍从事实际经营活动的情形。实践中，不排除某些用人单位以强势地位滥用上述权利，在企业未停止经营的情况下以解散企业为名提前终止与劳动者的劳动合同，侵害劳动者的基本利益。

如在（2017）沪02民终1046号民事判决书中，某北京公司于2016年6月1日通过董事会决议，决定于2016年6月30日关闭其上海分公司。然而，法院查明其在作出解散决定后并未实际停止经营且在合理时限内积极地进行解散注销的申请工作。在该公司上海分公司提交的注销税务登记税收清理的鉴证报告（邮件打印）中亦显示“经董事会决议，贵分公司于2016年12月31日停止经营，2017年1月1日起为清算期”，与该公司上海分公司所述其于2016年6月30日即停止经营相矛盾。综上，上海市第二中级人民法院认为，该公司的上海分公司明知员工殷某即将生产，而企业至殷某生产之时也未完全停止经营，此时终止双方劳动关系将明显损害殷某可能获得生育津贴的基本权益，径行作出终止双方劳动合同的决定显然不合理，因此殷某要求恢复劳动关系于法有据，法院予以支持。

而在韩某与广州某公司劳动合同纠纷二审案件①中，根据事实的不同，法院持完全相反的观点。该案中，员工韩某主张广州某公司在出具提前解散公司的《股东决定书》之后，仍然在进行经营活动，并未真正解散公司，公司以提前解散为由终止双方的劳动合同系违法行为。对此，广州市中级人民法

① （2017）粤01民终1287号。

院经查明事实后认为，综合本案双方提供的证据，广州某公司既存在员工减少、办公面积缩减等事实，其销售额和订单数量也确实存在较大的衰减，且也在向主管行政机关办理相应的变更登记事项，并对此作出了合理的解释。考虑到公司的解散和注销确需一定时间完成，不能要求公司在作出提前解散的决定后，短期内便终止全部业务。故虽然广州某公司在决定提前解散后仍有业务发生，但并不能以此否认其提前解散的事实。原审法院认定广州某公司主张其提前解散成立，并依据《劳动合同法》第四十四条第五项规定，认定广州某公司不构成违法终止劳动合同。

关于该问题，笔者认为，裁审部门需在尊重企业的经营自主权的同时，查明事实，结合“实质重于形式”的原则审查劳动合同终止的合法性与合理性，以进行综合判断。

第四章 国企收入分配中的合规与风险防控

第一节 工资与效益同向联动机制中的法律问题和要求

2018年5月25日印发的《国务院关于改革国有企业工资决定机制的意见》标志着国企工资决定机制改革正式落地，同时也明确了“建立健全与劳动力市场基本适应、与国有企业经济效益和劳动生产率挂钩的工资决定和正常增长机制”的指导思想。

一、国企运行机制下的薪酬发放常见问题以及历史背景

国有企业一直是我国最重要的经济命脉。从早期的计划经济，到适应改革开放的大趋势进行的国有企业改革，后续转制以及现阶段随着市场的发展，国有企业内部的管理机制的优化和绩效薪酬体制的调整和改革，都是有中国特色的国有企业在发展和改革的道路上留下的一个个印记。

国有企业的人力资源管理，也在国有企业整体的发展机制和改革机制背景下，一步步从组织管理、人事管理到现阶段的人力资源管理以及内部配置的逐步优化的分阶段发展中。随着国有企业改革的深入，计划经济体制运行中留存下来的一些内部管理机制和市场经济发展的矛盾就慢慢显现出来了，体现在人力资源管理过程中，较为常见的问题有以下几种：

第一，市场化分配程度不高，分配秩序不够规范。效益和工资机制不挂钩或者只是部分挂钩，导致内部激励机制失效。从劳动管理的角度上来看，一般会体现为内部缺乏有效的绩效考核体系，或者虽有绩效考核体系，但是管理过程不留痕，导致在人员管理和劳动关系管理中，出现了较多的问题，如企业方希望通过不胜任管理解除劳动合同而因为无过程管理而无法实施，奖金和薪资发放缺少参考依据而企业方和员工方各执一词，绩效考核因为无

双方协商和沟通记录而导致最后的考核结果无法真实反映实际沟通过程等问题。

第二，缺乏内部人力资源管理的制度建设。在劳动合同管理制度和内部流程的建立、内部人员奖惩体系的搭建、人员的入离职管理方面，都缺少行之有效的内部人力资源管理过程。从员工关系管理的角度来看，往往更多的是事后管理，较难应对劳动管理过程中的纠纷和风险。

第三，国有企业存在较多服务期超过十五年的员工，一些老国企中工龄超过二十年的员工甚至超过70%。因此在薪酬管理中常见的社保缴纳管理、假期管理、病假管理、重疾员工管理、退休管理等方面，往往存在较多复杂的情形，如各地的社保政策在过去的二三十年里发生了较多的变化，在员工社保缴纳年限、社保待遇享受等方面，可能都需要具体情况具体分析。

第四，国有企业一般规模较大，都存在人力资源在集团内部调配使用的状况，因此在由集团用工引起的工龄计算和转接、劳动合同签订管理、内部绩效管理等方面，都容易引发劳动纠纷。

二、工资与效益联动机制对薪酬体系的要求

第一，以经济效益为核心，鼓励考虑外部市场、内部效率等多个因素，合理确定年度工资总额，相关因素包括企业发展战略和薪酬策略、年度生产经营目标和经济效益、综合考虑劳动生产率提高和人工成本投入产出率、职工工资水平市场对标等情况、政府职能部门发布的工资指导线。从劳动法的层面来理解，就是薪资水准的制定既要考虑市场状况，也要有合理的政策依据。

第二，国有企业工资分配要切实做到既有激励又有约束，既讲效率又讲公平。坚持按劳分配原则，健全国有企业职工工资与经济效益同向联动、能增能减的机制，在经济效益增长和劳动生产率提高的同时实现劳动报酬同步提高。从这个方面来看，按劳分配的要求就是需要企业的内部制度结合岗位的职责定性来定岗定薪。从劳动关系管理的角度来看，也就是要求人力资源从岗位职责梳理、各项绩效考核依据方面制定适合企业自己的人力资源管理体系，同时有效避免和防范系统风险。

第三，规范劳动关系管理中的各项流程，既要给管理者合适的管理工具，也要让各级管理者牢固树立风险防范意识，提高危机处理能力。具体到劳动

关系处理中，既要符合管理的要求，也要从合规性和合理性的角度综合考量员工问题的处理对策，尤其是涉及薪资管理中的绩效管理、岗位管理、劳动关系管理、集团化用工等方面，需要综合考虑风险应对能力。

三、常见法律问题以及相应的对策

（一）薪酬管理制度未建立或者执行有瑕疵

2000年以来，国企的整体薪酬架构和市场接轨越来越紧密，而在此之前不够重视内部薪酬管理制度的建立或者在执行中不重视按照相关的法律要求对各实施环节进行有效管控，导致了薪酬架构不够清晰，薪酬发放无依据，集团内部各企业之间薪酬制度不均衡等问题。

▶▶典型案例

【案号】（2020）粤01民终11916号、（2020）粤01民终11917号

【裁判要旨】

企业方提交的绩效考核过程以及相关制度未能证明其已将绩效考核结果向劳动者有效送达并签收，其行为构成克扣劳动者薪酬。支持劳动者支付经济补偿金的要求。

【案情简介】

陈某于2002年9月入职某电力工程局公司，2014年7月1日，双方签订无固定期限劳动合同，约定陈某任职于该公司第一工程局，岗位为管理岗，劳动报酬按照该公司薪资规定执行。某电力工程局公司2015年3月12日发布内部文件，决定将陈某任命为某电力工程局公司送变电分公司副总经理，2019年4月22日发布内部文件，免去陈某该职务。自免职之日起，公司仅发放了陈某的基础工资，未发放绩效工资。

2019年6月26日，陈某向某电力工程局公司发出《解除劳动合同通知书》，以公司未依法及时足额支付劳动报酬、未依法按时足额缴纳社会保险费等为由，要求从通知书寄出之日起与某电力工程局公司解除劳动关系，并要求某电力工程局公司支付未付薪酬、补贴等费用以及经济补偿金、赔偿金。

【裁判结果】

经审查，某电力工程局公司、某电力工程局公司送变电分公司、某电力工程局公司安装分公司于本案原审提交的证据不足以证明其已将绩效考核结

果向陈某有效送达，且绩效考核结果也未经陈某签名确认，原审判决认定某电力工程局公司扣发陈某2019年3月至6月的工资缺乏依据并无不当，本院予以确认。

【劳达分析】

本案的原告虽然制定了薪酬管理制度，并且在薪酬管理制度中对各项收入进行了有效的定义，制定了发放标准，但是在实际执行中忽略了告知、送达以及员工确认的环节，导致最终对企业的不利判决。

本案的判决提醒国有企业的管理者重视企业内部人员管理的各个环节，薪酬结构的调整以及具体发放金额的确定，除了有政策或者企业的制度作支撑外，更重要的是，需要在实际操作环节结合岗位约定、薪酬制度约定对员工的薪酬管理做好必要的过程管理。

另外，薪酬组成中的可变薪酬和固定薪酬部分的定义以及相关的考核标准需要以清晰的表格和事先约定的标准用书面的形式固定下来，以防止后续产生相关争议。

（二）薪酬构成复杂，各类补贴、固定以及浮动薪酬定义不清

一般来说，企业发放的薪酬，依据其取得的模式和企业对绩效管理的要求，可以大致分成固定薪酬、绩效薪酬以及风险报酬（奖金）三大块。其中固定薪酬的发放具备相对刚性，一般难以直接以员工绩效结果等为由对该部分收入进行减少发放或者不予发放。而绩效薪酬虽然可以依据员工的绩效状况上下浮动，但企业亦可以以其经营自主权进行对抗。

但是在实际操作中，往往存在绩效薪酬实际上变成固定薪酬的一部分，或者变成递延的固定薪酬。而作为风险报酬的奖金部分，在实操中亦存在约定不明的问题，存在从可变薪酬转变为固定薪酬的可能性。

▶▶典型案例

【案号】（2009）长民一（民）初字第3971号

【裁判要旨】

用人单位根据本单位的生产经营特点和经济效益，依法自主确定本单位的工资分配方式和工资水平。企业向劳动者每月固定支付基本薪酬和津贴，而变动薪酬是根据员工的业绩和工作表现，进行考核后发放的，属于奖金范畴。用人单位对奖金享有自主分配权。

【案情简介】

员工文某于2006年入职某国有企业甲公司，担任市场总监。双方约定，根据业绩和员工的个人表现，原告可以享受每年固定薪酬总额0%—50%的变动薪酬。文某于2008年1月7日自行辞职离开公司，其离职前已完成2007年度工作目标。甲公司只支付了文某固定薪酬总额5%的变动薪酬。文某诉诸法院，要求支付25%的变动薪酬。甲公司制定的《2007年度可变薪酬政策与指标》规定："在2008年1月1日到4月20日之间辞职离开公司的员工：工作等级二级以上的员工根据直属上司的决定获得0%—5%的可变薪酬。"文某的工作等级为3B级。《2007年度可变薪酬政策与指标》未经企业内部民主程序通过，但曾告知过文某。

【裁判结果】

经审查，依据甲公司的薪酬管理制度规定，可变薪酬属于奖金，其是否发放和发放的具体金额多少，属于企业经营自主权的一部分，因此不支持文某关于要求按照25%的固定薪酬支付其可变薪酬的诉求。

【劳达分析】

上述案件中，企业依据内部薪酬管理制度，对员工的各项收入做了较为清晰明确的定义，而且就可变薪酬部分也明确了发放的标准和发放的范围，因此在本案的纠纷处理过程中，取得了较好的结果。

由案件的处理过程可知，薪酬管理制度中，对员工收入的各个组成部分以及每个部分的取得条件，都需要做清晰明确的定义。涉及可变薪酬或者奖金的部分，需明确企业的经营自主权，勿将可变薪酬变成固定薪酬。例如在实操中，有些企业的奖金发放条件仅和员工的服务年限挂钩，将可变薪酬变成了企业对员工的收入承诺，如若后续取消该承诺，必将带来难以管控的法律风险。

薪酬组成中的可变薪酬和固定薪酬部分的定义以及相关的考核标准需要以清晰的表格和事先约定的标准用书面的形式固定下来，以防止后续产生相关争议。

第二节　员工薪酬设计和结构调整中的法律逻辑和要求

不同类型的企业，在员工薪酬设计和结构调整中，往往面临不同的难题。国有企业薪酬的结构设计，一般有如下特点：

第一，固定薪酬部分，较多综合候选人的岗位特点、学历背景、工作年限等各项因素，以绩点制或者以级别定薪酬的方式来设计。

第二，作为保障的补贴部分，通常种类较多，但各补贴类别的发放条件并不明晰。

第三，绩效薪酬或者奖金部分，一般按照年度收入的适当比例，在0%—50%的区间里面浮动，但是奖金发放的标准缺少清晰的考核目标以及流程管理。

第四，福利部分，保障项目种类较多，保障利益较为充分，但是现金福利的税务合规性值得商榷。

在本节中，笔者从人力资源日常管理的角度出发，同时结合劳动关系中常见的法律风险和纠纷，梳理出了如下薪酬架构设计和结构调整的法律逻辑。

一、明确法律底线，在制定薪酬管理制度时杜绝相应的法律风险

主要有以下几点需要注意：

第一，员工每月应发工资不能低于当地的最低工资标准。

第二，加班费日工资计算基数不能低于最低月工资标准/21.75天。

第三，平日加班、周末加班和法定节假日加班分别按正常工资的1.5倍、2倍、3倍核算。

第四，要依法给员工缴纳相应社会保险、公积金等企业本该承担的费用，不能不交、少交或将本应企业自身承担的费用全额或部分转嫁给员工。

第五，依法缴纳社保是企业和员工应尽的法定义务，不受个人意愿所左右和改变，因此让员工写不参加社保的保证书或声明的做法是无效的，法律上并不承认。

第六，员工依法享受各种带薪休假的工资待遇（法定节假日、带薪年休假、病假、产假等），企业不得不给或降低法定标准给付。

第七，员工薪金所得要依法缴纳个人所得税，不得逃税漏税。

以上要点需要在工资清单上列明，且与实际发放金额相互印证。

由此可见，薪酬的发放实际上是结合了企业的假期管理、社保管理、相关福利待遇管理等的综合体现，对国有企业内部管理的流程化和系统化也提出了新的要求。

二、薪酬结构的设计要合理合法

薪酬结构无论怎么设计，无外乎由两大部分组成：一部分为每月不变的固定工资，如基本工资、岗位工资、学历工资、工龄工资、技能工资、各种固定的津贴或补贴；另一部分为可变的浮动工资，如加班费、计件工资、销售提成、绩效工资、项目奖金、季度奖、年终奖及其他一次性、临时性的奖励或补贴等。

因此，薪酬结构无论怎么分割设计，万变不离其宗，工资的实质就是固定工资+浮动工资（奖金）。但是在实操中，容易陷入以下两种误区。

（一）将月薪统一打包，不分割为“固定工资+浮动工资”

这种做法看似省事，但无形中给企业增加了支付加班费、缴纳社保和支付各种带薪假工资等的计算基数，提高了企业整体人工支出成本，是不太合理的。

当然，员工都拿固定月薪，没有执行计件、提成或绩效考核的，无法实施分割。

（二）薪酬结构设计过于详细

这种做法的目的是在固定工资部分尽可能地增加其他固定薪资项目，例如补贴，来减少基本工资的值，然后在劳动合同或企业规章制度中约定计算加班费、缴纳社保和支付带薪假工资等，以此基本工资为基数。这种做法属于违法行为。因为法律规定只要是每月固定发放的工资，不论其是何种形式，都属于固定工资的组成部分，算加班、缴纳社保和支付带薪假工资等都得以此固定工资的总和为计算基数。

那么，怎么样既能降低加班费、缴纳社保及员工带薪假工资等的支出成本又能合法呢？

办法只有一个，就是在进行薪酬结构设计分解时，尽可能地降低固定工资部分（要注意最低不能低于当地最低工资标准），增加可变的浮动工资（绩效奖金）的比例。

如有的企业对生产员工全部实行计件工资制，但每月保底工资和加班费计算基数不低于最低工资标准，并在劳动合同或企业的规章制度中明确规定。又或者是以最低工资标准为保底月薪，并在此基础上增加计件工资。这两种做法是可行和合法的。同样地，销售提成和绩效工资也可这样操作。

当然，要掌握一个合适的度，不能为了压成本和费用而降低薪酬的保健和激励作用，否则就适得其反，得不偿失了。例如，办公室管理人员与生产车间员工都“一刀切”，固定工资都为最低工资标准，并以此计算加班费、缴纳社保等，就不太合适了。

三、结合薪酬组成中的每个部分的特点考虑可能产生的法律风险

（一）固定薪酬

如前所述，固定薪酬和加班费计算、病假工资支付以及假期薪酬的结算等方面都息息相关，在此通过一个案件来具体说明。

▶▶典型案例：某公司薪酬管理制度之基本工资

1. 构成

基本工资=职位等级工资+技术职称工资+工龄工资

2. 职位等级工资

共分为五个职位等级，每个职位等级工资有二至五档，每一档分别与月度绩效考核结果“S”“A”“B”“C”“D”一一对应，“S”对应所在职位的最高档次的工资，以此类推。（附职位等级表及职位工资等级表）

职务	级别	基本薪酬（元）					
		年度考核结果	D	C	B	A	S
		年度薪酬增长比例	\\\	2%	4%	6%	8%
副总	M1		25273	25778	26809	28418	30691
	M2		22973	23432	24369	25831	27897
总监	M3	20071	20673	21086	21929	23245	25105
	M4	17840	18375	18743	19493	20663	22316
	M5	15608	16076	16398	17054	18077	19523

续表

职务	级别	基本薪酬（元）					
		年度考核结果	D	C	B	A	S
		年度薪酬增长比例	\\\	2%	4%	6%	8%
经理	SL3	16221	16708	17042	17724	18787	20290
	SL4	14870	15316	15622	16247	17222	18600
	SL5	13518	13924	14202	14770	15656	16908
高级主管	L1	13379	13780	14056	14618	15495	16735
	L2	11891	12248	12493	12993	13773	14875
	L3	10410	10722	10936	11373	12055	13019
主管	L4	8917	9185	9369	9744	10329	11155
	L5	7806	8040	8201	8529	9041	9764
助理	S1	7062	7274	7419	7716	8179	8833
	S2	6319	6509	6639	6905	7319	7905
	S3	5575	5742	5857	6091	6456	6972
	S4	4833	4978	5078	5281	5598	6046
	S5	4089	4212	4296	4468	4736	5115

【劳达分析】

该案例具有一定的代表性，较多的国有企业采用的是职级工资，是依据该职级对应的绩效考核结果来决定的。有些企业采用的是年度调整的机制，部分企业采用的是职级工资变动更为频繁的季度甚至月度职级工资调整制度。在这种模式下，企业内部同一员工的薪酬，也存在一定的浮动，甚至在极端情况下，还会产生薪酬倒退。这相当于变相地把属于固定薪酬的部分，变成了浮动薪酬。

这种模式从实操层面可能面临的法律风险有两类，一类是薪酬的实际发放和劳动合同约定或者录用通知书的约定产生背离，因此导致薪酬欠付纠纷频发。另一类是薪酬管理制度与绩效考核制度的背离，或者绩效考核制度实施中缺少民主流程或者必要的通知、协商一致的流程，在薪酬产生倒退的情况下，国企无法证明其调整薪酬行为的合理性，从而引发劳动纠纷。

【劳达建议】

可以通过如下操作模式来避免管理风险和法律风险：

固定薪酬的部分，建议每年相对固定。对部分低绩效员工，可以尝试用薪酬冻结，亦即以每年固定薪酬部分零增长的方式来取代原来的每月或者每个季度浮动的方式。

在薪酬制度实施前，充分与员工沟通，就可能产生的薪酬变化提前做好书面约定。通过书面约定取得员工的事先同意，以免后续产生其他争议。

（二）绩效薪酬

典型案例：某公司薪酬管理制度之年终奖

1. 相关规定

（1）在本公司工作满一周年的员工可在年终发放相当于一个月薪酬工资的基本年终奖金，核定程序及发放方式同工资。

（2）已过试用期但服务未满一周年的员工，则可获得从入职日开始，按当年工作天数比例发放的年终奖金。

（3）对于违反公司管理制度的员工，公司有权扣减或取消其年终奖金。

（4）公司管理层亦可根据员工的工作表现，发放高于或低于一个月薪酬工资水平的年终奖金。

2. 不会获得年终奖金的情况

（1）当年12月31日前未通过试用期的员工。

（2）年终奖金发放日前自动辞职或被公司辞退的员工。

（3）刑事犯罪或受到纪律处分的员工。

【劳达分析】

众所周知，年终奖是绩效薪酬的一个重要组成部分，企业拥有一定的经营自主权，可以决定是否发放年终奖以及具体的发放金额。但是，企业对年终奖的发放金额以及发放条件是否可以随意变更呢？

上述案例中关于年终奖的制度管理存在如下问题：

第一，作为绩效薪酬的年终奖并不直接和员工的绩效挂钩，而仅依据员工的服务年限来确定具体的发放金额。因此，如果企业少发或者欠发该部分的奖金，有可能会被视作克扣员工的约定薪酬。换而言之，本来企业拥有一定自主权的年终奖发放，变成了企业的义务。捆绑了企业义务的同时，并不能够直接起到绩效薪酬应该实现的“奖勤罚懒”功能。

第二，制度内部冲突。第1条第（2）项约定已过试用期但服务未满一周年的员工，可按当年工作天数比例发放年终奖金。但第2条第（2）项又把自动辞职或者被公司辞退的员工放在不会发放年终奖的人员名单里面。在制度冲突的情况下，如果产生劳动纠纷，可能会判令企业承担不利后果。

【劳达建议】

在此种情形下，企业宜对绩效薪酬部分作如下安排：明确绩效薪酬和企业的绩效管理制度直接挂钩，以绩效定奖金的发放方式和发放金额。把十三薪的发放和绩效奖金的发放区分开来。十三薪的发放可以依据员工在本企业的服务时间来按比例发放，但是绩效薪酬的部分，企业应该拥有较大的自主决定空间。

依据不同的岗位特质设置绩效薪酬的考核模式和发放方式。比如高管人群的绩效薪酬，可以适当扩大企业经营管理指标对其的考核要求。而对基层人员的绩效考核模式，则需要更多和日常工作完成质量等情形挂钩。做到绩效目标设置合理、实施流程留痕、和员工充分沟通。

四、绩效考核结果的实施需要合法合规

典型案例：某公司薪酬管理制度之绩效奖金

员工连续两年内考核结果累计一“优”一“良”或以上者，以及连续三年考核结果为“良”者，岗位工资调高10%。当年考核结果为“不合格”的员工，岗位工资下调10%，对于连续两年考核结果为“不合格”的员工进行培训或待岗处理，待岗期间按照最低工资标准发放生活费，待岗时间长短由总裁主持行政会议讨论决定。根据考核结果调整的工资，不影响公司工资整体调整时本人的工资调整。

绩效奖金年度发放表

等级	优	良	中	及格	不及格
考核分数	>90分	80—90分	70—80分	60—70分	60分以下
发放比例	100%	60%	20%	0%	0%

【劳达分析】

上述案例中，绩效考核的结果实施中包括对固定薪酬的下调，还出现了“待岗”期间按照最低工资标准发放生活费等模式。依据《劳动合同法》的相关规定，薪资发放金额和发放方式的变更都需要由企业和劳动者协商一致方可达成。即便是劳动者被证明不胜任，企业也应该通过必要的转岗或者培训的方式来妥善处理，但是本案中，企业采用的是单方面调整的方式，损害了劳动者的切身利益。

【劳达建议】

企业在实施阶段性绩效考核后，应就考核结果和员工妥善沟通。同时，针对部分低绩效员工可以考虑采取不胜任的方式来调整岗位，擅自降低劳动者的固定报酬且无明确依据的情况，有被认定为企业有克扣薪酬的风险，从而产生后续的劳动争议。

五、薪酬结构调整中，可能存在的风险及对策

目前国企薪酬制度改革，越来越关注企业的经营效益和企业的员工工资总额挂钩的问题。因此，国有企业在制定企业的绩效考核制度时，不可避免地将该原则层层落实到员工的绩效考核中。但是一旦涉及薪酬结构调整，通常会产生如下问题：

第一，在薪酬总额不变的情况下，企业希望扩大绩效薪酬，亦即浮动薪酬的发放比例，因此需要逐步缩减薪酬结构调整，一般采用的模式为调整固定薪酬和浮动薪酬的发放比例。在调整的过程中，虽然扩大了浮动薪酬的目标发放金额，但是固定部分的减少可能会引发工资扣款的疑虑。

第二，很多国有企业此前采取的是薪酬预支的机制，也就是预发当月薪酬，员工后续提供对应服务的方式。但是这种方式在员工离职薪酬结算时往往会引发预发薪酬如何结算、是否可以要求员工返还等法律问题。

第三，部分国有企业长期和员工约定以采用税后薪酬结算的方式。但在人力资源操作中，这种模式往往会引发社保缴纳的基数确定、税前税后薪资折算申报等问题。因此部分企业也会希望借助薪资结构调整，对原有的采用税后薪酬结算的模式进行改革，变成与市场更为接轨的税前薪酬结算的模式。但是在转换过程中，除了保证税前税后的计算和折算无误以外，还会涉及对整个绩效管理制度和流程的变更，由此还可能会引发制度规定与劳动合同约

定存在冲突等各类问题。建议企业在做薪酬结构调整时，重点考虑采取如下措施：

第一，慎重考虑固定薪酬和浮动薪酬的发放比例，以不减少员工的年度收入作为基准线，定义新的薪酬架构和福利体系及绩效考核体系。

第二，在绩效考核实施过程中，对整个考核过程进行书面轨迹的记录，包括对考核过程中与员工协商确立浮动薪酬发放目标等进行记录，要求员工对绩效考核目标以及考核结果进行书面确认等。

第三，重视薪酬结构调整过程中可能出现的薪酬倒退状况，考察劳动合同、公司规章制度中对此项约定的一致性，并且取得员工的事先确认。

六、绩效管理制度可能存在的风险点

绩效管理制度和薪酬管理制度息息相关，绩效考核的结果往往直接决定薪酬发放的方式以及对应的具体薪酬数额。企业的管理者和人力资源战略的实施者在制定薪酬管理制度时，也要统筹兼顾企业的绩效管理制度是否存在合规的漏洞。

一个完整的绩效考核流程，应当包括阶段性目标设定、绩效考核、绩效改进和持续追踪、不胜任改进流程等重要环节。国有企业的经营管理模式绝大多数是从计划体制下脱钩而来，因此大部分国有企业在绩效管理流程中，可能会存在如下较为典型的人力资源和法律问题。

较多国有企业习惯于实行自上而下的单方面 180 度绩效考核，因此在绩效考核过程中，往往忽略保留与员工沟通的过程痕迹，缺少员工对考核目标的确认，也未保留员工对考核结果的确认记录。

国有大型企业内部分公司、子公司众多，因此对部分绩效差强人意的员工，有可能存在内部转岗或者在企业集团内部各法人之前调整岗位的可能性。但是在转岗前后，因为更换了不同的法人，无法确认因不胜任转岗的合理性，同时，因为更换了不同的雇主，可能会重新签订劳动合同，在劳动合同转换的过程中，除了新增劳动合同签订次数，由此引发无固定期限劳动合同的可能性外，还存在不胜任单方解除流程无法实施的可能性。

在国有企业的绩效考核实施过程中，建议按照岗位责任书确认、阶段性工作目标确认、绩效考核的实施和反馈、持续改进及监督等方式，实施有效的绩效管理。表 4-1 是通过绩效管理改进过程（Performance Improvement

Plan，PIP）表格中对不胜任结果的一个记录过程列示。通过这张表格，对员工不胜任的情况、与企业协商的过程，以及企业提供培训的过程都有了较为完整的记录，也为企业后续的绩效跟踪打下了基础。

表 4-1　绩效管理改进过程

需要改进的内容	行为计划（SMART 原则）	评估标准	权重占比	相关指导、培训及支持	指导、培训师	时间

七、高管年薪制在实施过程中的法律风险

国有企业高管薪酬问题一直是社会广泛关注的问题。2002 年，我国推行国有企业高管年薪制，规定国有企业高管年薪不得超过职工平均工资的 12 倍。2009 年，《人力资源和社会保障部关于进一步规范中央企业负责人薪酬管理的指导意见》对央企发出“限薪令”，进一步严格规范国有企业管理人员的薪酬管理，建立根据经营管理绩效、风险和责任确定薪酬的制度。

高管年薪制中的法律风险集中体现在劳动合同约定与实际操作不一致，而导致可能发生的克扣薪酬的法律风险。实操中，高管的劳动合同中一般只是约定了年薪的具体金额或者给出了一个范围，而在实际发放过程中，有的国有企业会按照固定薪酬与浮动薪酬 6∶4 的比例，甚至各占一半的比例来发放高管年薪，最终结算时因为双方对浮动薪酬部分的支付存在争议，从而导致后续的法律纠纷。

▶▶典型案例：李某与 A 公司劳动报酬纠纷案

【裁判要旨】

年薪制的实行，需要以企业和员工双方认可的明确的绩效考核目标作为依据，否则约定固定和浮动比例的年薪支付标准，在审判实践中难以得到支持。

【案情简介】

李某于 2019 年 1 月 4 日经应聘进入 A 公司，从事商业市场开发工作，担

任部门经理。双方签订了3年的劳动合同，约定李某的年薪为税后60万元人民币，月薪为50000元，同时约定每月发放60%，即每月发放30000元，其余的40%将在年终根据其考核情况一并发放，但双方未就李某的岗位职责、考核标准等作出明确的约定。

2019年12月30日，A公司以书面形式告知李某，根据公司考核结果，李某无法胜任部门经理，决定对其工作岗位进行调整，并拒绝向李某支付剩余的40%年薪，即人民币24万元。为此，双方产生争议，李某坚持认为自己完全可以胜任部门经理一职，自从自己入职该公司后，公司业绩有大幅提升，并拒绝公司的调整安排。2020年1月20日，A公司以李某不能胜任工作为由与其解除劳动合同。

李某随后申请劳动仲裁，要求A公司向其支付拖欠的工资、未休年休假工资，继续履行劳动合同。劳动争议仲裁委员会经审理后认为，虽然A公司与李某在劳动合同中约定了年薪制，实行的是基本年薪（60%）+绩效年薪（40%），并就年薪的发放形式作出了明确的约定，但是对于李某绩效年薪的部分并没有约定相应的绩效考核评判标准，现A公司以李某不能胜任工作为由解除劳动合同缺乏证据支持。最终，在仲裁员的主持下，A公司与王某达成调解协议。

【劳达分析】

年薪与日常的月薪并无本质区别，只是工资的发放方式不同而已，用人单位在与劳动者约定年薪后，除了按月向其支付工资外，若年终还有部分需要进行结算的，仍需根据双方之间的约定和相关的考核标准发放剩余年薪。若用人单位以种种理由拒不支付的，属于恶意拖欠工资的行为，劳动者以此为由提出解除劳动合同的，用人单位将面临补发工资，并支付经济补偿金的法律风险。

国有企业，往往认为大部分实行年薪制的岗位已经包含了加班费等额外劳动的劳动报酬，但是在实施中，针对标准工时制的岗位，员工提供了额外劳动，在双方并无其他约定的情况下，企业仍需就该员工提供的超出正常工作时间的劳动支付加班报酬。

【劳达建议】

国有企业实施年薪制的过程中，应妥善考虑如下措施：

第一，考虑年薪制的适用岗位，酌情适用年薪制。一般来说，个人业绩和薪酬与整个企业关联度较高的岗位，可以酌情适用年薪制。而对一些相对基层的岗位，甚至是一些后勤支持岗位，适用年薪制不一定能够达到企业的激励目标。

第二，对适用年薪制的部分高层管理职位，可以考虑申请不定时工作制，以控制和减少日常加班费的成本。

第三，年薪制的实施需要清晰明确的内部考核机制，且需要和员工就考核目标达成一致意见，所以绩效考核的全流程管理显得尤为重要。

劳动合同与企业的薪酬管理制度需要保持一致，以免在产生劳动争议纠纷时依据不清或者加重企业的举证责任。

第三节　员工福利待遇中的典型问题及风险防控

企业的福利待遇包括各类现金以及非现金的实物补贴，从福利的组成上，一般可以分成法定福利和非法定福利。法定福利一般包括各种法定津贴和社保待遇，例如法定年休假、高温费、独生子女津贴等。非法定福利部分则包括企业为员工购买的商业保险、福利年休假、住房货币福利、其他节假日补助、生日补助、结婚补助、探亲福利等。

福利各式各样，在实施中也存在许多潜在的风险，其中涉及社会保险的部分，因在其他章节已有详述，本节不再赘述，主要讨论一些国有企业特有的福利项目带来的风险。

一、集团化管理情境下，各类补贴的适用岗位不清晰导致的纠纷

如上所述，国企的福利体系较为完整，因此，在员工的收入总额中，福利性收入往往占据了较大的份额。以企业的住房货币补贴为例，这是企业对没有享受过国家福利分房的员工实行的一种购房资助，虽然每月的金额不多，按员工级别分，从几百元到一千多元不等，每月存入员工专用的住房补贴账户，员工购房时，可以一次性提取。在国有企业内部，因为存在较多的内部关联企业之间的人力资源共享而导致的内部流转以及相应的雇主变更，加上各企业的福利制度规定不尽相同，往往容易产生各类纠纷。

▶▶典型案例

【案号】（2019）沪 01 民终 8408 号

【裁判要旨】

劳动者在企业集团不同法人实体中服务，签订了不同的劳动合同，其在不同的法人主体中享受的福利制度不必然随着劳动者劳动关系的转移而迁移。

【案情简介】

李某于 1996 年进入甲集团下属 A 子公司工作，甲集团于 1998 年发布《××（集团）有限公司职工住房制度改革方案》，称集团下属所有分子公司员工均享有购房补贴，该房改方案附则 4 条款亦明确“子公司的住房分配制度改革方案由各子公司根据自身的情况自行制订”。后李某因为工作关系调入集团下属 B 子公司工作。2003 年 3 月 3 日，B 公司发布《原××职工住房补贴、住房差额补贴发放的补充规定》，文件内容包括“2001 年 7 月 1 日起 B 公司实施薪酬制度改革。薪酬中包含了职工住房补贴的安排。为了进一步做好原××职工住房补贴、住房差额补贴的发放工作，现补充规定如下：……3. 2001 年 7 月 1 日至 2006 年 6 月 30 日期间待退休的原××职工，因待退休工资中已包含了职工住房补贴的安排，所以待退休期间不执行原××住房补贴、住房差额补贴政策。”2015 年 11 月，李某退休。2018 年 10 月 18 日，李某向上海市浦东新区劳动人事争议仲裁委员会提出仲裁申请，要求 B 公司向其补发 1998 年 1 月 1 日至 2015 年 11 月 12 日未发完的住房差额补贴 65587 元。

【法院认定】

××集团公司与其下属子公司均为独立法人主体，未有明确证据证明集团公司的住房分配制度必然由子公司承继，因此驳回了李某的诉讼请求。

【劳达分析】

本案中，主要的争议焦点在于 B 公司对住房补贴是否有支付义务。本案中的企业在原集团的薪酬管理制度中确认了住房补贴的支付条件，同时亦以制度的形式对住房补贴支付的适用对象作了较为清晰的定义，因此有效地杜绝了补贴扩大化的问题。

从企业内部人员流转的角度来看，集团内部的人员劳动关系迁移，情况较为复杂，因此需要综合考虑员工的假期、工龄以及各种福利待遇是否平行迁移的问题。

为了避免类似问题重复发生，建议企业在处理类似劳动关系转移的状况时，与员工签订离职协议或者采取三方协议的方式，对可能涉及的假期、工龄结算、补偿以及相关的福利待遇作出清晰的定义。

二、各类补贴的定义不清晰导致的涉及个人所得税的缴纳风险以及相应对策

国有企业内部的补贴种类较为复杂，一般来说，可以分成现金补贴和其他实物补贴。因为实物补贴涉及面较广，本节不再展开。现金补贴部分，可以分成法定福利和非法定福利。(见表 4-2)

表 4-2　某企业补贴汇总表

序号	名目	金额
1	交通费补贴	200 元/月
2	司龄奖励金	500 元/人
3	出差补贴	根据出差相关制度
4	补充医疗保险报销	根据报销结果
5	裁判奖励	2000 元/1500 元/1000 元/500 元/人
6	结婚祝贺金	800 元/人
7	结婚祝愿金	380 元/人
8	生育祝贺金	600 元/人
9	住院慰问金	30 元/人/天
10	住院探望费	200 元/人
11	慰问花篮	500 元
12	死亡抚恤金	从 280 元到 2800 元不等
13	店员工资	按照工资标准发放
14	办公室工资	按照工资标准发放
15	办公室年终奖	按照年终奖标准发放
16	店员年终奖	按照年终奖标准发放
17	独生子女费	从 4 元到 30 元不等
18	员工补偿金（解除）	按照法律规定执行
19	员工赔偿金（违法）	按照法院判决执行
20	员工各类补偿款（调解）	按照调解协议执行

续表

序号	名目	金额
21	异地安置费	按照公司制度标准发放
22	上海女员工产假生育金补差	按照法律规定执行
23	天津女员工产假工资	按照工资标准发放
24	天津女员工产假生育金补差	按照法律规定执行
25	法定休假/调休假折算	按照法律规定执行
26	委任补贴	按照公司制度标准和 OTC（运营管理层）确认名单
27	英语培训费	按照公司制度标准发放
28	专项培训费	按照公司制度标准发放
29	兴趣小组报销	按照公司规定和员工申请发放
30	高温津贴	按照法律标准（如有）发放
31	分公司实习工资	按照对应工资标准发放
32	管理本部实习工资	按照对应工资标准发放
33	工伤就医费用	根据相应就医费用发放
34	工伤一次性伤残补助金	按照国家法律规定标准执行
35	工伤一次性就业补助金	按照法律规定执行
36	工伤护理费	按照法律规定执行
37	停工留薪期工资	按照对应工资标准发放
38	分公司社保异地就医费用	按照实际报销发放
39	分公司自行缴纳社保，公积金代付费用	按照社保、公积金对应费用发放

而在企业的日常运营过程中，需要区分法定福利还是非法定福利来决定是否可以在员工的税前收入总额中列支。以出差补贴为例，企业通常有如下两种方式发放出差补贴：一是通过实报实销的方式，直接作为出差期间的合理费用报销；二是作为现金收入，合并薪酬纳税。

方式一不虚增员工的收入，但是需要以实际出差期间的费用凭据作为报销依据，员工存在凭据丢失或者无法取得的风险。而在实际操作中，部分企业还发现有员工为了取得高额的出差补贴，使用假发票或者冒用他人发票的状况，既增加了企业的实际开支，也为企业后续的发票管理带来了隐患。

方式二从税法的角度上，可以做到个人所得税的合规，但是从另一个角度来说，提高了员工的社保费用缴纳基数，也与出差补贴作为商业费用支出而非纯粹的收益性收入的目的相去甚远。

因此在补贴的管理中，笔者建议管理者充分考虑各方面的情况，既要满足管理需要，也要充分评估个税的合规，同时满足企业的成本管控需求。

三、企业内部对富余人力资源的再分配和再利用

目前，市场上存在较多的国有企业为了盘活内部的劳动力，使用一些特殊机制，如在员工完成本职工作以后，在业余时间，通过抢单的方式，让员工承担额外的工作，以支付某种补贴作为支付对价的方式给予员工激励。对这种情况下的员工个人收入，我们应该怎么来认定？应认定为加班费还是特殊补贴？

让我们回到劳动关系的基本定义来看。在这种状况下，员工与企业之间的劳动合同关系并未变更，而且劳动者提供劳动的对象与其劳动合同相对方一致。而津贴属于劳动者在正常劳动时间内完成本职工作，企业提供的对价。因此，从这一本质上来看，这种津贴实质上就是变相的加班费，或者说是以津贴的外皮包裹着的加班费。所以从这个角度来看，如果企业支付的津贴低于正常情况下员工加班拿到的劳动报酬，员工是有权力要求企业补足差额的。

第四节　员工持股计划与机制常见法律问题

一、背景和概述

国有企业混改中的员工持股是指国有企业在进行混改的过程中，依照相关程序，将部分或全部员工引入混改企业，使之成为混改企业的股东，并持有混改企业的股权（份）的行为。国企混改中的员工持股早已有之，但自从国务院国资委依据《中共中央、国务院关于深化国有企业改革的指导意见》（中发〔2015〕22号）、《国务院关于国有企业发展混合所有制经济的意见》（国发〔2015〕54号）规定推出《关于国有控股混合所有制企业开展员工持股试点的意见》（国资发改革〔2016〕133号）后，伴随国企混改的推进大有风起云涌之势。

国企混改中引进员工持股计划，不仅有利于建立和完善劳动者与所有者的利益共享机制，改善公司治理水平，提高职工的凝聚力和公司竞争力，而且可以使社会资金通过资本市场实现优化配置。

（一）国企实施员工持股计划的原则

尽管国企混改中的员工持股计划相继推出，但目前员工持股尚处于试点阶段，有关试点的原则如下：

一是坚持依法合规，公开透明。严格遵守有关法律法规和国有企业改制的规定，确保规则公开、程序公开、结果公开，严禁利益输送，防止国有资产流失，并且不得侵害企业内部非持股员工的合法权益。

二是坚持增量引入，利益绑定。主要采取增资扩股、出资新设方式开展员工持股，并保证国有资本处于控股地位。建立健全激励约束长效机制，符合条件的员工自愿入股，入股员工与企业共享改革发展成果，共担市场竞争风险。

三是坚持以岗定股，动态调整。员工持股与岗位和业绩紧密挂钩，支持关键技术岗位、管理岗位和业务岗位人员持股。建立健全股权内部流转和退出机制，避免持股固化僵化，真正实现让符合条件的员工持有股权，持续调动骨干员工的积极性、主动性和创造性，防止股权固化，影响激励效果。

四是坚持严控范围，强化监督。严格试点条件，限制试点数量，防止“一哄而起”。严格审批程序，持续跟踪指导，加强评价监督，确保试点工作目标明确、操作规范、过程可控。

（二）实施员工持股计划企业条件

实施员工持股计划的企业应符合以下条件：

第一，主业处于充分竞争行业和领域的商业类企业。

第二，股权结构合理，非公有资本股东所持股份应达到一定比例，公司董事会中有非公有资本股东推荐的董事。

第三，公司治理结构健全，建立市场化的劳动人事分配制度和业绩考核评价体系，形成管理人员能上能下、员工能进能出、收入能增能减的市场化机制。

第四，营业收入和利润90%以上来源于所在企业集团外部市场。

鼓励：优先支持人才资本和技术要素贡献占比较高的转制科研院所、高新技术企业、科技服务型企业（以下统称科技型企业）开展员工持股试点。

限制：中央企业二级（含）以上企业以及各省、自治区、直辖市及计划单列市和新疆生产建设兵团所属一级企业原则上暂不开展员工持股试点。

另外，上市公司具有下列情形之一的，不得实行股权激励：

第一，最近一个会计年度财务会计报告被注册会计师出具否定意见或者无法表示意见的审计报告。

第二，最近一个会计年度财务报告内部控制被注册会计师出具否定意见或者无法表示意见的审计报告。

第三，上市后最近36个月内出现过未按法律法规、公司章程、公开承诺进行利润分配的情形。

第四，法律法规规定不得实行股权激励的。

第五，中国证监会认定的其他情形。

在我国，员工持股属于员工股权激励的一种方式，根据公司是否属于上市公司，激励方式多有不同。上市公司的员工持股基本上采用两种方式：第一，限制性股票计划。上市公司按照预先确定的条件授予激励对象一定数量的本公司股票，激励对象只有在工作年限或业绩目标符合股权激励计划规定条件时，才可出售限制性股票并从中获益。第二，股票期权计划。上市公司给予激励对象在一定期限内以事先约定的价格购买公司普通股的权利。

限制性股票按股票来源可分为：提供给激励对象的股票（通过计提奖励基金从二级市场回购）及向激励对象定向发行的股票；又可分为计提奖励基金回购型股票及授予新股型股票（定向发行）。

股票期权如按是否提取部分奖励基金为行权提供资金，可分为不计提奖励基金的股票期权和计提奖励基金的股票期权。

非上市公司的股权激励一般会参照上市公司的激励方式。一般采用公司向激励对象（包括激励对象设立的平台）增发股权（股份）的方式，实质上更接近限制性股票这种激励方式。

二、法律规定以及实操要点

（一）关于持股员工范围和条件

《关于国有控股混合所有制企业开展员工持股试点的意见》明确，参与持股人员应为在公司关键岗位工作并对公司的经营业绩和持续发展有直接或较大影响的科研人员、经营管理人员和业务骨干，且原则上应在公司连续工作2

年以上且劳动合同有效存续。

实践中，从实施层面考虑，企业开展员工持股计划，必须首先明确持股对象范围，从公司层级或者岗位的角度确定使用对象，并注意如下要点：

第一，国有控股混合所有制企业员工持股计划仅限于公司关键岗位员工，并非全员持股。

第二，持股员工应当与公司建立稳定的劳动关系，与公司下属全资或控股子公司签署劳动合同的员工原则上可以参与员工持股，即可以“下持上”，但“上持下”则受到限制。因此在集团化用工的过程中，需要注意员工的劳动合同隶属关系。

第三，政府任命的国有企业领导人员、外部董事、监事（含职工代表监事）不得参与员工持股。员工直系亲属多人在同一公司（包括全资和控股子公司）且均符合持股条件的，该员工及其直系亲属只能推举一人参与员工持股。

第四，试点企业可以根据公司发展需要规定其他不能参与员工持股的情形。

（二）关于员工持股平台及其交易结构

《关于国有控股混合所有制企业开展员工持股试点的意见》明确，持股员工可以个人名义直接持股，也可通过公司制企业、合伙制企业、资产管理计划等持股平台持有股权。通过资产管理计划方式持股的，不得使用杠杆融资。持股平台不得从事除持股以外的任何经营活动。

实践中，考虑到公司规模、员工人数、员工持股的稳定性和持股交易成本及税负等因素，经综合比较，采用公司员工依照《合伙企业法》设立有限合伙企业（特殊目的公司不得从事与公司员工持股无关的任何经营和活动）作为员工持股平台，间接持有公司股权以实现员工持股目的。鉴于《合伙企业法》规定股东不得超过50名，公司可以根据持股员工人数设多个有限合伙企业，持股员工作为该等有限合伙企业的有限合伙人，以其对有限合伙企业的出资额为限承担责任。

（三）关于员工持股组织机构及议事规则

《关于国有控股混合所有制企业开展员工持股试点的意见》明确，员工所持股权一般应通过持股人会议等形式选出代表或设立相应机构进行管理。该股权代表或机构应制定管理规则，代表持股员工行使股东权利，维护持股员工合法权益。

实践中，试点企业应当通过《合伙协议》或《公司章程》等契约明确员工所持股权管理及员工持股平台议事规则，切实保障持股员工知情权、管理权等各项投资权利。持股员工大会是员工持股的最高权力机构，持股员工大会表决机制应当遵循“民主管理、民主决策”原则，并应当约定明确相应的表决机制，可以采用“一人一票”制，也可以实行“一股一票”制的表决方式。持股员工大会还应当根据需要明确相应的执行机构，负责员工持股平台的日常管理工作（包括但不限于员工股份的分配、流转、预留股份认购等）。

（四）关于预留股份的设置与认购

《关于国有控股混合所有制企业开展员工持股试点的意见》明确，员工持股比例应结合企业规模、行业特点、企业发展阶段等因素确定。员工持股总量原则上不高于公司总股本的30%，单一员工持股比例原则上不高于公司总股本的1%。企业可采取适当方式预留部分股权，用于新引进人才。

鉴于《关于国有控股混合所有制企业开展员工持股试点的意见》规定，试点企业国有股东不得向员工无偿赠与股份，不得向持股员工提供垫资、担保、借贷等财务资助。实践中，考虑到预留股份资金来源问题，试点企业设置员工持股预留股份可以依照《公司法》《公司章程》等有关规定适用注册资本认缴制，采用员工持股平台先认缴公司新增注册资本并于引进人才到岗、定位后再予实缴的方式。预留股份的认购应当遵循“程序公开”“定价公平”“操作公正”的原则，试点企业应当明确预留股份认购程序、认购期限、认购价格的具体计算方式以及认购完成之前权益归属等事项。

（五）关于员工持股的股权流转

《关于国有控股混合所有制企业开展员工持股试点的意见》明确，实施员工持股应设定不少于36个月的锁定期，锁定期满后公司董事、高级管理人员每年可转让股份不得高于所持股份总数的25%。持股员工因辞职、调离、退休、死亡或被解雇等原因离开本公司的，应在12个月内将所持股份进行内部转让。

国有控股混合所有制企业员工持股相比上市公司员工持股，员工所持股份的流通性较弱，员工锁定期满后减持或退出一般是通过公司内部转让实现。鉴于员工所持股份与员工身份、岗位关联，试点企业应当明确基于员工身份和岗位的变化而应在规定期限内转让股份，并应当明确持股员工在丧失持股资格或条件后未能在规定期限内转让所持股份的强制退出或收购的情形。员工持股平台可以指定第三方实施强制收购，强制收购价格应兼顾公平原则，一般是按照持股员工初始认购时财产份额价格与持股员工实施收购时财产份额价格经加权实施强制收购时公司上一年度经审计账面净资产的增减值的孰高值确认。若员工持股平台因资金来源等原因无条件实施强制收购的，则该持股员工应继续享有除表决权外的其他权益。

三、常见的劳动法律风险

（一）公司未上市，员工已离职，录用通知书或者劳动合同中的股票期权的支付承诺是否成立

典型案例

【案号】（2020）苏05民终10718号

【裁判要旨】

股票期权的取得以劳动合同关系的维系作为前提，因上市前员工离职行为的发生而丧失取得的前提条件。即便约定了股票期权的支付对价，也应考虑员工业绩与企业是否匹配，是否有贡献度等连接因素，不能简单把股票期权定义为员工的固定收入或者可变薪酬的一部分。

【案情简介】

2018年2月1日，田某入职B公司，担任投融资部副总裁。B公司给田某出具的录用通知书里明确约定：50万元对应股票期权，按照当期公司员工持股计划估值。2020年5月11日，田某向B公司发送《关于解除劳动合同及追索劳动报酬的再次说明》，内容为："因公司长期拖欠本人应得之劳动报酬，已对本人的经济和生活造成巨大困扰，在本人数次向公司追索未果的情况下，无奈于2020年4月30日向公司提出解除劳动合同。迄今为止公司仍未偿付相应劳动报酬，务请公司遵守法律和公司约定，否则本人将不得不诉诸法律解决，特此说明。"与此同时，田某要求B公司支付此前承诺的股票期权对价，每年50万元。

【法院认定】

鉴于股票期权的取得须以劳动合同关系的维系作为前提，系一种附条件、附期限且不确定的长期激励制度。享有股票期权权益的员工在特定时期、以特定价格购入本公司股票后，可以选择持有或者售出（员工行权获得公司股

权以后，期权授予时的股票价格与其可以在一定条件下交易该股票时的价格之差，即为股票期权权益的最终利益)。

但因股票价格往往会随着市值波动，抑或与员工的贡献与业绩是否匹配，公司发展预期以及公司的经营投资决策是否成功有关，即享有股票期权权益的员工的最终利益实现，一方面基于其与公司劳动关系的存续，凝结着包括该员工在内的广大员工的劳动，有主观因素；另一方面也依赖于公司整体经营状况、总体经济与市场条件变化对变现、收益的影响，权益具有不确定、不稳定特征而无法视为定期的固定收入，有客观因素。制度实质是将公司的利益与享有股票期权权益的员工的利益相关联，给予员工到期持股，激励员工努力工作，实现与所在公司同发展、共进退。鉴于田某在B公司工作两年后即行离职，B公司的股票还未上市，双方亦未订立股票期权授权合同，此项长期激励机制即便有讨论，但落实则因田某离职丧失了主客观条件。

【劳达分析】

本案关于股权激励纠纷的争议焦点实际上是，录用通知书中的50万元承诺是否构成员工固定收入的一部分，该股票期权的取得是否以员工与企业之间的劳动合同关系存续作为生效条件。

从企业角度来看，因为股票期权的授予涉及的未来不确定因素较多，因此从避免风险的角度看，建议把股票期权的兑现方案通过和员工另行签订有效的分配协议的方式来确认。在分配协议中，可以就生效条件、是否和员工的业绩挂钩以及多大程度上挂钩等方面作出明确而具体的约定，以避免不必要的法律风险。

另外，股票期权的授予份额建议仅以未来的可得权益或者份额来约定，否则容易变成对员工的单方面承诺，从而把可变收入变成了固定收入，增加了企业经营成本的同时，还给后续的操作带来了很多不确定性的法律风险。

（二）一方提供劳务，另一方以股权支付劳务对价情况下，双方是劳动关系还是商务合作关系

▶▶典型案例

【案号】（2017）粤01民终5327号

【裁判要旨】

劳动关系是指用人单位招用劳动者成为其成员，劳动者在用人单位的管

理下，提供劳动并由用人单位支付报酬而产生的权利义务关系。公司的股东、董事等高级管理人员因为在身份、领取报酬等方面与普通劳动者有较大区别，与公司存在特殊关系，对这一类“特殊关系”人员与公司是否存在劳动关系，应从劳动关系的本质特征进行分析。

【案情简介】

王某自2011年10月起参与广州某科技有限公司（以下简称某科技公司）联通体验营销助销系统项目的策划工作。2013年8月19日，某科技公司（甲方）与王某（乙方）签订一份《股权激励协议书》，约定某科技公司同意在王某满足该协议列明的条件时，以约定价格向王某转让公司20%的股权。在该《股权激励协议书》下方，双方还注明：考虑到王某生活必需，在协议签订之后五个工作日内，某科技公司向王某预支20万元的生活补贴，后期从股权分红中扣除。2013年11月，王某退出了合同项下的助销二期项目的工作，离开某科技公司。之后，王某向一审法院起诉，请求确认其与某科技公司于2012年8月1日至2015年12月1日期间存在劳动关系，某科技公司向其支付2012年8月1日至2015年11月30日工资666666元和经济补偿金58331元。

【法院认定】

一审判决：一、确认王某与某科技公司于2012年8月1日至2013年11月30日期间存在劳动关系；二、某科技公司向王某支付2012年8月1日至2013年11月30日期间的工资266666.67元；三、驳回王某的其他诉讼请求。某科技公司不服上诉，二审判决：维持一审判决第二项、第三项。撤销一审判决第一项。

【劳达分析】

本案中，根据双方签订的《股权激励协议书》，能够证实双方之间是一方提供劳务，另一方接受劳务并支付相应对价的关系。王某为某科技公司付出了劳务，某科技公司向王某转让20%的股权，王某提供劳务的对价是股份，并不是工资报酬，而双方之间也不存在管理与被管理的特征。故本案未认定王某与某科技公司之间存在劳动关系。

从实操层面考虑，企业以股权为对价吸引关键人才，尤其是科技类人才方面，可以采用商务合作的方式，同时尽可能地以企业与企业之间的外包等方式开展，可以相对有效地把控项目成本，同时达到挽留人才的目的。

（三）公司为吸引人才，以股权激励名义向个人收取投资款，但投资人未实际履职，是否可以要求登记为显名股东

▶▶典型案例

【案号】（2018）闽01民终5284号

【裁判要旨】

公司为引进技术人才，以股权激励名义向个人收取投资款并出具投资凭证，应认定该特定投资人已向公司实际出资。特定投资人未实际履职，亦未与公司股东签订股权代持协议，其仅有权就其出资金额部分向公司主张权利，无权要求显名登记为公司股东并享有股东权利。

【案情简介】

S公司于2002年9月19日在福州市登记注册，注册资本为1000万元。其中X公司投资600万元，占股60%，F公司投资400万元，占股40%。S公司设立之初，彭某为X公司技术人员，S公司总经理郑某有意吸引其来工作，此后彭某向S公司财务总监詹某个人账户汇款15万元。詹某以S公司名义向彭某出具《收款收据》，确认收到15万股股票款，并加盖S公司财务专用章。2003年4月2日，S公司登记股东X公司和F公司的出资全部实缴到位。

S公司于2007年、2010年和2013年先后进行三次增资。2013年增资完成后，公司注册资本增至8000万元，公司章程载明实际投资总额增值为11200万元。三次增资均由原股东X公司与F公司按照初始出资比例认缴新增资本，并经中介机构注册会计师验资。在公司注册及历次增资过程中，S公司章程虽经多次修订，但“投资总额和注册资本”条款中记载的企业投资总额均高于企业注册资本。彭某对S公司的历次增资行为不知情亦未参与。2014年5月26日，F公司将其所持有S公司40%的股权全部转让给J公司。根据X公司公开披露的文件显示，J公司为其关联方。2017年7月27日，X公司受让J公司持有的全部S公司股权，S公司成为X公司100%控股的全资子公司。

2006年初，X公司高管郑某与彭某多次通过电子邮件往来，商议彭某在S公司的退股事宜未果。2008年至2015年间，S公司财务詹某多次向彭某转账支付历年分红款项。彭某于2017年向法院起诉，请求确认其在S公司的股东资格及其按照出资额与公司设立时注册资本计算而得的持股比例（15万/

1000万=1.5%)，并判令S公司等协助其办理工商登记手续。

【法院认定】

S公司吸收彭某的出资入股，实为S公司拟引进彭某作为技术人才而实施的股权激励措施。彭某于2004年即从X公司离职且并无实际到S公司任职助力公司发展的积极行为，故其出资已无法达到股权激励之本意要求。

关于有限责任公司吸收新股东时的人合性要求。彭某主张其股权隐名代持于S公司原股东F公司名下，但隐名投资人显名为股东需经公司其他股东认可，以保证有限责任公司的人合性基础不被破坏。S公司的股东并未达成彭某隐名持股及显名登记的明确合意，彭某请求确认其为S公司的显名股东，缺乏法律依据。

根据本案现有证据可认定确有彭某向S公司实际出资15万元的事实，但因其与公司其他股东并未形成股权代持的明确合意，故其仅就实际出资部分仍享有S公司盈利时相应的分红收益款，而不具备成为S公司持股股东的资格。

【劳达分析】

公司为吸引技术人才或业务骨干加盟公司，往往会通过收取个人投资款并定期给予分红的方式实施股权激励措施。但对于该特定的个人投资者是否具备公司隐名股东身份，以及能否通过诉讼方式主张显名而成为公司股东，实践中存在争议。本案明确了公司实施股权激励措施而引进具有技术专长的投资人，该特定投资人虽具有向公司实际投资的事实，但其并未到公司履职，基于公司股权激励本意以及公司的人合性，结合该特定投资人未与相关股东签订股权代持协议以及无证据证明其投资份额系投资于某显名股东名下等相关事实，该特定投资人要求显名成为公司股东的请求依法不能得到支持，其仅有权就其出资金额部分享有相应收益的权利。

本案的审理，有利于明确特定投资人的权利边界，引导公司进一步规范为引入专门人才而实施的股权激励及退出机制，以避免引发投资者权益纠纷，促进企业长期稳定发展。

第五章　集团用工管理与合规风险防控

第一节　集团型企业用工模式概述

随着国有企业改革的推进，并购重组已成为助推国有企业持续快速发展的战略选择，并购重组的结果是国有企业普遍走向了集团化。伴随着国有企业由单体运行向集团运作，集团型国有企业的用工管理问题也随之而来。本章所探讨的集团企业用工模式不是指广义的劳动合同制用工、劳务派遣用工、业务外包用工等，而是指狭义的内部用工模式，如借调、委派、混合、共享等。

一、集团型企业用工的特点

国有企业集团化虽然成为一种普遍现象，但集团并非一个法律概念，所谓集团，一般指具有控股关系或关联关系的母公司、子公司、总公司、分公司、参股公司及其他成员共同组成的共同体。集团内企业之间往往存在一定的关联关系，集团内部跨企业用工的现象也比较普遍，由此导致集团企业用工普遍存在以下三个特点。

（一）人员调动频繁

基于业务整合和人力资源优化配置的考虑，在用工管理中，总部企业与下属企业或者关联企业、下属企业内部之间通过借调、调出、调入、工作委派以及交叉用工等方式调动或使用员工的现象比较频繁。人员调动频繁，会带来诸如劳动关系认定、工作年限计算、福利待遇计发标准等一系列问题。

（二）用工主体模糊

由于集团型用工的人员调动频繁，员工在不同的企业流转过程中可能存在劳动合同签订单位、工资发放单位、社保缴纳单位、日常管理单位等相分离的现象，这就导致劳动关系主体变得模糊不清，用人单位与劳动者就劳动关系在哪家单位的认识会产生分歧，一旦发生纠纷，就会带来较大不确定性的风险。

（三）混同用工普遍

所谓混同用工，是指劳动关系涉及多方主体，无法清晰确认劳动者劳动关系所在单位。由于人员调动频繁、用工主体模糊，劳动者同时与多家企业存在劳动关系勾连，结果导致混同用工现象。

典型案例

【案号】（2017）苏0104民初260号

【案情简介】

刘某与A集团、B公司（人力资源公司）签订《人员借调协议书》一份，借调期限自2013年5月2日起。协议约定：A集团根据需要，向B公司借调刘某至A集团工作，三方建立人员借调合同关系，B公司与借调到A集团的刘某签订劳动合同，建立劳动关系。该协议书另约定：B公司与刘某签订的《劳动合同书》应报备至A集团，A集团与刘某须签订意向性《聘用合同书》。庭审中，刘某与B公司均表示双方未曾签订《劳动合同书》，A集团亦确认未收到劳动合同备案。A集团与刘某则依照劳动法律法规签订了一份期限自2013年5月2日至2016年5月1日的《聘用合同书》，就刘某的工作内容、工作时间、劳动报酬及A集团提供的劳动保护、劳动条件等作出了约定。

随后，刘某又与C公司（A集团下属的建筑公司）、B公司再次签订了一份《人员借调协议书》，借调期限自2013年7月26日起。协议约定：C公司根据需要，向B公司借调刘某至C公司工作，三方建立人员借调合同关系，B公司与借调到C公司的刘某签订劳动合同，建立劳动关系。该协议书另约定：B公司与刘某签订的《劳动合同书》应报备至C公司，C公司与刘某须签订意向性《聘用合同书》。庭审中，刘某与B公司仍表示双方未曾签订《劳动合同书》，C公司亦确认未收到劳动合同备案。C公司与刘某依照劳动法律法规签订了一份期限自2013年7月26日至2016年5月1日的《聘用合同书》，就刘某的工作内容、劳动报酬及C公司提供的劳动保护、劳动条件等作出了约定。

自2013年5月2日至2014年8月31日，刘某实际服务于C公司。在此期间，刘某的社保由B公司缴纳。工资及公积金方面，刘某2013年5月、6月、7月的工资由A集团发放，2013年6月、7月的公积金由A集团缴纳，2013年8月至2014年8月的工资由C公司发放，2013年8月至2014年8月的公积金由C公司委托其他单位代缴。

2014年8月29日，A集团人力资源部向D公司发出《委派通知函》，提出："根据你公司申请，特委派刘某前往你公司担任财务管理中心税务经理一职，委派期限自2014年9月1日开始，刘某社会保险由其劳动关系所在单位B公司缴纳，你公司需按时为其缴纳住房公积金。"2014年9月，刘某被通知从C公司的财务部税务会计岗调至"财务管理中心税务部"任税务经理职务。该通知在A集团OA平台发布。刘某确认该调任决定经其同意后作出。2014年9月起，刘某的工资及公积金由D公司支付、缴纳，社保依然由B公司缴纳。

2014年12月16日，为便于刘某办理出国手续，D公司人力资源部为刘某出具收入证明一份，载明"刘某先生系D公司财务管理中心税务经理，年薪15万元（人民币壹拾伍万元整）。在刘某先生出国期间，我司担保其会遵守当地法律以及准时回国，同时我们将保留其原来职务"。

2015年6月29日，刘某书写离职证明，提出"本人刘某为A集团税务部税务经理，2015年5月20日已OA申请于2015年6月30日离职。请人事部帮助终止本人的社保、公积金到2015年6月30日"。2015年6月30日，刘某办理工作交接。A集团人力资源部在"与刘某进行最终结算的申请"表格下方盖章确认。

刘某、A集团、C公司、D公司均确认前述"财务管理中心"承担A集团及部分关联公司的财务管理职能。

2015年9月10日，刘某向南京市秦淮区劳动人事争议仲裁委员会申请仲裁，主张未签订书面劳动合同的双倍工资、年休假工资及半年奖金。该仲裁委在法定期限内未审理结束，经刘某申请后，决定终结审理该案。随后，刘某于法定期限内诉至法院，要求确认在2014年9月至2015年6月期间与D公司存在事实劳动关系，D公司支付该期间未签订劳动合同的9个月的双倍工资79077.6元，并主张年休假、绩效奖金等诉求。

【裁判结果】

该案一审判决D公司支付刘某2015年上半年绩效工资14644元，对其余请求不予支持。刘某不服一审判决，提出上诉。南京市中级人民法院经审查认为，案件遗漏必须参与诉讼第三人，裁定撤销原判，发回重审。因B公司并未与刘某签订过劳动合同，A集团及下属公司也未按协议约定收到有关劳动合同的备案，最终法院认为，A集团、C公司分别与刘某依照劳动法律法规订立了名为《聘用合同书》的协议，工资由A集团、C公司相继发放，综合劳动服务对象、工资发放等，法院确认2013年5月2日至2013年7月25日期间刘某与A集团之间存在劳动合同关系，2013年7月26日至2014年8月31日期间刘某与C公司之间存在劳动合同关系。至于刘某调任“财务管理中心”税务经理岗至其离职，即2014年9月至2015年6月期间的劳动关系，法院认为，刘某与C公司的最后一份《聘用合同书》约定的有效期自2013年7月26日至2016年5月1日。2014年9月，刘某被调动至“财务管理中心”时其与C公司的劳动合同仍处有效期。调任通知虽由A集团在OA平台公布，但属于关联企业之间的人员借调，并不能据以认定刘某与D公司自借用人员之日起建立事实劳动关系。

【劳达分析】

该案是一起典型的集团用工案例，该集团公司用工除找了第三方人力资源公司为刘某挂靠劳动关系之外，还先后设计了《人员借调协议书》《聘用合同书》《委派通知函》、人员调动通知等涉及用工关系的文件，刘某先后与A、B、C、D四家单位发生用工关系，在此期间的工资发放、社保缴纳、公积金缴纳、相关合同协议也处于分离状态，充分体现了集团型企业用工中存在的人员调动频繁、劳动关系主体模糊的特点。

二、集团型企业用工的法律风险

由于用工存在人员调动频繁、用工主体模糊、混同用工普遍的特点，相关法律风险也随之产生。之间混合用工也容易产生如下法律风险。

（一）劳动关系不确定性的风险

集团型企业之间混同用工，因涉及劳动者为两个或两个以上的用人单位提供劳动，再加上劳动合同、工资发放、社会保险缴纳等可能存在分离的现象，容易导致劳动关系的用工主体不明确，难以分辨劳动者和哪家单位存在劳动关系，给用工带来不确定性的风险。

（二）劳动合同衔接不当的二倍工资风险

集团型企业之间混同用工的，往往将员工在集团内不同的公司之间频繁调动、交替用工，在员工调动中容易出现劳动合同转移接续不顺畅的现象，导致某一家企业用工时处于没有劳动合同状态，会产生未签订劳动合同的二倍工资风险。

（三）劳动规章制度适用“张冠李戴”的风险

由于集团型公司混同用工容易导致劳动关系不确定性的风险，必然会导致劳动规章制度适用“张冠李戴”的风险，如某员工的劳动关系建立在集团内的A企业，但实际在集团内的B企业工作并接受B企业的管理，那么在日常管理中，如考勤、绩效考核、薪资福利等，应该适用A企业的规章制度还是B企业的规章制度？若规章制度适用不当会导致处理的风险。此外，在集团型用工的劳动关系管理中，集团下属的子公司直接依据母公司制定的规章制度管理本单位员工的现象也比较普遍。从管理角度来说，这无可厚非，因为一个集团要保持制度的统一性和一致性。但是，从法律角度来说，这种操作存在较大争议：

一种观点认为，下属公司在未另行单独制定规章制度的情况下，沿用上级集团公司的规章制度符合集团企业内部的惯常做法，亦不违反法律法规的强制性规定。相关规章制度经民主程序制定公示并在员工入职时已向其送达告知，故可在下属公司与员工的劳动关系中予以适用。

如广东省高级人民法院在（2018）粤民申7323号裁定书中认为，《员工手册》虽然系广东某汽车运输集团有限公司制定，但B公司作为该集团公司独资设立的下级子公司，在未另行单独制定规章制度的情况下，沿用上级集团公司的规章制度符合集团企业内部的惯常做法，亦不违反法律法规的强制性规定。《员工手册》经民主程序制定公示并在陈某入职时已向其送达告知，故可在B公司与陈某的劳动关系中予以适用。陈某因赌博被行政拘留，其行为不仅违反了治安管理行政法规且达到了给予行政处罚的程度。因此，B公司将陈某被行政拘留视为严重违反该公司规章制度，并依据《员工手册》的规定解除与陈某的劳动合同关系，符合《劳动合同法》第三十九条第二项的规定。二审判决对陈某请求B公司支付违法解除劳动关系赔偿金不予支持，并无不当。

又如常州市中级人民法院（2020）在苏04民终453号案中认为，母公司履行了《劳动合同法》第四条规定的民主程序且在子公司内向劳动者公示或告知的，母公司的规章制度可以作为处理子公司劳动争议的依据。本案中A控股有限公司与A公司之间为控股关系，均属于AAC集团，根据两者之间的投资关系，可以认定A控股有限公司为母公司，A公司为其实际控制的子公司。《AAC警示制度（第三版修订）》经A控股有限公司民主程序制定，在A公司发布、公示，属于A公司《员工手册》的组成部分，故可以作为处理郑某与A公司劳动争议的依据。

另一种观点认为，母公司与子公司存在控股关系，但它们都是独立的商事主体。子公司作为一个独立的用工主体，母公司制定的涉及员工利益的规章制度，非经下属公司的法定程序，并不能当然适用于下属公司。

如江苏省高级人民法院在（2016）苏民再136号案件中认为，尽管B公司已经证明A公司为其股东，但在法律上A公司与B公司系两个独立的商事主体，非经B公司职工代表大会或者B公司全体职工讨论通过，A公司制定的规章制度并不当然对B公司员工具有法律拘束力。而B公司未提供证据证明A公司制定的规章制度已经B公司通过民主程序制定并向全体劳动者公示，故B公司依据该规章制度规定与刘某解除劳动合同，于法无据。一审判决认定B公司违法解除正确，二审改判认定解除合法不当，应予纠正。

又如济南市中级人民法院在（2019）鲁01民终7235号案中认为，A公司、A公司济南分公司主张其系B公司下属子公司，因胡某严重违反B公司《员工奖惩管理制度》，故其依据B公司《员工奖惩管理制度》，解除与胡某的劳动关系不属于违法解除，但其并非B公司的分支机构，亦无证据证实其适用B公司《员工奖惩管理制度》已经过上述法律规定的民主程序。A公司、A公司济南分公司主张B公司工会职工代表大会已讨论通过上述管理制度，但其与B公司均系独立的法人单位，且提交的证据不足以证实B公司工会职工（会员）代表大会通过的规章制度适用于A公司、A公司济南分公司。综上所述，A公司、A公司济南分公司以胡某严重违反B公司《员工奖惩管理制度》为由，解除与胡某之间的劳动关系，无相关法律依据。故一审认定A公司、A公司济南分公司与胡某解除劳动合同违法，判决A公司、A公司济南分公司向胡某支付违法解除劳动关系赔偿金，并无不当，本院予以确认。

在裁判实践中，类似案例比较多，这里就不再过多列举。

为避免集团型企业用工管理中规章制度适用的风险，笔者有如下建议：

一是母公司的制度并非不可以适用于子公司，但直接适用有风险。

二是母公司的制度要适用于下属公司应履行一定的转化程序。即子公司通过民主程序将母公司规章制度转化为子公司自身的规章制度，并在子公司内进行有效的公示或告知，然后再适用于子公司的用工管理。

（四）社会保险缴纳不合规的风险

集团型用工中普遍存在劳动合同签订单位、工资发放单位、社会保险缴纳单位相分离的状态。此外，集团型用工中存在跨区域用工的现象，员工的工作地与社会保险缴纳地也处于分离状态。但近年来不少地方开始要求社会保险缴纳的“三统一”（以下简称“三统一”），即要求员工劳动合同签订单位、社会保险缴纳单位、工资发放单位三者统一。自 2020 年 6 月 30 日以来，北京、广东、石家庄、杭州、南昌已经开始推行“三统一”。如果不符合“三统一”，可能导致的风险包括但不限于以下几点：

一是新增或存量员工无法在当地缴纳社会保险。

二是存量人员虽然可以在当地缴纳社会保险，但无法享受生育保险待遇、工伤保险待遇，甚至会影响其办理退休手续和享受退休待遇。以工伤保险待遇为例，在关联公司混同用工中，一般而言，集团只安排某一家企业为员工缴纳社会保险，若员工发生工伤事故的单位不是社会保险缴纳单位，存在工伤保险赔付不能的风险。因为在工伤保险经办中，有观点认为关联企业间的用工属于双重甚至多重劳动关系，用人单位作为法人，具有法律上独立的权利和责任，原用人单位和新用人单位之间的关联关系并不能否定其各自与劳动者劳动关系的独立性，关联企业都是合法的用工主体，故都是劳动法律关系的主体。这样，员工发生工伤事故的单位被认为是劳动关系的法律主体，因其未缴纳工伤保险，不能进行工伤保险赔付。

如武汉市中级人民法院在（2018）鄂 01 民终 3245 号案件中认为，为职工缴纳社会保险是用人单位的法定义务，用人单位应当向其所在地的社会保险经办机构办理社会保险登记，并应当向其所在地的社会保险经办机构为职工缴纳社会保险。社会保险登记实行属地管理，开户和缴费单位应当是“用人单位”，即与劳动者建立劳动关系的用人单位，用人单位委托第三方代缴职工社会保险不合法。一般而言，劳动者享受社会保险待遇的前提应当是与参保单位存在劳动关系。而在第三方代缴社会保险的情形下，用人单位所在地与社会保险缴纳地、社会保险缴纳主体与实际工作单位均存在不一致。代缴是直接以社保代缴公司的名义为职工缴纳社保，此种情形不是代理而是代替。由于社保涉及人身性质，代缴公司虽代替用人单位缴纳社保费用，但不能代替用人单位为劳动者申请工伤待遇，而在账户上又显示用人单位并未为其职工缴纳工伤保险。根据《社会保险法》第四十一条第一款的规定，职工所在用人单位未依法缴纳工伤保险费，发生工伤事故的，由用人单位支付工伤保险待遇。所以应由用人单位承担职工应享受的所有工伤保险待遇。

三是劳动者要求劳动关系所在单位补缴社会保险，甚至以用人单位未缴纳社会保险为由辞职，而主张经济补偿金。

典型案例

【案号】（2021）京03行终368号

【案情简介】

A公司注册地为北京，2019年12月5日，胡某向社保中心投诉，反映A公司未为其缴纳2009年8月至2018年8月期间的社会保险，并提交相关材料。社保中心于2019年12月13日立案，向A公司作出并送达《社会保险稽核通知书》，通知A公司按要求接受稽核检查并提交所需稽核材料。

2020年3月25日，A公司向社保中心补充提交B分公司出具的《缴费证明》，用以证明A公司委托B分公司在济南为胡某缴纳了2016年4月至2018年8月期间的五险一金。

2020年4月24日，社保中心作出《稽核整改意见书》，主要内容包括：A公司未按时缴纳胡某2009年8月至2018年8月的各项社会保险费，要求A公司补缴胡某上述期间的社会保险费。

A公司不服《稽核整改意见书》，于2020年4月28日向××区人社局提出行政复议申请。2020年6月4日，××区人社局作出《行政复议决定书》。A公司仍不服，诉至一审法院，请求撤销社保中心作出的《稽核整改意见书》和人社局作出的《行政复议决定书》。

【裁判结果】

一审法院和二审法院均认为，本案中，胡某向社保中心提出投诉，反映A公司未为其缴纳2009年8月至2018年8月期间的社会保险。根据《劳动合同》《协议书》《工资明细表》以及《询问笔录》等在案证据材料，可以认定胡某于2009年8月至2018年8月期间与A公司存在劳动关系，A公司未依法在其社会保险登记地北京市为胡某缴纳该期间的社会保险，违反《社会保险法》《社会保险费征缴暂行条例》《社会保险稽核办法》等法律规范规定的用人单位应为职工足额缴纳社会保险费的法定义务，A公司委托其他单位为胡某在山东省济南市缴纳社会保险，不能取代其在社会保险登记地依法应当承担的社会保险费缴纳义务。社保中心在查明上述事实的基础上，作出《稽核整改意见书》，认定事实清楚，依据正确。

【劳达分析】

根据《社会保险法》的规定，社会保险应由劳动关系所属的用人单位进行缴纳，但由于集团型企业用工的特点，以及跨区域用工的存在，甚至劳动者要求在非劳动关系所在地缴纳社会保险等原因，用人单位委托第三方（集团内的相关单位或第三方人力资源公司）代为缴纳社会保险的情形也较为普遍。随着地方推行和要求社会保险缴纳“三统一”，不合规的社会保险缴纳可能面临补缴社会保险、支付解除劳动合同的经济补偿、劳动者无法享受相关社会保险待遇、用人单位赔偿劳动者社保待遇损失的风险。对此，集团型企业用工应关注地方社会保险政策要求与趋势，评估现有员工社会保险缴纳模式、异地用工策略，平衡好人才留用和地方法规政策的矛盾，避免企业用工的风险，避免员工法定利益受损。

（五）核心人才流动约束协议失灵的风险

用人单位在用工过程中，基于留人或保护商业秘密的需要，往往会与接受专业技术培训的员工签订《服务期协议》，与知悉商业秘密的员工签订《竞业限制协议》，上述协议具有一定的留人功能。在集团型关联公司混同用工中，当一家企业与员工签订《服务期协议》《竞业限制协议》后，员工又被调往另一家企业，若没有做好这些人才流动约束协议的转移接续，员工在新单位离职的，可能导致原单位无法向员工主张相关权利。

对此，上海市高级人民法院于2019年6月28日公布的《2016—2018年上海市劳动争议典型案例》之四就是一起典型的案例。

▶▶典型案例

【案情简介】

王某于2016年10月12日进入A公司工作，双方签订了期限至2019年10月11日的劳动合同。2017年2月15日，王某与A公司签订《公司培训服务协议》，约定王某参加未来领导人项目培训，其间培训课程费、交通费、签证费、食宿费等由A公司承担；培训结束后王某需为A公司服务三年，若A公司因内部变更，需缩减合同期限，则以A公司变更为准；服务期自培训项目结束日之后第一天起算；如由A公司主动与王某解除劳动合同，王某无需退还未履行服务期的培训费；如王某在服务期内辞职，A公司有权要求员工按比例退还相应培训费用。2017年2月19日，王某赴泰国培训，于2017年8月17日取得培训结业证书。2018年4月2日，王某、A公司、某发展公司（以下简称B公司，系A公司关联企业）签订三方协议约定：王某由A公司转至B公司工作，劳动合同主体发生变更，由B公司与王某签订新的劳动合同，王某在A公司和B公司的工作年限连续计算；经协商一致，A公司与王某原劳动合同于2018年2月28日解除，该解除双方互不承担任何责任，且双方互不通过任何渠道向对方主张任何费用、补偿及赔偿。同日，B公司与王某签订劳动合同。后王某提出辞职申请，明确因个人原因于2018年5月7日与B公司解除劳动合同。

B公司以王某违反服务期协议约定为由，提出仲裁申请，要求王某支付违约金4万余元。王某认为，其与A公司签订了培训服务期协议，但双方已解除劳动合同，故无需退还培训期的培训费，且双方在协议中规定，双方劳动关系结束后不再承担任何赔偿责任。

【裁判结果】

经审理后，法院认为，首先，三方协议约定A公司与王某解除劳动合同后，A公司和王某互不承担任何责任，双方互不通过任何渠道向对方主张任何费用、补偿及赔偿。即A公司放弃向王某主张包括服务期违约金在内的任何费用。其次，A公司与B公司虽为关联企业，但仍系各自独立的法人，A公司对王某的合同权利义务在两方或三方没有另行约定的情况下并不当然转让给B公司。现B公司以A公司与王某签订的服务期协议为据要求王某支付违约金缺乏依据。综上，对B公司要求王某支付违反培训服务协议违约金的请求不予支持。

【劳达分析】

劳动关系具有较强的人身属性。不同主体签订的涉及劳动权利义务的协议不当然转让给另一方。本案中，A公司与王某签订了服务期协议，后王某工作发生调动，王某的用人单位由A公司变更为B公司，三方在签订劳动关系转移协议时并未就履行服务期协议相关权利义务进行安排，导致王某劳动关系转移至B公司后辞职，B公司无权要求王某继续履行其与A公司之间的服务期协议。该案提醒集团型企业在转移员工劳动关系时，务必注意相关协议的转移接续，并应就该等事宜与劳动者另行专门约定。

（六）连带赔偿责任的风险

如前所述，关联公司混同用工容易导致劳动关系模糊不清，一旦发生纠纷，劳动者往往将所有有关的混同用工单位一并提起仲裁或诉讼，如果劳动仲裁部门和法院无法确认劳动关系所在单位，这样就有可能导致在关联公司混合用工情况下，各单位可能需承担连带责任。

第二节 集团型企业用工模式优势与劣势分析

集团型企业用工基于企业文化、管控模式、业务特点等会形成不同的用工模式，不同的用工模式也有不同的利弊。接下来，本节就集团型企业用工模式进行梳理，并分析其优势和劣势。

一、“中央集权”型用工模式

所谓“中央集权”型用工模式，是指劳动者由集团总部统一招聘、集中培训，劳动者的劳动合同与集团总部签订，劳动报酬、社会保险费、福利待遇等都由集团总部统一负责，然后根据下属公司的用工需求，将劳动者安排至相应的公司工作。

这种模式的优势有以下几点：

一是用工主体清晰。“中央集权”型用工模式的劳动关系主体是清晰的，即集团总部是劳动关系的主体。

二是员工管理集约化。由于劳动关系主体都在集团总部，故有利于人力资源管理的集约化，也有利于在集团内根据各下属单位的需要统一调配人力资源。

三是节约员工管理成本。由于集约化的管理便利，可以大大降低员工管理的成本。

这种模式的弊端也比较突出，主要体现在以下几个方面：

一是风险过于集中，由于集团所有的劳动关系都建立在集团总部，导致用工风险集中于集团总部。

二是管理难以兼顾实际情况，集团总部统一管理员工，在人员培训、调配、考核、奖惩等方面很难兼顾下属企业的实际情况，容易脱离实际。

三是由集团总部统一管理员工，会导致下属公司用工自主权受限，难以根据生产经营变化做出快速反应，容易导致管理僵化。

总体而言，我们认为在现代快速变化的社会，为应对生产经营的变化，基于成本和风险的考虑，集团型企业用工很少采用纯“中央集权”型模式。

二、“地方分立”型用工模式

所谓“地方分立”型用工模式，即集团企业的各用工主体分别招用劳动者，签订劳动合同，集团总部和下属企业分别与其所使用的劳动者建立劳动关系，各自独立行使用工管理权，并各自承担用工成本。

这种模式的优势有以下几点：

一是用工主体清晰。“地方分立”型用工模式的劳动关系主体是清晰的，即按照“谁招用、谁负责”的原则与所属单位建立劳动关系，避免了劳动关系的模糊不清。

二是有利于用工自主权发挥。“地方分立”型模式将员工的招用、考评、奖惩等权限都下放至各企业，有利于各用工企业根据自身的实际情况进行用工管理。

三是有效分散用工风险。“地方分立”型模式将不同劳动者放在不同的用人单位，避免劳动关系集中在一家单位，有利于分散用工风险，尤其是遇到集团下属企业关闭、解散等情形时，有利于员工的安置，下属企业可以直接利用《劳动合同法》第四十四条第五项终止劳动合同。相反，若是“中央集权”型模式，即便出现下属企业关闭、解散等情形，因员工的劳动关系建立在集团总部，集团总部只能利用《劳动合同法》第四十条第三项安置员工，由此会面临协商变更劳动合同、提前三十天通知、特殊对象（《劳动合同法》第四十二条规定的对象）不能解除劳动合同等诸多限制。

典型案例

【案号】湖南省高级人民法院（2016）湘民申830号

【案情简介】

A公司在湖南常德开设了一家超市（门店），即常德分店。该分店是A公司在常德市工商管理局注册的分支机构。2014年3月5日，A公司常德分店负责人向全体员工宣布，因该店经营效益不佳，决定于3月19日关店，同时为员工提供了转岗安置和领取相关经济补偿终止劳动合同两种安置方案。

常德分店工会和员工认为，关店行为不属于劳动合同终止，而是经济性裁员，应按《劳动合同法》经济性裁员的程序依法进行，常德分店遣散员工的行为是违法终止劳动关系。

A公司辩称，常德分店取得了相应的营业执照，是合格的用人单位，常德分店才是责任主体，而员工起诉的A公司承担的是补充连带责任，常德分店的财产不足以承担责任时，A公司才承担责任，A公司没有直接承担常德分店责任的义务。

【裁判结果】

该案经劳动争议仲裁、一审、二审和湖南省高级人民法院再审，常德分店作为A公司依法设立的分支机构，其在A公司董事会正式决议撤销该分店后，据此终止与所有员工之间的劳动合同，符合《劳动合同法》第四十四条之规定。

【劳达分析】

该案的焦点有两个：常德分店关闭后A公司是否有接收员工劳动关系的责任，常德分店关闭是劳动合同解除还是劳动合同终止。笔者认为，该案裁判结果是符合法律规定的，虽然用人单位的分支机构不具独立法人资格，但《劳动合同法实施条例》赋予了分支机构可以作为独立的用工主体与劳动者签订劳动合同的权利，那么在分支机构终止营业时应当属于劳动合同终止的情形。但考虑到分支机构不能独立承担法律责任，若终止时分支机构不能承担相应的民事责任，可以追加设立单位为共同被诉人，由其承担兜底的民事责任，以保证劳动者权利的实现或相关判决的执行，这既符合《劳动合同法实施条例》的规定，也符合《民法典》关于分公司法律责任承担的规定。

这种模式也有一定的弊端，具体体现为如下两点：

一是不利于人员统一调配。由于劳动者的劳动关系分属于集团内不同的用人单位，集团总部统一调配人员的权利会大大被弱化，若需要调配的人员分属不同的单位，因涉及劳动关系的主体变更，须经劳动者同意，方可调配人员。

二是增加管理成本。由于集团内各单位各自负责本单位的用工管理事宜，所谓“麻雀虽小，五脏俱全”，各用人单位需要配备人力资源管理人员，会增加一定的管理成本。

三、“中央集权+地方分立”型用工模式

所谓“中央集权+地方分立”型用工模式，是指集团总部对劳动者进行分类管理，对公司的重要人员，由集团总部与其签订劳动合同，建立劳动关系，并根据实际需要将人员安排至有关单位工作。其余人员由下属单位自行招用和管理。这种模式分别吸收了“中央集权”和“地方分立”的优点，又能在一定程度上抑制前两种模式的弊端，是集团型企业用工运用比较多的一种模式。

四、“地方分立+人事管理集权”型用工模式

所谓“地方分立+人事管理集权”型用工模式，是指集团企业的各用工主体分别与其所使用的劳动者建立劳动关系，但将绩效考核、人事任免、奖惩等部分人事管理权限集中在集团总部。这种模式可以有效发挥集团总部专业性人力资源管理的优势，也有一定的现实必要性。以绩效考核为例，在集团型企业用工中，员工被集团内某一个企业招用后，员工工作内容可能涉及多个企业，仅由劳动关系所在单位进行绩效考核显然具有局限性，这种情况下由集团总部对员工进行绩效考核则具有一定的必要性和合理性。但这种模式也有一定的弊端，会导致劳动关系所在单位与用工管理权单位的分离，也会导致沟通和管理成本的增加。

五、“混同”型用工模式

所谓“混同”型用工模式，是指集团公司之间，将员工在不同的子公司、分公司之间频繁调动、交替用工。常见的混同用工有以下几种：

一是员工的劳动合同、工作地点、工资、社保等可能分布在不同的子公司或分公司，公司在调动时也没有明确调动手续，导致用人单位主体难以分清。

二是“一套人马，两块牌子”的用工，即两家公司的办公场所、人员、业务内容、财务等同一或高度混同，致使无法清晰区分劳动者的劳动关系所在单位。

“混同”型用工模式虽便于集团根据需要随意调动员工，但存在较大的合规风险，集团型企业用工的大部分风险来源于“混同”用工。

第三节　集团型企业劳动关系流转的合规管理

如前分析，关联公司混合用工存在不少的法律风险，其根源在于用人单位的管理不规范。集团型关联企业在用工管理中需注意规范内部管理和用工，为避免出现劳动关系模糊、人员管理混乱等情形，关联企业用工应注意选择规范的劳动关系流转模式。根据我国现行法律法规的规定以及实践中常见的做法，规范的劳动关系流转模式有以下几类。

一、“解除+新建”模式

集团型企业之间员工劳动关系单位发生变动的，调出单位与员工解除劳动合同，调入单位与员工重新签订劳动合同，这种模式使各单位的用工关系都非常清晰，可以避免混同用工现象的发生。选择此类模式时，应注意以下几点：

1. 劳动合同应无缝衔接

调出单位解除劳动合同与调入单位签订劳动合同应确保及时衔接，避免因劳动合同衔接不当产生风险。

2. 其他协议的转移接续

若调出单位与员工签订“服务期协议”“竞业限制协议”等协议的，在解除劳动合同时，应注意这些协议的转移接续。

3. 要分清调动的原因

分清是员工自身要求的调动，还是集团出于生产经营需要调动员工。若是员工出于自身发展需要要求在集团内企业流动的，应该由劳动者向原单位提交辞职信，然后入职新单位，劳动者在新单位的工作年限、劳动合同签订次数是否连续计算，可由新单位与劳动者约定，未约定的，一般不应连续计算。若是集团出于经营需要调动员工的，劳动者在原单位的工作年限应合并计算为新单位的连续工作年限，《劳动合同法实施条例》以及司法解释对此都有明确的规定。

《劳动合同法实施条例》第十条规定：“劳动者非因本人原因从原用人单

位被安排到新用人单位工作的，劳动者在原用人单位的工作年限合并计算为新用人单位的工作年限。原用人单位已经向劳动者支付经济补偿的，新用人单位在依法解除、终止劳动合同计算支付经济补偿的工作年限时，不再计算劳动者在原用人单位的工作年限。”

《最高人民法院关于审理劳动争议案件适用法律问题的解释（一）》第四十六条规定：“劳动者非因本人原因从原用人单位被安排到新用人单位工作，原用人单位未支付经济补偿，劳动者依据劳动合同法第三十八条规定与新用人单位解除劳动合同，或者新用人单位向劳动者提出解除、终止劳动合同，在计算支付经济补偿或赔偿金的工作年限时，劳动者请求把在原用人单位的工作年限合并计算为新用人单位工作年限的，人民法院应予支持。用人单位符合下列情形之一的，应当认定属于‘劳动者非因本人原因从原用人单位被安排到新用人单位工作’：（一）劳动者仍在原工作场所、工作岗位工作，劳动合同主体由原用人单位变更为新用人单位；（二）用人单位以组织委派或任命形式对劳动者进行工作调动；（三）因用人单位合并、分立等原因导致劳动者工作调动；（四）用人单位及其关联企业与劳动者轮流订立劳动合同；（五）其他合理情形。”

但是，对于劳动合同签订次数是否应连续计算，法律并无明确规定，裁判实践中也存在争论。

一种观点认为，既然关联企业调动员工，其工作年限可以累计计算，劳动合同订立的次数也应合并累计计算。有些地方有明确的裁判口径，如北京市、浙江省、山东省等：

《北京市高级人民法院、北京市劳动争议仲裁委员会关于劳动争议案件法律适用问题研讨会会议纪要（二）》规定：“37. 对用人单位存在规避签订无固定期限劳动合同和连续计算工作年限的情况，如何处理？用人单位存在规避《劳动合同法》第十四条规定的下列行为，劳动者订立固定期限劳动合同和工作年限的次数仍应连续计算：（一）为减少计算劳动者的工龄，迫使劳动者与其解除或终止劳动合同后重新与其签订劳动合同的；（二）通过设立关联用人单位，在与劳动者签订合同时交替变换用人单位名称的；（三）仅就劳动合同的终止期限进行变更，用人单位无法做出合理解释的；（四）采取注销原单位、设立新单位的方式，将劳动者重新招用到新单位，且单位经营内容与劳动者的工作地点、工作内容均没有实质性变化的；（五）其他明显违反诚信和公平原则的规避行为。”

《浙江省高级人民法院民事审判第一庭、浙江省劳动人事争议仲裁院关于印发〈关于审理劳动争议案件若干问题的解答（五）〉的通知》规定：“三、劳动者非因本人原因从原用人单位被安排到新用人单位工作，其在新用人单位连续工作未满十年也未订立两次劳动合同，但在前后用人单位累计连续工作已满十年或者已连续订立两次固定期限劳动合同，劳动者提出与新用人单位订立无固定期限劳动合同的，是否应予支持？答：劳动者非因本人原因从原用人单位被安排到新用人单位工作，劳动者在原用人单位的工作年限和订立劳动合同的次数合并计算为新用人单位的工作年限、订立劳动合同次数。因此，如劳动者符合《劳动合同法》第十四条规定，提出与新用人单位订立无固定期限劳动合同的，用人单位应当与其订立。”

另一种观点认为，签订劳动合同的次数合并累计计算没有法律依据，不应累计计算，如下面这个案例。

▶▶典型案例

【案号】（2020）苏02民终1615号

【案情简介】

2011年7月19日，朱某与A公司签订劳动合同一份，约定劳动合同的期限自2011年7月11日至2014年7月31日。朱某担任该公司的人力资源部经理。2014年7月11日，朱某与A公司签订劳动合同一份，约定劳动合同期限自2014年7月11日至2017年7月31日，朱某担任该公司的人力资源部经理。2016年6月1日，A公司作为甲方，朱某作为乙方，B公司作为丙方签订《劳动关系转移协议》一份，约定将朱某的劳动关系自A公司转移至B公司，原劳动合同解除，工作年限合并计算，原合同的解除和新合同的签署不视为《劳动合同法》第十四条第二款第三项中所称的连续订立固定期限劳动合同。经查，A公司与B公司系同一实际控制人控制的彼此独立的公司。

2016年6月1日，朱某与B公司签订劳动合同，约定劳动期限自2016年6月1日至2019年5月31日，工作地点为上海，朱某担任市场与销售流程改进主管。2019年5月16日，B公司向朱某发出《合同终止通知书》，载明：B公司与朱某的劳动合同将于2019年5月31日到期，期限届满B公司决定不再与朱某续签劳动合同。朱某提出与B公司订立无固定期限劳动合同，B公司不同意，遂引起纠纷。

【裁判结果】

一审法院认为，第一，A、B公司虽然是关联企业，但都是独立法人，二者所属的行业和经营范围存在明显的不同，二者也并非实际控制人下属的不具有法人资格的分公司。因此，A、B公司不能视为同一用人单位。第二，法律、行政法规只是规定关联企业与劳动者轮流订立劳动合同的，劳动者在原用人单位的工作年限合并计算为新用人单位的工作年限，但是未规定劳动者在原用人单位的劳动合同订立次数合并计算为新用人单位的劳动合同订立次数。因此，在法无明文规定的情况下，对订立劳动合同不宜做次数连续计算的扩大解释。第三，劳动关系转移协议是两家公司与朱某协商一致达成的，签订劳动关系转移协议的目的是基于工作需要，朱某在两家公司的工作地点不同、工作内容不同，在B公司的工资薪酬也更高。朱某没有证据证明A公司与B公司恶意串通与其轮流签订劳动合同以规避法律法规的规定，从而达到损害朱某合法权益的目的。因此，驳回朱某签订无固定期限劳动合同的请求。二审法院在坚持一审法院判决理由的基础上，又进一步指出，朱某的劳动关系由A公司转移至B公司时，三方签订劳动关系转移协议，该协议并未违反法律的强制性规定。根据该协议的约定，朱某原劳动合同的解除与新合同的订立也不属于连续订立固定期限劳动合同。

【劳达分析】

该案中，法院认为劳动合同签订次数不应连续计算的理由除法律没有明确规定外，还有一个重要的原因在于用人单位没有恶意规避无固定期限劳动合同的订立。如果集团企业调动员工的目的是轮流安排劳动者签订劳动合同，工作内容并无变化，只是劳动合同的甲方主体变化，让裁判者感觉是为了规避无固定期限劳动合同订立的，劳动合同订立次数会被裁判连续计算。该案也为集团型企业调动员工提个醒，如调动员工确系生产经营需要，并不是为了规避无固定期限劳动合同，在签订劳动关系转移协议时，可以根据需要明确约定劳动合同签订次数是否连续计算。

二、委派模式

所谓委派，是指用人单位为了完成其某项业务工作，安排工作人员到关联单位去从事相应的工作。委派模式一般适用于级别比较高的管理人员。我国有关法律没有就委派人员的劳动关系管理作出具体规定，根据目前的劳动关系管理实践，委派人员劳动关系可以细分为以下三类模式：受委派人员与原单位保留劳动关系；受委派人员与委派单位存在劳动关系；受委派人员与原单位和委派单位存在双重劳动关系。选择委派模式时，应注意以下几点：

1. 明确劳动关系的归属

为明晰劳动关系，避免双重劳动关系，一般建议选择委派的第一类模式，即受委派人员与原单位保留劳动关系；如果是受委派人员与委派单位存在劳动关系，应该选择“解除+新建”模式；如果是受委派人员与原单位和委派单位存在双重劳动关系，无法实现劳动关系清晰化的目的。

2. 出具委派文件

受委派人员在与原单位保留劳动关系的前提下被派至委派单位工作的，原单位应出具相关委派函等文件让受委派人员签收，委派文件应明确受委派人员日常劳动中受谁管理、从事何种工作、工资由谁发放、社会保险由谁缴纳等具体问题。参照原劳动部印发的《关于贯彻执行〈中华人民共和国劳动法〉若干问题的意见》第十四条规定：“派出到合资、参股单位的职工如果与原单位仍保持着劳动关系，应当与原单位签订劳动合同，原单位可就劳动合同的有关内容在与合资、参股单位订立的劳务合同时，明确职工的工资、保险、福利、休假等有关待遇。”因此，选择委派模式的，也可以由原单位、委派单位、受委派人员三者进行协商，并通过协议的方式明确委派期间各自的权利义务。

典型案例

【案号】（2019）京02民终7942号

【案情简介】

2011年，孙某某入职某贸易公司，岗位为综合部部长。2013年3月11日，某贸易公司出具《关于人事调动的函》，委派孙某某自2013年3月12日起至某石油销售公司工作，并载明孙某某的工作关系转移。从2013年3月12日起，孙某某至某石油销售公司工作，工作岗位仍为综合部部长，某石油销售公司为孙某某支付工资并缴纳社会保险。2017年6月23日，某石油销售公司向某贸易公司发送《关于退回孙某某的函》，载明因孙某某组织纪律差、责任心不强，认为其不能胜任目前岗位，不适合继续在某石油销售公司工作，经总经理办公会研究通过，决定将孙某某退回某贸易公司。2017年6月30日，某石油销售公司向孙某某发送《通知》，载明：公司决定将你退回派出单位某贸易公司，经公司与某贸易公司沟通后，7月21日按时到原派出单位某贸易公司报到。2017年7月6日孙某某收到该通知，并表示对内容有异议。2017年7月，某石油销售公司停止为孙某某缴纳社会保险，工资支付至该月。2017年7月21日，某贸易公司复函某石油销售公司，表示不同意接收孙某某回其公司工作，要求某石油销售公司根据孙某某工作表现按照相关规章制度办理。后某贸易公司、某石油销售公司均未安排孙某某工作。

孙某某提起劳动仲裁，要求某贸易公司、某石油销售公司支付其工资、违法解除劳动关系赔偿金等。当地劳动争议仲裁委员会对孙某某要求某石油销售公司支付违法解除劳动关系赔偿金等请求不予支持。

孙某某不服仲裁裁决，起诉至法院，请求判令某贸易公司、某石油销售公司支付孙某某违法解除劳动关系的赔偿金236802.3元。

【裁判结果】

一审法院判决某贸易公司于判决生效之日起10日内支付孙某某解除劳动合同经济补偿108584.5元。判决后，孙某某、某贸易公司均不服，分别提起上诉。二审法院判决某石油销售公司于判决生效之日起10日内支付孙某某违法解除劳动关系赔偿金201656.91元。

【劳达分析】

该案仲裁、一审、二审裁判结果均不同，案件焦点在于孙某某的劳动关系是在某贸易公司，还是在某石油销售公司。如果认为孙某某的劳动关系在某贸易公司，因某贸易公司并未解除孙某某的劳动合同，孙某某要求某贸易公司违法解除劳动合同的请求难以获得支持；如果认为孙某某的劳动关系在某石油销售公司，由于某石油销售公司对其停发了工资、停止了社会保险缴纳，会被认为某石油销售公司实质上解除了孙某某的劳动关系，因没有解除的合法事由，需承担违法解除的风险。某贸易公司出具的调动员工的函件虽然用了“委派”，但并未明确孙某某的劳动关系主体，发生纠纷之后，只能由裁判者根据情况判定。本案的一审法院认为，孙某某由某贸易公司委派至某石油销售公司，劳动关系在某贸易公司，2017年6月30日某石油销售公司通知孙某某将其退回至某贸易公司工作，2017年8月某贸易公司与孙某某就重新安排工作一事进行沟通协调但未能达成一致，孙某某亦未回某贸易公司工作，故法院视为2017年8月31日某贸易公司与孙某某协商一致解除劳动关系，判令某贸易公司支付经济补偿金。而二审法院认为，某贸易公司通过《关于人事调动的函》委派孙某某自2013年3月12日起至某石油销售公司工作，该委派并未明确孙某某的劳动关系保留在某贸易公司，亦未明确委派的具体期限和是否可以退回孙某某，同时，该函件的名称为人事调动，内容显示“以上同志的工作关系转移”。孙某某到某石油销售公司任综合部部长后，由某石油销售公司为其发放工资并缴纳社会保险，孙某某为某石油销售公司提供劳动，并受某石油销售公司管理，故综合考虑孙某某被委派时的实际情况和被委派后的工作情况，二审法院认为，应认定从2013年3月12日起至争议发生时孙某某与某石油销售公司存在劳动关系。某石油销售公司退回孙某某、停发其工资、停缴其社会保险的行为，可认定为某石油销售公司解除与孙某某劳动关系的意思表示。鉴于某石油销售公司未能就其公司退回孙某某的具体事实及其公司所依据的规章制度提供充分且有力的证据，故某石油销售公司应支付孙某某违法解除劳动关系赔偿金。这个典型案例再次提醒集团型企业在委派员工时，应明确被委派员工的劳动关系归属，否则劳动关系不清将会给集团内企业带来不确定性的风险。

三、借调模式

借调，是指用人单位（即借出单位）在与劳动者保留原劳动关系的前提下，暂将劳动者借调至其他单位（即借入单位），劳动者接受借入单位的指示与管理而形成的法律关系。对于借调，《关于贯彻执行〈中华人民共和国劳动法〉若干问题的意见》第七条规定：“用人单位应与其长期被外单位借用的人员、带薪上学人员、以及其他非在岗但仍保持劳动关系的人员签订劳动合同，但在外借和上学期间，劳动合同中的某些相关条款经双方协商可以变更。”此外，《工伤保险条例》第四十三条第三款规定：“职工被借调期间受到工伤事故伤害的，由原用人单位承担工伤保险责任，但原用人单位与借调单位可以约定补偿办法。”虽然有上述规定，但法律法规关于借调的规定并不完善，为避免产生借调用工的风险，应注意以下几点：

1. 签订借调协议

即借出单位、被借调人员、借入单位签订借调协议，通过协议对借调期限、工资发放主体、借调期间的工资标准及发放方式、工作内容、工作地点变更、社会保险缴纳、工伤责任、用工管理、退回等相关权利义务进行约定。相反地，如果对借调用工不签订协议，因借出公司、借入公司与被借调人员均符合法律、法规规定的主体资格，借入公司制定的各项劳动规章制度亦适用于被借调员工，被借调人员受借入公司劳动管理，有劳动关系被认定在借入公司的可能，也有被认定存在双重劳动关系的可能，即导致劳动关系主体不清晰的风险存在。

需要提醒的是，为了确保用工管理合规，在借调期间，建议被借调人员的工资支付主体、社保缴纳主体仍为借出单位，但可以约定最终费用由借入单位承担，两个公司之间再进行财务结算。

此外，为避免纠纷，两家公司之间应对借调期间劳动者的工伤责任与成本作出明确的约定。

▶▶典型案例

【案号】（2017）黑0302民初2239号

【案情简介】

1981年，王某到某煤机公司工作，双方签订劳动合同参加工伤保险。2010年王某借调到某煤机公司下属的销售公司工作。工资由某煤机公司和销售公司各出一部分。2011年8月13日，王某在某矿务局下井巡视采煤机工作情况时，被落下的石头砸中右足，伤后王某被送至某矿务局总医院住院治疗20天，经诊断为右足第五指骨折，支付医疗费6000元。2011年9月20日，经某煤机公司申请，鸡西市人力资源和社会保障局认定王某为工伤。2014年5月28日鸡西市劳动能力鉴定委员会作出劳动能力鉴定结论通知书，认定王某为伤残十级。2015年1月16日，王某与某煤机公司解除劳动合同。王某要求某煤机公司给付一次性伤残就业补助金，某煤机公司以王某是在销售公司工作期间受伤为由拒不给付。

【裁判结果】

法院认为，享受劳动保险待遇是劳动法赋予职工的社会福利。王某在工作期间受伤并被认定为伤残十级，依法应在退休时享受一次性伤残就业补助金。王某虽是在借调到销售公司从事销售工作期间受伤，但借调期间某煤机公司仍为其部分开工资，其劳动关系仍在某煤机公司且王某受伤后是某煤机公司为其申请的工伤认定及伤残等级鉴定，现伤残等级为十级。双方于2015

年1月16日解除劳动关系，而一次性伤残就业补助金系双方解除劳动合同时用人单位给予伤残人员的补助，王某自解除劳动合同时就向某煤机公司主张该权利。王某的请求不超过仲裁时效。王某解除劳动合同时月工资为6000元，该一次性伤残就业补助金应为离职前6个月的工资即36000元。王某要求某煤机公司给付一次性伤残就业补助金的诉讼请求，法院予以支持。

【劳达分析】

根据法律规定，劳动者在借调期间发生工伤，承担工伤保险责任的主体仍是借出单位，即便借出单位与借入单位约定由借入单位承担，两个公司之间的约定也不能改变法律的规定，但借出单位对劳动者承担工伤责任后，可以依据与借入单位的协议，向借入单位主张相关权利。从这个角度来说，在借调协议中明确包括工伤责任在内的各项权利义务关系，仍是借调用工中比较重要的环节。

2. 注意借调与劳务派遣的界限，防止被认定为劳务派遣用工

从形式上看，借调与劳务派遣有很多相似之处，如用工中都涉及三方，劳动者的劳动关系都不在实际用工的单位等，但两者的区别还是很大的，两者最核心的区别在于，劳务派遣是以劳务派遣为经营业务，以经营劳务派遣业务作为营利的目的，持续不断地从事劳务派遣这一同一性质的经营活动。而借调中，借出单位招用劳动者的目的是用于自身生产经营的需要，借调员工的行为并不是常态化的，一般具有短期的、暂时的。所以，是否以劳务派遣作为主营业务是劳务派遣和借调的重要区别，两者具体区别见表5-1。

表5-1 劳务派遣与借调的区别

对比维度	劳务派遣	借调
主营业务	以劳务派遣作为主营业务	劳务派遣不是主营业务
经营目的	以派遣人员作为营利目的	不以借出人员作为营利目的
使用频率	经常性安排	非常态化安排
资质要求	具有开展劳务派遣行政许可的资质	无资质要求

由以上区分可以看出，借调通常是基于单位间的人员互动或调剂，相互借调的单位应当是进行实体业务经营的单位，而且不能在相互借调中牟利。而劳务派遣发生在不进行实体生产经营的派遣公司和进行实体生产经营的企业公司之间。如果单位之间以借调用工之名行劳务派遣用工之实，就会产生

违法使用劳务派遣用工的风险，应当承担违法使用派遣工的责任。对此，《劳动合同法》第九十二条规定：“违反本法规定，未经许可，擅自经营劳务派遣业务的，由劳动行政部门责令停止违法行为，没收违法所得，并处违法所得一倍以上五倍以下的罚款；没有违法所得的，可以处五万元以下的罚款。劳务派遣单位、用工单位违反本法有关劳务派遣规定的，由劳动行政部门责令限期改正；逾期不改正的，以每人五千元以上一万元以下的标准处以罚款，对劳务派遣单位，吊销其劳务派遣业务经营许可证。用工单位给被派遣劳动者造成损害的，劳务派遣单位与用工单位承担连带赔偿责任。”

因此，在使用借调用工时，应注意借调与劳务派遣用工的界限，避免被认定为名为借调、实为劳务派遣。如果“借调”被认定为“劳务派遣”，借出单位就会面临违法开展劳务派遣业务被行政处罚的风险，借入单位也会面临违法使用劳务派遣的风险。相关操作要点见表 5-2。

表 5-2　借调、委派、“解除+新签”的相关操作一览表

注意要点	借调	委派	解除+新签
适用情形	一个单位借用关联单位的员工一段时间	由总（母）公司与劳动者签订劳动合同，然后将劳动者派驻至分（子）公司工作，一般适用中高管管理人员	一个单位想调用关联单位的员工，并且打算长期使用
劳动关系	劳动关系主体不变，仍在原单位	劳动关系主体不变，仍在原单位	劳动关系主体变更
法律文件	三方签订借调协议	委派函或三方协议	原单位与员工解除手续，新单位办理录用手续
注意事项	人工成本的承担、风险成本的分担	人工成本的承担、风险成本的分担	工作年限承继以及劳动合同、相关协议的转移接续

第六章　人力资源供应商管理与合规风险防控

“人力资源”一词，英文名为“human resource”，是1954年管理大师彼得·德鲁克在《管理的实践》一书中提出来的，是指人的知识、技能、体力等各种能力的总和。“外包”一词，英文名为“outsourcing”，是指在组织外部寻找资源来完成组织内部工作。人力资源外包不是人力资源含义与外包含义的简单组合，它是指利用组织外部的资源，更经济、更有效地解决组织内部人力资源活动所涉及的工作。

人力资源外包概念分为三个模块：人力资源及人的外包、人事事务外包、人力资源管理职能外包。精确地讲，人力资源外包包括人力资源派遣、人事事务外包和人力资源管理职能外包。

人力资源派遣是指派遣机构根据用工单位的用人需求，将符合要求的员工派遣至用工单位工作，然后向员工和用工单位提供相关服务，并向用工单位收取一定的服务费用。员工、用工单位、派遣机构三者之间的关系可以用图6-1表示如下：

图6-1　劳务派遣关系图

由派遣公司作为员工的法定雇主，用工单位同派遣公司签订劳务派遣协议，用工单位负责派遣员工的工作管理，派遣公司负责派遣员工的人事管理，即用工单位将人事行政管理的大部分工作，涉及的内容主要包括人员招聘、入职手续、日常服务（劳动合同备案、五险一金的增减、工资代发、五险一金及个人所得税代收代缴、社会保险待遇申领、福利发放、档案接转等服务）、离职手续四大部分。这种用工关系即实际用工的单位与派遣劳工未签订劳动合同，但是存在实际的用工关系，而劳务派遣机构与派遣劳工虽然签订了劳动合同，但是尚未建立实际用工关系，这也可以被称为“雇佣”和“使用”分离的模式。为用工单位实现“用人不管人，用人不养人，增效不增支”的最大人力资源管理效益。

第一节　劳务派遣供应商管理典型问题及风险防控

现阶段，大部分企业劳动用工主要分为三种方式，即企业直接与员工签订劳动合同的正式职工、通过劳务派遣公司使用劳务派遣员工、通过业务外包转移劳动用工。第一种方式中，企业是劳动用工的主体，这种方式占绝大多数。但随着社会分工的精细化发展，要提高企业用工效率及灵活性，还需依靠后两种用工方式及其两种方式衍生出的多元化用工方式加以有效补充。劳务派遣作为一种新型的劳动用工形式，是人力资源管理中重要的一环。20 世纪 90 年代，为了解决全民所有制、国有企业改革中大量下岗职工和进城务工人员的就业问题，由政府主导成立公共就业供应商，成为劳务派遣公司的主体。进入 21 世纪，劳动力市场进一步开放，劳务派遣业务得到快速发展。2008 年，劳务派遣被纳入了《劳动合同法》，作为特别规定内容。2012 年，《劳动合同法》修订，对劳务派遣“三性”（临时性、辅助性、替代性）要求进行了完善。2014 年，《劳务派遣暂行规定》出台。至今，劳动者与劳务派遣单位、用工单位三者之间的关系更加明晰，有关权利与义务的管理也更加规范。

一、用工模型

劳务派遣用工模型如图 6-2 所示。

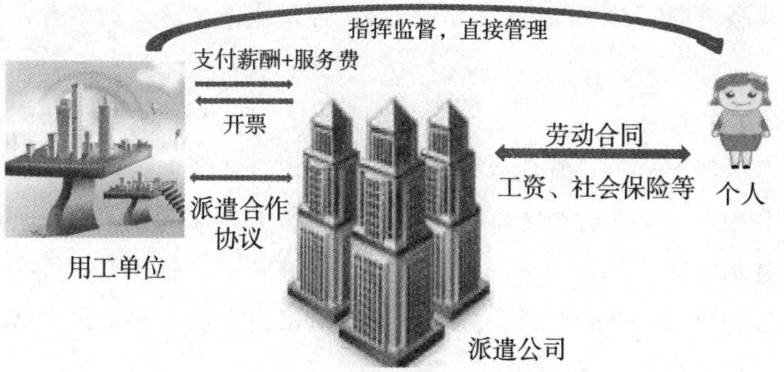

图 6-2 劳务派遣用工模型

对于图 6-2 中的各项元素，做如下分析：

（一）用工单位

在劳务派遣用工形式中，用工单位对劳务派遣员工进行指挥监督或直接进行管理。在劳动标准方面，用工单位执行国家现行的各项劳动标准，包括但不限于卫生标准、安全标准、生产标准等。在劳动条件方面，用工单位应当提供在劳动过程中所必需的物质条件和精神条件，比如，生产设备、生产资料、工作环境等。在劳动保护方面，用工单位应当提供保障派遣人员安全和健康的措施，包括但不限于劳动安全、工作时间与休假、女职工保护等。在工作要求和报酬方面，用工单位应当告知劳务派遣人员工作的要求，告知劳动报酬的数额、支付方式等。在加班费、绩效奖金、福利待遇方面，劳务派遣人员因工作而享有的加班费、绩效奖金、福利待遇等事项，用工单位可以支付给劳务派遣单位，也可以直接支付给劳务派遣人员。在培训方面，用工单位应当给劳务派遣人员提供岗位工作所必需的技能培训。在工资调整方面，用工单位连续用工的，应当实行正常的工资调整机制。禁止二次派遣，用工单位不得将劳务派遣人员再派遣到其他用工单位。

（二）派遣公司

派遣公司即劳务派遣人员的用工单位，劳务派遣单位应当符合行政许可的设立条件，即注册资本不得少于人民币 200 万元，有开展业务所需要的固定经营场所和设施，并获得劳动行政部门对经营劳务派遣业务的许可。在劳动合同方面，派遣公司负责与劳务派遣人员签订劳动合同，且劳动合同期限不能低于两年。在工资支付方面，劳务派遣单位应当按月支付工资，劳务派遣人员被退回无工作期间，劳务派遣单位应按照当地最低工资标准支付工资。在告知义务方面，劳务派遣单位应当如实告知劳务派遣人员劳务派遣协议的内容。

（三）个人

劳务派遣人员，一般是指与劳务派遣公司订立劳动合同的人员。劳务派遣人员与用工单位的劳动者享有同工同酬的权利，实践中，一般理解是相同岗位的基本工资、劳动保护、劳动条件等应该相同，基于个人能力、业绩的奖金、福利等可以有所差异。劳务派遣人员可以在劳务派遣单位或者用工单位依法组织或参加工会。

（四）劳务派遣关系

劳务派遣单位与用工单位之间是劳务派遣关系，双方应当订立劳务派遣协议。劳务派遣协议性质上属于民事合同，协议内容包括但不限于：派遣岗位、人员数量、派遣期限、劳动报酬和社会保险费用的数额与支付方式、违反协议的责任等。

（五）结算开票

用工单位按照劳务派遣协议向劳务派遣公司支付各项费用，劳务派遣公司出具发票，发票的类型包括普通发票、增值税专用发票。在纳税方式上，可以取得全部价款和价外费用作为销售额，按照一般计税方法计算缴纳增值税或选择差额纳税，以取得的全部价款和价外费用，扣除代用工单位支付给劳务派遣人员的工资、福利和为其办理社会保险及住房公积金后的余额为销售额纳税。选择差额纳税的纳税人，向用工单位收取用于支付给劳务派遣员工工资、福利和为其办理社会保险及住房公积金的费用，不得开具增值税专用发票，可以开具普通发票。

二、典型问题

（一）人力资源劳务派遣供应商的选择问题

对于存在劳务派遣用工需求的企业来说，如何选择合格的派遣公司与之合作，是关乎企业合法用工、保全员工利益、和谐劳资关系的重要因素。企业应选择实力强、口碑好、正规化的劳务派遣单位进行合作，通过诚信、合法、规范的派遣服务维护员工的各项权益及用工安全。

（二）劳务派遣协议签署问题

要及时与派遣供应商签订《劳务派遣合作协议》，一旦长时间未签订，劳务派遣人员与用工单位会形成事实劳动关系。协议中要明确双方的权利和义务，对派遣内容、人员需求、用工关系、人员“入、在、离”管理、五险一金增减员办理和费用缴纳及派遣人员工资发放时间、费用结算、赔偿或补偿方式、派遣关系的解除和终止、违约责任、保密条款等方面进行约定，以强化劳务派遣公司的雇主责任。

（三）劳务派遣供应商与用工单位之间权责划分问题

《劳动合同法》第九十二条对于双方在合作期间要履行哪些义务，在承担连带赔偿责任之时双方当事人应承担的赔偿比例及具体责任划分的规定相对模糊。权责应该如何进行划分成为当前劳务派遣中的一个争议焦点。

首先，劳务派遣员工的薪酬福利等权益是否能够得到保护，《劳动合同法》中虽然对同工同酬有所规定，但同工同酬的认定条件是由各单位自行把握的，因而会发生劳务派遣员工与同岗正式员工所获薪酬相差甚多的情况。

其次，劳务派遣员工发生工伤时，赔偿应由“谁”来承担。解决员工工伤赔偿的问题可以遵循《工伤保险条例》中的相应规定，用人单位需要对员工发生工伤的级别进行判定并赔偿，用工单位也应承担相应赔偿。

最后，存在“养用分离”现象，三方权责不明晰。用人单位为用工单位招聘员工，提供相应劳务派遣服务，但是签完合同之后，用人单位则会抱着一种完成任务的态度，除按时发放薪酬及缴纳社会保险等事项外，对于员工状况缺少关心与跟踪。虽然劳务派遣员工与用人单位签订合同，但是对各方应该承担的责任与义务缺乏了解，当发生事故或产生纠纷时，派遣供应商可能为规避风险而推责，导致用工单位承担所有责任及赔偿。

（四）管理制度不健全及用工单位和派遣单位的规章制度内容冲突的问题

《劳动合同法》《劳动合同法实施条例》《劳务派遣暂行规定》均是约束企业提供劳动保护的基础，而在实际的用工管理中，还需要一系列衔接落地的制度。就当下的管理体制与效果来分析，诸多企业还没有把劳务派遣制员工管理作为一个重要组成部分纳入全员的管理中，也没有建立有针对性的、系统性的劳务派遣员工专项管理制度，从制度层面缺少整体和专项的思考和设计，仅仅从某些刚性工作要求上零散制定部分制度，没有搭建完善的管理体系，导致管理缺失或者乏力，出现用工问题后用人单位和派遣单位也容易造成权责不清。与此同时，由于没有完备的制度体系，也会在一定程度上造成工作权责不清，界限不明，工作质量和工作标准在很大程度上是以主观判断作为评价结果，长期如此，派遣员工的积极性和主动性就会降低，工作质量水平维持原状或逐渐下降。

劳务派遣供应商作为劳动者法律上的雇主单位，为了规范劳动者的工作行为，有权制定规章制度，劳动者也有义务遵守执行。而用工单位为了自己的生产经营能够正常有序地进行，制定规范劳动者的规章制度，也无可厚非。关键问题是，一旦这两家单位的规章制度发生冲突，该如何处理？对此，法律法规尚未作明文规定。

（五）派遣员工同工同酬问题

对于作为具有特殊性质的用工单位来讲，其之所以聘用劳务派遣工，除了实际工作的需要外，主要是为了降低劳动力成本，在综合聘用成本、其他人力成本的基础上实现企业的发展。由于劳动者个体各有差异，每个企业的经营状况更是千差万别，所以同工同酬的弹性非常大。再者，大部分的被派遣劳动者所从事的均为专业性低且临时性强的工作内容，被取代的概率很高，因此从待遇方面来讲也无法和正式员工相比较。但是，《劳动合同法》对此有明确规定："对被派遣劳动者与本单位同类岗位的劳动者实行相同的劳动报酬分配办法。"也就是说，劳务派遣人员的薪酬计算方式与正式职工应是一致的，企业不能有针对性地出台不同的薪酬分配制度。另外，要注意"报酬"除了"工资"外，还应包括社保、福利等待遇。

原劳动部《关于〈劳动法〉若干条文的说明》（劳办发〔1994〕289号）第四十六条对"同工同酬"的解释为"指用人单位对于从事相同工作，付出等量劳动且取得相同劳绩的劳动者，应支付同等的劳动报酬"。按照这个解释，"同工"需要满足三个要件，即工作岗位与内容相同、劳动量相同、劳动业绩相同。但很多行业对劳动量和劳动业绩的衡量有一定难度，工作岗位内容也不能够直接清晰对比。有鉴于此，劳务派遣人员主张与同岗位劳动者工作相同，从而主张工资差额，就难以被认定。

典型案例

江苏省无锡市中级人民法院在（2018）苏02民终第4003号判决书中认

为：本案中，陈某在入职时间、工作经验、熟练程度、职位及岗位职责、教育背景等方面均与赵某、戴某、袁某存在差异，因此不能说陈某与赵某、戴某、袁某属于同工的范畴。贝某公司也提交了铣床工岗位袁某的工资清单，经对照、比较，陈某与其他员工的主要差距是在有效工时数、加班工资两项。由于贝某公司并未对员工进行定额，故有效工时的计算完全与每人的熟练程度、生产合格产品数量有关，也就是贝某公司根据员工的实际能力和劳动业绩进行综合考量。因此，贝某公司根据单位规定计算陈某的工资并不违反相关法律规定。陈某要求与赵某、戴某、袁某同工同酬，没有法律依据，不予支持。

"同酬"即相同或相等的报酬，包括劳动者获得的各种形式的工资、奖金和津贴。但实践中，主流观点认为这里的"酬"是狭义的，即指劳动报酬，不包括福利。根据《劳动合同法》第六十二条和《劳务派遣暂行规定》第九条的规定，用工单位需要支付的福利待遇被限定在与工作岗位有关的福利待遇。如果是与工作岗位无关，仅与身份有关的福利待遇并不属于用工单位应支付的范畴。

（六）派遣员工转劳动合同用工时工龄转接问题

在劳务派遣用工中也存在劳务派遣员工转为用工单位直接雇佣员工的情形，对于劳务派遣员工转为劳动合同员工的，劳动者在劳务派遣单位工作年限是否要计入用工单位？该问题首先要区分来回转签的原因，即是员工主动，还是用工单位主导员工被动转签导致的单位更换。

根据《劳动合同法实施条例》第十条的规定，劳动者非因本人原因从原用人单位被安排到新用人单位工作的，劳动者在原用人单位的工作年限合并计算为新用人单位的工作年限。《最高人民法院关于审理劳动争议案件适用法律问题的解释（一）》第四十六条进一步规定，"劳动者仍在原工作场所、工作岗位工作，劳动合同主体由原用人单位变更为新用人单位"的，应当认定属于"劳动者非因本人原因从原用人单位被安排到新用人单位工作"。

因此，若是劳务派遣用工转为直接用工，系劳务派遣单位安排，且不能证明是劳动者主动从劳务派遣单位辞职重新应聘到用工单位的，工龄应当合并计算。若是员工主动为之，则工龄分别计算。

三、法律风险管控建议

（一）选择正规的劳务派遣公司

劳务派遣公司是否正规关系到派遣员工的权益保障问题。现在劳务派遣市场各种劳务派遣机构良莠不齐，企业需按《劳动合同法》要求谨慎选择。选择正规的派遣单位，派遣岗位和派遣比例是硬性规定，不可违反，选择劳务派遣单位时，要进行资质审查、资信调查等工作，选择信誉较好、规模较大、抗风险能力较强的派遣单位进行合作。选择派遣供应商的标准如下：

1. 供应商主体合法

派遣单位必须是严格按照《劳动合同法》《公司法》有关规定设立的具有独立法人资格的实体，具有独立承担民事责任的能力，且注册资本不得少于200万元。劳务派遣单位是《劳动合同法》所称用人单位，应当履行用人单位对劳动者的义务。

2. 供应商资质情况

提供有效的营业执照、税务登记证及组织机构代码证（或三证合一的营业执照），营业执照范围内须具有本项目服务的相关经营范围，公司经营时间三年（含）以上；依法经人力资源和社会保障部门审批通过，获得劳务派遣经营行政许可和人力资源服务行政许可，取得有效的《劳务派遣经营许可证》和《人力资源服务许可证》；取得质量管理体系认证认可机构颁发的适用于人力资源、劳务派遣服务的《质量管理体系认证证书》。用工单位可以通过审查派遣供应商以上资质证书来确认其基本资质上的合法性，这是使用劳务派遣的基础。

3. 供应商品牌影响力

根据《劳动合同法》第九十二条第二款的规定，用工单位给被派遣劳动者造成损害的，劳务派遣单位与用工单位承担连带赔偿责任。即在用工过程中，只要给劳动者造成损害，无论是派遣单位和用工单位哪一方的过错，全部责任都由双方共同承担。在这种情况下，用工单位要注重考察劳务派遣单位及其服务团队在该行业的品牌影响力，在行业中所处的地位、专业服务能力以及对主要客户的服务意识和被派遣劳动者的管理情况。选择本土化、知名度高、品牌影响力大的供应商更有利于抵抗用工风险。

4. 供应商经营规模

《劳动合同法》第五十八条第二款规定："劳务派遣单位应当与被派遣劳动者订立二年以上的固定期限劳动合同，按月支付劳动报酬；被派遣劳动者在无工作期间，劳务派遣单位应当按照所在地人民政府规定的最低工资标准，向其按月支付报酬。"用工过程中，二年以上劳动合同的用工期限规定在一定程度上增加了用工成本。此时企业选择劳务派遣用工就可以降低成本，更重要的是可以"灵活用工"。一些特殊的岗位用工不需要员工在一家企业中工作两年，就可通过派遣形式雇用这样的员工。当用工单位在使用被派遣员工不足两年退还给派遣机构时，根据法律规定在该派遣员工没有工作期间，派遣机构仍需支付工资，增加了派遣机构的成本压力。遇到这种情况，经营规模相对大的派遣机构由于人才需求数量大、服务企业多，容易将此部分派遣员工改派到其他企业，消化这部分用工成本；而小的派遣机构由于应对能力相对较弱，要消化这种压力，可取的方式要么是提高对用工单位收取的管理费用，要么就是降低被派遣员工的工资或者非法解决劳动合同，而这是违法的。

5. 供应商分支机构区域覆盖情况

对于规模大涉及在不同区域设有分支机构的用工单位，要实现跨地区的劳务派遣，可供选择的供应商只能是自身分支机构同样健全的派遣机构，至少派遣机构的自有分支机构可跟用工单位的分支机构所在区域相匹配。或是供应商有能力协调用工单位本地的派遣公司，与员工直接签署劳动合同。

6. 供应商的专业管理能力

《劳动合同法》大大提高了直接雇用的操作难度和违法成本。用工单位选择劳务派遣供应商可以减轻人事管理压力，用工单位可集中精力致力于核心业务发展等方面。"构建和谐稳定的劳动关系、预防劳动争议的发生"比"被动地应对劳动争议"更加重要。企业在选择派遣公司时要注重派遣公司业务范围的丰富性、突发事件处理和预防能力、应对风险的能力、服务团队的专业水平、对国家劳动政策把握的准确程度和实务经验。企业只有选择专业管理能力更强的派遣机构，才可以更好地防范不可预见的风险。

7. 供应商服务意识

供应商服务意识淡薄，在预防劳动争议、突发事件及制定应急预案的能力上相对欠缺，选择这类机构会增加发生劳动争议的概率，而一旦发生劳动争议，需要通过法律程序来解决，对用工单位来说已构成较重损失。

8. 供应商资源储备情况

高质量、高效率的人才招聘、甄选能力和灵活的用工机制，有以实现人力资源的迅速组织与优化配置，是用工单位选择劳务派遣用工方式的重要原因。因此，劳务派遣单位的人才储备与人才招聘渠道是否能够满足用工单位的用人需求非常重要。

（二）确定劳务派遣协议的完善

《劳动合同法》第五十九条第一款规定，劳务派遣单位派遣劳动者应当与接受以劳务派遣形式用工的单位订立劳务派遣协议。劳务派遣协议应当约定派遣岗位的人员数量、派遣期限、劳动报酬和社会保险费的数额与支付方式以及违反协议的责任。由此可见，劳务派遣协议是企业和派遣机构约定义务和权利的法律依据，通过协议，将企业、劳务派遣机构、被派遣劳动者三者之间的关系联系起来。企业在签订劳务派遣协议的时候，应当将劳务派遣过程中可能发生的连带责任详细列出，譬如用工管理主体、工资支付、社保和公积金缴纳、工伤事故处理、劳动纠纷责任划分等，确保自己在发生劳动纠纷时，不用承担规定以外的责任。

劳务派遣协议生效之后，企业应当将被派遣劳动者与企业的正式员工同等看待，进行被派遣劳动者的选聘、培训和日常管理工作。首先，企业需要设置被派遣劳动者的工作岗位，明确岗位的职责和任职资格，然后进行选聘活动，将不同水平和资历的被派遣劳动者安排在能够胜任的岗位上。其次，被派遣劳动者入职之后，展开一系列的培训，让其了解企业的文化、管理制度、岗位的职责和岗位的工作内容等。当被派遣劳动者在一定程度上对企业了解和认同之后，方可减少其工作上的不稳定情绪。最后，加强对被派遣劳动者日常管理工作，建立常规性的沟通机制，采纳被派遣劳动者建设性的想法、建议和意见，使他们以积极主动的态度融入企业的工作当中，在释放工作压力的同时，又能增加工作的热情和兴趣，从而有效避免业务风险，提升被派遣劳动者的业务综合素质。

（三）构建权责风险把控机制

用工单位与劳务派遣机构签订《劳务派遣合同》，提出劳务派遣人员的用工需求，确定用人名单，督促劳务派遣机构办理用工手续，核实劳务派遣单位与被派遣员工之间是否已签订劳动合同，确认他们之间已建立劳动关系。如未签订劳动合同，应督促其尽快签订书面劳动合同，并要求他们送交一份书面劳动合同至用工单位所在地劳动主管部门存档备查，避免与被派遣员工形成事实劳动关系。用工单位应尽量避免直接参与被派遣员工的招聘过程，用工单位认为确需自己出面招聘的，为避免发生招聘主体不明而带来的法律风险，应要求劳务派遣单位出具授权书，授权用工单位代为招聘，并在招聘时向应聘者出具授权书以明示派遣单位的基本情况。

具体办理注意事项如下：

第一，用工单位与劳务派遣机构签订《劳务派遣合同》，在双方遵守国家《劳动合同法》的前提下，明确劳务派遣合同双方的责任义务。

第二，劳务派遣机构与劳务派遣人员签订《劳动合同》，注明所要派遣到的用工单位名称、岗位及地点。

第三，用工单位与劳务派遣人员签订《用工责任书》，明确双方不存在劳动关系及所从事工作岗位职责的具体要求。

第四，用工单位应按照《劳动合同法》规定，合法规范用工，承担派遣人员的各项费用。

第五，为了确保劳务派遣业务的正常进行，规范及完善各项劳务派遣人员管理制度，负责对劳务派遣人员进行岗位培训及相适应的技能培训。

第六，实施劳务派遣后，用工单位可采取合理的奖励处罚机制，调动派遣人员工作积极性，给用工单位创造更大的经济效益。制定奖励和处罚标准，对劳务派遣人员进行考核，并按照规定给予奖励和处罚。

第七，用工单位搭建有效反馈机制。用工单位通过与劳务派遣员工交流，及时发现其工作中的优势与不足，对其开展针对性训练，提高其应变能力与心理素质。在员工帮助计划（EAP）基础上，加大对员工心理资本的开发，从劳务派遣员工内生动力方面提高其工作积极性，充分发挥其潜能。

第八，派遣单位在派遣期间应承担员工薪酬支付、保险给付、相关福利待遇保障及劳动合同订立、解除、终止等责任；用工单位需要承担员工在派遣期间所发生的工伤赔偿、工作任务设定、合法权益维护、工时要求、培训等责任；劳务派遣员工则应在派遣期间认真履行员工职责、尽心为用工单位提供劳动服务，快速适应工作岗位。

第九，主张“谁用工，谁负责”与“谁举证，谁负责”双轮推动，切实保障劳务派遣员工合法权益。“谁用工，谁负责”重点强调用工单位应承担责任。此外，当员工在派遣期间受到伤害时，如果不能明确界定是哪方责任，则应由双方单位共同承担连带赔偿责任；当用人单位与员工发生劳动合同纠纷时，则应该由用人单位承担举证责任；当在派遣工作期间发生侵权行为时，则应由用工单位承担举证责任。

第十，可引入劳动保障机构加强对三方的外部监督，其主要职责为健全三方风险制约机制，规范三方之间相关合同签订行为；加大工作透明度的建设，完善信息披露及纠错机制；加强劳动管理部门对劳动争议的调查解决能力，规范用人单位与用工单位行为。

第十一，解决“养用分离”问题，完善公司内部管理模式，构建以管理基础为核心、以员工关怀与培养为重点的人文智慧型管理模式。

（四）派遣员工严把“三性”关

确定劳务派遣协议内容时，要明确派遣员工必须符合“三性”（临时性、辅助性、替代性），明确约定劳务派遣单位的责任。法律规定用工单位只能在“三性”岗位使用劳务派遣员工。其中，“辅助性”是指“为主营业务岗位提供服务的非主营业务岗位”，这个概念并不是特别直观，存在很大的解释空间，所以用工单位要对采取劳务派遣的岗位进行梳理、界定，经职工代表大会或者全体职工讨论并在单位内部公示。为避免争议，在长期性、稳定性、专业技术性较强的岗位，需考虑逐步录用正式职工取代劳务派遣用工。履行劳务派遣协议时，应要求对方提供劳动合同复印件，并核对原件。

（五）严格审查派遣人员的资质

劳务派遣单位在招聘环节应严格审查应聘人员的资格证书以及工作经历，最重要的是一定要确保其与其他用人单位不存在劳动关系，应当留存应聘人员与上一家用工单位的离职证明，这样有利于减少法律纠纷。同时劳务派遣机构严格审查可以优胜劣汰，选择资质较好的员工，这样可以提高劳务派遣单位向实际用工单位提供劳务工的质量水平，更好地满足用人单位对于人才的各种需求。

（六）书面约定制度冲突解决办法

用工单位如果想让本单位的规章制度对被派遣员工有约束力，应当注意：第一，在签订劳务派遣协议前互相告知己方的规章制度，避免冲突。第二，在劳务派遣协议中明确约定被派遣员工应同时遵守劳务派遣单位和用工单位的规章制度，当规章制度发生冲突时，约定以某一方的规章制度为准。第三，在劳动合同中明确约定被派遣员工应当遵守用工单位的规章制度，用工单位可以据其规章制度处罚被派遣员工，被派遣员工因为严重违反用工单位的规章制度被退回的，劳务派遣单位有权解除劳动合同。

（七）规范员工辞退、退回流程

很多用工单位认为，劳务派遣的好处是可以让用工单位灵活用工，有工作时使用，没工作时随时退回。那么，用工单位是不是可以随时退回劳务派遣员工呢？答案是否定的。派遣单位和派遣员工签订的劳动合同中有被派单位和派遣期限的规定，如果用工单位将派遣员工退回，对派遣单位来讲，是变更与派遣员工的劳动合同的行为，而劳动合同是不能单方面变更的。因此，退回本身就是派遣单位的违约行为，是不被许可的。如果被派遣员工可以随时被退回，再由派遣单位支付大部分人都无法长期接受的最低工资，会引发群体性事件。

（八）劳务派遣协议、劳动合同约定符合同工同酬规定

虽然劳动者主张同工同酬，但在司法实践中较难获得支持，而同工同酬是《劳动合同法》明确赋予劳动者的权利。同工同酬的核心作用实际上是反歧视，从用工合规角度讲，企业应当将自主权限定在不歧视的范围内，在日常管理中注意符合同工同酬相关规定。完善劳务派遣员工薪酬制度，建立公平公正的薪酬体系，依据按劳分配原则确定薪酬水平。用人单位要建立科学合理的工资增长机制，实施弹性薪酬制度，使薪酬更加公平。用工单位要积极将劳务派遣员工纳入单位工会之中，为其提供同样的福利待遇，保障其合法利益。用工单位要建立健全内部员工激励体系。比如，用工单位应注意劳务派遣协议、劳动合同的相关约定符合同工同酬规定，在规章制度中明确规定各个岗位的职责、薪酬发放的依据，这样如果发生同工同酬争议，用工单位举证对同岗位实行了同一套劳动报酬分配办法，相关操作都以规章制度为依据，且规章制度中有关薪酬发放制度的设计清晰合理，那么在此类案件中胜诉的可能性较大。上述做法也有利于用工单位日常有序管理，保证公平性，提高劳动者的工作积极性。

（九）灵活采用社会保障制度，实施“双轨制”保险待遇办法

对于用工单位缴纳补充保险福利待遇的问题，可以实施分层缴纳比例，对正式员工按照正常比例缴纳，对劳务派遣员工按照新员工比例缴纳，其他福利待遇则与正式员工相同。此外，对于派遣单位延迟或不予缴纳社会保险的情况，可以引入信用保险机制，建立保证金体系，根据用人单位信誉的高低缴纳不同金额的保证金。这样也可以最大限度规范用人单位行为，切实推进劳务派遣员工的保险待遇真正有效落实。在重视和完善工伤保险前提下，用人、用工单位可以采取事先保障与事后保障相结合方式对员工安全进行全面保护。

（十）构建完善发展体系及绩效考核机制

应进一步拓展企业关于派遣制岗位方面的职业晋升渠道，让派遣员工获得多样的晋升机会。公司方面可构建专门化的派遣制员工晋升制度，确定企业发展方面对于派遣人员的规划，推动其在个人努力的基础上获得更好的发展，同时助力于企业的发展。有条件的企业可以设置“转正”通道，为表现优异的派遣员工提供转为正式员工的机会，为公司留住更多人才。

（十一）加强党群组织作用

把派遣员工放置进党政工会管理范畴内，提升其在企业中的归属感与工作满意度。按照法律规定，派遣员工与正式员工均有权参与工会，最大限度维护劳务派遣员工的各项权益。除此之外，条件水平较佳的用工单位可为派遣员工设立联系点，明确一名领导成员为联系人，吸纳派遣员工参与公司各项党群活动，通过参与本单位的各种组织和活动，如此一来，公司的经营理念、管理方法和企业责任将引导派遣员工的各项职业行为更匹配公司的价值观，和公司一同努力。

第二节　外包供应商管理典型问题及风险防控

外包，是指企业将公司内的部分业务或职能工作内容以合约形式整体或部分转移发包给相关的机构，由其自行安排人员按照企业的要求完成相应的业务或职能工作内容，由外部独立的企业来承接的一种经营形式。外包不是用工形式，其在法律中的定义叫“承揽”，外包承揽是法律定义的一种经营形式，劳务派遣仅仅是劳动合同法明确的一种用工形式，两者有着本质上的区别。基于此，两者是不能混在一起考虑的。到今天，很多企业主动采取“小核心、大协作”的业务外包策略，有选择性地将企业次要的、常规的、重复性的业务转移到外部，集中人力、物力、财力专注于企业核心业务，即聚焦主责主业，从而大大提高自身的竞争实力和盈利能力。随着时间的推移，业务外包的范围越来越广、程度也越来越深。

一、用工模型

外包用工模型如图 6-3 所示。

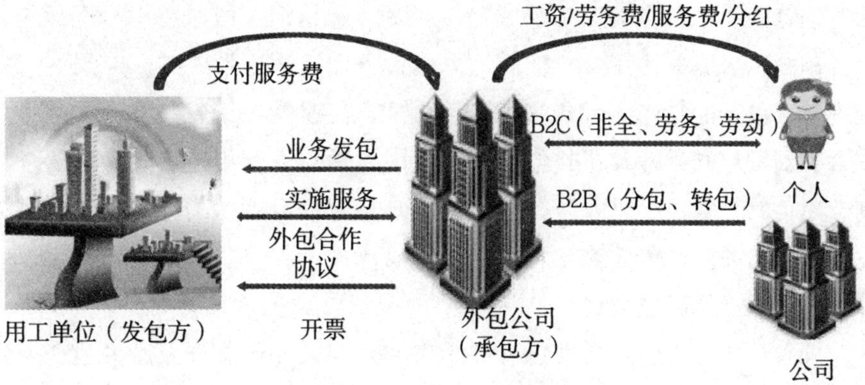

图 6-3　外包用工模型

对图 6-3 中的各项元素，做如下分析：

（一）用工单位（发包方）

用工单位将自身的业务（岗位工作内容）通过承包的形式交由外包公司（承包方）来完成，承包方的资质、业务能力、用工形式、用工风险管控能力、劳资纠纷处理能力等，往往是发包方重点关注的事项，尤其是用工风险管控能力和劳资纠纷处理能力。虽然从法律角度而言，这些属于承包方与其工作的事宜，但是会影响发包方的正常经营，甚至是品牌和社会声誉。

（二）外包公司（承包方）

外包公司根据外包合作协议的约定完成承包的各项事务，同时享有收取外包服务费用等权利。我们观察到，实践中对于承包方而言，最大的挑战就是业务能力要匹配承包业务的需求，介入发包方业务越深需要的业务能力越强，比如，生产制造类岗位的外包，若承包方不懂生产制造的管理，显然这种外包容易滑向劳务派遣。

（三）分包、转包

分包，就是承包方找其他人和自己一起完成承包的业务；转包，就是承包方把承包的业务转让给其他人，即把外包合作协议中的权利和义务转让给他人。承包方能否进行分包、转包，决定权在发包方，实践中，发包方一般会在承包协议中就此进行约定，这也是比较好的做法。众所周知，中间环节越多风险就越大，对应的管控难度和成本都会增加。

（四）个人

这里的“个人”是承包方为完成承包业务的需要组织安排的人，不同于劳务派遣法律强制规定劳务派遣单位与劳务派遣人员必须签订至少两年期限的劳动合同。承包方的用工形式是多样的，包括但不限于劳动合同用工、非全日制用工、劳务用工、合伙等。采用劳务派遣用工形式时，应当注意避免出现二次派遣的情形。承包方的用工形式，经常受制于发包方，实践中，注重合规的发包方通常会在外包合作协议中对承包方的用工形式做出要求和限制。用工的合规性、风险防控能力亦是承包方综合能力的体现，越来越多的发包方开始关注承包方这方面的能力。

（五）外包合作协议

外包合作协议，是指发包方和承包方之间就外包业务及服务达成一致并约定相互之间权利和义务的协议。外包合作协议应当包含哪些核心内容？从用工单位的视角来看，将劳动合同制、劳务派遣、外包三者相比较，劳动合同制是用自己的人做自己的事，劳务派遣是借派遣公司的人做自己的事，外包是借助承包方完成自己的事。由此可见，劳动合同制、劳务派遣解决的是人员的问题，外包解决的是事务。从法律依据来看，外包合作协议依据《民法典》及相关法律规定来确定，而非《劳动法》《劳动合同法》及相关法律的规定。既然适用的法律依据明显不同，那么，外包的人员管理形式和实践与劳动合同制、劳务派遣亦不能相同。

（六）发票

企业提供人力资源外包服务的，承包方应按“经纪代理服务—人力资源外包服务”科目开具发票，有以下三种发票开具方式：全额开具普通发票、分别开具增值税专用发票和普通发票、通过差额征税模块开具增值税专用发票。

二、典型问题

外包作为提高企业核心竞争力的策略之一，必将成为企业未来的发展趋势。但是，作为新生事物，它的出现和发展在为我国企业带来益处的同时，也必将引发新的问题及风险。另外，不是所有的人力资源管理业务都适合外包的。其实在很多情况下，我们会发现外包的结果并不如预期中的省时、省钱和省力。甚至找到了最好的外包供应商，结果还是差强人意，或在运作过程中遇到一些意想不到的问题。选择适合外包的人力资源活动进行外包，可以降低这种风险和不足。

（一）发包方自身的问题

主要体现为发包方自身能力的不足。发包方自身的能力包括外包决策能力、外包市场变化的适应能力、与外包供应商谈判的能力、外包合同的管理能力以及实施有效外包的监控能力等。发包方由于自身能力的局限性，在实施人力资源管理外包活动中往往会面临能力不足、监督失控的风险，从而导致外包失败。一般来说，实施人力资源外包的初始成本比较高，发包方要视自身情况对外包进行成本效益分析，然后决定是否实施外包。一旦决定实施人力资源外包后，首先应该设计最佳的人力资源外包供应方案，对于是否外包、外包什么、外包给谁以及怎样外包等基本问题都要在做决策时考虑清楚。应该慎重考虑外包内容，认真分析本企业的哪些活动适合外包、哪些不适合外包。只有制定合理的人力资源外包决策、选择合适的外包内容才能促使企业外包活动的成功。

（二）员工方面的风险

员工是企业的特殊资源，从某种意义上来讲，这种资源的不可再生性决定了员工的重要性。外包对于企业及员工而言确实是一种变革，外包后工作环境的变化、利益的重新分配，乃至失业问题会引起恐慌，使人心浮动。任何企业都有自己认同和尊重的企业文化，都会用一定的价值观和价值尺度去衡量各项工作。另外，外包后员工对于企业“大家庭”的感觉会逐渐消失，产生外部人控制内部人的感觉，心生抵触情绪，直接或间接地影响员工的工作情绪，从而加剧企业内部人员的流动，导致新一轮矛盾的加剧和内部冲突，不利于各部门开展业务，使企业各环节的效率下降，影响企业的整体利益。

（三）错误估计外包成本的风险

企业进行外包最主要的原因是缩减管理成本，聚焦核心业务。管理成本又分为显性成本和隐性成本。显性成本即外包业务直接花费企业的成本，主要是支付给外包供应商的直接人工成本及管理费用。隐性成本即外包后，企业为了进一步达到理想目的，规避一些风险而支出的费用，包括维护与外包商关系的成本、疏导员工情绪的成本、解决文化冲突的成本等。企业在做成本估计的时候很容易忽略隐性成本或者考虑不完善，造成外包成本大于自身管理的成本，给企业带来决策上的损失。

（四）外包供应商（承包方）选择方面的风险

选择外包供应商的目的是降低企业运营成本，提升核心竞争优势。企业的生产流程都相对严谨，它要求外部资源能面向企业实现共享和优化，并且要保证信息的真实传递。在外包供应商（承包方）选择方面，主要有以下风险：

1. 外包供应商专业性不强的风险

人力资源外包业务在国内刚起步，行业进入门槛低，国内供应商的素质参差不齐，专业技术水平较低。多数外包商的专业性不如成熟企业里的人力资源部门，在这种情况下企业在选择外包供应商时要谨慎地识别哪些是有能力提供完善服务的机构。如果选择不当，将达不到理想的结果。

2. 信息不对称的风险

外包主体与外包合作者之间的信息存在不同程度的不对称。目前外包供应商服务能力参差不齐。国内许多咨询公司和供应商从业人员在素质、专业化程度等方面颇受质疑，难以满足外包主体的要求，有可能向企业提供不充分或不真实的信息。信息的不对称导致“逆向选择”——企业误选了不适合自身实际情况的外包商；外包业务的不及时或者外包质量的降低导致“败德行为”——外包企业增加了潜在的费用。

3. 文化差异、文化冲突风险

企业在与外包供应商签订外包合同之后，需要对彼此的外包关系进行有效的管理，以使外包业务按照预期目标发展，最终使外包绩效达到较为理想的状态。但即使合作双方在目的性方面一致，也可能存在文化障碍。而跨文化沟通的风险是企业外包中最大的障碍。每个企业都有自己独特的文化和价值观念，而且企业文化的形成是一个长期的过程，一旦形成就很难改变。如果将工作外包出去，外包供应商的一些理念可能跟企业存在差异。企业与外包企业在合作时，由于外包供应商对企业文化背景、价值观、行为方式及用人理念等认识不足，文化的异质性必然导致相互之间的摩擦。外包供应商能否深刻理解、适应外包企业的企业文化，并对服务进行相应的客户化显得至关重要，所以一旦外包供应商对企业文化不认可或者认识不清，极有可能导致人员管理中的冲突和混乱。

（五）外包供应商经营状况发生变化

如果外包供应商的经营结构在企业与其合作期间发生重大变化，如企业财务危机甚至破产等情况，极有可能导致无法挽回的损失，所以外包商的经营结构情况也会存在风险。

在我国，目前尚无完善的法律法规去规范管理外包行业的运作，如果出现外包供应商因经营不善而倒闭，那么企业的合法权益将得不到保护。这些不确定的因素都增加了企业经营安全上的风险。

（六）被认定为假外包真派遣的风险

劳务外包可起到比劳务派遣更好的风险隔离效果，同时对于用工成本的降低有着更为明显的作用。但根据《劳务派遣暂行规定》第二十七条规定："用人单位以承揽、外包等名义，按劳务派遣用工形式使用劳动者的，按照本规定处理。"因此，用人单位直接对外包员工进行管理、支付工资、缴纳社保等行为，极有可能被认定为劳务派遣，从而失去其优势，甚至可能面临离职员工的高额索赔。

典型案例

2018年7月6日，黄某通过A公司招聘入职，并被A公司安排在与其存在外包关系的B公司任操作工，黄某日常接受A公司及B公司的管理，并由A公司安排住宿。2018年7月27日，黄某在B公司处受伤，双方因支付医疗费问题发生争议，黄某诉诸法院要求确认其与B公司自2018年7月6日起存在劳务派遣用工关系。

法院认为，企业可以通过业务外包等方式，降低用工成本，实现工作效率的提高，但不得以"劳务外包"之名，行"劳务派遣"之实，排除自身法定责任，侵害劳动者的合法权益。

本案根据法院查明的事实可以体现出：第一，B公司与A公司协议约定的"承包服务费"计算基础为劳动者每月的工时而不是工作成果；第二，B公司对黄某直接进行工作管理、安排和指挥；第三，黄某的生产资料均由B公司提供；第四，黄某的工作属于B公司业务的组成部分；第五，A公司负责招录黄某并进行劳动关系的管理。据此，B公司与A公司签订的虽名为"劳务外包协议"，但黄某、B公司与A公司的关系符合劳务派遣单位派遣劳动者、用工单位实际用工这一劳务派遣关系的特征，且A公司具有劳务派遣经营资质，法院依法认定，本案中黄某、B 公司与 A 公司之间系劳务派遣关系。

劳务外包和劳务派遣的核心区别在于对员工的管理。用工单位对劳务派遣员工可以按照本单位的规章制度进行管理，但对外包人员不能进行管理。若将外包人员按照本单位劳动合同制员工一样管理，被认定为“假外包、真派遣”的风险很大。

（七）承包企业泄露商业秘密的法律风险

承包方和发包方在合作过程中需要信息共享，以便于沟通协调，这样承包方才能够选择合适的方式来管理外包业务。在合作中，发包方会将除了发包项目以外的一些事项告知承包方，这些信息往往可能涉及发包方的商业秘密，如企业经营过程中的产品技术创新、数据、管理制度、客户信息、竞争对手的基本情况、根据调查得出的市场需求和发展趋势等一系列与保密和经营有关的内容。其商业信息可能会被泄露给竞争对手，从而使企业面临潜在的风险。因此在外包合作合同中要明确约定承包方的保密义务，包括保密人员范围、涉密信息的范围、保密期限、违约金、损失赔偿等，加大承包方违约成本。

三、法律风险管控建议

（一）外包前企业要做缜密的分析和规划

首先，发包方需要根据自身的情况，对外包的显性成本和隐性成本以及外包后的回报做详细的运营分析报告，详细分析企业目前有无外包的需求和条件，进行成本效益分析，确定外包能否节约成本，提高效益。其次，在有必要外包并且有条件的情况下，制定详细可行的外包供应商方案，分析企业业务哪些部分适合外包，尤其注意关系到企业文化和机密的业务要谨慎外包，防止商业机密泄露的风险。

（二）供应商的选择

企业选择承包方时，需成立专门的评估小组，对承包方的能力进行评估。深入开展市场调研，切实做好外包供应商的资格审查，建议从资质信誉、专业水平、服务质量、规模实力、服务的客户群体、风险防控能力等方面进行评估。

由于外包供应商和承包方之间存在委托代理关系，而双方的信息很可能不对称，所以很容易产生逆向选择风险。

为防止信息不对称产生的逆选择，企业应确立对外包供应商的合理选择流程。首先，企业应当识别管理中与同行业其他企业相比处于劣势的业务；其次，对这些业务是否适合外包进行评价。根据企业外包业务及企业实际情况的不同，企业选择外包供应商的侧重点也不尽相同，因此应当根据企业实际情况对不同业务的各项指标设定不同的权重，为圈定的可选外包供应商综合评分，最后与评分高的外包企业签订外包合同。

为降低道德危险，企业可以在契约中提供适当奖励，针对外包供应商采取一定的激励措施，同时在外包后加强监督，抑制供应商的机会主义行为。

在选择服务供货商时，应采用下列步骤以规避风险：

1. 制定服务标准及要求

首先，衡量现行的服务标准，描述外包服务的基准线，确定外包所要达到的目标，即可以获得的利益。设定目标后，定义想和外包供应商之间达成的关系。定义关系的第一部分，就是构成其法律基础的协议和合约，包括工作区分、责任区分、服务水平、服务信用或未达到验收标准时的惩罚或赔偿、合约如何修改等。

2. 列举潜在的候选对象

拟出一份潜在的候选对象名单，收集并分析潜在对象的各种信息，并且要求合作规划或者策略规划部门对这些公司进行更深入全面的分析。在分析潜在承包方时，应关注承包方的核心实力、管理经验、专业能力水平、客户群体、专业背景、信誉、给出的价格等，了解对方的系统和流程，把握对方的服务宗旨、服务理念和企业文化。要考虑外包供应商给出的价格，因外包的目的之一就是节约成本，只有当外包获益比未外包时明显增多才应进行外包。

3. 进行外包供应商评估

根据评估流程辨别反映商业目标的标准，一般包括服务理念、企业文化、公司实力、专业水平及同类型服务的经验等。

4. 资质审查

资质审查，是指对供应商承接业务的资质和完成业务的能力进行形式审查和实质审查。

（1）形式审查

形式审查主要审查以下方面：

①营业执照。

②法定代表人、主要负责人基本信息、简介、履历。

③具备承包业务资质的证明文件。

④企业、法定代表人、主要负责人信用证明文件。

⑤财务审查，第三方出具的财务审计报告，包括最近三年内的现金流、利润、负债率等。

⑥其他能够证明供应商履约能力的资料。

（2）实质审查

对于企业营业执照等基本信息，应当通过“国家企业信用信息系统”进行查询（http：//www. gsxt. gov. cn/index. html），必要时可以委托律师到工商行政管理部门调阅供应商注册内档。对于法定代表人、主要负责人基本信息、简历、履历等进行背景调查。对于承包业务的资质，可以营业执照中的经营范围或者主管部门颁布的资格证明为准。对于企业、法定代表人、主要负责人的信用证明文件，有征信部门出具相关的文件。对于财务审查，有第三方审计公司出具专门的财务审查报告等。

5. 服务质量审查

服务质量审查，是指对供应商提供服务水平和质量进行审查，考察供应商是否具备完成服务交付的能力。主要审查以下方面：

①服务能力评价，包括行业协会、政府机构等第三方机构给予企业服务能力的评价、授予的荣誉等。

②合规管理的能力，包括法务、外部合作顾问/律师等，以及相关人员的简介、履历。

③民主管理的程度，工会、职代会组织架构是否健全。

④用工管理制度，即是否有符合承包业务的入职、离职、考勤、奖惩、工伤管理、员工手册、合同管理、突发事件处理等人事日常管理制度，以及制度是否符合法律要求。

⑤薪酬管理制度，即是否有符合承包业务的绩效、考核、薪酬、福利、商业保险政策等薪酬管理制度，以及制度是否符合法律要求。

⑥争议纠纷处理，最近两到三年处理的劳资纠纷争议事件，有仲裁/诉讼的还需提交裁决书或判决书等。

⑦用工合规管理，每种用工形式是否具有法律依据，是否签署书面协议，

劳动关系是否签署劳动合同、五险一金缴纳情况，及相关书面资料。

⑧服务实践，最近两到三年服务的客户，提供包括合作协议等合作真实性的资料。

⑨项目负责人的简介、履历。

⑩其他能够证明供应商服务能力的资料。

6. 供应商运行能力

①有一定的政府资源背景。

②具备完整规范的人力资源管理相关的规章制度体系。

③具备良性的组织架构、专业服务团队、业务分工、基础人事业务日常管理能力等。

④对外包人员现场管控、培训、员工关怀、保留等工作整体管理比较完善。

⑤具备数字化管理的能力及条件。

7. 资金垫付能力

①具备 1 个月工资的垫付能力。

②具备半个月工资的垫付能力。

③不具备工资的垫付能力。

8. 其他根据外包业务需要考核的标准

比如，服务的时效性、服务的质量、应对需求反馈的时效等。

（三）实行严格的合同机制，加强与供应商的沟通，签订周密的外包协议

仅靠能提供低成本优质服务的供应商无法有效地降低外包的风险，企业必须用具有法律效力的外包合同来约束供应商的行为。外包合同是双方合作的基础，也是维护双方权利和义务的可靠凭证，它是外包成功的必要条件。外包合约通常是充满细节的文件，经常被视为风险产生的一种重要途径。

企业与外包供应商订立完善的业务合同，合同中明确标的为“事”，结算方式为“工作任务量”。在此基础上完善其他各项条款，对各自权利、义务、责任进行明确约定，必要时可增加专用条款或补充协议。明确专项要求，在外包项目预期效果、阶段考核、信息安全、损失赔偿等方面的条款应当全面详细。合约上要求外包供应商严守企业的商业机密，即使在企业与外包供应商终止外包关系后，也要做到企业能够全面、有效地收回所有与企业相关的人力资源信息，以防止机密泄露。

（四）项目驻场精细化管理

要求外包供应商配置项目驻场精细化管理团队。驻场五到十位专业服务人员，采用班组精细化管理。通过规则的系统化和细化，运用程序化、标准化和数据化的手段，使组织管理各单元专注于满足发包方的需求，并保证外包服务工作精确、高效、协同和持续运行。

1. 工作安排精细化

一是安排工作要有计划性，外包供应商要对每一项工作任务胸有成竹、了如指掌，对每一位外包服务员工的技能、体力、身体健康状况有清晰的了解。

二是安排工作超前性。在日工作计划的基础上，还要有周工作计划、月工作计划，这样，管理人员就会胸有全局，超前的工作计划将为日后具体工作精细安排赢得主动。

三是安排工作周密性。外包供应商要提前做好进场服务准备工作，包括人员、资金、物资的筹备，确保顺利完成任务的保障工作，对材料准备是否齐全、办理流程是否熟练掌握、影响现场工作的外部因素是否解决等进行具体检查和安排。

四是安排工作量化。量化细部的劳动强度、劳动时间，确保每一个工作过程的劳动力布局合理，不窝工、不过量。

2. 安全管理精细化

一是配备完善安全卫生设施，要保障员工在遵章作业的情况下不会发生安全事故。

二是机器设备整洁，安全附件齐全，严格执行设备巡检制度，要及时消除事故隐患。

三是班组人员必须经过安全培训合格后才能上岗，要严格执行安全规则、工艺要求、劳动纪律，各种原始记录做到标准化、规范化。

四是材料、备品、备件摆放整齐，各种工具器材放置对应的位置，做到物流有序，安全标志齐全，安全色标醒目。

五是岗位技术规程、设备维护检修规程、安全技术规程齐全，建立健全班组安全规章制度。

六是班组员工在服务过程中要做好各种信息的收集、传递、处理工作，要及时了解安全生产情况，及时处理生产中反映出的问题。

3. 人员管理精细化

一是民主管理，以理服人。有事要多同班组人员商量，征求班组人员的意见，征求负责人的意见，集思广益，不搞一个人说了算。工作中出现了问题要主动地承担责任，靠上去帮助分析查找原因，要尊重员工，不以权势压人。

二是注意沟通，以情感人。工作中有了矛盾，不要回避，要诚恳、耐心地去沟通交流，要注重团结那些对自己有过意见的同志，员工有了困难要主动地、热心地帮助。

三是要多注意发现优点，不要吝啬表扬。工作中不要只盯着员工的缺点，要注意发现优点，引导员工改正缺点。表扬是最不要成本的一种激励方法。

四是要培养员工树立集体观念。班组的收入、荣誉取决于班组的每个成员，要树立团队意识，团结一起干好工作。

4. 纠纷处理

尽可能减少甚至杜绝劳动纠纷，深入了解工人的思想动态，及早发现苗头和不稳定因素，将其消除在萌芽状态。做好纠纷预防工作。

5. 强化现场管理，细化专业管理，建立稳固的生产基础

要强化现场管理，落实现场各项管理制度。

6. 外包管理

外包服务人员提供的服务不能满足发包方需求的，发包方给出建议或要求人员退场的，外包供应商应及时安排替补人员驻场提供服务，退场人员由外包供应商负责妥善安排，承担责任。

7. 做好日常管理工作和临时事项的处理

发包方切忌介入对外包劳动者的任何直接管理，如对外包员工的工作安排、考勤、考核等，更要避免直接向外包劳动者支付费用和在相关资料上签字、盖章。

（五）实施有效监控管理、建立风险预警体系

对于外包业务，需针对承包方建立完整的考核、评价、监管机制。可以在契约中给予外包商一定的激励措施，明确其责任范围、考核标准、失职处理，同时在外包后加强监督，抑制供应商的机会主义行为。

1. 控制监督适度

为保证外包工作的顺利进行，在合同订立时，双方就需约定企业的监管

力度和干涉力度。在给予外包公司和服务人员一定的活动空间和权限的同时，为保证外包工作按照企业预期的轨道进行，应定点定时、阶段性地对其进行监督抽查。

2. 定期报告制度

企业与外包服务公司可以经过协商，建立一种双方都同意的定期报告制度，及时进行信息反馈和有效沟通，随时掌握外包的情况。对已经完成的外包活动进行总结评价。总结成功经验，吸取失败的教训，从而为以后的外包奠定良好的基础。

3. 加强与外包供应商的沟通

为了更好地进行外包管理，增强员工的满意度，企业内部必须配备必要的人员作为交流的媒介，强化外包供应商与内部员工的沟通。外包供应商设立驻场项目部、项目经理。企业与外包供应商的合作是一个相互沟通相互交流信息的过程，外包供应商在开展业务时会因为不熟悉业务和人员而需要企业各部门及时提供信息作为开展业务的依据，而企业的业务发展也离不开外包供应商。

4. 对外包供应商实施有效的监控

监督，主要是指检查、督促外包供应商履行外包合作协议中约定的各项义务，监督主要通过让外包供应商提供有关事项的凭证来进行。

在项目进场前，企业应该对外包供应商派来的服务人员进行验证，保证这些服务人员有足够的能力为企业提供服务，而且在外包服务的过程中，针对派来的服务人员的工作效果与外包供应商进行及时有效的沟通。同时，企业在签订外包合同时应该在合同中对外包供应商提出明确的要求，规定服务标准和所应该取得的成果，建立相应的监控机制。在合同的执行过程中，必须加强对合同执行的监控，时刻关注外包过程中的变化，及时纠正。

对于外包供应商服务过程中的安全生产，客户服务等规章制度和操作规程是否健全，有无制订并实施本单位安全生产、客户服务、保密等的教育和培训计划进行考核。实施相关事故应急救援预案、督促供应商及时、如实报告各类安全隐患。

5. 日常管理主体

（1）招聘、入职管理

以外包供应商的名义进行，避免以发包方的名义进行，避免对外包人员进行误导。可以审查其招聘广告、入职的各项手续中是否存在误导外包人员的内容。

（2）劳动合同

建议外包供应商与外包人员签三份劳动合同，其中一份给发包方备案，或者通过协议约定不定期抽查机制。

（3）工资、社保等

建议供应商定时提供支付工资、缴纳社保的凭证，或者通过协议约定不定期随机抽查。

（4）日常管理

对于管理制度、安全生产、作业流程等通过转换的形式，以供应商的名义发布实施，通过供应商派驻的项目经理，来实现对员工的管理。

（5）显著性的标志

对于外包员工，在工服、工牌、公号、邮箱、名片等方面应当具有明确的标志，可以通过“供应商”“外包”“合作伙伴”等字样进行标识，也可以通过G、WB、H等汉语拼音或英文缩写、数字代码等进行标识。协助、指导，是指对供应商进行帮助、指导，而非对外包人员进行协助、指导，即帮助供应商做好外包人员的管理。

6. 建立风险预警管理体系

在我国外包法律体制不完善的前提下，进行外包风险管理时，应建立未雨绸缪的风险预警管理体系，从而能使企业时刻关注外包进程的变化，防患未然，减少企业的损失。

拟订退出机制与备用方案。企业可建立供应商管理库，如发生不可控因素，防止服务中断。一旦在外包过程中与外包供应商的合作无法继续进行，应当果断选择退出。但在退包过程中，企业必须拟订退出机制与备用方案，以备在外包供应商的服务无法改善时，转换外包供应商或收回自行处理，避免企业风险的扩大化。对于技术性、高质量工种，要做好人才储备工作。

（六）发包方对外包的项目应做动态调整

随着时间的推移，企业的经验曲线会越来越陡峭，越来越多的成本低、质量高的工作可以从市场中获得。针对管理失控的风险，企业应该根据企业情况和外包供应商的管理理念相应做出调整，适当改变管理体制，使管理体制在与供应商合作的情况下更加灵活、更加人性化。

（七）避免被认定为“假外包、真派遣”

首先，劳务外包协议一定要具体、明确，对验收标准与验收周期要有具体的条款专门描述，同时约定操作规程、服务质量，并签署“工作任务说明书”，细化目标和任务，明确项目关键节点，建立工作内容汇报制度，确保需求一致。比如，协议名称建议为“服务外包”等，进而与劳务派遣区别开来，避免使用“派遣”等字眼。服务外包协议中，标的为“服务”，而非“人”，应当与劳务派遣严格区分，建议约定为“乙方为甲方提供××服务”，不应约定为“乙方提供人员”。

其次，服务外包协议的费用结算标准应当为服务内容完成情况（服务质量、工作量等），而不应当以服务人员的数量为标准，避免使用“元（人/月）”的表述，也不应当有这样的表述：“服务费中包含劳动者的劳动报酬、社会保险等。”因为这可以解释为外包公司应当依法支付其人员工资，缴纳社会保险。同时避免用工单位直接向外包人员支付任何费用。

最后，发包单位与外包公司的委托合同要合理确定具体的管理界限，避免对外包人员进行直接管理，如因基于消防、安全生产、产品服务质量、工作场所秩序等方面管理需要而对外包单位的员工行使部分指挥管理权的，在合同中明确此类管理不影响外包公司与员工的劳动关系。另外，对可能导致员工身份确认模糊的其他事项，如工作服、差旅费用报销、邮箱配置等尽量避免以用工单位的名义进行。

（八）明确外包供应商的选聘指标及责任分担

对于外包供应商员工的劳动保护要作为一项重要指标去评定，在选择外包供应商的时候应有硬性指标，前期要有书面的承诺，项目实施过程中要定期抽查。同时督促外包供应商为相关人员购买职工社会保险及商业保险作为补充，明确承包过程中发生的人员和财产损失均由外包供应商自行承担。

（九）承包方要签订保密协议约定违约责任

在双方的外包协议中应当加入保护商业秘密条款，对于在业务合作过程中承包方知悉的商业秘密范围要进行限定并设定保密期限以及约定违约责任。

第七章　国企人员分流与安置

第一节　人员分流与安置政策的三项核心内容

在人员分流与安置方面，国有企业与外资企业、民营企业等存在非常大的差异。在人员分流与安置的法律法规政策方面，外资企业、民营企业主要依据劳动法律法规政策执行，国有企业除了遵循劳动法律法规政策之外，还需要遵守国家有关国有企业人员分流与安置的法规、政策、文件等。据不完全统计，从2002年至今，国有企业涉及人员分流与安置方面的全国性的规范性文件就接近二十部，再加上各省市实施的意见等，其数量和规模可想而知。对这些人员分流与安置方面的政策，大致可以归纳为三项核心内容：依法规范劳动关系，再就业保障和扶持，维护社会稳定。这样的要求是外资企业、民营企业所不用担心的，它们只需要依法解除或终止劳动关系即可，再就业保障和扶持，维护社会稳定并非其在人员分流与安置时需要重点考虑的因素，而这些却是国有企业重点关注的问题。

（一）依法规范劳动关系

在国有企业人员分流与安置过程中，依法规范劳动关系是核心内容之一，主要包括解除或终止劳动合同时依法进行并支付经济补偿，劳动关系用人单位变更时工龄的依法处理，社会保险关系的处理，职工代表大会的机制，市场化用工制度，退休人员的社会管理等内容。

1. 劳动合同（关系）用人单位主体的变更

劳动合同（关系）用人单位主体的变更，是指原用人单位、劳动者、接收单位三方订立书面协议，将劳动者的用人单位变为接收单位的操作形式，这是国有企业人员分流与安置的形式之一，根据劳动合同（关系）用人单位主体变更对劳动者切身利益的影响及劳动合同内容调整的多寡，可以分为如下类型。

（1）平行移动变更

平行移动变更，一般是指仅用人单位主体发生变更，劳动合同的其他内容不发生变更。实践中，有些集团性的企业，下属企业之间薪酬福利、规章制度、休息休假、劳动保护等劳动合同必备内容相同。有些企业，员工虽然分别属于不同用人单位主体，但是同属一套管理体系。在这样的场景之下，一般只需要做劳动合同（关系）用人单位的转移，属于相对简单的操作，也是劳动者抵触情绪比较小的方式。

（2）总体维持移动变更

总体维持移动变更，是指员工的劳动报酬、工作内容、休息休假、劳动保护、工作地点基本维持现状，但是薪酬的结构、绩效考核、工作内容、工作地点等会进行微调，或者说这种调整对劳动者继续履行劳动合同的影响有限，属于不引起劳动合同变更的事项。这类移动多发生在原单位和接收单位，实力相当、日常管理相似的企业之间。

（3）总体下降或上升移动变更

总体下降或上升移动变更，是指员工的劳动报酬、福利待遇呈现一定幅度的下降或上升，绩效考核、劳动纪律、管理风格等与原单位相比更为严格或宽松。这类情形通常发生在市场化程度更高和市场化程度更低的两家企业之间，亦有可能两家企业的市场化水平相当。

（4）全面性的移动变更

全面性的移动变更，是指员工的工作地点、工作内容、劳动报酬等劳动合同必备条款发生实质性的变化，即根据法律规定，任何一项内容的变化均需要与员工协商达成一致。这是劳动合同（关系）用人单位主体变更时操作难度相对比较大的形式。

在劳动合同（关系）用人单位主体变更时，通常会涉及工龄的继承或买断，实践中亦存在三种情形：第一种情形是原单位不支付经济补偿，接收单位认可劳动者的工龄；第二种情形是原单位按照劳动合同解除支付经济补偿，接收单位承诺招用劳动者；第三种情形是原单位按照劳动合同解除支付经济补偿，接收单位不承诺招用劳动者，劳动者需要通过正常的招聘录用程序进入接收单位。在第一种情形之下，衍生出三种形式，第一种形式是原单位将经济补偿一次性打款给接收单位，以备将来人员劳动合同解除或终止时支付；

第二种形式是原单位和接收单位约定，涉及支付经济补偿时，各自承担用工期间的工龄补偿；第三种形式是接收单位全权负责，原单位不再负责。这些形式本身并无优劣之分，更多的是企业面临和需要解决的问题，不同的场景需要不同的形式，或者多种形式的组合。

在劳动合同（关系）用人单位主体变更时，同时亦涉及各项管理制度、绩效考核、奖惩、竞业限制义务、培训服务期义务、保密义务等转移和承接。

2. 社会保险关系的处理

社会保险的问题是国有企业人员分流与安置过程中重点的问题，其中有简单的社会保险关系转移和接续的问题，更多的是复杂的社会保险补缴、延期缴纳、赔偿损失等问题。

企业和劳动者之间因补缴社保等社会保险问题发生争议时，应当选择何种途径处理纠纷争议？是向劳动争议仲裁委员会申请仲裁或向人民法院提起诉讼，还是到社会保险经办机构举报，或者向劳动监察部门投诉？针对实务中经常出现的社保纠纷，可归纳为以下四大类：未缴纳社会保险费用的、未足额缴纳社会保险费用的、漏缴纳社会保险费用的、因未依法缴纳社保受到经济损失的。根据现行法律法规政策的规定，不同类型的争议处理的途径不相同。

（1）因未依法缴纳社保受到经济损失的，属于劳动争议受案范围

因未依法缴纳社保受到经济损失的，主要是指因为企业未缴纳、未足额缴纳或未及时为劳动者缴纳各项社会保险费用，从而导致劳动者无法享有各项社会保险待遇而造成的损失。比如，符合报销条件，无法报销的生育津贴、生育医疗待遇、医疗待遇；无法领取养老金、无法享受各项工伤保险待遇、失业保险待遇等。根据现行规定，劳动者符合享受条件，因为企业未依法缴纳社保导致无法享受待遇的损失属于劳动争议的受案范围，劳动者可以通过向劳动人事争议仲裁委员会申请仲裁，或者向法院提起诉讼的途径进行处理。

未缴、少缴、漏缴、补缴不属于劳动争议的受案范围，不能通过申请仲裁或提起诉讼的途径进行处理，只能向劳动监察部门或社会保险经办机构举报、投诉，要求处理。根据《劳动法》《社会保险费征缴暂行条例》的有关规定，征缴社会保险费属于社会保险费征缴部门的法定职责，不属于人民法院受理民事案件的范围。用人单位欠缴社会保险费或者因缴费年限、缴费数额等发生争议的，未规定由法院受理。因社保机构对用人单位欠缴费用负有

征缴的义务，如果劳动者、用人单位与社保机构就欠费等发生争议，是征收与缴纳之间的纠纷，属于行政管理的范畴，带有社会管理性质，不是单一的劳动者与用人单位之间的社保争议。因此，此类争议不宜纳入民事审判的范围，劳动者对用人单位欠缴社会保险费或者因缴费年限、缴费数额等发生争议的，应向相关部门申请解决。

（2）时效

补缴社保、社保纠纷的处理是否受到时效的限制？是一年、两年，还是无时效限制？这里需要根据不同的情形区别来看。

①一年时效的问题

企业未依法缴纳社会保险费用，导致劳动者无法享受社会保险待遇的，要求企业赔偿损失（这里的“损失”应当是指实际损失并且是已经产生的，不是未来产生的）的情形，适用一年仲裁时效的规定。仲裁时效从劳动者知道或者应当知道其权利被侵害之日起计算。超过时效的，劳动者依然享有申请仲裁或提取诉讼的权利，但企业以劳动者主张超过时效进行有效抗辩时，劳动者的主张会因为超过时效而无法得到支持。当然，企业默认的情况除外。

②两年时效的问题

实践中，大家多认为补缴社会保险费用的时效是两年，究竟是怎么回事呢？两年时效出自《劳动保障监察条例》第二十条之规定：“违反劳动保障法律、法规或者规章的行为在2年内未被劳动保障行政部门发现，也未被举报、投诉的，劳动保障行政部门不再查处。前款规定的期限，自违反劳动保障法律、法规或者规章的行为发生之日起计算；违反劳动保障法律、法规或者规章的行为有连续或者继续状态的，自行为终了之日起计算。”换言之，劳动保障监察部门在处理有关未缴、少缴、漏缴、补缴等争议时，一般遵循上述规定，按照两年的时效执行。众所周知，除了劳动保障监察部门，社会保险经办机构亦有职权处理未缴、少缴、漏缴、补缴等事宜。实务中，有些社保经办机构亦采用劳动保障监察部门的上述规定，显然这是缺少明确的法律依据，久而久之，很多企业误认为补缴社保费用的法定时效是两年，涉及社保补缴最多也是两年。从目前观察的情况来看，全国各地越来越多的社保经办机构不再继续按照两年的时效执行。

③无时效限制的问题

目前，《社会保险法》《社会保险费征缴暂行条例》《社会保险稽核办法》

及相关法律法规政策并未明确设置社会保险费用缴纳的追溯时效制度。社会保险费缴纳是企业和劳动者的义务且是法律规定的强制性义务，在未明确设置追溯时效制度的情况下，这种义务应当是持续存在的，并不会因为时间的增加而消失。2017 年 7 月 27 日，人社部在《人力资源社会保障部对十二届全国人大五次会议第 5063 号建议的答复》（人社建字〔2017〕105 号）提到："一、关于追缴时限问题。《劳动保障监察条例》第二十条规定为劳动保障行政执法时效规定，系依据行政处罚法第二十九条规定制定。同时，该条按照行政处罚法第二十九条的规定分为两款，在执法实践中不能仅依照第一款的两年时效规定，还需综合第二款规定，即'前款规定的期限，自违反劳动保障法律、法规或者规章的行为发生之日起计算；违反劳动保障法律、法规或者规章的行为有连续或者继续状态的，自行为终了之日起计算。'判断违法行为是否存在连续或者继续状态以确定劳动保障监察执法时效。但《社会保险费征缴暂行条例》和《社会保险稽核办法》（劳动保障部令第 16 号）均未对清缴企业欠费问题设置追诉期。因此，地方劳动保障监察执法实践中，对用人单位未及时、足额为劳动者办理社会保险，缴纳社会保险费的违法行为，一般按照《劳动保障监察条例》第二十条规定进行追缴和处罚，而地方经办机构追缴历史欠费并未限定追诉期。我们认为，企业欠缴社会保险费侵害参保人员权益，直接削弱基金支撑能力，加重了中央和地方财政负担，影响社会稳定。为此，我们高度重视欠缴清理工作，采取多种措施指导地方做好相关工作，促进基金应收尽收。为维护参保人员社会保险权益，强化征缴清欠工作，经办机构接到超过《劳动保障监察条例》第 20 条第一款 2 年的追诉期投诉后，一般也按程序进行受理。对能够提供佐证材料的，尽量满足参保者诉求，予以解决，以减少企业职工临近退休时要求企业足额补缴欠费的问题发生。"

由此可见，从现行的法律来看，社保经办机构对于追缴企业历史欠费是没有时效限制的。换言之，就劳动关系存续期间的社保欠费，社保经办机构都有权要求企业补缴。

3. 职工代表大会的作用

职工代表大会是企业实行民主管理的基本形式，是职工行使民主管理权力的机构，是中国特色基层民主政治建设的成功经验。职工代表大会主要行使以下权利：

(1) 审议建议权

职工代表大会应听取企业工作报告，审议企业经营方针、中长期发展规划、年度计划、财务预决算等重要事项的报告；审议企业改制方案和重大改革措施；审议职工劳动安全卫生措施，职工教育培训计划、奖励方案和经费使用情况；听取企业经营方面的重大问题、制订重要规章制度的情况以及实行厂务公开及集体合同履行等情况的报告，并提出意见和建议。企业拟订的职务消费管理制度在履行内部决策程序前，应当通过职工代表大会等形式听取职工意见。

(2) 审议通过权

职工代表大会应审议企业提出的企业改制中的职工安置方案、职工奖惩办法及其他涉及职工切身利益的重要规章制度；应审议经企业和工会协商提出的集体合同草案、企业年金方案、住房制度改革方案等涉及职工切身利益的重大事项。在审议方案的基础上，进行投票表决，形成通过或不通过的决议。

(3) 监督评议权

职工代表大会应在企业党组织领导下，在国资委企业领导人员管理部门的指导和参与下，每年或定期组织职工代表听取企业领导班子成员或已建立规范法人治理结构的企业的经营班子成员报告履行职责和廉洁自律的情况，并由职工代表进行民主评议。民主评议的结果可根据干部管理权限，报国资委企业领导人员管理部门或董事会。

(4) 民主选举权

职工代表大会应依法选举、监督和罢免企业职工董事、职工监事；选举职工代表大会专门委员会（小组）成员；选举企业劳动争议调解委员会中的职工代表。法律法规赋予职代会的其他权利。

4. 退休人员的社会化管理

企业退休人员实行社会化管理服务，是建立独立于企业事业单位之外的社会保障体系的重要内容，也是深化国有企业改革、解决企业办社会问题的重要措施。

(1) 企业退休人员社会化管理服务的主要内容

企业退休人员社会化管理服务是指职工办理退休手续后，其管理服务工作与原企业分离，养老金实行社会化发放，人员移交城市街道和社区实行属地管理，由社区服务组织提供相应的管理服务。街道和社区的社会化管理服务工作主要包括：配合社会保险经办机构做好确保养老金按时足额发放工作，保障企业退休人员的基本生活；为企业退休人员提供社会保险政策咨询和各项查询服务；跟踪了解企业退休人员生存状况，协助社会保险经办机构进行领取养老金资格认证；帮助死亡企业退休人员的家属申请丧葬补助金和遗属津贴；集中管理企业退休人员的人事档案；组织企业退休人员中的党员经常开展组织活动，加强企业退休人员的思想政治工作；建立企业退休人员健康档案，有计划地开展健康教育、疾病预防控制和保健工作，提供方便的医疗、护理和康复服务；组织企业退休人员开展文化体育健身活动，指导和帮助他们通过各种形式的社会公益活动发挥余热，开展自我管理和互助服务。

（2）企业退休人员社会化管理服务的形式

社会化管理服务的基本形式是将企业退休人员直接纳入街道和社区进行管理与服务。大中城市和其他经济比较发达、社区建设比较规范的地区，应主要采取这种形式。中央下放到地方管理企业的退休人员，原则上应纳入其常年居住地或户口所在地的街道、社区实行属地管理，其养老保险关系和基本养老金的社会化发放工作，仍由省级社会保险经办机构负责管理。

由于各地城市社区建设发展不平衡，部分地区在一定时期内还可以结合实际情况，采取一些现实可行的管理服务形式。在远离城市的独立工矿区和企业退休人员居住比较集中的企业生活区，可以委托企业主管单位或企业，确定或设立企业退休人员管理服务机构，对退休人员实行管理服务。劳动保障部门要通过统一机构名称、统一规章制度和工作职责、对工作人员进行培训考核等方式，加强对这类管理服务机构的指导和规范。有条件的地区可以将企业原有的退休人员管理服务机构、人员和设施一并移交当地政府，对企业退休人员实行集中统一管理。在社区组织不够健全、企业退休人员居住比较分散的县，可以由社会保险经办机构直接对企业退休人员进行管理服务。部分地区经当地政府确定，由有关部门、单位建立的企业退休人员管理服务机构应充分利用现有的组织、人员及活动场所，继续开展社会化管理服务工作。随着企业办社会职能的逐步移交和当地社区建设的发展，这几种管理服务形式应逐步过渡到由街道和社区进行管理服务的基本形式。

（二）再就业保障和扶持

在国有企业人员分流与安置过程中，再就业保障和扶持是第二个核心内容，主要包括再就业培训、鼓励灵活就业、再就业创业税收优惠、大龄再就业困难人员补贴等。

比如，2019年人力资源社会保障部、国家发展改革委等八部委发布《关于切实做好化解过剩产能中职工安置工作的通知》（人社部发〔2019〕56号）。通知明确，2019年职工安置工作重点对象包括：2019年有关地区去产能任务涉及的分流职工，前期结转的未分流职工，前期分流安置后仍处于失业状态的人员。

通知要求，做好实名信息管理。各地要继续做好分流职工基础台账，及时将信息录入职工安置实名制信息系统，动态跟踪分流安置进展。根据去产能计划任务锁定涉及职工分流安置的企业，通过实地调查、电话抽查、社保数据比对、用工凭证或工资发放记录核查等，对企业填报的职工信息进行摸底核实。对联系不上的职工，指导企业通过张贴公示、登报声明、上网公告等方式主动联系，并将有关情况报本地区人力资源社会保障部门核查备案。

通知要求，妥善分流安置职工。对分流职工较多、接续产业缺乏的困难地区，进一步加大就业创业攻坚力度，加强岗位信息定向推送和专场招聘，积极开展有组织劳务对接，强化针对性帮扶措施，适当加大奖补资金支持力度，积极稳妥推进职工分流安置工作。

通知还要求，强化兜底保障力度。各地要对符合条件的失业人员，按规定落实好失业保险待遇，简化优化发放程序。对符合条件的在岗职工、下岗职工和失业人员，及时纳入最低生活保障、临时救助和工会帮扶救助等范围。对符合就业困难人员条件的失业人员，及时纳入就业援助范围，落实好企业吸纳、灵活就业社保补贴政策，对确实难以市场化就业的，合理开发公益性岗位予以优先安置。

（三）维护社会稳定

国有企业发展的过程，也是不断改革的过程，涉及企业破产、倒闭、重组、并购、关停、撤资等，人员分流与安置成为必然面临的问题，届时人员分流与安置并非简单的劳动关系解除或终止，而是关系到社会稳定的政治工作。维护社会稳定是国有企业人员分流与安置过程中的第三个核心内容，实践中，也是很多国有企业不能突破或者必须遵守的底线性、红线性要求，是国有企业人员分流与安置的最具有挑战性的部分。这里主要强调发挥基层党组织政治核心作用。

（1）党组的地位

坚持党的领导，是中国特色社会主义最本质的特征，也是国有企业的独特优势。2015年9月，中共中央办公厅印发了《关于在深化国有企业改革中坚持党的领导加强党的建设的若干意见》，对在深化国有企业改革中坚持党的领导、加强党的建设提出要求、作出部署。意见指出，坚持党的建设与国有企业改革同步谋划，充分发挥党组领导核心作用、党委政治核心作用、基层党组织战斗堡垒作用和党员先锋模范作用；把建立党的组织、开展党的工作，作为国有企业推进混合所有制改革的必要前提。

（2）党组在人员分流与安置中的作用

党组织的政治核心作用，应当围绕企业的既定方针、目标，融入企业的决策、监督、执行等工作中去。在组织管理方面，有根据国家政策、方针、精神等制定合适企业实际情况的各类管理制度、工作计划、工作目标等。在维护社会稳定方面，企业内部的各级党组织，要通过各种途径和方式，对员工群体进行正确的引导，教育全体员工服从组织安排，听从组织调遣，以大局为重，确保人员分流与安置依法、有序地进行。积极参与人员分流与安置方案的制定和完善，正确理解安置方案内容，让员工充分理解安置的背景、法律法规和政策等。

第二节　人员分流与安置实施的三大核心问题

劳动关系调整、历史遗留问题解决、市场化用工机制是人员分流与安置实施的三大核心问题。其中，劳动关系调整主要包括劳动合同管理的五项内容、安置的渠道、经济补偿等；历史遗留问题解决主要包括社会保险费用、公积金费用、长期待岗人员、特殊身份人员等处理和处置；市场化用工机制主要包括竞聘上岗、岗聘分立机制、绩效导向薪资等。

（一）劳动关系调整

1. 劳动关系调整的依据

劳动关系调整的依据，是指企业在人员分流与安置时需要根据法律法规、企业依法制定的制度及政策规定的内容、程序进行劳动关系的调整。实践中，常见的误区是管理关系和劳动关系的混淆。比如，某企业在进行人员分流与安置时，需要对某二级单位总经理进行安置，但是，其劳动合同关系在集团总部。于是该企业集团的党委会、董事会经过讨论决定，以集团名义发出任免通知，免除其二级单位总经理的职务；二级单位的人事部门据此进行劳动关系调整的操作，包括调岗、协商解除等，均遭到该总经理的抵触。企业集团层面认为，该总经理不服从管理，应当给予解除劳动合同处理。从管理关系来看，集团行使干部任免管理权限并无法律上的障碍，但是，这种任免并不必然导致劳动关系的解除。因此，劳动关系和岗位是两个独立的存在，任何一个的灭失并不必然导致另外一个的灭失。具体到这个事件中，高管的任免涉及《公司法》上的法律关系调整，同时也会涉及《劳动合同法》上的劳动关系调整。其中，《公司法》上的法律关系调整，可按照从哪里来到哪里去的思路，即当初是按照什么样的决策依据和程序任命其为二级单位总经理的，就按照什么样的决策依据和程序免除其二级单位总经理的职务。当总经理的职务被免除之后，对于公司而言，系党委会、董事会根据《公司法》的依据和程序所作出的决策具有合法性、客观性、正当性，因此而影响了劳动关系的履行。这时候可以援引订立劳动合同时所依据的客观情况发生重大变化，与该员工协商变更劳动合同；若双方无法就变更劳动合同达成一致，则可以依法启动解除劳动合同的操作。

企业在劳动关系调整时，可从以下三个层面进行把握，以确保劳动关系的调整合规。

第一层面，找准法律法规依据。简单理解就是，对即将进行的劳动关系调整内容，在劳动法律法规及政策上是否存在具体的条文做支撑。无论是解除、终止还是变更劳动关系等，都要找到并确认适用的法律法规政策。正如上文所分析，相比私营企业、外资企业，国有企业在人员分流与安置时面临更加烦琐和复杂的法律环境，这就需要企业熟悉和掌握相关的法律法规政策等。

第二层面，若适用的法律法规政策不存在，则需要看企业过往与员工签署的劳动合同及各类协议，以确认双方事先是否就相关事项进行过约定，有约定则从其约定。比如，有些企业实行了岗位聘用制度，与员工签署了《岗位聘用合同》，在涉及岗位调整时，可以依据双方签订的《岗位聘用合同》约定的内容进行。

第三层面，若第一层面、第二层面均无法找到适用的依据，则需要确保采取措施来源的正当性、合理性。正当性、合理性涉及三个方面，一是影响劳动关系调整的来源是劳动法之外的法律法规政策的调整，比如，《公司法》、《环境保护法》、《安全生产法》、国家去产能的规范性文件、国企剥离副业的规范性文件等。这些虽然不是影响劳动关系调整的直接因素，但其是间接的影响因素，属于劳动法领域的客观情况变化因素等。二是企业不得不做出选择的情形，一种情形是积极的因素，如采用新技术、新生产工艺及提升生产效率、产品质量的方式，由于技术升级，必然会导致人员的富余，从而引起劳动关系的调整；另一种情形是消极的因素，如企业持续亏损、生产和经营无法维持等情形。这些都具有正当性、合理性，可以作为人员分流和安置的依据，作为企业实施经济性裁员的前提条件。三是经过民主决策的程序，即人员分流与安置经过职工代表大会或工会的民主决策程序，这样有助于增加其合理性、正当性。

2. 劳动关系调整的内容

劳动关系调整的内容，可以分为用人单位主体调整、工作内容调整、工作地点调整、劳动报酬调整等。用人单位主体调整在此不再赘述。工作内容调整，一种是工作量的调整，即增加或减少员工的工作量；另一种是工作内容质上的调整，即从事另外岗位上的工作；还有一种是工作量和质同时发生调整。从法律角度来看，工作内容质上的调整操作难度最大，需要与员工协商一致。

3. 劳动关系调整的形式

劳动关系调整的形式，可分为解除劳动合同、终止劳动合同、中止劳动合同、转移劳动合同用人单位主体、保持劳动关系时内部退养或停薪留职等。

（二）历史遗留问题解决

1. 工龄认定的问题

工龄计算是指职工以工资收入为生活资料的全部或主要来源的工作时间的计算。工龄标志着职工参加工作时间的长短。这里面还包括视同工龄的情形，视同工龄是指经人力资源和社会保障行政部门认定的，在实行养老保险个人缴费制度之前，国家政策认可的连续参加工作的年限，以及可以被认定为视同工龄的其他情形。

在国企人员分流与安置时，尤其是成立时间比较长的国有企业中，有些企业历史用工比较复杂，可能会涉及临时工、亦农亦工、视同工龄、事业单位改制等情形，就会衍生出复杂的工龄认定问题，其中国家层面有关工龄问题的主要文件和内容如下，各省市亦有相关规定。

（1）临时工、亦农亦工等工龄的认定

比如，原劳动部《关于季节工转为正式工以后连续工龄的计算问题》规定：季节工转为正式工人以后，其在本单位连续每年做季节工的实际工作时间，可以计算为连续工龄。这里要注意的是“实际”两个字。1958 年 6 月，全国总工会劳动保险部《关于实行劳动保险条例单位的学徒工劳动保险待遇的处理意见》规定，学徒工在本企业学习期满转为正式工人、职员以后，其学习期间应作为本企业工龄计算。原劳动人事部《关于经济建设民工工龄计算等问题的复函》规定：根据生产需要，经济建设民工被用工单位招收或转为国家职工后，其工龄问题，可参照临时工转正、录用的规定处理，即：其最后一次在本单位当民工的连续工作时间可计算为连续工龄。原国家劳动总局《关于“亦工亦农”工的工龄计算问题的复函》规定：招工、顶替前最后一次在本单位当“亦工亦农”工的连续工作时间可以与被录用为固定工以后的工作时间合并计算为连续工龄。

（2）学习期间的工龄认定

国家正式职工，1970 年以前进入高等和中等专业学校学习毕业分配工作的，由于工作需要经行政上调派到各类学校学习，在学习期间照发工资的，其学习期间及学习前后的工龄，可合并计算为连续工龄。由本人申请经领导批准离职考入各类学校学习，学习期间由学校发给助学金的，学习期间不能计算工龄，其学习前后的工龄，可以合并计算为连续工龄。

1970 年至 1978 年进入高等院校、中等专业学校和技工学校学习的国家职工工龄计算，应按国务院国发〔1973〕39 号、81 号文件，教育部、财政部、国家劳动总局（77）教计字 420 号、（77）财事字 365 号、（77）劳薪字 369 号文件执行，即：“国家职工，进入高等学校和中等专业学校学习，……其学习时间，都应计算为连续工龄。”

1979 年以后考入普通高等学校本、专科学习的国家职工，其工龄计算，按 1979 年教育部、财政部、国家劳动总局（79）教计字 315 号、（79）财事字 194 号、（79）劳总薪字 69 号文件执行，即：“考入普通高等学校的国家职工在校学习期间一律不计算工龄。入学前和毕业后参加工作的连续工龄可以合并计算。”

国家职工，系指全民所有制单位的干部和固定工（包括学徒工，国营农、林、牧、渔场和建设兵团的正式职工），这就把临时工排除在外了。但对下乡知青 1970 年至 1978 年进入高等学校、中等专业学校和技工学校学习的，根据有关文件规定，学习期间，可以计算为连续工龄。1981 年原国家劳动总局（81）劳险字 4 号文件规定，1979 年以后进入中专和技工学校学习的职工在学习期间也不计算工龄。

关于研究生在校学习期间的工龄计算问题。《国家教委、劳动部、人事部关于博士生和在职人员考取硕士生学习期间工龄计算问题的通知》（教高〔1990〕001 号）规定："一、国内博士生学习期间计算工龄。出国攻读博士学位研究生工龄计算问题，仍按《国务院批转国家教育委员会〈关于出国留学人员工作的若干暂行规定〉的通知》（国发〔1986〕107 号）有关规定办理。"即公派出国攻读博士学位的研究生获得博士学位后，在批准的攻读博士学位的期限内，国内计算工龄。在职人员自费出国留学回国工作后，出国前工龄可以保留，并与回国后的工作时间合并计算工龄。获得博士学位回国工作的，其在国外攻读博士学位的年限，国内计算工龄，工龄计算办法与公派留学人员相同。

在职人员考取国内硕士生，学习期间计算工龄。在职人员出国攻读硕士学位研究生，获得硕士学位回国工作后，在规定的学习年限内也计算工龄。执行这个规定需注意的是，根据现行规定，非在职人员考取研究生（如应届大学毕业生等），学习期间仍不能计算连续工龄。该规定从 1990 年 1 月起开始执行。过去与工龄有关的工资、保险、福利待遇不予追补。

另外，《国务院关于自费出国留学的暂行规定》（国发［84］185 号）中规定，在职职工自费到国外留学的，一般可停薪留职，本人要求退职的，可予同意。凡停薪留职的，从出境的下一个月开始停发工资。出国进修人员五年以内回国参加工作的，可连续计算工龄，五年以后回国参加工作的，按出国工作时间与回国后参加工作的时间合并计算工龄。这一文件还规定，自费公派出国进修人员，具有两年以上工龄的，在批准出国年限内，由原单位照发工资，工龄按自费留学的办法计算。

（3）关于被错误处理人员工龄计算问题

根据《劳动部办公厅关于处理安置工作和精简遗留问题的若干政策界限的函》等一系列文件规定，原开除、除名、劳动教养或劳动改造，经过甄别原处理确属不当已平反的，重新安置工作后，其错被处分期间，应该计算为工作年限。《国家劳动总局保险福利局关于确属错被开除公职的人员复查改正后工龄如何计算问题的复函》[（80）劳险便字 78 号] 规定，对错开除公职人员作了类似规定。

关于工作人员受过开除处分或者刑事处分的工作年限计算问题。根据《内务部关于工作人员曾受过开除、劳动教养、刑事处分工龄计算问题的复函》[（59）内人事福字第 740 号] 第一条的规定，工作人员受过开除处分或者刑事处分的，应当从重新参加工作之日起计算工作年限。如果情节较轻，经过任免机关批准的，受处分以前的工作时间，和重新参加工作后的工作时间，可以合并计算为工作年限。但受开除处分或者刑事处分的反革命分子和其他坏分子，他们的工作年限，应从重新参加工作之日起计算。

工作人员受过缓刑处分后的工作年限计算问题。根据 1978 年 6 月 6 日《最高人民法院、国家劳动总局关于判处有期徒刑缓刑仍留在原单位工作的被告人在缓刑期间是否计算工龄问题的批复》[（78）法办研字第 11 号、（78）中劳新字 20 号] 规定，人民群众中犯普通刑事罪，被判处有期徒刑缓刑，没有剥夺政治权利，仍在原工作单位留用叙职的，在缓刑期间，可以计算工龄。工作人员受过劳动教养处分（没有开除公职）或者监督劳动处分的人员工龄计算问题。根据《内务部关于工作人员曾受过开除、劳动教养、刑事处分工龄计算问题的复函》[（59）内人事福字第 740 号] 第二条规定，劳动教养和监督劳动期间一般不计算工作年限。他们受处分以前的工作时间，可以计算为工作年限。受过劳动教养处分并开除公职又重新参加工作的，他们的工作年限计算，可按本复文（一）条的精神办理。

工作人员受过开除留用察看处分的工作年限计算问题。根据《内务部关于开除留用察看期间工作年限计算问题的复函》[（62）内人工字第 82 号] 规定的精神，工作人员受开除留用察看处分以后，正式分配了工作，评定了工资级别的，留用察看期间，可以计算工作年限。

（4）转业、复员、退伍军人的工龄计算

根据《劳动部工资局复转业、复员、退伍军人的工龄计算问题》[（63）中劳薪便字第 260 号] 的规定，转业、复员、退伍军人，由国家分配到企业、事业或国家机关工作的，其军龄应与参加企业、事业或国家机关工作后的工作时间合并计算连续工龄。参加企业、事业或国家机关工作之后，因工作调动或自动离职时，其工龄计算方法与一般职工相同，其中不服从国家分配的自谋生活出路者，其连续工龄自重新参加工作之日算起。复员退伍军人，回到农村参加农业生产以后，又到企业、事业或国家机关工作时，其军龄应与参加企业、事业或国家机关工作之后的工作时间合并计算为连续工龄，在农村参加农业生产的一段时间不得计算工龄。

"军龄加参军前的工龄"，是指参军前的连续工龄。原从工作岗位上精简下放回家，又从家中应征入伍的退伍军人，其精简前的连续工龄可合并计算。对原从集体所有制单位工作岗位上参军的退伍军人，其参军前的连续工龄也可以合并计算。

《国务院关于发布〈退伍义务兵安置条例〉的通知》（国发〔1987〕106号）规定，义务兵从兵役机关批准入伍之日起至部队批准退出现役止，为服现役的军龄，满10个月，按周年计算。退伍后新分配参加工作的，其军龄和待分配的时间应计算为连续工龄。入伍前原是国家机关、企业、事业单位的职工，其入伍前的工龄和军龄连同待分配的时间一并计算为连续工龄，享受与所在单位职工同等待遇。

《国家劳动总局转发有关军龄计算问题的两个文件》［（77）劳薪字33号］规定，退伍的义务兵的军龄计算，其入伍时间，要从县（市）革命委员会征兵办公室（或人民武装部）批准入伍之日起计算；退伍时间，要以批准退出现役之日为准计算军龄。我们认为部队干部复员、转业批准退出现役后，有的要有一段时间做好思想动员工作，因而，以办理离队手续时间较为合适；而战士退伍是要在教育成熟后，才批准退出现役，填发证件时间没有什么间隔。因此，我们认为仍维持原定以批准退出现役之日为准计算军龄为好。军队干部确定复员，一般先由上级组织批准，然后再正式办理离队手续，赴地方安置。在批准至办理离队手续之前，他们仍属部队干部，享受部队待遇，有的仍继续在工作。因此，复员干部军龄的截止时间，应以正式办理离队手续时为准。《民政部关于印发对〈退伍义务兵安置条例〉若干规定的说明的通知》（民〔1988〕安字19号）规定，退伍军人"待分配的时间"，是指符合安排工作条件的退伍军人回到原征集地后等待分配的时间。待分配的时间从报到之日起原则上不超过一年。因组织造成的原因和其他特殊情况可适当延长。不符合安排工作条件的农村籍退伍军人，退伍回原籍参加农业生产后又由劳动部门安排就业或者是自行找到工作列入正式编制的，其军龄亦应与参加工作后的工龄合并计算为连续工龄（在企业单位的，即为本企业工龄）。退伍后至参加工作前从事农业生产期间不计算工龄。

(5) 劳动法实施之后工龄的问题

根据法律规定，劳动者非因本人原因从原用人单位被安排到新用人单位工作，原用人单位未支付经济补偿，劳动者依据《劳动合同法》第三十八条规定与新用人单位解除劳动合同，或者新用人单位向劳动者提出解除、终止劳动合同，在计算支付经济补偿或赔偿金的工作年限时，劳动者请求把在原用人单位的工作年限合并计算为新用人单位工作年限的，人民法院应予支持。用人单位符合下列情形之一的，应当认定属于劳动者非因本人原因从原用人单位被安排到新用人单位工作：劳动者仍在原工作场所、工作岗位工作，劳动合同主体由原用人单位变更为新用人单位；用人单位以组织委派或任命形式对劳动者进行工作调动；因用人单位合并、分立等原因导致劳动者工作调动；用人单位及其关联企业与劳动者轮流订立劳动合同；其他合理情形。

2. 养老保险的问题

养老保险的问题包含实际缴费年限和视同缴费年限两种情形，其中实际缴费年限比较容易理解，是指劳动者实际上参加基本养老保险缴纳和实际上缴纳的时间，包含连续和累计时间。视同缴费年限指的是劳动者在建立养老保险制度以前，凭借职工档案认定的可以视同缴费的时间。我国的企业职工养老保险制度是1991年《国务院关于企业职工养老保险制度改革的决定》确定建立起来的。在1986年国家对国营企业实施劳动合同制度，对新入职的职工要求缴纳退休养老基金，这也是最初的养老保险制度的原型。1991年实施养老保险制度以后，国家明确对于养老保险制度建立以前国家认可的连续工龄可以视同缴费。

3. 养老保险转移接续的问题

根据2016年人社部发布的《关于城镇企业职工基本养老保险关系转移接续若干问题的通知》的规定，关于视同缴费年限计算地问题，基本养老保险关系在户籍所在地的，由户籍所在地负责办理待遇领取手续；基本养老保险关系不在户籍所在地，而在其基本养老保险关系所在地累计缴费年限满十年的，在该地办理待遇领取手续。基本养老保险关系不在户籍所在地，且在其基本养老保险关系所在地累计缴费年限不满十年的，将其基本养老保险关系转回上一个缴费年限满十年的原参保地办理待遇领取手续；基本养老保险关系不在户籍所在地，且在每个参保地的累计缴费年限均不满十年的，将其基本养老保险关系及相应资金归集到户籍所在地，由户籍所在地按规定办理待遇领取手续。缴费年限，除另有特殊规定外，均包括视同缴费年限。

一地（以省、自治区、直辖市为单位）的累计缴费年限包括在本地的实际缴费年限和计算在本地的视同缴费年限。其中，曾经在机关事业单位和企业工作的视同缴费年限，计算为当时工作地的视同缴费年限；在多地有视同缴费年限的，分别计算为各地的视同缴费年限。

（三）市场化用工机制

市场化用工机制是国有企业人员分流与安置的核心问题。简言之，国有企业进行人员分流与安置，需要遵守市场化的用工机制，劳动关系的解除需要依法处理，经济补偿需要依法支付；需要安置到其他单位的，亦需符合"人岗匹配"的基本要求，适用于市场化的劳动合同管理机制等。有关市场化用工机制的要求和特征，详细见上文，这里不做赘述。

第三节　影响人员分流与安置的三大因素分析

影响人员分流与安置的因素可归纳为企业文化、员工心理状态、安置方案三个主要方面。企业文化包括但不限于企业和员工之间劳资关系是否稳定、和谐，企业管理层与员工之间沟通是否通畅，工会/职代会与企业之间是合作还是对抗等，党组是否发挥政治核心作用等。员工心理状态包括但不限于员工们的情绪有哪些，群体中有哪些主流想法，员工会有哪些反常对抗行为等。安置方案则体现在起点是否合理、过程是否合情、底线是否合法等。

（一）企业文化

企业文化是一个组织由其价值观、信念、仪式、符号、处事方式等组成的其特有的文化形象；是企业在生产经营实践中，逐步形成的，为全体员工所认同并遵守的、带有本组织特点的使命、愿景、宗旨、精神、价值观和经营理念，以及这些理念在生产经营实践、管理制度、员工行为方式与企业对外形象的体现的总和；是企业的灵魂，是推动企业发展的不竭动力。它包含着非常丰富的内容，其核心是企业的精神和价值观。这里的价值观不是泛指企业管理中的各种文化现象，而是企业或企业中的员工在从事商品生产与经营中所持有的价值观念。

企业文化的分类方式有很多，从劳动法和员工关系管理的角度，大致可分为家长式、成人式、反家长式等类型。其中，家长式企业文化，是指企业中管理者享有很高的管理权威，体现出来的是员工具有很强的执行力，通常不会质疑企业的决策。实践中，这种文化类型的企业会衍生出两种形态，一种是实际上的服从，另一种是表现上的服从。前者主要是基于长期的文化熏陶，在执行力和服从上源自内心对企业文化的认同；后者主要出于保住“饭碗”的考虑，实际上并不认可公司的文化。对于前者在人员分流与安置时，相对比较容易，因为员工具有长期形成的执行力和服从意识；后者在人员分流与安置时则容易产生群体性事件或者比较激烈的对抗和冲突，因为员工感觉像“火山”一样被压制的时间已经够久了。

成人式企业文化，是指管理者、员工之间像成年人一样交往和对话，也可以称之为市场化的企业文化，大家习惯依法办事，遵循规则办事，看重契约精神。这种企业人员分流与安置相对比较容易，前提是所有的操作和程序需要遵守法律、规则、约定，否则会引起员工的强势反弹。

反家长式企业文化，是指员工处于强势的地位，管理者通常需要满足员工的各项诉求，甚至包括那些不合法、不合理的诉求。在这样的企业文化之下，管理者最害怕的就是员工闹事，尤其是群体性闹事，这是管理者最不想看到的局面。涉及人员分流和安置时，管理者害怕或拒绝与员工发生冲突，不敢坚持自己的立场和态度等。

（二）员工心理状态

员工心理状态，是指员工对于企业整体经营情况的心理反应和所表现出来的状态。实践中，大致可以分为怨恨型、牢骚型、期待型、无所谓型、正义型、暧昧型等。

1. 怨恨型

处于这种心理状态的员工，对企业充满感情和认同，但是对企业的管理者非常不满意，甚至是怨恨。在他们心目中，企业就是自己的家，自己和企业有着无法割舍的情感，企业是有机会健康、可持续性地发展和经营下去的，但正是因为有了这些管理者的“无能”和“腐败”才败光了“家底”，才让企业走到现在举步维艰的境地。面对人员分流与安置，他们一般持有抵制的态度，甚至旗帜鲜明地反对人员分流与安置，要求更换新的管理层给予企业重新发展的机会等。

2. 牢骚型

处于这种心理状态的员工，对企业、管理人员，甚至是同事充满了牢骚，认为出现今天的局面，多因为他人的乱作为和不作为。这类人员通常不抗拒、抵触人员分流与安置，甚至在一定程度上希望企业做出改变，但涉及自身利益时，难免会牢骚不断，如果企业态度够明确、够强硬、够坚持立场，这样的人同样会在牢骚中接受分流与安置。

3. 期待型

处于这种心理状态的员工，一般是准备跳槽或离职的人员，或者在市场上再就业能力比较强的人员，亦有可能是急需用钱或者离开企业所在地的人员。他们往往期待着企业能够尽快进行人员分流与安置，自己选择拿补偿离职。

4. 无所谓型

处于这种心理状态的员工，一般没有特定的想法，别人怎样我怎样是其做事的风格。这类人在人员分流与安置时，多持观望的状态，若有足够数量的人员接受分流与安置方案，自己亦会接受。他们更加关注的是，我和别人是否一样，我是否受到了与别人不一样的对待。

5. 正义型

处于这种心理状态的员工，一般属于员工群体中的意见领袖，通常以伸张正义、维护正义为立足点，声称可以帮助员工获得更多、更大的利益，以获得员工的支持和认可。若遇到企业的人员分流与安置合法合情合理，这样的人就比较难有用武之地，如果企业多存在不合法之处，其容易成为被攻击的重点。

6. 暧昧型

处于这种心理状态的员工，一般已经盘算好自己的利弊得失，不会公开表明自己的态度。当他们完全掌握公司的立场、态度之后，才会做出最后的选择。

（三）安置方案

人员分流与安置方案将直接影响人员分流与安置的推行，可以从以下角度进行理解。

从法律的角度出发，人员分流与安置方案的核心内容之一就是分流与安置时的补偿，这是企业和员工双方最为关注的问题。实践中，对于人员分流与安置方案中的补偿标准，可分为三类：高于法定标准、按照法律标准、低于法定标准。

高于法定标准，是指企业在补偿标准方面，除了依法支付经济补偿等法定需要支付的待遇之外，额外给予更高的补偿，比如，设置一定金额的奖励金，提前结算未到期的年度奖金，结算部分福利待遇等。采用这种补偿方式的企业通常自身经营情况并不差，或者说自身财力充沛，当然，需要注意合规的问题。

按照法律标准执行，即法律需要企业支付多少，企业就依法支付多少。这里涉及两种情形，一种是严格限定范围，比如，仅限于经济补偿、工伤待遇等必须支付的补偿，对于可以不支付补偿的，如带薪年休假、加班工资等事先采用安排休假的方式进行。简言之，即企业人员分流与安置涉及补偿时，满足最低限度的法律要求即可。另一种是广义的依法补偿，比如合理地增加竞业限制补偿，支付在职期间的加班工资，支付未休带薪年休假的工资，按比例支付年终奖等。这类企业的特征是，凡是依据法律规定可以给补偿的，均按照法律规定操作给予补偿。

低于法定标准，即无法依法支付法定标准的经济补偿和其他待遇（补缴社会保险、住房公积金），出现这种情况多因为企业已经举步维艰、资不抵债，出现停工停产及无法正常兑现工资的情形等，即便企业愿意倾其所有依法进行补偿，实力也已经不允许。

从内容的角度出发，人员分流与安置方案的内容可能是一种安置方式，也有可能是综合性安置方式，这里与企业的实际情况，待安置人员的实际情况相关，具体的安置方案，在下面的专门性章节会做论述。

从程序的角度出发，国有企业的人员分流与安置方案，需要依法履行民主程序。民主程序包括三个阶段，第一个阶段是征求所有员工或者职工代表的意见，即就人员分流与安置方案的内容面向所有员工或者职工代表征求意见，听取他们对于人员分流与安置方案内容的意见。第二个阶段是与职代会或工会协商确定，即双方就人员分流与安置方案达成一致意见。第三个阶段是向全体人员进行公示、告知。

从操作的角度出发，人员分流与安置方案起点要合理、过程要合情、底线要合法。其中，底线要合法，是指人员分流与安置方案的内容要符合法律法规要求，不能触碰法律的底线性、红线性规定，尤其是国有企业在做人员分流与安置方案时，应当注意国有资产适用和处置过程中的红线性问题。过程要合情，是指在人员分流与安置整个操作过程中要和谐情感，既要认识到大家可能存在的情绪和感情，也要针对可能出现的情绪和感情做好疏导措施，更为重要的是，要牢记避免情绪和破坏情感的语言、行为等。起点要合理，是指人员分流与安置要合乎道理或事理，也就是需要符合大多数人的生活常识和经验，符合公序良俗。

第四节　人员分流与安置方案设计的三原则和五要素

人员分流与安置方案是决定人员分流与安置能否平稳、有序进行的重要保障，亦是企业进行人员分流与安置的路线图。根据法律法规政策及人员分流与安置的实战经验，可遵循三原则和五要素来进行人员分流与安置方案的设计，确保人员分流与安置方案合法、合规、合情、合理，并且能够有效地实施和落地。

（一）人员分流与安置方案设计的三原则

1. 底线性原则

底线性原则，是指在人员分流与安置时，需要做最坏的打算，尽最大的努力，争取最好的结果。做最坏的打算，包含两方面的含义，一方面是指不害怕出现最坏的结果，另一方面是全面、充分地评估现在存在的问题以及可能出现的后果，包括但不限于个体对抗性事件、群体对抗性事件、各类经济补偿的支付、企业声誉的影响，甚至个人职业生涯等。尽最大的努力，是指在开展人员分流与安置工作时，对涉及的法律环境、企业内外部环境、员工背景、企业人事管理、企业用工管理等做全面的调查、了解，做到事无巨细，事无遗漏等。争取最好的结果，是指通过全面、充分、周密的准备工作，通过培训或演练等举措，确保人员分流与安置顺利实施。

具体到个体人员的安置，底线性原则体现在，如果员工拒绝企业的人员分流与安置方式时，企业是否还有合情、合理、合法的方式推动事情往前发展。如果缺少这样的底线性原则，一边走一边看地做人员分流与安置，一旦遇到问题则有可能停滞不前，甚至造成更大范围的负面影响。

2. 人性化原则

具体到个体人员的安置，人性化原则体现在，企业还能帮助员工做点什么。有些人可能面临再就业的问题，企业需要在再就业培训、技能方面给予其帮助；有些人可能对人员分流与安置政策理解不到位，企业需要反复多次地给予解释、说明；有些人可能不了解养老保险转移接续的政策，企业需要给予解释、说明；有些人可能不了解失业保险待遇，企业需要给予计算清楚及协助办理；有些人可能不了解职工医疗保险待遇和居民医疗保险待遇的区别，企业需要给予讲解；等等。员工的不安和忧虑就是企业在人员分流与安置时，需要重点考虑的事项，有些事项并非法定事项，也并非企业的法定义务，但是关乎员工的切身利益，是员工关切的内容，企业应当给予积极的回应，这样才能有助于形成友善互助的环境和氛围，有助于推进人员分流与安置工作。

3. 利益性原则

从实践经验来看，利弊得失是绝大多数群体作出选择的参考标准，亦是企业作出选择判断的参考标准。利弊得失的评价维度包括但不限于：经济维度、未来发展维度、工作环境维度、生活环境维度、机会维度、人际关系维度、情感维度、时间维度等。

经济维度，主要是指经济利益方面的投入和产出，从员工的角度出发，坚持自己的立场和选择，可能面临失去奖励金、交通差旅成本的投入、法律咨询成本的投入。实践中，员工的各项成本投入通常无法获得企业的让步，使其提高经济补偿或给予更优渥的安排，这时相对于接受人员分流与安置的人员，明显是得不偿失的。当员工太看重经济利益的得失，为了获得更多收益额外进行了投入却无法达到预期时，心理上可能会出现严重的失落，进而有更加激烈的对抗行为。而配合企业的人员分流与安置，往往可以获得经济上最大化收益。

未来发展维度，主要包括收入和技能两个方面，其中收入包括工资、奖金、福利待遇等，在数额方面可能会持续地降低，在支付时间方面可能会存在延迟、拖欠等，这是很多企业客观存在的情况。技能是指个体的工作能力，随着工作量的减少，甚至无工作可做，将会长期陷入闲置状态。市场是不断变化的，企业对于从业技能的人员要求也是不断提升的，在这样的局面之下，员工会越发被动。但反过来看，员工的收入和技能也有提升的空间。

工作环境维度，更好的工作硬件、软件，更加舒适的工作环境等；当然，不排除更加艰苦、恶劣的工作环境。

生活环境维度，租房、购房、宿舍、交通、旅游、购物、教育、医疗等环境因素。

机会维度，在人员分流与安置时尽快作出选择，会有更多的选择机会；在人员分流与安置之后，可能会得到更多升职升迁的机会；等等。

人际关系维度，在拒绝配合分流与安置时，可能面临与现在的企业、团队，甚至同事之间的人际关系现状无法得到维护等问题，但同时亦有可能扩大自己的人际圈。

情感维度，在对抗和冲突过程中，情绪时刻处于激动、焦虑、不安、愤怒等状态中。从企业角度出发，员工在执行工作任务时情绪相对容易控制和平复，面对个人问题时则时刻受到自身情绪的影响。这是人员分流与安置中最难把握和控制的问题，也是个体需要重点考虑的问题，即从有利于自身情绪和身心健康的角度作出选择。

时间维度，投入的时间与获得收入成反比或维持不变，这是人员分流与安置时企业必须坚持的基本原则。在这样的原则之下，员工个体持续投入时间将不会带来比现在更好的结果。

（二）人员分流与安置方案设计的五要素

1. 团队要素

企业人员分流与安置是集体性的行为，需要企业各部门分工配合，形成共识，并确保在人员分流与安置过程中各部门行动的一致性。党委书记、董事长、总经理是企业的核心管理层，也是企业人员分流与安置的负责人，需要统筹、协调各方的资源，把专业的事情交给专业的人来做。人力资源部门是人员分流与安置的直接执行者、推动者；直线管理者是执行者、协同者；法务、律师、咨询顾问是法律法规政策、分流与安置经验的提供者及风险管控者等；财务、内审确保费用支付合规；工会、职代会、党组织，参与民主协商，维护稳定；宣传部门、安全等部门负责宣传、舆情管理，维护企业安全等。

2. 员工要素

员工要素包括人员在企业的任职经历及过往的职业履历、家庭经济情况、个人性格特征、年龄、学历、技能、是否有工伤或职业病等。通过对这些要素的分析，可以帮助企业判断员工是否具备再就业的能力，围绕再就业对其开展相关的帮助、帮扶活动；同时，根据员工现状和问题，设计更加科学、合理的安置方案。

3. 安全要素

人、财、物是安全需要关注的三个方面，其中，人的安全包括对工作人员进行安全意识教育、培训及采取安全保障措施；对员工个体的安全，需要通过事先的调查工作，发现安全隐患因素，做好安全预防措施，避免伤害他人或者伤害自己。财产的安全，包括有形的财产和无形的财产，比如，存储的数据、商业秘密、办公用品、借款、违约金、赔偿等财产。物品的安全主要是指生产设备、生产资料的安全。

4. 时间要素

时间要素包括人员分流与安置的准备时间和实施时间。准备时间是指从背景调查到方案确定期间的期限，可能需要两三个月，甚至更长的时间。实施时间，是指方案开始执行的时间，一种是连续性的，通常时间为一两周；另一种是阶段性的，即需要分时间段、分批实施。准备时间并无特殊的时限要求，以满足安置实施为准。实施时间一般需要避免重大活动、重要会议等，应当尽最大努力减少人员分流与安置对社会的影响。

5. 方案要素

人员分流与安置方案的设计，正如上文所提到的，从内容、形式、程序、操作等多维度进行把握。

第五节　人员分流与安置方案设计的十步法

人员分流与安置是政策性、系统性、综合性比较强的工作。根据实践经验，企业人员分流与安置可以归纳为以下十大方面：组建工作组、用工尽职调查、用工风险评估、安置方案设计、安全保障方案、配套资料法律文书、沟通方案设计、补偿方案设计、应急预案、实施方案。

（一）组建工作组

按照专业的事情交给专业的人来做的原则，在组建人员分流与安置方案工作时，需要以下部门和人员的参与。

1. 人力资源部门

涉及人员用工关系的处理是人力资源部门的工作职责，但是，并非所有涉及人员用工关系的事情都适合由人力资源部门处理，或者全部归属人力资源部门处理。实践中，很多企业认为，凡是涉及人员的事情，都是人力资源部门的事情。显然这是一种理解和认识上的误区，因为用工管理并不是一个部门的事情，而是需要多个部门共同参与，无论是日常的企业用工管理活动，还是人员分流与安置，涉及员工的方方面面。在人员分流与安置过程中，人力资源部门起到主导、执行的作用，但更大的作用是统筹资源，即统筹全公司的内外部资源来实现人员分流与安置的顺利、平稳进行，换言之，这是公司层面的事情，是需要各部门职能参与、配合的事情。从解决问题的角度出发，人力资源部门在员工基本履职信息、工资信息、社会保险和公积金信息、各类休假等人员基数信息的收集、整理、分析方面具有一定的优势。

2. 管理人员

这里管理人员主要是指一线管理人员、中层管理人员、高管管理人员，他们是人员分流与安置中不可或缺的参与者、执行者。首先，人员分流与安置通常基于企业经营情况的变化，而管理人员对于企业经营情况的现状、变化的背景及原因等是最熟悉的，有利于向人员解读、说明为什么要进行人员分流与安置。其次，管理人员和员工之间存在一定的信任关系，尤其是一线管理人员与员工在日常工作中相处时间比较久，对员工工作情况、性格、家庭、背景、诉求等比其他部门更为熟知，或者更为容易了解和掌握。再次，由于长期的相处，大家有着更多的共同语言。最后，人员分流与安置，通常伴随着业务的调整、工作内容的整合、岗位的调整、人员的留用等事项，这些工作的推进和开展都离不开管理人员支持。

3. 法律顾问

这里是指专业做人员分流与安置的机构，通常需要熟悉劳动保障法律法规政策和国企人员分流与安置相关的政策，同时应当具备实操的经验。这样背景的法律顾问对企业的人员分流与安置能够起到助理的作用，一是基于专业的能力，能够帮助企业把握方案的合规性、合理性。二是基于实务的经验，能够帮助企业判断方案的可行性、落地性。三是基于第三方的视角，可以给企业更多有益的建议。当参与各方利益发生冲突，或者观点存在差异时，第三方法律顾问的存在可能有利于化解冲突，促使各方观点达成一致。四是第三方法律顾问可以充当企业的“中间人”，是指企业方面不适合说的话，或者不能操作的事情，可以借助第三方法律顾问来实施。

4. 法务部门

在人员分流与安置中法务部门具有重要的作用，对内可以确保人员分流与安置全过程合规，即符合国家法律、法规、政策、企业内部制度等要求；对外可以确保面向员工的所有内容合规。法务部门和外部法律顾问并不冲突，法务部门通常负责企业的全部法律事务，优势是熟悉企业内部的合规管理流程和政策，相对而言在聚焦用工领域的法律法规政策时第三方法律顾问可能更加具有专业优势；在实践经验方面，尤其是初次或者有过经历但是间隔多年后再次操作人员分流与安置的，第三方法律顾问相比内部法务更加具有优势；在解决问题的视角方面，第三方法律顾问用第三方视角分析、评价问题，更加有利于推动问题的解决。不难看出，法务部门和外部第三方法律顾问之间具有很强的互补作用。

5. 党组织

国有企业党组织在国有企业中发挥领导核心和政治核心作用，也是企业人员分流与安置顺利实施的重要保障。换言之，人员分流与安置需要在党组织的领导下进行。

6. 工会/职代会

这是实现企业人员分流与安置程序合规的重要机构。在企业改制方案和重大改革措施方面，听取企业经营方面的重大问题、制订重要规章制度的情况等方面，职代会具有审议建议权。企业改制中的职工安置方案、职工奖惩办法及企业其他涉及职工切身利益的重要规章制度等涉及职工切身利益的重大事项上具有审议通过权，在审议方案的基础上，进行投票表决，形成通过或不通过的决议。对企业领导班子的履职情况具有监督评议权等。企业人员分流与安置方案涉及事关员工切身利益的重大事项，在程序合规方面离不开职代会。故此，在人员分流与安置工作中需要工会/职代会的参与、支持、建议，这样才能更好地实现人员分流与安置。

7. 宣传部门

国有企业的宣传部门，一般承担企业文化建设，企业重大决策部署的宣传工作，对外新闻宣传报道，企业舆情管理工作，舆情突发事件的应急及监控处置等工作。如今是自媒体时代，人人都是记者，在人员分流与安置过程中处理不当或引发冲突，容易升级或演化为舆情事件，引起媒体、社会的关注。宣传部门亦是企业人员分流与安置工作中不可或缺的角色。

此外，财务部门的参与能够确保人员分流与安置方案的每笔费用支出符合企业的财务规范和要求；安全部门、信访部门、监察、纪委等亦在人员分流与安置中扮演重要的角色。

综上不难看出，人员分流与安置工作中需要企业内部各部门参与、分配、配合，各部门要各司其职，相互协同。

（二）用工尽职调查

用工尽职调查是指在设计人员分流与安置方案之前，对企业内外部的情况进行全方位的调查和评估。用工尽职调查主要包括法律、环境、人事、员工四个方面的调查和评估工作。

1. 法律调查

法律调查的目的是确保人员分流与安置的方案、程序、操作合规。调查的内容包括相关的法律法规政策，具体是指国家、省市、部委、集团、企业内部发布的有关人员分流与安置的法律法规政策、制度；当地的审裁口径，劳动监察部门、劳动争议仲裁委员会、人民法院等部门对于劳动争议纠纷的审裁意见等；当地的典型劳动争议案件及案例等。通过对法律的调查和评估，有利于帮助企业正确地理解和适用法律，避免因为不熟悉或不了解相关法律法规政策，导致人员分流与安置的方案、程序、操作出现违法或违规的情形。

2. 环境调查

环境调查的目的是确保人员分流与安置的方案能符合企业的实际情况。一方面是外部环境的调查，包括周边企业人员分流与安置类似情形的处理方式，以经济补偿标准为例，若周边的企业普遍按照高于法律的标准给予补偿，或者因为人员安置发生过群体性、极端性的事件等，那么，就需要引起企业足够的重视。因为这些事情容易引起员工的效仿。另一方面是内部环境的调查，主要包括企业以往相同或类似情况下人员分流与安置的方案，集团内其他关联企业、兄弟企业的做法等。某国有企业在安置富余人员时，为了减少冲突和化解矛盾，选了内部退养和待岗的安置方式，时隔一年之后，企业认为需要继续人员分流和安置，若继续沿用内部退养和待岗的安置方式，会进一步增加企业的成本，不利于改变当前的局面，于是决定采用解除劳动合同给予经济补偿的方式进行安置，结果遭到了待安置人员的抵制，要求企业按照上一批人员分流与安置的方案执行，结果导致本次人员分流与安置陷入僵局。

3. 人事调查

人事调查是人员分流与安置的基础性工作，主要包括规章制度的有效性调查和工资支付情况调查，规章制度的有效性调查是人员分流与安置过程中处理违纪违规情况的重要保障，通常包括制度是否还在有效期、制度内容是否合理、制度内容是否合法、制度内容是否具有可操作性、制度制定的程序是否合法、制度是否已经向员工进行公示告知。工资支付情况调查需要对员工最近两年的工资支付记录进行清查，即核实工资是否已经依法足额支付，同时需要对在职期间的特殊工时审批情况、员工加班及调休、加班费支付的情况进行审查，核实是否依法足额支付了加班费。

4. 员工调查

员工调查是人员分流与安置的核心工作，主要包括对劳动合同、竞业限制协议、岗位聘用协议、保密协议、服务期协议、借款协议等已经签署的文本进行核查，确认是否有效、是否需要继续执行等。人员的从业经历、在企业的任职经历、性格特征，有助于帮我们识别员工的基本诉求；人员是否具有特殊身份，比如，患病、女职工“三期”、党员、工会委员、工会主席、职业病人员、工伤人员等。

用工尽职调查是人员分流与安置的基础性、核心性工作，是设计人员分流与安置方案的基础，亦是实现人员分流与安置方案落地的重要保障。某国有企业在对人员进行分流和安置的过程中，将人员的绩效考核结果作为选择分流和安置人员的重要参考标准。在人员分流与安置的实施过程中，有一位员工情绪非常激动，表示无法接受。现场经过了解得知，该员工绩效考核成绩之所以很低，是因为其身体健康存在问题，部门管理者出于对员工的照顾，和员工私下达成了约定，该员工每周只需要到企业工作两天，其他时间无需到企业上班。管理者视为其已经出勤，支付工资，但是绩效考核方面按照最低档进行处理。这种状态维持了一年多的时间。虽然企业以这种操作违反公司制度规定，员工和管理者都需要面临被解除劳动合同处分为沟通内容的核心，最终说服了员工接受人员分流与安置的方案。但是，其中暴露出来的问题是前期的工作没有做到位，当员工感觉事发突然或者无法接受的时候，容易诱发争议纠纷，甚至极端性事件。故此，在人员分流与安置过程中，用工尽职调查应当作为重点工作进行。

（三）用工风险评估

人员分流与安置方案依据的适用评估，即需要企业评估在进行人员分流与安置时所采取的措施是否合规，这将决定整个人员分流与安置活动的合法性。如何进行适用依据的评估呢？简言之，就是判断拟对员工采用的分流和安置方式是否符合法律层面的要求，在法律规定中是否可以找到支持决策的依据。

1. 企业规章制度的合法有效性评估

主要包括三个方面：企业的规章制度内容是否合法、合理；企业规章制度的制定是否依据《劳动合同法》履行了民主程序；制度是否向员工进行了公示、告知。企业规章制度是维持劳动纪律、生产秩序的重要保障，也是企业进行人员分流与安置时对应员工不当行为的重要保障。

2. 劳动报酬福利待遇的合法性评估

即企业是否依法足额支付了工资、福利待遇，主要包括加班工资、奖金、工资、社会保险、住房公积金等。

3. 休息休假的合法性评估

即企业是否已经安排带薪年休假，病假医疗期、女职工“三期”各类假期、工伤或职业病的停工留薪期等休假是否合规等。

（四）安置方案设计

人员分流与安置方案是人员分流与安置的核心内容，根据实践经验，人员分流与安置方案可分为四大类。

第一类安置方式主要包括协商一致解除劳动合同，企业破产终止劳动合同，企业提前解散终止劳动合同，撤销分支机构终止劳动合同，订立劳动合同所依据的客观情况发生重大变化解除劳动合同，经济性裁员。其中，订立劳动合同所依据的客观情况发生重大变化，是指发生不可抗力或出现致使劳动合同全部或部分条款无法履行的其他情况，如企业迁移、被兼并及企业资产转移等情形。经济性裁员分为：依照企业破产法规定进行重整的；生产经营发生严重困难的；企业转产、重大技术革新或者经营方式调整，经变更劳动合同后，仍需裁减人员的；其他因劳动合同订立时所依据的客观经济情况发生重大变化，致使劳动合同无法履行的四大类情形。这类安置方式需要一次性支付经济补偿，解除或终止劳动合同之后，企业和劳动者之间的权利和义务结清。

第二类安置方式主要包括内部转岗、关联企业借调、劳动关系用人单位主体转移、员工内部创业。其中，员工内部创业时，劳动关系处理的方式有三种：一种是解除劳动合同，企业支付经济补偿，或者经济补偿转为创业企业的出资款。另一种是中止劳动合同，劳动合同中止期间，劳动关系保留，劳动合同暂停履行，用人单位可以不支付劳动报酬并停止缴纳社会保险费。劳动合同中止期间不计算为劳动者在用人单位的工作年限，中止情形消失之后，劳动合同恢复履行。还有一种是继续维持劳动关系，按照内部承包经营的模式运行。第二类安置方式相对第一类而言，一般不需要一次性支付大额的经济补偿，更接近于企业之间人力资源的合理配置。

第三类安置方式主要包括在职培训、停工停产、调岗降薪、降职、轮岗轮休、依法淘汰、邀约协商等。这类安置方式属于企业采取的自救措施，即为了不减员而采取的努力措施。其中，依法淘汰，包括严格执行劳动纪律，对于违反劳动纪律构成严重违纪情形的，给予解除劳动合同；对于不胜任、长期病假的按照对应程序给予解除劳动合同等。邀约协商，实践中，有些企业会设置窗口期，即在窗口期内员工可以主动提出和企业协商解除劳动合同，企业依法或者低于法定标准给予补偿，或者额外给予奖励等。

第四类安置方式主要包括劳动合同中止、内部退养、停薪留职、经营性放长假等，对于企业而言，这类安置方式在一定程度上可以减少人力成本，有利于缓解企业和员工之间的矛盾，但是其依然是企业需要背负的负担。

实践中，人员分流与安置方式应该是多样化的，或者说是复合型的，需要同时推行多种安置方式。

（五）安全保障方案

安全保障方案主要包括安全责任人、安全队伍、隐患排查、应急预案、安全措施等。安全责任人系在人员分流与安置中承担安全保障的负责人，负责统筹、安排、监督、协调等安全相关事宜。安全队伍，包括企业的管理者、保安、临时增加的安保力量、警方等，一是维持人员分流与安置现场的秩序，二是巡视企业内部财务安全等。隐患排查，包括可能存在风险的人员，生产设备的安全，消防设备的配置，场地安全隐患的检查，急救设备的配置，安保人员的装备配置，等等。应急预案，包括自杀、自残、故意伤害、火情、水情、疾病、拦阻、堵门等突发性、对抗性事件的应对等。安全措施包括但不限于划定禁止进入区域、安装监控、禁止携带攻击性工具等。

（六）配套资料法律文书

人员分流与安置的配套资料法律文书主要包括合同类、通知或函类、表单类。

合同类包括劳动合同书、劳动合同变更协议、协商解除劳动合同协议、停薪留职协议、岗位聘用合同、内部退养合同、保密协议、竞业限制协议、培训服务协议、劳动关系转移三方协议、借调协议、工伤或职业病待遇补偿协议、人道主义补偿协议、协商中止劳动合同协议，协商终止劳动合同协议等。

通知或函类包括人员分流与安置方案征求意见函、人员分流与安置方案说明会议通知、违纪处分通知、催促返岗通知、安排休假或调休通知、调岗或调薪通知、工作地点调整通知、临时性工作安排通知、停工停产征求意见函、停工停产通知、协商变更劳动合同征求意见函、医疗期满返岗通知、解除或终止劳动合同通知、中止劳动合同通知、催促办理请假手续通知、各类培训通知、办理退休手续通知、办理工作交接通知、解除劳动合同征求工会意见函、工会关于各类意见函的复函等。

表单类包括人员花名册、员工信息登记表、分流与安置形式确认单、会议签到表、培训签到表、工伤或职业病待遇核定表、退休待遇核定表、工资确认单、工作交接表等。

（七）沟通方案设计

沟通，是信息传输的过程，有效的沟通能够事半功倍；无效的沟通容易导致双方理解和认识错误，从而产生误判，诱发不必要的矛盾和纠纷。在人员分流与安置时通常涉及与员工、政府相关部门、企业内部、媒体等沟通事宜。

1. 与员工进行沟通

与员工进行沟通，从时间线的角度，可分为前期的征求意见和中期的一对一沟通。前期的征求意见可以会议的形式进行，也可以书面的形式进行。征求意见有两种场景，一种是企业制定框架性的方案时征求意见，这种操作的好处是可以充分发扬民主、集思广益；缺点就是容易引起混乱。某企业在进行非主营业剥离时，有 200 名员工需要安置，在企业尚未确定人员分流与安置方案之前向员工询问相关意见，此后由于各种原因导致正式的人员分流与安置方案迟迟未公布，最终引发群体性上访事件，员工的主要诉求就是要求企业在规定期限之前给出具体的人员分流与安置方案，导致企业一度非常被动。另一种是企业已经有基本框架，即人员分流与安置的对象、范围、方式、补偿等已经有基本的安排。这时征求意见，一方面可以帮助企业进一步完善方案，另一方面可据此观察员工对方案的整体反应评估后续工作开展的难易程度。

中期一对一的沟通，基本的沟通原则就是保持“同理心”。一个人要想真正了解别人，就要学会站在别人的角度来看问题，即设身处地、将心比心。心理学家通过研究发现，无论在人际交往中发现什么问题，只要坚持设身处地、将心比心，尽量了解并重视他人的想法，就比较容易找到解决问题的方法。尤其是在发生冲突和误解时，当事人如果能够把自己放在对方的处境中想一想，也许就可以了解对方的立场和初衷，进而求同存异、消除误会。同理心，是设身处地地对他人的情绪和情感的认知性的觉知、把握与理解，主要体现在情绪自控、换位思考、倾听能力以及表达尊重等与情商相关的方面。

首先，倾听自己的感觉。假如无法触及自己的感受，就很难体会别人的感受。因此，你必须把自己调整到可以发掘自己的感受，并且能体会这些感受。

其次，表达出自己的感觉，重要的是选择表达感受的方式。

再次，倾听他人的感觉。当你自己的感受与表达方式不再干扰你倾听别人时，你才能开始练习体会他人的感觉。有很多线索可以帮助你了解别人的感受。

最后，用体谅来回答他人的感觉。你一听到别人的感觉就会发出某种反应，并能让对方认为你听进去了，且能体会他的感觉。因此，倾听自己以找出自己的感受、表达他们、与体会他人的感觉并与之起共鸣，是同理心发生的四个过程。

2. 与政府相关部门沟通

企业在进行人员分流与安置时，通常需要与劳动行政部门、公安部门、住房公积金管理部门、安全生产部门、当地政府等沟通。沟通的前提是企业已经有成熟的人员安置方案，即安置方式、补偿方式、实施的计划和时间等核心内容已经确定。为什么要与这些部门沟通？在企业内部发生的问题，原则上政府部门不会干预，除非发生自杀、自残、暴力伤害、非法侵害的事件；若因为企业内部的事情外溢到企业外部，发生堵路、集体上访以及涉嫌危害公共安全的行为，则公安机关、政府部门需要介入处理。正是基于此，需要事先与政府相关部门沟通，并听取政府相关部门的建议和意见。这是企业进行人员分流与安置的重要外部保障措施，亦是必不可少的沟通环节。

3. 与企业内部沟通

与企业内部沟通，主要是指人员分流与安置项目组之间的沟通，与党委、总经理、董事长及企业各级管理层的沟通。企业内部沟通的目的在于确保大家对人员分流与安置形成共识，对即将采取的行动保持一致性，也就是内容统一意见、统一行动的沟通环节。

4. 与媒体沟通

通常由负责媒体工作的宣传部门进行，主要用来应对舆情、媒体报道等事宜，这也是为什么需要把宣传部门作为项目组成员。只有了解和掌握事情的来龙去脉及企业的安置政策和方针，才能准确无误地传递出信息。

（八）补偿方案设计

补偿方案是人员分流与安置方案最为核心的内容，也是企业和员工双方关注和争议的焦点问题。补偿方案的补偿项目包括但不限于经济补偿、未休带薪年休假补偿、社会保险费用补偿、住房公积金补偿、工伤保险待遇、各类奖金、困难群体救助、加班工资、奖励金等。

1. 补偿项目

实践中，根据企业自身财务的承担能力，经济补偿的标准存在三种情形：低于法定标准、法律标准、高于法定标准。

低于法定标准，是指在人员分流与安置时需要支付经济补偿时，在计算经济补偿时月工资、工龄的计算标准低于法律规定，出现这种情形通常是企业财务支付能力出现了问题，已经没有能力按照法律要求的标准支付经济补偿。某企业从事传统的服装代加工业务，20 世纪 90 年代中后期是企业发展的巅峰阶段，当时企业有员工 3000 多人。由于外部市场环境的变化及竞争的加剧，到 2018 年时，企业的员工规模已经缩减到 300 人左右，而且企业需要从集团公司借钱方可维持日常的工资支付。在企业选择人员分流与安置时，企业给予的补偿方案低于法定的经济补偿标准，但员工并未因此与企业发生冲突和纠纷。

按照法律规定的标准进行补偿，这里涉及月工资和工龄的计算。其中，月工资按照劳动者应得工资计算，包括计时工资或者计件工资以及奖金、津贴和补贴等货币性收入。劳动者在劳动合同解除或者终止前 12 个月的平均工资低于当地最低工资标准的，按照当地最低工资标准计算；劳动者月工资高于用人单位所在直辖市、设区的市级人民政府公布的本地区上年度职工月平均工资三倍的，按职工月平均工资三倍的数额支付；劳动者工作不满12个月的，按照实际工作的月数计算平均工资。实践中，对于月工资是否包含加班费、病假工资、停工停产等特殊情形下的工资存在争议。有观点认为，应该包括在内；也有观点认为，应当予以剔除，按照员工正常情况下的收入进行计算。

工龄的计算，按劳动者在本单位工作的年限，每满一年支付一个月工资的标准向劳动者支付经济补偿。6个月以上不满一年的，按一年计算；不满6个月的，向劳动者支付半个月工资的经济补偿。劳动者月工资高于用人单位所在直辖市、设区的市级人民政府公布的本地区上年度职工月平均工资三倍的，向其支付经济补偿的标准按职工月平均工资三倍的数额支付，向其支付经济补偿的年限最高不超过12年。根据《劳动合同法》第97条及《违反和解除劳动合同的经济补偿办法》（已废止）第5条、第7条之相关规定，企业在计算经济补偿时，可以从两个维度判断补偿的年限：一是从解除劳动合同原因维度，若是因为协商一致、不胜任解除劳动合同的，则2008年之前的补偿不超过12年，对于2008年之后的补偿年限没有影响；二是从员工的收入维度来看，当员工收入高于当地上年度社会平均工资3倍时，则2008年之后的补偿不超过12年，对于2008年之前的补偿年限没有影响。实践中，有些省份认为，当员工收入高于当地上年度社会平均工资3倍的时，全部补偿年限不超过12年。出现这些情况的原因与劳动法规政策的地域性特征密切相关，这亦凸显了人员分流与安置之前做法律背景调查的重要性。

高于法定的补偿标准，即用人单位除了根据劳动者在用人单位的工作年限（N）支付其经济补偿金外，再额外支付劳动者X个月的工资，X的值由用人单位视情况而定。这就是俗称的“N+X”。这对国有企业而言是一件非常具有挑战性的事情，首先，对于国有企业而言，有关人员分流与安置涉及需要解除劳动合同支付经济补偿的标准，各省市通常参照《劳动合同法》作出了明确规定；其次，国家针对国企经济补偿亦有明确的要求；最后，对于国有企业的任何财产处置都应当依法进行，也就是需要有明确的法律法规做支撑，否则存在私分国有资产、国有资产流失的嫌疑。我国《刑法》明确规定，违反国家规定，以单位名义将国有资产集体私分给个人，数额较大的行为，按照私分国有资产罪处理。

另外，涉及未支付的加班工资、未休的带薪年休假、应付未付的奖金、职业病或工伤待遇等补偿项目都需要一一进行盘点和清算。

2. 补偿方案

从鼓励员工配合分流与安置的角度，实践中可以设置差异性的补偿方案，比如对于家庭困难的员工，由企业或者工会按照政策给予救助；设定一定的签约奖励金，签约时间越早获得的奖励金额越高，签约时间越晚获得奖励金额越低或者没有奖励金等。

（九）应急预案

在人员分流与安置过程中，或多或少都会发生对抗性的行为，这是人员分流与安置过程中必然会产生的问题和现象。正因如此，企业应当对此有正确的认识，事先做充分的准备。员工的对抗行为可以分为一般性对抗行为和危险性对抗行为两大类。

1. 一般性对抗行为

一般性对抗行为，是指员工为表达诉求或不满情绪，采取的消极的、不具有危险性的行为，包括但不限于拒绝上班或上岗、病假、出工不出力、拒绝到新岗位、在领导面前静坐、找领导哭诉、申请劳动争议仲裁、主动提出解除劳动合同、找律师介入等。

拒绝上班或上岗，属于两种类似的情形，前者是不遵守企业的勤务管理制度，后者是遵守勤务管理制度，但是拒绝履行劳动义务。这两种情形的应对，均需要企业合法有效的管理制度作为支撑，通过书面形式的告知、提醒等措施收集、保留证据，并适时根据管理制度给予员工劳动纪律方面的惩戒。

病假属于比较棘手的问题，因为此时员工享有法定的医疗期，需要结合企业的休假管理制度等进行应对。

拒绝到新岗位报到，前提是需确保调岗符合合法性、合理性、关联性的要求，同时有书面形式的告知、提醒等措施，要收集、保留证据。

出工不出力的，则需要企业对其工作在数量、质量、时效等方面提出具体的要求，并参照上述书面形式来收集、保留证据。对于其他一般性对抗行为，处理的思路基本相同。实践中，有些企业基于担心激化矛盾的考量，不愿意动用规章制度去处理存在对抗行为的员工，甚至认为情况特殊放任其存在，但是事情发展到后期，企业往往又缺少证据支撑进行处理，导致局面非常被动。在人员分流与安置过程中，向员工强调、宣传遵守劳动纪律的重要性是重要的内容之一。对于违反企业管理制度的行为，应当通过书面形式、谈话录音等形式及时收集、固定、保留证据，并依据管理制度给予处分，至于是否必须给予解除劳动合同这类严厉的处罚措施，企业可以根据事情发展的态势进行选择。

2. 危险性对抗行为

危险性对抗行为，是指可能对自身或者他人身心、健康、财物等产生危害性的行为，包括但不限于威胁跳楼或自杀、堵门或拉横幅、罢工或唆使罢工、制造公共安全事件、威胁或恐吓或骚扰工作人员、干预企业经营、向政府部门举报或投诉或上访、通过网络或媒体散布负面言论、破坏公司财物等。

对于危险性行为的应对，事先可以通过各种举措管控危险性行为的发生，但是，客观上确实存在一定的不确定性。面对危险性行为的发生，就需要启动紧急的应对预案。

3. 应对预案

应对预案一般包括可能存在的风险隐患及评估，即一般性对抗行为和危险性对抗行为；领导小组，负责应对时的决策、资源协调、监督处置措施落实等；启动应对预案的条件或情形，即需要梳理并界定，需要企业应对预案的条件或情形，比如，自杀、罢工、拉横幅、制造公共安全事件等严重危害自身、他人生命健康行为的情形等。处置的措施包括但不限于现场情绪的安抚，现场的劝阻和救治，寻求警方、医院、消防部门的帮助等。

（十）实施方案

实施方案，即人员分流与安置的具体实施步骤，主要包括实施周期、工作人员分组、场地选择、员工分组、时间与节奏、内部培训等。

1. 实施周期

实施周期，是指从人员分流与安置方案向员工方公开到人员分流与安置完成的期限。通常可分为前、中、后三个阶段，前期主要包括方案的征求意见、讨论、协商确定阶段。在国有企业中，人员分流与安置方案离不开工会、职代会等参与、讨论、协商。中期主要包括人员分流与安置方案的实施，具体包括每位员工的沟通、协商、谈判、签约等。后期主要是收尾性的工作，如处于工伤、职业病中的人员及个别对于方案意见和分歧比较大的人员处理、可能发生的信访以及劳动争议仲裁等。

如何确定人员分流与安置方案的实施周期呢？常见的影响实施周期的因素包括生产经营情况的进展，企业内部决策汇报的机制，人均需要投入的工作时间。比如，实践中，有些企业在进行人员分流与安置时，通常伴随着生产任务的调整、减少进行，这时候就需要实施的周期与生产任务的周期协同。有关人均工作时间包括沟通、协商等事项，通常需要15—20分钟，据此，可以测算出总体需要投入的工作时间，以确定实施的周期。

2. 工作人员分组

在人员分流与安置时，通常需要企业将工作人员分为几个小组，小组之间相互衔接，利用各自的优势，相互配合促进工作的开展。比如，政策咨询组，通常以法务或法律顾问为主，主要负责人员分流与安置相关的法律法规政策的解读。面谈组，通常由人事、直线领导、法律顾问组成，负责向员工一对一地解释安置方案和待遇，安抚员工的情绪，解答其存在的疑问，通过沟通、协商、谈判达成人员分流与安置的目标，并签署相关的通知、协议等。工会组，收集、整理员工反馈的意见，并协助安抚员工的情绪，引导员工正确看待企业的人员分流与安置。安保组，负责人员分流与安置现场的秩序、安全保障、突发事件处理等工作。原则上每组工作人员配置应当不少于两人，这样可以确保工作的效率，减少工作中出现的失误等。

3. 场地选择

在人员分流与安置过程中，需要根据不同的场景和阶段，配合合理的开展工作的场地。在面向职工代表或全体员工说明情况时，若选择统一组织的形式，则可选择安排在食堂、大会议室（堂）或企业内部其他合适的场地，或者以电视、视频会议的形式进行。若选择分批或分部门组织的形式，可以按照以往部门例会的形式进行。面向员工一对一进行沟通的阶段，则可以选择具有一定隐私性的小型会议室，或者在食堂、大型会议室等场地，临时隔离做可以作业的工作场所。选择场地的基本原则是，安全有保障、人员有序、方便工作开展等。

4. 员工分组

员工分组，是指对员工进行编组、排序，目的是确保在规定的时间之内完成预期安排的工作，让人员分流与安置工作有序进行。员工分组的主要方式有两种，一种是按照部门、班组进行分组，这是常见的、典型的分组方式。在这个基础之上，根据员工的情况进一步划分，比如，患病医疗期、女职工

“三期”、工伤人员等。另一种是按照岗位进行分组，这时通常会伴随着生产经营情况的调整，对某些岗位或人员同步进行调整。

员工分组之后的排序，即面谈人员进场的先后顺序，有先易后难和先难后易两种方式。先易后难，把容易处理的、挑战性低的人员放在最前端，选择这类操作的企业一般认为，先解决最容易的部分，能够起到孤立难度大的部分作用，有利于营造良好的开端，提升工作人员的信心。先难后易是指把难度大、挑战性大的员工放在最前端，选择这类操作的企业一般认为，先攻克最难的部分，能够起到效仿的作用，利于后续工作的开展。两种方式没有好坏之分，需要根据企业的实际情况及员工的实际情况来判断。

5. 时间与节奏

时间，这里主要是指面向员工开展一对一沟通、协商的时间。从实践经验来看，按照每人 15—20 分钟规划安排比较合适。在这有限的时间之内，需要工作人员向员工说明、解释与其自身相关的信息，比如，工龄、收入、安置方式、安置待遇等。这里对工作人员要求比较高，必须准确无误、清晰明了地向员工传递信息。在这个过程中，员工通常会提出意见，应当给予简单的回应，并建议其到专门小组去咨询，避免陷入长时间的辩论、争论状态。对于在规定时间之内未作出应对的人员，可建议其暂时离场考虑、咨询等，避免超过预先安排的时间，耽误后续的进程。

节奏，包括面谈的节奏和事情推进的节奏。面谈主要围绕信息传递进行，确保在规定时间之内传递事先准备的信息，同时在这个过程中注意观察员工的情绪，以调整面谈的节奏，并决定是继续推进还是暂时中止。事情推进的节奏，可以用面谈邀约的方式，即主动安排员工来面谈的方式，打破无人主动面谈的局面。

6. 内部培训

内部培训，是指工作组成员之间的培训，培训目的在于统一思想和认识，提升业务能力。培训的内容包括但不限于：对于人员分流与安置的背景、政策的解读，确保所有的工作人员对背景、政策有统一、正确的认识，避免出现对外宣传、解读出现差异，从而引起员工思想、理解的混乱；常见问题解答的培训，亦可配合编制问题手册，对于相同的问题予以相同的回复或解答；沟通、谈判的技巧，比如，如何切入话题，如何回答疑问，如何把握沟通的节奏等；突发事件的应对，包括遇到突发性事件如何应对，如何保障自身、员工的人身安全等；情绪管理，既包括工作人员自身的心理、情绪管理，也包括沟通对象的情绪安抚、管理等。培训是工作人员获得经验的一种方式，是确保人员分流与安置工作顺利实施的重要保障。

第六节　信访、投诉处置流程和要点

人员分流与安置，不可避免地要牵涉待安置职工的切身利益，因此，一些职工会通过各种渠道维护自己的切身利益。对于国有企业来讲，在人员分流与安置过程中，职工维护自己切身利益的常见途径包括信访、投诉、诉讼等（诉讼相关内容在本书第十章详细论述）。

在国有企业人员分流与安置过程中，如何准确定位信访、投诉的地位，如何正确处置信访、投诉，是需要重点关注的问题。

根据《信访工作条例》的相关规定，公民、法人或者其他组织可以采用信息网络、书信、电话、传真、走访等形式，向各级机关、单位反映情况，提出建议、意见或者投诉请求，有关机关、单位应当依规依法处理。由此可知，信访包含投诉，但又不仅仅是投诉，还包括信访人提出的建议、意见。因此，下文不再单独讨论投诉，而是将投诉合并到信访中，一同探讨。

根据《信访工作条例》的相关规定，信访工作是党的群众工作的重要组成部分，是党和政府了解民情、集中民智、维护民利、凝聚民心的一项重要工作，是各级机关、单位及其领导干部、工作人员接受群众监督、改进工作作风的重要途径。可见，信访其实是中国共产党践行群众路线的一种外在表现形式，是党与人民群众保持联系的一个重要渠道。

在国有企业进行人员分流与安置时，其管理人员，尤其是人力资源管理人员（以下简称 HR）与法务人员（以下简称法务），在对待信访工作时，应当在正确认识、准确定位信访的基础上，充分发挥信访联系群众的作用，了解一线职工的实际情况、听取一线职工的心声，多听职工的建议和意见，为人员分流与安置方案的设计提供方向性意见。同时，对于一线职工通过信访工作部门反馈的需求、提出的投诉，应在合法合情的前提下，尽可能妥善处理，推动人员分流与安置工作的顺利实施。

具体来讲，在国有企业人员分流与安置过程中，对于信访工作，应当注意如下几点。

（一）正确认识信访在人员分流与安置过程中的地位

《宪法》明确规定，中国共产党领导是中国特色社会主义最本质的特征。中华人民共和国实行依法治国，建设社会主义法治国家。因此，国有企业人员分流与安置，应当坚持党的领导，坚持依法开展分流与安置工作，坚持维护职工合法权益。

坚持党的领导，就是人员分流与安置的具体方案与措施应当符合党的大政方针，并非事无巨细都由党来决定与拍板，这一点，下文会具体细述。

坚持依法开展分流与安置工作，要求人员分流与安置方案应当符合法律规定，推进人员分流与安置的过程应当符合有关法律程序，加上人员分流与安置主要是处理劳动关系的问题，这就要求国有企业的 HR 与法务在人员分流与安置过程中扮演总策划、总执行的角色。也就是说，HR 与法务应当在党的领导下，牵头完成相关人员的分流与安置工作。

坚持维护职工合法权益，则要求在人员分流与安置的过程中，不能只关注国有企业的利益，还应当重视职工合法权益的保障，对于职工合法合理的利益诉求应当积极回应。这就意味着，党领导下的党群工作部门在人员分流与安置过程中，应当积极配合好 HR 与法务的工作，扮演好企业与职工的纽带角色，同时，也应当代表党与职工，监督好 HR 与法务的工作，确保人员分流与安置工作在合法和不侵害职工合法权益的前提下，顺利推进、落实。

如前所述，信访工作是党的群众工作的重要组成部分，信访工作部门是重要的党群工作部门。因此，在国有企业人员分流与安置过程中，信访的地位比较重要、比较特殊，它是合法推进人员分流与安置工作的协助者，也是这一过程的监督者。

人员分流与安置涉及的主要还是人力资源与法律事务，但又不仅仅是人力资源与法律事务，由于牵涉国有资产与职工利益之间的平衡问题，有时还需要党群组织发挥政治作用和思想引导作用。因此，国有企业的人员分流与安置，应当以 HR 与法务为总策划与总执行，在信访、工会等党群组织的协助、监督下，开展具体工作。

（二）充分发挥信访的桥梁、纽带作用

在人员分流与安置过程中，HR 与法务负有维护国有企业利益的责任，这就决定了不管 HR 与法务在处理时如何人性化、如何关爱职工，都相对会强

硬一些，也会更加严格一些。

例如，某职工面临被分流、安置的局面时，提出他在单位工作近三十年，其间单位历经多次变化，他也从固定工变成了合同工，而且签合同的主体换过好几家。因此，他要求公司按总的工龄计算他的经济补偿。从 HR 与法务的角度来讲，这就需要该职工提供证据材料，用以证明他的工龄。但实务中，几乎没有职工能提供这样的证明材料。此时，HR 与法务让步就会面临问题：对于超越法律的利益诉求，HR 与法务一旦满足，就不利于以后的依法管理。此时，就可以发挥信访的桥梁与纽带作用了。信访工作部门作为党群工作部门，有其天然优势，可以有效连接职工，充分、全面了解职工的情况，向职工耐心解释、悉心引导，让职工理解 HR 与法务处理相关问题的出发点，引导职工合理地提出诉求，进而促进企业与职工达成协议。

信访是职工与企业的桥梁、纽带，这体现在很多方面，从人员分流与安置启动阶段，信访工作部门可以联络职工，了解职工基本情况，掌握职工的心理动态和思想状况，到方案设计阶段，信访工作部门可以积极参与方案设计，建言献策，再到方案实施阶段，信访工作部门可以主动了解职工心声、积极参与沟通协调，最后到方案实施后半段，信访工作部门可以接受职工信访、投诉，协调单位与职工的矛盾。信访作为职工与企业的桥梁、纽带，贯穿人员分流与安置的始终。

信访的桥梁和纽带作用，还体现在信访部门作为党群工作组织还可以对接很多外部资源，尤其是党群组织对口的上级主管部门，这可以帮助 HR 和法务解决很多他们无法出面处理的问题。

综上所述，在国有企业人员分流与安置过程中，应当充分发挥信访的桥梁与纽带作用，为人员分流与安置工作的顺利推进提供保障。

（三）协调配合，尽可能避免不必要的信访事件出现

从某种程度上讲，人员分流与安置过程中出现意外的信访事件，多少反映了人员分流与安置方案还有没考虑到的特殊情况。因此，要在前期多做准备，协调配合，尽可能地预防这类信访事件的发生。

首先，应该充分发挥党群组织的作用，全面、细致了解待安置人员的诉求、心态、家庭状况、工作状态等情况，以便有针对性地准备分流与安置方案。

其次，对于分流与安置方案，应该进行反复的推演，将有可能发生的情

况都提前推演出来，并准备好具体的应对方案。这个推演过程，应当是反复进行的，直到确定职工可以接受相应的分流与安置方案了，再去实施方案。

再次，实施方案时，要注意沟通技巧，要尊重职工，理解职工的困惑与苦恼，要耐心地解释和引导，还要细心地观察职工言行，同时又要坚守底线，不能让职工产生任何不切实际的期望与幻想。

最后，实施方案时，应当在党的领导下，由 HR 与法务牵头，信访、工会等党群组织相互配合与协调，安抚好职工的情绪，引导职工理性维护自己的合法权益，理性权衡利弊，理性争取利益。

这样，可以最大限度地降低意外信访事件的发生。

当然，有人会问，有意外信访事件，还有意料之中的吗？在实际工作中，有时在碰到一些很特殊的情况时，就像前面举例提到的要职工提供证据证明工作年限的问题，囿于职工个人的举证能力，其是很难拿出符合法律法规要求的证据材料来证明其工作年限的，这就很难妥善解决此类问题。但若职工通过信访解决此问题，由于信访工作部门本身的政治属性和桥梁属性，就决定了其在外围调查、亲身了解及职工陈述的基础上，可以协调处理此问题，相对会更适合实施一些弹性的处理方案。这类情况下的信访事件，就属于意料之中的信访事件。这类信访事件，往往并非人员分流与安置方案有瑕疵，反而可能就是当初方案设计引导的。

因此，要预防的主要还是意外信访事件。

（四）依法处置信访事项

在人员分流与安置过程中，碰到有人员向上级主管部门提出信访或者投诉是一件很正常的事，对此不宜上纲上线，就认为人员分流、安置过程中一定有什么问题，而应该按照既定的处置流程进行处理。

国有企业一般都会根据国家和地方的《信访工作条例》制定自己的信访处置流程，碰到有信访、投诉时，按照相关规定处置即可。在此主要从 HR、法务的角度谈一谈在人员分流与安置过程中，信访工作部门意外接到有关信访、投诉事项时，具体的处置流程以及注意事项。

遇到有关信访、投诉时，首先应当保持冷静，无须慌乱。毕竟在国有企业整个人员分流和安置流程过程中，一般是不会出现违法操作的，所以涉及信访、投诉的，大多是职工为了争取更多的利益，其中可能涉及的一般都是一些公平性、透明度等相关的问题。那么，只要事先有了充分的准备，这类问题一般都不是什么大问题。

其次，需要将有关的人员分流与安置方案准备好，并将方案实施过程中所涉及的有关书面材料、录音录像资料、往来沟通的电子邮件等证明材料梳理好。

最后，根据信访工作部门所提出的要求，准备好有关的说明、报告，连同前述分流、安置方案以及相关证明材料，一同提交给信访工作部门。此时，需要注意将有关材料的原件保存好，提交复印件、复制品即可，除非信访工作部门要求提交原件。如果要提交原件，那么需做好有关材料的交接记录工作。因为这些材料未来有可能还需要作为证据材料在应对诉讼时使用，所以得确保这些原件不遗失。

有时，信访工作部门可能还会找人员分流与安置工作组的成员进行直接的沟通、交流，听取工作组成员的说明、解释，因此，相关成员也应该提前复盘相关处理全程，并梳理重要的节点、标准以及证据材料，以备不时之需。

在信访工作部门处置相关信访、投诉事项过程中应积极配合，相互协作，不能带着情绪来处理，更不能想着推卸责任、踢皮球，此时，只有 HR、法务、信访、工会等各部门通力协作，勇于担当，积极应对，才能让信访事件得到妥善的处理。

第七节　群体性事件的预防与管控要点

由于人员分流与安置针对的是一批职工，这就使大家的利益诉求部分或者全部是一致的。当感觉到自身利益受损的职工发现面对用人单位，自己有些势单力薄时，存在相同利益诉求的职工就极有可能走到一起，以集体的力量发声，以期与用人单位实现力量上的平衡，从而保证自己的诉求得到最大限度的实现。于是，集体协商应运而生。

虽然我国从 1994 年起就有《集体合同规定》对集体协商有所规定，但是实务操作中，集体协商不成时，到底该如何处理，囿于知识、能力、方式方法等，职工一方往往显得力所不能及。加之《集体合同规定》仅仅是一部部门规章，法律层级不高，这就造成了在我国集体协商往往不会成为职工群体利益诉求的主要方式。

于是，在人员分流与安置过程中，碰到利益诉求部分或全部相同时，职工方就容易聚到一起，通过集体上访、集体怠工、停工等形式，提出诉求，给单位方施压，以实现自己的利益诉求。这就是人员分流与安置时，常见的群体性事件。

改革开放以来，政企分离，国有企业普遍实行劳动合同制，并安置分流了一批富余人员，彼时就出现了很多群体性事件。

近些年，由于劳动者维权意识提高，移动互联信息技术不断发展，包括国有企业在内的各类企业，在涉及规模性人员分流与安置过程中，都或多或少地碰到过群体性劳资纠纷。

一、人员分流和安置过程中的群体性事件预防

那么，如何才能在人员分流和安置过程中，有效预防群体性事件的出现呢？总结咨询过程中的经验和教训，结合近些年的一些典型事件、案例，笔者认为，国有企业在进行人员分流和安置过程中，应当尽可能做到如下几点：

（一）多维度考量，慎重决策

人员分流和安置本身的特征，决定了这类行动事关一批人的切身利益，因此，在进行相关决策时，一定要多维度考量，慎重决策。

1. 决策分类，凡涉及职工利益的决策，需考量职工意愿

进行有关管理决策，尤其是经营决策时，本可只考虑生产经营需要即可，但是，由于这些决策有可能会直接或间接地与职工切身利益挂钩，那么在进行决策前，就得充分考量职工的意愿，否则就极易在落实有关决策时受到职工较大的阻挠。

由于生产经营需要，中方国企股东和外方股东一致决定将某中外合资公司停止经营，但接下来是否注销该合资公司，双方却未达成一致。在这种情况下，该合资公司的百十号人到底该如何安置，就成了比较头疼的问题。停工停产，还是解除劳动关系，又或者采取其他安置方案，一直未能决定。可是，停止经营的决定已经作出，甚至停止经营的时间都已经决定，也已经准备在相应的时间对外公布。在这种背景下，双方一致决定先对职工进行停工停产，之后再根据最终是否注销的决策来进行劳动关系处理。于是，外方股东的 HR 和中方国企的相关人员进驻该合资公司，开始进行人员分流安置。结果引发了群体性事件。职工方的担心点源于未来的不确定性。停工停产是

合法的，也有相关待遇，但是对于职工来讲，未来到底怎样不得而知。

这次群体性事件在笔者看来就是意料之中的。因为股东们对后续处理未达成一致意见，在不确定的情况下，先行决策进行停工停产，但又没办法给职工一个确定的未来，忽视了职工的利益诉求，出现群体性纠纷的概率就很高了。

所以，在进行决策时，不妨对决策进行分类，凡是涉及职工切身利益的，不管是直接的，还是间接的，都应该充分考虑职工的意愿，必要时可以寻找信得过的职工进行事先的推演，以便确保决策的科学性。

2. 转换思路，更新管理理念

一直以来，受各种因素的影响，包括国有企业在内的很多企业的管理理念都倾向于行政命令式的管理，忽视职工本身的感受。要想避免群体性事件的发生，企业必须转换思路，更新管理理念，从职工、社会等多个角度反复论证研究，设计出多方共赢的人员分流与安置方案。

（二）依法依规进行人员分流和安置

合法合规是避免劳动纠纷的基本前提，避免人员分流和安置过程中的群体性劳动纠纷，合法合规更是重中之重。

当然，国有企业本身的特质，决定了其不会去故意做一些违法违规的事，而且，实务操作中，国有企业的人力资源和法务人员也很重视人员分流和安置过程中的合法合规性。问题在于，有的时候，并不是企业故意违法违规，而很可能是对法律法规理解有误，也有可能是受过去观念影响，一时失误所致。

例如，有这样一个案例：某国有企业在城市 A，其在省会城市 H 有一个项目公司。由于项目即将结束，需要将项目公司解散，项目公司的所有人员都需要分流安置。项目公司大部分人的劳动合同是跟该国有企业总部签署的，于是该国有公司提供的方案是所有人统一到总部相关部门报到，由相关部门统一安排在总部的工作。绝大部分人欣然接受了该国有企业的安排。但是，职工甲以家在 H 市，不愿与家人两地分居为由，拒绝前往总部报到。结果，该国有企业通过职工代表大会表决通过，安排甲去往西南某偏远城市项目公司报到，并明确告知，逾期不到岗，将按旷工处理。七日后，甲并未到该偏远城市的项目公司报到。该国有企业又通过职工代表大会表决通过，认定甲连续旷工达到七天，按照公司职工手册规定，已构成严重违反公司规章制度，根据《劳动合同法》第三十九条，决定立即解除劳动合同。该公司将决定通知了公司工会，在收到工会回函后，又将解除决定通知了甲。甲不服，向A市劳动仲裁委员会提起劳动仲裁申请，要求认定公司违法解除，并支付违法解除的赔偿金。该国有企业人力资源部门与法务部门通力配合，将项目公司解散的决议、职代会表决通过的调令、职代会表决通过的解除决定、工会的回函以及给甲快递解除通知的有关单据等证据提交给了劳动仲裁庭。劳动仲裁委员会第一次组织调解后，职工撤诉。据该国有企业法务部在后来的案件总结中提及：职工之所以撤诉，是由于公司的做法合法合规、有理有节有据，且注意保留了证据，使职工在调解时，听取了仲裁员的专业意见后，不再冲动维权了。后来，该国有企业将这个案例作为成功案例，提供给我们。

这个案子，要是职工请了律师，或者，职工再稍微坚持一下，该国有企业很可能就得承担败诉的后果，也就是说，这个案子比较大的概率是会被界定为违法解除的。

那为什么这个国有企业的法务部门还认为本公司的做法合法合规、有理有节有据呢？这就是企业管理的惯常思维中容易陷入的一个误区。尤其是在国有企业，受过去行政命令式的管理模式的影响，更容易陷入这个误区。

这个误区就是：当用人单位客观上发生重大变化时，单位有权根据变化对职工的岗位、薪资、工作地点等进行单方调整，职工应当遵从该调整，不得拒绝，如有拒绝，就属于拒不服从单位管理，可以给予违纪处分。

那么，正确的做法是什么呢？其实《劳动合同法》第四十条第三项已有明确规定，订立劳动合同时所依据的客观情况发生重大变化时，根据有关变化，单位应当与职工就岗位、薪资、工作地点等进行平等、自愿的协商，若协商一致，则签署变更合同协议书，继续履行劳动合同；若协商不一致，且职工不存在法定不能解除的情形时，单位可以依法提前一个月通知或者支付一个月工资作为代通知金，单方解除劳动合同。当然，协商变更无法达成一致时，单位也可以选择与职工协商解除。

可见，根据《劳动合同法》第四十条的规定，在上述所举案例中，职工有权拒绝单位的单方调令。在这种情况下该国有企业将甲的合法行为界定为旷工，显然是违法的。

因此，笔者建议，国有企业在进行人员分流与安置前，尤其是大规模的人员分流与安置前，一定要仔细推敲有关操作的合法性，必要时应向专业第三方机构求助，以免陷入不必要的误区而不自知。

另外，在进行人员分流与安置时，除了要注意方案本身的合法性，还得注意程序上的合法性。

根据《劳动合同法》第四条的规定，用人单位在决定有关劳动报酬、工作时间、休息休假、保险福利等直接涉及劳动者切身利益的重大事项时，应当经职代会或者全体职工讨论，提出方案和意见，与工会或者职工代表平等协商确定，并且应当将直接涉及劳动者切身利益的重大事项决定公示，或者告知劳动者。在重大事项决定实施过程中，工会或者职工认为不适当的，有权向用人单位提出，通过协商予以修改完善。

同时，根据中纪委、中组部等六部委联合发布的《企业民主管理规定》第十四条第二项的规定，国有企业和国有控股企业职工代表大会有权审议通过企业合并、分立、改制、解散、破产实施方案中职工的裁减、分流和安置方案。

可见，国有企业在进行人员分流与安置时，需依法将分流安置方案提交职工代表大会审议通过，并将该方案进行公示，接受工会或职工的监督。未经上述民主公示流程的人员分流与安置方案将因程序违法而可能被认定为无效。

（三）重视前期调研分析

在进行人员分流安置前，进行充分的调研分析是很有必要的。只有经过充分的调研分析，企业才能掌握待分流安置人员的具体情况，也才能有针对性地设计分流安置方案。而且，分流安置是需要由相关工作人员去主导执行的，而相关工作人员对于进行人员分流安置的原因、目标等，也需要做到充分、彻底的理解和接受，否则，在后续跟职工沟通过程中很可能出现问题。

某国企旗下某研发中心需要从某省会城市整体搬迁到上海去。虽然两个城市交通便利，高铁一小时左右就能到达，但毕竟跨省，有很多职工是在当地安家的，而单位还是非常希望大部分人员能够随迁的，尤其是核心骨干。单位前期做了很多工作，包括调研多少人在当地买房安家了、多少人本来就是上海人、多少人虽然家在当地但是目前只是租房、多少人是家里唯一的经济来源、公司的薪酬在当地同行圈处于怎样的水平等。后来，该研发中心搬迁很顺利，大部分人员都随迁去了上海，核心骨干基本全部随迁。

可见，前期的调研分析对于后续制定有针对性的方案，进而保证人员分流与安置顺利推进，是非常有必要的。那么，需要调研分析哪些内容呢？大致有以下几个方面：

首先是单位的情况。包括单位此次行动的根本目标、对人员分流与安置的倾向性意愿等。这样才能保证后续的各种方案、操作都是向着最终目标去的，也才能在碰到阻力的时候，选择最有利于达成最终目标的方案，而不至于迷失在一些细枝末节的问题里走不出来。

其次是职工的情况。这应该涉及所有与此次行动可能有关的职工的情况，包括职工的工作情况、能力情况、未来就业前景、家庭状况、性格等。只有对职工的情况进行了充分细致的了解，才能设计出具有针对性的分流与安置方案，也才能最大限度地降低群体性事件的风险。

再次是国家政策情况。作为国有企业，需要密切关注国家政策动态，应当遵循国家政策来开展工作，顺势而为，这样阻力才是最小的。如果因为特殊原因，需要逆势而为，就需要事先做更多的准备，以免推进过程中碰到过大阻力，甚至诱发群体性事件。

最后是社会环境。作为国有企业，肯定是需要承担必要的社会责任的。如前文所提及的，国有企业进行人员分流与安置时，除了考虑合法性问题，再就业保障和扶持以及维护社会稳定也是需要重点关注的问题。因此，在进行人员分流安置时，进行整个社会环境的调研分析，对于顺利推进安置工作起着非常重要的作用。这包括劳动力市场情况、相关工种的就业前景、同区域同行业的情况等。

这些只是常规情况下人员分流安置前需要去调研分析的一些内容。在具体的个案中，还需要根据具体情况，进行更加细致的调研分析，将所有可能的因素考虑进去，才能确保后续的分流安置方案有针对性、有可行性。

（四）分流安置方案要注意合情合理

人员分流安置方案合法合规只是最基础的要求。真正好的、可以有效落地的、避免群体纠纷的分流安置方案还需要做到合情合理。

在进行充分的前期调研基础上，单位应该对于待分流安置人员的情况有了一定的了解，那么在设计人员分流安置方案时，就应当进行有针对性的设计，并且充分考虑每个职工的实际情况，尽可能做到分流安置方案的合情合理。

以前面提到的项目公司撤销的事情为例，当位于H市的项目公司解散，单位调职工甲去A市工作时，甲已经明确拒绝了单位，理由是家在H市，不愿与家人两地分居。在这种背景下，单位职工代表大会居然表决通过了调甲去西南某偏远城市项目公司的决定。这决定怎么解释都让人觉得不合情理。此时，真正合情合理的方案应当是在H市及周围就近为甲寻找安置机会，如果甲还是不愿意去，那么再考虑协商解除或者依据《劳动合同法》第四十条第三项单方解除。这才体现了单位“满满的诚意”，也才是合情合理的安置方案。

做到合法合规并不难，但要做到合情合理，需要管理人员高瞻远瞩，也需要具体执行人员高超的沟通能力、技巧和充分的耐心，这并不是一件简单容易的事情。

（五）人员分流安置方案兼顾公平与个性

对一般职工来讲，往往是“不患寡而患不均”。从过往的群体性事件来看，职工感到不公平是诱发群体性事件的主要原因之一。

对于人员安置方案的公平问题，要注意以下两个方面：

一是方案本身要公平。不能因为职工的性别、级别、关系亲疏等因素产生区别对待。一旦出现区别对待的情形，就极有可能让那些感到“被单位损害利益”的人员抱团聚集，形成群体性纠纷。

某单位因业务发展需要想解散某一事业部，涉及十几个人。但是，由于单位对相关产品的售后服务承诺时间较长，还需要五个人留下提供后续售后服务。被分流安置的人员觉得分流安置方案不公平，一起跑到了集团总部找总经理。虽然这事最后妥善处理，但如果不是待分流安置人员感到自己被“针对”了，或许不至于出现这次小规模的群体性事件。

所以，在进行人员分流安置时，公平是一个很重要的原则。针对每一类情形，都要仔细推敲，设身处地想一想，会不会引起职工不必要的联想和猜测，尽量避免让职工有不公平的感觉出现。

但是，光公平又不足以让人员分流安置方案真正可以落地实施。因为，不同的人有不同的情况，绝对的公平会造成对一部分人员实际上的不公平。

例如，某单位计划解散南京公司，在苏州公司、杭州公司、上海公司还有岗位可安排的情况下，单位决定将所有人员全部调往新设立的厦门公司（缺人），不愿去厦门的统统依法解除劳动合同。这个方案看似合法且公平，但实际上忽视了每个人不同的情况：有些人可能是福建人，有些人可能喜欢厦门，这两类人，会很愿意去厦门；但也有些人家在长三角地区，或者喜欢待在长三角地区，那么这个方案对这两类人就很不友好，尤其是在长三角地区的公司还有岗位可以安置的情况下，这个方案就显得过于强势、不近人情。

所以，在保证人员分流安置方案整体公平的基础上，还应该根据职工的不同情况，有针对性地设计个性化方案，尽可能解决所有职工的后顾之忧。这样才能确保人员分流与安置的顺利推进，也能有效避免群体性纠纷的发生。

当然，在进行个性化方案设计的时候，也得注意，这类特殊的点应当是合理的，常规的比如工伤人员、“三期”女工、“15+5”的老职工①，再比如前面提到的工作地点变化时，新地址离家远近等。但如果有人提到“家庭困难”，就需要仔细研判了，因为这个标准很难把握，一旦把握不好，就可能导致出现新的“不公平”。

如果仔细分析、梳理所有的群体性事件，不难发现群体性事件一般都是由有着共同诉求的人们聚集在一起形成的。在确保方案整体公平的前提下，针对每个职工的不同情况设计的个性化方案，可以让职工之间的诉求出现差异化，差异化越大，出现群体性纠纷的可能性就会越小，因为共同诉求已经得到了公平的满足，而个性化诉求因为存在差异，就很难再形成人员聚集了，那么群体性纠纷也就无法形成了。

（六）要有畅通且有效的沟通与投诉渠道

一般来讲，如果可以通过常规沟通渠道实现自己的诉求，是没有人愿意去寻求司法救济或者包括集体维权在内的其他救济途径的。这与人本性里的惰性有关，也跟中国几千年厌讼和尽力维持人际关系的传统有关。

如前所述，群体性事件的出现，某种程度上是由于职工认为自己一个人势单力薄，一个人的声音太过微弱，不足以引起单位的重视，不足以让单位认真对待，所以才会寻找与自己有共同诉求的同事，一起向单位发声。

如果一般职工可以通过单位提供的沟通与投诉渠道将自己的想法和诉求顺利且迅速地传达给单位，并且能够在有限的时间内得到单位的反馈、解释，那么，他就没有必要再去跟其他人一起向单位发声了，群体性事件也就失去了一个很重要的诱因。

因此，在人员分流和安置过程中，要避免群体性事件的发生，畅通、有

---

① 在本单位连续工作满15年，且距法定退休年龄不足5年的职工。

效的沟通与投诉渠道，就显得尤为重要。

我们曾经协助某国有企业处理过一次产品线的搬迁事宜。某国有企业由于市场及地方政策的变化，需要将一条产品线搬迁至西部某城市去。这条产品线的搬迁牵涉近百名职工的分流与安置，而且这些人大部分都是十几二十年工龄的老职工。该国有企业做了大量的工作，但只能解决60%左右人员的岗位，剩下来的人，要么随迁，要么就需要解除劳动关系。在分流安置过程中，一个操作不当，就极有可能出现集体上访、集体停工维权等群体性事件。后来，在专业人士的帮助下，该国有企业详细梳理了所有人的情况，并且结合单位能提供的解决方案，在保证整体性公平的前提下，设计了每个待安置人员的个性化处理方案。同时，企业准备了一系列的沟通与投诉渠道，考虑到有些老职工可能不会使用电子邮箱、微信等电子通信工具，有些人可能不善于口头表述，所以专门设立了一个传统邮箱，以便职工以书面形式进行反馈。单位还安排了专门的人负责信息收集和反馈，在第一时间将职工的诉求汇报给有关决策领导，由决策领导在向职工承诺的时限内做出决策并反馈给职工。反馈时不能只是告知结果，还要有耐心细致的解释。这条沟通渠道在此次职工分流与安置中发挥了重要作用，化解了绝大多数的阻力，有效地避免了群体性事件的发生。

（七）要构建并逐步完善群体性事件的预警机制

要预防群体性事件的发生，必要的预警机制是不可或缺的。通过有效的预警机制，单位可以及时发现并弥补可能诱发群体性事件的漏洞，也可以及时对职工的关切作出回应和处理，更可以及时发现别有用心之人，扼杀借机恶意寻衅的萌芽，最大限度降低群体性事件发生的概率。

1. 坚持群众路线，随时掌握职工心态

国有企业在进行人员分流与安置时，要预防群体性事件，必须坚持走群众路线，从群众中来，到群众中去。应当深入基层职工，听取他们的心声，了解他们的关切，掌握他们真正的诉求，这样既能设计出合理的分流安置方案，又能及时回应职工的关切，及时消弭职工的不满情绪，有效避免群体性纠纷的发生。

当然，在这个过程中，单位的工作人员也应当特别注意以下两点：一则涉及职工的具体诉求和关切，应当以了解、掌握为主，而不应草率回应，以免回应不当，带来不必要的麻烦和纠纷。但在之后的方案或者适当的场合，依然需要正面回应职工的诉求和关切，否则也会给职工留下不受重视的不良印象。二则需要注意甄别职工的诉求，对于真正合理的诉求，应当重视，并且应当积极解决；而对于不合理的诉求，则需要做好耐心的解释和引导工作，切忌简单粗暴地回应，以免激化矛盾。

2. 保持舆情关注，正确引导职工言论

国有企业在进行人员分流与安置时，一定要保持对舆情的关注，防止别有用心之人借机做文章，引导舆论实现不可告人的目的。当然，有时舆情出现并非有别有用心之人撺掇，而可能就是职工担心自己的诉求得不到满足，试图通过引发舆论关注，帮助自己实现相应诉求。这就需要用人单位提前做好相关工作，尤其是广开言路，畅通沟通渠道，正确引导职工言论，避免职工的不当言论诱发群体性事件。

另外，单位本身也应注意对外言论的一致性。对于跟人员分流与安置有关的所有口径应当保持高度的一致。否则，HR 一个说法、分管副总一个说法、部门领导一个说法、总经理又一个说法，职工到底听谁的？最后职工肯定坚持对自己有利的说法，这样极有可能诱发群体性事件。

因此，在规模性人员分流与安置时，单位应当建立发言人制度，向职工明确，只有发言人是唯一有权代表单位就人员分流与安置发声的，其他人，包括单位一把手在内，都不能代表单位就此事项发声。这样既避免了多个声音诱发群体性纠纷，也让职工了解遇到问题找谁沟通，减少职工越级沟通的情形发生。

3. 保持高度警惕，化解恶意寻衅萌芽

一般来讲，如果职工为了自己的诉求，哪怕是不那么合理的诉求，聚在一起向单位提出主张，说来说去都是为了生计，还是可以理解的，作为国有企业，也是需要去重点关注和解决的，而不应该去苛责职工所采取的方式方法。

但是，实务中，由于各种原因，总会碰到极少数别有用心之人，他们并不是为了实现什么诉求，更多的就是为了搞事情，甚至是为了实现某种不可告人的目的。他们往往躲在暗处，利用人员分流与安置这一契机，四处撺掇，到处拱火，促成一些群体性事件的发生。

因此，在人员分流与安置过程中，一定要保持高度警惕，对于可能出现的恶意寻衅的苗头，尽可能早发现、早化解，进一步降低群体性事件发生的概率。

做到了前面几点，基本上可以将群体性事件发生的概率降到一个很低的水平。但是，群体性事件的发生，有时会有很多偶然因素的介入，所以，要想杜绝群体性事件的发生，是不太现实的。那么，一旦在人员分流与安置过程中碰到了群体性事件，该如何去应对和处理呢？

二、人员分流和安置过程中的群体性事件应对与处理

在人员分流与安置过程中，如果真的碰到了群体性事件，单位的 HR 和管理人员首先要注意的，就是管理好自己的情绪，不要慌，慌则出乱。这时候我们前文提到的事先准备“应急预案”的重要性就凸显出来了。有应急预案，启动应急预案即可，压根无须慌张。

在应对与处理群体性事件过程中，以下几点也需要单位注意：

（一）重视职工的诉求，仔细甄别

如前所述，群体性事件的发生，主要就是因为相关职工存在共同的诉求。因此，要想妥善处理好群体性事件，就得重视职工的诉求。应当全面分析、研究职工所提的各项诉求，结合人员分流与安置方案，研判到底是单位的方案有不足，还是职工的诉求不合理。在这个过程中，切忌先入为主地认为职工的诉求都是无理取闹，都是不合理的，都是受了“会哭的孩子有奶喝”的想法影响……这是最不可取的。应该要有最起码的自我反思：能让职工抱团抗议的方案，真的是完美无瑕的吗？只有这样，才能比较客观地看待职工的诉求，也才能明确下一步的应对和处理思路。

当然，在群体性事件中，职工的诉求有可能受其他人的影响而有所放大。所以，在处理群体性事件时，还需要仔细甄别哪些是职工真正的诉求，哪些只是随大流，哪些又是别有用心之人提出来的。甄别清楚了，才能做到有的放矢，精准回应。

（二）正面回应职工的诉求，公布相应事项及时间表

了解职工的诉求后，应当正面回应职工诉求。当然，此时的正面回应不是直接反馈单位对职工诉求的结论，而是表示单位已经知道了大家诉求是什么，并就一些模棱两可的诉求进行确认，明确真正的诉求，然后告诉职工接下来单位会干什么，需要多长时间，最迟在什么时间点之前会详细回复职工的所有诉求。

这样做的目的一则是让职工知道，单位是重视大家的诉求的，并没有把大家的诉求不当回事。二则是让职工吃个定心丸，单位会在承诺的时间点之前给大家反馈。这样就可以先安抚职工的情绪，让聚集的职工先解散，也便于后续进一步进行沟通工作。

（三）职工民主选举协商代表

群体性事件中，职工人数众多，虽然大家拥有共同的诉求，但是也存在各自不同的诉求。所以，如果与所有参与群体性事件的职工一起进行沟通、协商，大家各说各的，很难在短时间内高效处理好此次群体性事件。因此，有必要让参与群体性事件的职工选出三至十名代表与单位进行协商、沟通。

对于协商代表的选举，单位只需要提议，具体由工会牵头，组织参与群体性事件的职工自行民主选举产生，并要求协商代表持所有参与者签字的授权书出席与单位进行的沟通、协商会议。

借这个机会，单位还可以甄别出此次事件中，是否有别有用心之人存在，以及这个人是谁。因为，如果纯粹是为了实现相应的利益诉求，职工一般不会反对选举协商代表与单位进行协商的。但是，如果有别有用心之人，那这类人是不会希望群体性事件被迅速处理的，一定会找各种借口，阻挠集体协商的进程。因此，单位在提议让职工民主选举协商代表后，只需要观察职工的言行，就可大致作出判断。

另外，此时单位也不要习惯性想着替职工指定候选人，这种做法有可能引发职工的不信任，不利于后续协商沟通，弊大于利，不可取。

（四）准备解决方案，报上级主管部门批准

针对职工的各项诉求，单位在经过仔细分析、研讨的基础上，应该在合法合规、合情合理的原则下，设计出对应的解决方案，积极、正面、主动地回应职工的每一个关切点，然后将解决方案报请上级主管部门审核、批准。

因为大多数情况下，在人员分流安置过程中，职工形成群体性事件所提出的诉求，往往都是超出既定的分流安置方案所设限度的，此时基本已超出工作组的职权范围，需要经过上级领导或者上级主管部门批准，方可回应职工。

那么，在形成解决方案的报告时，就需要注意利弊分析要到位，可以从优点、缺陷、成本、风险等几个点，对有关解决方案逐一进行分析，然后提出有倾向性的解决方案，由上级领导或者上级主管部门最终拍板定案。

(五) 注意协商技巧

单位准备好了处理方案，职工民主选举好了协商代表，就可以准备开始协商了。此时，可以参考《集体合同规定》中集体协商的有关程序展开工作。

确定好协商的时间、地点等事项，双方商定选择一名非协商代表为协商的记录员，记录员应当保持中立、公正，并为协商双方保密。

开始协商时，应先“约法三章”，例如协商期间，双方应当停止一切对抗措施和过激举动，单位不得对参与群体性事件的职工打击报复，职工也不得通过威胁单位领导人身安全、打砸办公设施等过激方式试图给单位施压。又如协商过程中，应当相互尊重，平等协商。这样，在双方商定的规则约束下，有利于协商的顺利开展。

然后由职工方确认之前所提出的诉求是否有所变化。若无变化，由单位就职工方诉求逐一予以回应；若有变化，则由单位就无变化部分诉求逐一予以回应，而对于有变化部分，则视情形决定是直接回应，还是会后讨论、审批后，再行回应。

接着，双方就有争议事项，进一步表达意见，并进行深入充分的沟通、讨论。

最后，总结归纳双方的意见，若就职工所有诉求皆达成一致意见的，则可在双方签署协商记录后，按照达成一致意见的方案推进后续的人员分流与安置；若部分达成一致，部分未达成一致，则可另行约定时间和地点，再进行第二轮沟通、协商。

多轮协商，直至所有诉求点均达成一致意见，则此次协商完成，群体性事件自然也就处理完毕。

在沟通协商过程中，单位方需要注意以下几个方面：

1. 尊重职工方，平等待之

由于劳动关系本身带有人身从属性的特质，因此，实务中很容易发生单位方俯视职工方的情形。这是协商过程中的大忌。劳动关系中的人身从属性，只体现在劳动人事管理过程中的部分场景，在因发生群体性事件而进行协商时，双方是平等的，不存在任何人身依附性。这也是前文建议协商开始前“约法三章”的原因之一。

2. 营造友好的氛围

虽然发生群体性事件不是什么好事，但职工与单位在人员分流与安置时发生分歧是很正常的事，完全可以理解。要想妥善处理好群体性事件，就不能让个人情绪影响到整个事件的处理进程。所以，单位方的代表应管理好自己的情绪，在沟通时营造一个友好的氛围，这样才有利于一致意见的形成。

3. 进退适度

协商过程中，一味地坚持，往往很难实现好的结果，但也不能一味地退让。虽然协商谈判是一个双方不断妥协退让的过程，但是一味退让只会让对方觉得单位之前的方案是没诚意的，否则现在怎么会一而再再而三退让呢？所以，一味坚持与一味退让都不利于一致意见的形成，只有进退适度、刚柔并济，才能较好地促成一致意见。

（六）注意安抚职工情绪

在处理群体性事件过程中，一定要高度警惕，密切关注职工的情绪。不但不能有任何挑衅职工情绪的言行，还得尽可能通过言语安抚好职工的情绪，以免引发职工更加过激的举动。

一旦发现职工情绪失控，有打砸物品甚至伤人的过激行为，应当及时报警，寻求警方的帮助，以免事态扩大，出现不必要的严重后果。

有些单位在进行规模性人员分流与安置时，事先向当地警方报备，有些单位甚至还聘请专业的保安公司，安排安保人员到现场协助维持秩序，预防、应对有可能出现的群体性事件。但安保人员在场，会给待安置人员无形中带来一种不信任感和距离感，反而不利于人员分流与安置的推进。因此，此类措施与方案需结合实际情况，具体个案具体分析，不宜照搬照抄。

另外，有研究表明，人在身体缺少能量时，情绪容易失控。因此，建议在处理群体性事件时，适当为职工准备些水和食物，以便于他们补充能量。群体性事件的发生并不表示职工与单位的矛盾已经变为阶级矛盾、敌我矛盾，此时依然是人民内部矛盾，只是由于双方的诉求出现了分歧才产生的纠纷，因此，这时候不应该敌视职工，而应该引导职工认识到单位与职工的立场是一致的，只不过现在面临着一些分歧和问题，双方应该一起想办法来化解分歧、解决问题，而不是纯粹地搞对抗。所以，简单地准备水和食物，既可以稳定职工的情绪，还可以以行动引导职工相向而行，一举两得，对妥善处理群体性事件大有裨益。

（七）向有关部门、团体寻求协调

有时候，在发生群体性事件时，单位觉得跟职工很难沟通，双方的诉求差距太大，这时就需要向劳动行政部门、企业劳动争议调解委员会寻求协调了。第三方的协调有利于化解单位与职工的分歧，尽可能地促成双方协商一致。

（八）达成协议，依约履行

一旦双方协商一致，虽不一定要签署集体协议，但还是得留下相应的书面文件，以备不时之需。前面有提及，既然有人协助进行协商记录，那么双方在协商记录上签字确认，也是可以成为有法律效力的书面文件的。

协商达成一致，意味着群体性事件基本化解，接下来要做的，就是根据所达成的一致意见，按部就班地推进人员分流与安置计划。

在人员分流与安置过程中，大家最不希望碰到群体性事件，因此，企业应当尽可能去预防群体性事件的出现。但多方面因素形成的群体性事件往往防不胜防，企业在碰到群体性事件时，应处变不惊，迅速启动应急预案，有效处理群体性事件，保证人员分流与安置的顺利推进。

第八节　党群组织的地位和作用

决定了党群组织在国有企业管理中起着至关重要的作用，而涉及职工切身利益的人员分流与安置，也需要党群组织发挥作用，才能最大化地协调职工个人利益与国有企业的整体利益，也才能确保人员分流与安置的顺利推进，为国有企业可持续健康发展提供助力。

一、党组织的地位与作用

我国《宪法》明确规定，中国共产党领导是中国特色社会主义最本质的特征。2017 年 10 月 18 日，习近平在党的十九大报告中指出，坚持党对一切工作的领导。

因此，党组织在国有企业管理工组中，应当处于绝对的领导地位。那么，作为国有企业改革过程中的一项工作，人员分流与安置也就离不开党的领导。

对于党组在国有企业人员分流与安置中的地位与作用，在本章第一节已有阐述，此处需要补充的是：

第一，党领导一切，但并不表示党包揽一切。党的领导，应当是大政方针上的领导，是政治领导、思想领导、组织领导，而非对具体事务大包大揽。

因此，在国有企业人员分流与安置过程中，党的领导与 HR、法务作为总策划人、总执行人并不矛盾。党组织应当把好人员分流与安置的大方向，保证人员分流与安置方案符合政治需要，把关人员分流与安置工作组成员，尤其是把关好作为总策划、总执行的 HR 与法务人员，给他们赋能，激发他们的主观能动性，同时，做好他们的思想工作，把大家的思想都统一到维护国有企业集体利益的层面来，为人员分流与安置的顺利推进提供政治保障、思想保障和组织保障。而 HR、法务则是在党的领导下，具体进行有关的方案设计及实施，只要不违反党组织确定的基本原则与框架，HR 与法务在具体事务上拥有决断权。

第二，党组织应该充分发挥党员的积极作用，发动党员同志深入职工一线，向身边的同事做好思想宣传工作，让所有职工真正理解单位进行人员分流与安置的目的，同时，听取一线职工的心声，掌握一线职工中的特殊情况，并将收集、掌握到的信息、情况及时反馈给党组织，以便党组织根据具体情况，及时指示工作组修正人员分流与安置方案，或者提前做好有关安抚、解释工作。

从企业经营的角度来讲，作出变革，主要是为了让国有企业发展得更好，企业发展得好了，职工整体也就能拥有更加体面的工作与生活条件。因此，虽然人员分流与安置可能会伤害一小部分人的利益，但是对于整个职工群体来讲，是有利的。而且，企业也会通过再就业保障与扶持、特殊补助等方式，尽可能减少对被安置人员的利益伤害。这些出发点与整体考量，都是可以通过党员同志传达给一线职工的。

二、工会的地位与作用

工会作为职工自愿结合的工人阶级群众组织，在国有企业的日常职工关系管理过程中，有着不可替代的地位，起着很重要的作用。然而，由于一些原因，很多人对工会在企业中的地位与作用都是理解有误的。这就造成了在企业人员分流与安置过程中，工会的参与度总是显得不那么高。

（一）工会在国有企业人员分流与安置过程中的地位

要精准定位工会在国有企业中的地位，首先得搞清楚工会的性质，以及其所拥有的权利和义务。

根据《工会法》和《中国工会章程》的有关规定，工会的性质是很明确的，中国工会是中国共产党领导的职工自愿结合的工人阶级群众组织。所以，中国的工会组织，其性质是在党领导下的一个社团组织。

根据《工会法》的有关规定，维护职工合法权益是工会的基本职责。除了这项基本职责外，工会还要依照法律规定通过职工代表大会或者其他形式，组织职工参与本单位的民主决策、民主管理和民主监督。同时，工会应当动员和组织职工积极参加经济建设，努力完成生产任务和工作任务。教育职工不断提高思想道德、技术业务和科学文化素质，建设有理想、有道德、有文化、有纪律的职工队伍。

综合前述工会的性质及权利义务，我们可以对我国工会的地位大致下一个结论：工会是劳动者团结并形成合力，实现与用人单位平等对话的一个平台，是维护劳动者合法权益的一个组织，是确保无产阶级当家作主的窗口之一，是协调职工关系的有效途径，是助推企业持续发展的职工动力。

有了这样一个定位，再来看工会在国有企业人员分流与安置过程中的地位，就比较明晰了。

在人员分流与安置过程中，会大量牵涉职工的切身利益，所以工会应当处于职工合法权益维护者的地位。同时，工会有义务敦促职工理性维权、合法争利，避免极端事件的发生，因此工会又处于职工关系减震器的地位。

综上所述，工会在人员分流与安置过程中，实际上是代表职工一方，维护职工合法权益，与用人单位平等对话，保证人员分流与安置顺利、平稳推进的一个平台。

（二）工会在国有企业人员分流与安置过程中的作用

1. 人员分流与安置方案的设计参与者

根据相关法律规定，人员分流与安置方案是需要跟工会协商确定的。换言之，工会应当参与人员分流与安置方案的设计，以保证该方案是不会损害职工合法权益的。

同时，工会作为职工合法权益的维护者，应当在国有企业党组织的领导下，紧密联系群众，深入了解一线职工的困难、需要和诉求，在协商确定人员分流与安置方案时，充分考虑这些职工的困难、需要和诉求，以确保人员分流与安置方案能更具有可操作性。

2. 人员分流与安置实施过程中的协调者

作为职工与单位的沟通桥梁与联系纽带，工会在人员分流与安置实施过程中，应当起到协调者的作用。

工会作为人员分流与安置方案的设计参与者，对于人员分流与安置方案的设计初衷和宗旨理解更深刻；作为职工利益的维护者，工会在与职工沟通方面更具优势，职工更加信任工会，也更加容易接受工会的意见和建议。因此，工会应当主动联系职工，向职工宣讲方案设计的考量，接受并解答职工的咨询，消除职工的困惑，减少和避免职工对人员分流与安置产生误解和抵触。同时，工会还应积极参与到单位与待安置人员的沟通中，这样既可以协助职工维护其合法权益，也可以帮助单位稳定好职工情绪，促使双方达成协议。

另外，作为职工合法权益的维护者，工会也得注意解决好一个问题，那就是在职工合法权益未受损的情况下，职工想要争取更多利益时，工会需要做好引导、协调和沟通工作。既要引导职工理性、合理争利，也要与单位充分沟通协调，反馈职工的合理诉求，提出解决意见。在出现这类情况时，工会应当扮演好协调者的角色，尽快促进双方达成一致意见，保证人员分流与安置的顺利推进。

3. 人员分流与安置过程中的监督者

其实，工会参与人员分流与安置方案的设计过程，既是为了保证方案本身不会损害职工的合法权益，也是监督单位在设计方案时不违反法律法规以及国家有关政策的规定。

而在人员分流与安置方案进入实施阶段后，工会更需要对实施过程进行监督。根据《劳动合同法》第四条第三款的规定，在重大事项决定实施过程中，工会认为不适当的，有权向用人单位提出，通过协商予以修改完善。《工会法》也明确规定了工会在涉及职工切身利益的重大事项实施过程中，工会的民主监督职责。因此，作为职工合法权益的维护者，工会应当行使好自己的监督权，避免在方案实施过程中，因为执行不到位或者工作方法欠妥，损害职工的合法权益。

4. 人员分流与安置过程中的职工合法权益维护者

工会最基本的职责是维护职工的合法权益。工会的其他职责其实都是由这一基本职责延伸出来的。因此，在整个人员分流与安置过程中，工会应当时刻关注职工的合法权益是否得到了有效保障，并在发现职工合法权益受到侵害时，果断向单位提出整改意见，切实维护好职工的合法权益。

综上所述，工会在国有企业人员分流与安置过程中，应当代表职工方，全程参与，既要维护职工的合法权益，又要协调、促进人员分流与安置的根本目标得以实现。国有企业在进行人员分流与安置时，应当重视并充分发挥工会的积极作用，以确保人员分流与安置的顺利推进。

三、职工代表大会的地位与作用

《企业国有资产法》规定，国有资产属于国家所有即全民所有。国有企业，由于其全民所有的资本属性，决定了其民主管理要求高于非国有企业。《企业民主管理规定》第十三条规定了职工代表大会的职权，第十四条又专门规定了国有企业和国有控股企业的职工代表大会除按第十三条规定行使职权外，有权听取和审议企业经营管理主要负责人关于企业投资和重大技术改造、财务预决算、企业业务招待费使用等情况的报告，专业技术职称的评聘、企业公积金的使用、企业的改制等方案，并提出意见和建议；有权审议通过企业合并、分立、改制、解散、破产实施方案中职工的裁减、分流和安置方案；有权行使依照法律、行政法规、行政规章规定的其他职权。由此可见，在国有企业，职工代表大会是职工作为企业的主人，参加企业经营决策、管理、监督干部、行使民主权利的权力机构。

根据相关规定，国有企业在进行人员分流与安置时，相关的方案需要经过职工代表大会审议并通过。同时，职工代表大会还有权监督企业执行相关方案的情况，民主评议相关领导人员，并提出奖惩建议。

这就意味着，如果分流与安置方案没有获得职工代表大会的审议通过，也就不能实施。而获得职工代表大会审议通过的方案，企业应严格落实、执行，否则，职工代表大会就有可能行使相应的监督权。

换个角度来讲，经过职工代表大会审议通过的方案，在实施过程中，遇到的阻力就会小很多，有利于人员分流与安置工作的稳步推进。只不过企业需要在前期做足工作，保证方案能够在职工代表大会上审议通过。

第九节 人员分流和安置典型案例和分析

一、内退纠纷是否属于劳动争议案件受理范围

▶▶典型案例

【案号】（2021）晋08民终2386号

【裁判要旨】

由于内退手续办理问题引发的纠纷，是劳动合同履行过程中因变更劳动合同而产生的纠纷，属于劳动争议案件受理范围；还是企业内部管理范畴，不属于相关法律规定中劳动争议案件受理范围？

【案情简介】

仪某系甲公司固定职工。2016年，甲公司的上级集团公司根据国家及地方有关政策，决定对列入关停计划的下属子公司实施人员分流安置。根据上级公司的有关人员分流安置工作实施方案，该方案中明确的分流措施共有“职工自谋职业”“协商解除劳动关系”“改制分流”“跨企业转移”“开展生产经营自救”“清退不在岗人员（非企业原因）”“办理有期限放假”七种措施，2016年4月，甲公司与符合“有期限放假人员条件”的仪某，本着诚实守信的原则，经平等协商、坦诚沟通后签订了《职工有期限放假协议书》。《职工有期限放假协议书》履行期限届满后，甲公司曾组织包括仪某在内的职工进行培训。之后2018年、2020年、2021年，甲公司多次印发公开招聘通知，但仪某未能应聘上岗。2017年、2018年，甲公司的上级集团公司曾连续两年发布办理内退的通知，为符合内退条件的职工依法办理内退手续。仪某因当时年龄原因不符合“内退政策”，甲公司未为其办理“内退”手续。从2019年起，甲公司及其上级集团公司均未发布办理内退的通知。2020年9月，仪某提起劳动仲裁，要求甲公司为其补办内退手续，并补偿其相应的经济损失。

【裁判结果】

仲裁裁决，双方平等、自愿协商，签订协议，明确权利义务，并驳回了仪某的其他请求。

仪某不服，向人民法院提起诉讼，一审认为，双方之间争议的纠纷为《职工有期限放假协议书》期限届满后，甲公司对仪某的工作安排是否合法合理、该安排是否给仪某造成经济损失及应否为仪某办理内退手续，该纠纷实质是双方在履行劳动合同过程中因变更劳动合同发生的纠纷，依据法律规定，属于劳动争议，人民法院应当受理。但根据相关政策，国有企业办理内退手续应当符合三个条件，即对象为距退休年龄不到五年的富余职工；经职工本人申请；企业领导批准。这三个条件缺一不可。因此，距退休年龄不到五年的职工，不能强制要求国有企业批准其内退。而且，甲公司为符合条件的职工办理内退手续，都是接到上级集团公司通知后才办理的。从2019年起，甲公司并未再接到上级集团公司的通知，因此，仪某要求甲公司为其办理内退手续的要求，于法无据，不予支持。而《职工有期限放假协议书》期限届满后，仪某未能竞聘上岗工作，甲公司为未能竞聘上岗的仪某发放了基本生活费、缴纳了社会保险费和住房公积金。仪某在没有付出实际劳动力的情况下，要求甲公司支付与其他付出实际劳动力职工相应的对价工资，不符合按劳分配、同工同酬等法律原则，故仪某主张甲公司补偿其经济损失的请求，没有法律依据，不予支持。综上，一审法院驳回了仪某的诉讼请求。

仪某不服，提起了上诉。二审法院认为，仪某提出的关于内退手续办理问题，为企业内部管理范畴，不属于相关法律规定中劳动争议案件受案范围，原审法院认为该争议亦属于劳动争议不当，予以纠正。双方签订的《职工有期限放假协议书》期限届满后，甲公司向仪某支付的待遇，并未低于年度最低工资标准，故对仪某要求补发工资差额的主张不予采纳。关于仪某要求甲公司承担经济、精神、心理伤害的赔偿责任问题，没有事实和法律依据，不予认可。综上，二审法院作出了驳回上诉，维持原判的判决。

【劳达评析】

本案涉及了一个很有意思的问题：因办理内退手续而引发的纠纷，到底属不属于劳动争议案件受案范围。

内退，对国有企业来讲，并不陌生。根据《国有企业富余职工安置规定》第九条的规定，职工距退休年龄不到五年的，经本人申请，企业领导批准，可以退出工作岗位休养。这就是内退的法律依据。从严格意义上来讲，内退是国有企业所独有的一种人员安置措施。

那么，因为内退而引发纠纷，是否属于劳动争议呢？笔者查阅了近两年相关的法院判决，发现与内退有关的争议案件，牵扯到两类问题，一类是因内退期间的待遇问题而产生的纠纷，对此，相关判决书中展现的法院观点基本一致，都认为这属于因福利产生的纠纷，属于劳动争议的范畴。另一类是因内退手续本身产生的纠纷，例如职工认为单位以欺诈、胁迫的方式骗其办理内退手续，要求撤销内退。又如本案中的这类情形，对此法院观点并不一致。本案中，一、二审法院的观点就是典型的两种观点。

笔者更倾向于一审法院的观点。笔者认为，要厘清这类纠纷的性质，需要对内退的规定进行具体分析，归纳总结其实质法律内涵，进而判断其到底属不属于劳动争议。

根据《国有企业富余职工安置规定》的相关规定，职工内退期间，由企业发给生活费。生活费标准由企业自主确定，但是不得低于省、自治区、直辖市人民政府规定的最低标准。职工内退期间视为工龄，与其以前的工龄合并计算。

由此可知，内退期间，劳动关系存续，职工不提供劳动，但单位支付生活费。这其实是对劳动合同中的工作内容、劳动报酬进行了相应的变更，实质上属于劳动合同变更。而根据《劳动争议调解仲裁法》第二条第二项之规定，因订立、履行、变更、解除和终止劳动合同发生的争议，属于劳动争议范畴。

综上分析，建议企业在实际工作中操作内退方案时，一是要提前向职工解释清楚有关的内退规则，尤其内退其实是建立在“符合条件+双方同意”的基础上，二者缺一不可。只是符合条件，但是员工不愿意或者单位领导不批准，内退依然是无法成立的。二是如果碰到涉及内退的有关纠纷，要仔细研判所涉争议内容，一般来讲，可以按照应对劳动争议案件的有关思路进行处理，这就包括仲裁时效问题、管辖权问题、裁审程序问题等。

二、国有企业改制过程中，分流到非国有企业的人员是否可以获得经济补偿

▶▶典型案例

【案号】（2021）豫04民终3900号

【裁判要旨】

国有企业退出国有，改制成立民营企业，职工从原国有企业进入该民营

企业，属于劳动合同关系变更，不符合领取经济补偿的情形。

【案情简介】

张某于1985年10月进入甲集团工作。2003年，因甲集团退出国有，改制成立了乙公司（自然人投资或控股的有限责任公司），张某进入乙公司工作至2016年5月退休。

2010年12月31日，平顶山市人力资源和社会保障局确认《平顶山市甲集团所属五个子（分）公司改制职工安置费用有关问题的审核意见》。

2021年，张某提起诉讼，要求乙公司支付其1985年至2010年的经济补偿。

乙公司向法庭提交了市政府驻乙公司工作组《关于对豫经贸企改〔2003〕372号第六项第二十三条、第二十四条的解释》："第二十三条说的是：企业改制时，对职工劳动合同的处理有两种形式，一种是变更劳动合同（到新公司去的人属变更），另一种是解除劳动合同（不愿到新公司去的人）。对于解除劳动合同'走人'的职工，可以根据每个人的不同情况支付相应的补偿金……"

【裁判结果】

一审法院认为，经济补偿金是在劳动合同解除或终止后，用人单位依法一次性支付给劳动者的经济上的补助。本案中，因甲集团退出国有，改制成立了乙公司，张某进入乙公司工作至2016年5月退休，属于劳动合同关系变更到乙公司，不符合可以领取经济补偿金的情形，因此对于张某主张乙公司向其支付经济补偿金及利息的诉讼请求，没有事实和法律依据，不予支持。二审法院维持了原判。

【劳达评析】

本案涉及的是在国有企业改制过程中，职工从原单位转移至新单位工作，是否有权享受经济补偿金的问题。

2008年1月1日前，根据《劳动法》及相关配套政策规定，劳动合同解除时，符合相关法定情形的，用人单位应当依法向劳动者支付经济补偿。

2008年1月1日起，根据《劳动合同法》的相关规定，劳动合同解除、终止时，若符合该法第四十六条的规定，用人单位应当根据该法第四十七条的规定，向劳动者支付经济补偿。

从这两部分规定可以看出，不管是以前，还是现在，职工要想享受经济补偿，前提条件一定是要出现劳动合同的解除或者终止，然后还要符合法律所规定的需要支付经济补偿的情形。如果不存在劳动合同的解除或终止，或者并非法律所规定的需要支付经济补偿的情形，那么企业就没有义务向职工支付经济补偿。

国有企业改制过程中，职工从原单位转移至新单位，其性质在理论上一直存在一些争议。

一种观点认为，这种情况属于劳动合同变更。根据《民法典》的相关规定，合同变更包括合同主体变更和合同内容变更。合同主体变更，实际上就是原合同的一方当事人，将己方在合同中的权利、义务或者二者同时转让给第三方的情形。劳动合同属于合同的一种，在《劳动合同法》无特别规定的情况下，应该适用《民法典》的相关规定，即：用人单位主体变更，应属于劳动合同的变更。

另一种观点则认为，劳动合同有其特殊性，劳动合同法律关系兼具财产性与人身依附性，将用人单位主体变更界定为劳动合同的变更，仅仅考虑到了劳动合同法律关系的财产性，而忽视了其人身依附性。劳动关系是基于双方当事人的相互信任建立起来的。因此，一旦一方当事人退出，引入另一方当事人，那么双方的信任基础将大打折扣，此时若适用《民法典》的相关规定，有违劳动合同法律关系的人身依附性。因此，这种观点认为，用人单位主体变更，实质上是与原单位解除劳动关系，与新单位重新建立劳动关系，而不属于劳动合同变更。

这两种观点各有支持者，而用人单位在实务操作过程中也发现这两种观点对应的操作各有利弊。

如果按照劳动合同主体变更的观点来操作，那么签订一份劳动合同变更协议就可以了，操作简便，而且由于不涉及解除的问题，也就不会牵扯到经济补偿的支付问题。但是，这一操作的问题在于，原单位的合同订立次数、之前违法管理的隐患，将全部带到新单位，新单位将不得不承受很多非自身原因造成的法律风险和责任。

如果按照一方解除第三方新签的观点来操作，那么除非地方政府有特别规定，合同订立次数应该重新计算，原单位违法管理的问题也应该由原单位自行处理，新单位可以不替原单位背锅。但是，这一操作会涉及劳动合同解除，原单位可能需要向职工支付经济补偿。

从司法实践来看，司法机关大多倾向于认可前一观点。本案中的两级法院也是持前一观点。

然而，2002年八部门联合发布了《关于国有大中型企业主辅分离辅业改制分流安置富余人员的实施办法》（国经贸企改〔2002〕859号，以下简称859号文），2003年三部门联合发布了《国有大中型企业主辅分离辅业改制分流安置富余人员的劳动关系处理办法》（劳社部发〔2003〕21号，以下简称21号文），这两个文件中都明确规定，对分流到非国有法人控股改制企业的职工，原主体企业应当与其办理解除劳动合同手续，并依法支付经济补偿金。

据此，在符合如下条件时，原单位应当依法向职工支付经济补偿金：

①原单位属于国有大中型企业。大中型企业的判断标准，一般根据国家统计局的《统计上大中小微型企业划分办法（2017）》来确定。

②富余人员的分流安置发生在主辅分离、辅业改制时。基于其他原因进行的人员分流安置，不适用该规定。

③相关人员是被从原国有企业分流至非国有法人控股改制企业。

④原单位与相关职工解除了劳动合同。

上述四个条件同时满足，原单位即需向职工支付经济补偿金。若有任何一项不符合，都无法适用上述规定要求原单位支付经济补偿。

本案中，从判决书中呈现的信息来看，法院不支持职工的经济补偿诉求，很难清晰看出具体原因。笔者推测，一则，本案中甲集团改制并不属于“主辅分离辅业改制”，既然不属于，也就不适用859号文和21号文了；二则，法官应该是认为，既然认定属于劳动合同变更，那么就不涉及劳动合同解除，而根据《劳动合同法》的有关规定，不涉及劳动合同解除，就不涉及经济补偿的问题。《劳动合同法》的效力位阶高于部委的文件，所以才作出了不予支持经济补偿的判决。

实际上，本案中职工的主张还有另外两个问题：

其一，职工应当向甲集团主张经济补偿金。前述两个文件规定得清清楚楚，是由“原主体企业”依法支付经济补偿金。《劳动合同法》也规定了，应该是由解除劳动合同的用人单位支付经济补偿。但本案中职工是向乙公司主张经济补偿金的，显然出现了责任主体上的问题。

其二，职工的主张可能已经过了仲裁时效。根据相关法律与司法解释的规定，劳动争议的仲裁时效，从当事人知道或者应当知道自己的权益受到侵害之日起计算，时效为一年。根据判决书反映的情形，2003年甲集团改制，2010年安置费方案获得了当地劳动行政部门审核。这就意味着，张某在当地劳动行政部门审核意见出来后，就应当知道自己的权益受到侵害了。除非他之后十一年一直在持续不断地向各方主张权利，并且留有证据，否则，只要他有连续一年没向甲集团或有关部门主张权利，那么仲裁时效就过了。这里需要明确的是，根据《劳动争议调解仲裁法》的规定，仲裁时效因当事人一方向对方当事人主张权利，或者向有关部门请求权利救济，或者对方当事人同意履行义务而中断。如前所述，乙公司并非对方当事人，张某向乙公司主张权利，应该不构成对仲裁时效的中断。

通过本案可以发现国有企业普遍存在的一个问题，那就是有不少国有企业容易忽视跟员工以协议形式确定有关问题。像本案中涉及的经济补偿问题，是通过各种内部发文来确定的，而没有跟职工之间形成具体的协议或者合同。可偏偏这些文件，有时有可能与其他文件相冲突，从而引发理解分歧，诱发劳动争议。

因此，建议国有企业改制进行人员分流与安置时，如果涉及将职工从原国有企业分流至非国有企业，且确定不支付补偿的话，最好还是与职工落笔为证，签订相应的书面协议，以免后续出现不必要的纠纷。

三、同一权利主张，才可导致仲裁时效中断

▶▶典型案例：陈某与A公司劳动争议纠纷上诉案

【裁判要旨】

发生劳动争议后，当事人申请仲裁的期间受到仲裁时效的约束。仲裁时效中断，是指因当事人一方向对方当事人主张权利，或者向有关部门请求权利救济，或者对方当事人同意履行义务，导致仲裁时效期间重新计算。但是，导致仲裁时效中断的情形，应当是针对同一权利进行主张，否则，不能导致仲裁时效中断。

【案情简介】

2010年3月11日，陈某曾就其与A公司劳动争议纠纷一案向某区劳动争议仲裁委员会（以下简称仲裁委）提出仲裁申请，要求A公司支付其2009年3月至2009年12月未签订劳动合同的二倍工资差额90240元、2008年度年终奖金60万元及25%的经济补偿金15万元、违法解除劳动合同的赔偿金36096元和未提前30天通知解除劳动合同的经济补偿金9024元。仲裁委作出裁决

后，陈某与A公司均不服，向某区人民法院提起诉讼，该院于2010年12月9日作出一审判决。后双方又均上诉至二审法院，二审法院于2011年5月13日作出终审判决。

该生效民事判决书认定如下事实：陈某于2005年3月调入A公司工作，2009年12月18日，A公司通知陈某2009年12月31日劳动合同到期后不再续签。2009年12月25日，陈某在《终止劳动合同通知书》的签收回执上签字，2009年12月31日双方劳动合同到期终止。

2011年2月23日，陈某以要求A公司向其支付2009年度税后奖金及25%的经济补偿金为由再次向仲裁委提出申请。

【裁判结果】

仲裁委于2011年6月7日以申请已过仲裁时效为由作出裁决，驳回陈某的申请请求。陈某不服该仲裁结果向一审法院提起诉讼。

一审庭审中，陈某主张其与A公司的劳动关系仍然存续，且其于2010年3月11日第一次向仲裁委提出仲裁申请，仲裁时效中断，故其所主张的2009年度税后奖金未超过仲裁时效。A公司对此不予认可，主张双方劳动关系已于2009年12月31日终止，仲裁时效应自该日起算，且不存在法定中断情形，故陈某在本案提出仲裁申请，已超过仲裁时效。此外，A公司举证陈某在2009年度请各类假共计82天，也根本不符合公司考核发放奖金的条件。

一审法院经审理认为，根据《劳动争议调解仲裁法》第二十七条第一款的规定，劳动争议申请仲裁的时效期间为一年。仲裁时效期间从当事人知道或者应当知道其权利被侵害之日起计算。本案中，双方劳动关系于2009年12月31日终止。又根据《北京市工资支付规定》第十二条的规定，用人单位在与劳动者终止劳动合同时，应一次性向劳动者支付全部劳动报酬，用人单位未及时、足额支付劳动报酬的，应视为对劳动者权利造成侵害。本案中，陈某劳动权利受侵害之日应为双方劳动关系的终止之日。作为完全民事行为能力人，陈某于2009年12月25日在《终止劳动合同通知书》的签收回执上签字，并于2010年3月11日提出仲裁申请，主张违法解除劳动合同的赔偿金，故应视为陈某在双方劳动关系终止时已经知道其自身劳动权利受到侵害，其就奖金等劳动报酬申请仲裁的时效期间应从双方劳动关系终止之日起计算。

此外，根据《劳动争议调解仲裁法》第二十七条第二款的规定，仲裁时效因当事人一方向对方当事人主张权利，或者向有关部门请求权利救济，或者对方当事人同意履行义务而中断。从中断时起，仲裁时效期间重新计算。本案中，陈某于2011年2月23日向仲裁委提出仲裁申请，要求A公司向其支付2009年度税后奖金等，但自双方劳动关系终止之日起的一年内，陈某未提供相应证据证明存在其曾向A公司主张2009年度税后奖金，或向有关部门请求权利救济，或者A公司同意支付2009年度税后奖金的相关情形，故对于陈某所持的因其曾于2010年3月11日就违法解除劳动关系的赔偿金等申请劳动仲裁、其申请2009年度税后奖金的仲裁时效亦应于2010年3月11日中断的主张不予采信。综上，陈某要求A公司向其支付2009年度税后奖金762000元及25%的经济补偿金190500元，超过《劳动争议调解仲裁法》所规定的一年仲裁时效，且A公司就仲裁时效提出抗辩，故法院对陈某的诉讼请求不予支持。据此判决：驳回陈某的诉讼请求。

一审判决后，陈某不服，坚持主张其在2010年3月11日曾就A公司违法解除劳动关系的赔偿金案（前案）申请劳动仲裁的情形构成对本案仲裁时效的中断，上诉至二审法院，请求撤销一审判决，A公司则以前案的仲裁请求中并不包括本案的权利内容为由认为前案不构成对本案仲裁时效的中断。

二审法院经审理确认原审法院查明事实属实，并以相同理由驳回陈某的上诉，维持原判。

【劳达评析】

本案中，涉及的是仲裁时效中断的有关问题。这是很多用人单位都容易忽视的一个问题。

根据《劳动争议调解仲裁法》的相关规定，在出现以下情形之一时，仲裁时效会中断，需从中断时重新计算仲裁时效：一方当事人向对方当事人主张权利；当事人向有关部门请求权利救济；对方当事人同意履行义务。

仲裁时效的设置，是为了防止权利人怠于行使权利，故意拖延维权时间，增加仲裁、诉讼的成本。所以，如果权利人积极行使相应的权利，那么这种与怠于行使权利相反的做法，就可以让仲裁时效停止，重新计算。

然而，劳动关系管理实务中，劳动者向用人单位主张权利或者向有关部门上访、投诉等，都属于劳动者维权的常态行为，很多用人单位对此习以为常，不会过多关注劳动者的这类行为背后可能对仲裁时效带来的影响。直到相当长一段时间后，当劳动者提起劳动仲裁时，用人单位的代理律师才可能在进行仲裁时效分析时，发现仲裁时效已然中断过很多次。

而忽视仲裁时效中断，最大的隐患就在于，用人单位可能会过早地处理掉一些与劳动争议有关的证据材料。根据《个人信息保护法》的有关规定，用人单位作为个人信息的处理者，在处理个人信息时，应当遵循最小且必要的原则。而《劳动合同法》则有规定，劳动者离职后，其解除、终止的劳动合同应当至少保存两年备查。有不少人对这些法律规定的理解并不是很精准，只是简单地理解为在劳动者离职两年后，就不能再存储与其相关的材料及信息了。这样“一刀切”式的理解在劳动人事领域比较常见，看似简单可行，有时却是风险不小。而这样的理解使不少单位在劳动者离职两年后，进行一次与其相关的个人信息材料的集中处理——删除、销毁或匿名化处理。这样的材料与信息处理，使用人单位可能面临尴尬境地：经过多次的仲裁时效中断，劳动者提起了劳动仲裁，而用人单位则已经把相关材料处理了，就很可能面临因举证不能而败诉的风险。

因此，需要提醒大家，在职工频繁向企业有关领导或者部门提出有关权利主张，或者向有关行政部门或司法机关提出有关权利救济，又或者单位同意职工的有关诉求并承诺履行时，切记要将与此相关的材料完整保存，直至确认不会产生法律风险了，再考虑进一步的处理。

有人担心，这样会导致单位违反《劳动合同法》和《个人信息保护法》，首先，这不会违反《劳动合同法》，虽然该法规定了至少保存两年备查，但其仅针对劳动合同的相关规定，而且并不禁止超出两年保存。其次，这也不会违反《个人信息保护法》，该法要求的最小原则是伴随着必要性的。也就是说，是在必要的前提下，执行最小化原则。为了应对可能的、潜在的司法程序而保留有关的证据材料，其必要性毋庸置疑。因此，在仲裁时效范围内，单位保留与职工相关的证据材料，并不违反最小且必要原则。

在国有企业，职工主张权利的途径相对比较多，所以在人员分流与安置过程中，单位要密切关注及潜在劳动争议的仲裁时效，并做好有关证据材料的固定与收集，以备不时之需。

对于仲裁时效的中断，还需要注意的是，前述的三种中断情形所提及的权利，都应当是与同一次仲裁、诉讼时职工所主张的权利是一致的。本案中，职工先主张了公司违法解除，进而主张了奖金、赔偿金等。后又另起一诉，主张另一个时间段的奖金和经济补偿，此时，针对新权利主张的仲裁时效，应当严格遵循有关法律规定，从其知道或者应当知道权利受到侵害之日起计算，同时需研判，是否存在仲裁时效中断的情形。职工方主张，前案的司法程序中断了后案的仲裁时效，但需注意，如果前案与后案所涉主张一致，则涉嫌一事不再理的问题，职工的请求大概率得不到支持；如果前案与后案所涉主张不一致，则不构成仲裁时效中断，因为要引发仲裁时效中断，一定是相同的主张，这是涉及仲裁时效中断机制的内在规则。对于这个问题，本案中两级法院的判决已经阐述得比较清楚，此处就不再赘述。

第八章　国企商业秘密保护体系的搭建

2020年5月，中共中央国务院印发的《关于新时代加快完善社会主义市场经济体制的意见》，指出："完善和细化知识产权创造、运用、交易、保护制度规则，加快建立知识产权侵权惩罚性赔偿制度，加强企业商业秘密保护，完善新领域新业态知识产权保护制度。"商业秘密是知识产权的重要组成部分，是企业形成和保持竞争优势的重要手段。在市场经济条件下，进一步加强国有企业商业秘密保护工作，对于保护国有企业知识产权，提高国有企业管理水平，增强国有企业竞争能力，促进国有企业进一步发展，都具有十分重要的意义。

2019年修正的《反不正当竞争法》，对有关商业秘密的保护问题作出进一步完善。《最高人民法院关于审理侵犯商业秘密民事案件适用法律若干问题的规定》对企业商业秘密保护领域的工作提供了较为明确的指引。2010年3月25日，国务院国有资产监督管理委员会发布《中央企业商业秘密保护暂行规定》(国资发〔2010〕41号)，指导中央企业商业秘密保护合规工作，该规定对国企也有很强的借鉴意义。

从总体上看，多数国有企业保护商业秘密的意识仍然比较淡薄，保护措施仍然比较落后，致使侵害国有企业商业秘密权益的案件不断增加。因此，必须充分认识商业秘密的重要性，提高商业秘密保护意识，把商业秘密作为重要的知识产权、无形资产和参与市场竞争的一种重要手段，采取各种有效措施切实加强保护和管理。

(一) 商业秘密的范围

《反不正当竞争法》第九条第四款规定："本法所称的商业秘密，是指不为公众所知悉、具有商业价值并经权利人采取相应保密措施的技术信息、经营信息等商业信息。"

1. 技术信息

技术信息也被称作技术秘密、专有技术、非专利技术等。根据《国家工商行政管理局关于禁止侵犯商业秘密行为的若干规定》第二条第五款的规定，技术信息包括设计、程序、产品配方、制作工艺、制作方法等；根据《最高人民法院关于审理侵犯商业秘密民事案件适用法律若干问题的规定》第一条第一款的规定与技术有关的结构、原料、组分、配方、材料、样品、样式、植物新品种繁殖材料、工艺、方法或其步骤、算法、数据、计算机程序及其有关文档等信息，人民法院可以认定构成反不正当竞争法第九条第四款所称的技术信息。

2. 经营信息

按照《国家工商行政管理局关于禁止侵犯商业秘密行为的若干规定》第二条第五款的规定，经营信息包括管理诀窍、客户名单、货源情报、产销策略、招投标中的标底及标书内容等信息。根据《最高人民法院关于审理侵犯商业秘密民事案件适用法律若干问题的规定》第一条第二款、第三款的规定，与经营活动有关的创意、管理、销售、财务、计划、样本、招投标材料、客户信息、数据等信息，人民法院可以认定构成反不正当竞争法第九条第四款所称的经营信息。前款所称的客户信息，包括客户的名称、地址、联系方式以及交易习惯、意向、内容等信息。

3. 其他商业信息

其他商业信息是指技术信息和经营信息以外，同经营者经营活动有关的各种消息、数据、情报和资料，包括市场营销信息、市场管理信息、与产品或者服务有关的科技信息、市场环境信息。

（二）商业秘密的构成要件

1. 秘密性

《最高人民法院关于审理侵犯商业秘密民事案件适用法律若干问题的规定》第三条规定：“权利人请求保护的信息在被诉侵权行为发生时不为所属领域的相关人员普遍知悉和容易获得的，人民法院应当认定为反不正当竞争法第九条第四款所称的不为公众所知悉。”第四条规定：“具有下列情形之一的，人民法院可以认定有关信息为公众所知悉：（一）该信息在所属领域属于一般常识或者行业惯例的；（二）该信息仅涉及产品的尺寸、结构、材料、部件的简单组合等内容，所属领域的相关人员通过观察上市产品即可直接获得的；

（三）该信息已经在公开出版物或者其他媒体上公开披露的；（四）该信息已通过公开的报告会、展览等方式公开的；（五）所属领域的相关人员从其他公开渠道可以获得该信息的。将为公众所知悉的信息进行整理、改进、加工后形成的新信息，符合本规定第三条规定的，应当认定该新信息不为公众所知悉。”

2. 价值性

《最高人民法院关于审理侵犯商业秘密民事案件适用法律若干问题的规定》第七条规定：“权利人请求保护的信息因不为公众所知悉而具有现实的或者潜在的商业价值的，人民法院经审查可以认定为反不正当竞争法第九条第四款所称的具有商业价值。生产经营活动中形成的阶段性成果符合前款规定的，人民法院经审查可以认定该成果具有商业价值。”

3. 保密性

《最高人民法院关于审理侵犯商业秘密民事案件适用法律若干问题的规定》第五条规定：“权利人为防止商业秘密泄露，在被诉侵权行为发生以前所采取的合理保密措施，人民法院应当认定为反不正当竞争法第九条第四款所称的相应保密措施。人民法院应当根据商业秘密及其载体的性质、商业秘密的商业价值、保密措施的可识别程度、保密措施与商业秘密的对应程度以及权利人的保密意愿等因素，认定权利人是否采取了相应保密措施。”

第六条：“具有下列情形之一，在正常情况下足以防止商业秘密泄露的，人民法院应当认定权利人采取了相应保密措施：（一）签订保密协议或者在合同中约定保密义务的；（二）通过章程、培训、规章制度、书面告知等方式，对能够接触、获取商业秘密的员工、前员工、供应商、客户、来访者等提出保密要求的；（三）对涉密的厂房、车间等生产经营场所限制来访者或者进行区分管理的；（四）以标记、分类、隔离、加密、封存、限制能够接触或者获取的人员范围等方式，对商业秘密及其载体进行区分和管理的；（五）对能够接触、获取商业秘密的计算机设备、电子设备、网络设备、存储设备、软件等，采取禁止或者限制使用、访问、存储、复制等措施的；（六）要求离职员工登记、返还、清除、销毁其接触或者获取的商业秘密及其载体，继续承担保密义务的；（七）采取其他合理保密措施的。”

（三）侵犯商业秘密的行为

侵犯商业秘密的行为主要包括以下几种：

①以盗窃、贿赂、欺诈、胁迫、电子侵入或者其他不正当手段获取权利人的商业秘密。若公司员工违反规定私自复制记载商业秘密的材料，例如，复制设计图纸、源代码等，可能会落入此款中。随着网络科技的发展，侵权人利用黑客技术获取他人的商业秘密越来越普遍，《反不正当竞争法》新增了“通过电子侵入方式获取商业秘密”的侵权行为。此外，侵权人以违反法律规定或者公认的商业道德的方式获取权利人的商业秘密的，可以归纳入“其他不正当手段”的范畴，如骗取、抢夺等。

②披露、使用或者允许他人使用以前项手段获取的权利人的商业秘密。“使用商业秘密”通常指侵权人在生产经营活动中直接使用商业秘密。

③违反保密义务或者违反权利人有关保守商业秘密的要求，披露、使用或者允许他人使用其所掌握的商业秘密。“保密义务”一般指当事人根据法律规定或者合同约定所承担的保密义务。

④教唆、引诱、帮助他人违反保密义务或者违反权利人有关保守商业秘密的要求，获取、披露、使用或者允许他人使用权利人的商业秘密。据此，教唆、引诱或帮助他人侵权的间接侵权行为也属于侵犯商业秘密的行为。

⑤经营者以外的其他自然人、法人和非法人组织实施前述违法行为的，视为侵犯商业秘密。

⑥擅自披露商业秘密或者在诉讼活动之外使用或者允许他人使用在诉讼中接触、获取的商业秘密的，也属于侵犯商业秘密的行为。

（四）侵犯商业秘密的法律责任

《反不正当竞争法》第二十七条规定：“经营者违反本法规定，应当承担民事责任、行政责任和刑事责任，其财产不足以支付的，优先用于承担民事责任。”

1. 民事责任

（1）停止侵害、要求损害赔偿

《反不正当竞争法》第十七条规定：“经营者违反本法规定，给他人造成损害的，应当依法承担民事责任。经营者的合法权益受到不正当竞争行为损害的，可以向人民法院提起诉讼。因不正当竞争行为受到损害的经营者的赔偿数额，按照其因被侵权所受到的实际损失确定；实际损失难以计算的，按照侵权人因侵权所获得的利益确定。经营者恶意实施侵犯商业秘密行为，情节严重的，可以在按照上述方法确定数额的一倍以上五倍以下确定赔偿数额。

赔偿数额还应当包括经营者为制止侵权行为所支付的合理开支。经营者违反本法第六条、第九条规定，权利人因被侵权所受到的实际损失、侵权人因侵权所获得的利益难以确定的，由人民法院根据侵权行为的情节判决给予权利人五百万元以下的赔偿。”《最高人民法院关于审理侵犯商业秘密民事案件适用法律若干问题的规定》第十七条第一款的规定：“人民法院对于侵犯商业秘密行为判决停止侵害的民事责任时，停止侵害的时间一般应当持续到该商业秘密已为公众所知悉时为止。”

（2）惩罚性赔偿

《反不正当竞争法》第十七条第三款规定，经营者恶意实施侵犯商业秘密行为，情节严重的，可以在按照上述方法确定数额的一倍以上五倍以下确定赔偿数额。据此，侵犯商业秘密的行为在符合“恶意”和“情节严重”的要件下，权利人可以要求惩罚性赔偿。此外，《民法典》第一百二十三条第一款规定民事主体依法享有知识产权，明确了商业秘密是知识产权保护的客体之一。《民法典》第一千一百八十五条规定了故意侵害他人知识产权，情节严重的，被侵权人有权请求相应的惩罚性赔偿。2021 年 3 月 3 日生效的《最高人民法院关于审理侵害知识产权民事案件适用惩罚性赔偿的解释》，进一步对故意侵害知识产权且情节严重的侵权行为适用惩罚性赔偿相关事宜作出了具体的规定。通过立法规定惩罚性赔偿，体现了立法者对保护商业秘密价值的高度关注。

2. 行政责任

《反不正当竞争法》第二十一条规定：“经营者以及其他自然人、法人和非法人组织违反本法第九条规定侵犯商业秘密的，由监督检查部门责令停止违法行为，没收违法所得，处十万元以上一百万元以下的罚款；情节严重的，处五十万元以上五百万元以下的罚款。”据此，侵犯企业商业秘密尚不构成犯罪的，市场监督管理机关可以依法没收其违法所得；还可以根据情节严重程度，对侵权人处以 10 万元以上 500 万元以下罚款。

3. 刑事责任

根据《最高人民检察院、公安部关于修改侵犯商业秘密刑事案件立案追诉标准的决定》的规定，侵犯商业秘密，涉嫌下列情形之一的，应予立案追诉：给商业秘密权利人造成损失数额在 30 万元以上的；因侵犯商业秘密违法所得数额在 30 万元以上的；直接导致商业秘密的权利人因重大经营困难而破产、倒闭的；其他给商业秘密权利人造成重大损失的情形。

《刑法》第二百一十九条第一款规定："有下列侵犯商业秘密行为之一，情节严重的，处三年以下有期徒刑，并处或者单处罚金；情节特别严重的，处三年以上十年以下有期徒刑，并处罚金：（一）以盗窃、贿赂、欺诈、胁迫、电子侵入或者其他不正当手段获取权利人的商业秘密的；（二）披露、使用或者允许他人使用以前项手段获取的权利人的商业秘密的；（三）违反保密义务或者违反权利人有关保守商业秘密的要求，披露、使用或者允许他人使用其所掌握的商业秘密的。"

据此，在侵犯商业秘密行为情节严重的情况下，可能涉及构成侵犯商业秘密罪。侵犯商业秘密罪的立案追诉金额标准由原来的50万元降低到30万元，且即使侵犯商业秘密尚未造成重大经济损失，侵权人也可能受到刑罚。侵犯商业秘密入刑门槛的大幅降低，无疑加大了对企业商业秘密的刑事司法保护力度。

第一节　国企商业秘密保护体系的搭建

做好国有企业商业秘密保护体系建设，是确保国有资产保值增值的必要前提和重要途径。根据《中央企业商业秘密保护暂行规定》的相关规定，本节主要从五个方面简述国有企业商业秘密保护体系搭建。

一、国有企业保密组织架构设置

（一）领导机构

企业商业秘密管理工作按照统一领导、分级管理、全员参与的原则开展，实行企业法定代表人或其授权人负责制。

企业法定代表人应牵头或委托其授权人牵头领导商业秘密管理工作，保障经费和资源投入，促进商业秘密管理制度落实，管理体系持续改进。

有条件的企业可以成立专门的商业秘密管理工作领导机构或领导小组，加强对商业秘密保护工作的组织领导，统筹推动工作开展。

（二）商业秘密管理部门

企业可根据实际经营情况，设置商业秘密管理部门或依托相关部门作为办事机构，配备专（兼）职人员，承担企业商业秘密管理工作。具体职责如下：

①贯彻落实国家有关商业秘密保护的法律、法规和规章。

②执行企业商业秘密管理领导机构的决策决议。

③研究制定企业商业秘密管理制度。

④研究确定企业商业秘密保护的信息范围、密级划分、保密期限、涉密部门（涉密岗位、涉密人员）、涉密区域以及生产经营各环节保护商业秘密的技术防护措施等事项；在涉密部门配备保密员，对涉密区域、涉密岗位和涉密人员实行分级管理。

⑤组织监督检查业务部门落实商业秘密管理制度情况。

⑥组织对企业员工进行商业秘密保护教育培训。

⑦组织处理企业内部商业秘密泄露事件。

⑧开展法律维权，协助有关部门做好商业秘密侵权事件的调查举证等工作。

⑨评估改进企业商业秘密管理制度及体系建设。

（三）协同配合部门

企业的科技研发、生产经营、人力资源等所有涉及企业商业秘密的业务部门作为商业秘密管理的协同部门，应配备专（兼）职保密员，在商业秘密管理部门指导下开展本部门职责范围内商业秘密的保护和管理工作。

二、国有企业保密制度建设

企业应建立完善商业秘密管理有关制度，根据本企业经营活动实际制定以下制度：

①企业商业秘密管理制度。

②企业涉密文件资料（物资）管理制度。

③企业涉密设备（计算机）管理制度。

④企业互联网运行涉密信息管理制度。

⑤企业涉密区域（场所）管理制度。

⑥企业涉密档案管理制度。

⑦企业涉密员工管理制度。

⑧企业涉密商务活动（会议）管理制度。

⑨企业商业秘密泄露事件处置管理制度。

⑩其他有关商业秘密管理的制度。

以上规章制度涉及对员工的奖惩，属于直接涉及员工切身利益相关制度，在制度和修改时应当根据《劳动合同法》第四章的规定履行民主程序。

三、涉密信息识别

按照分级管理原则，企业商业秘密及其密级、保密期限、知悉范围等，由产生该商业秘密的权属业务部门（以下简称权属部门）提出，经商业秘密管理部门审核并报主管领导审批后确定（以下简称审核审批程序）。企业涉密信息应由商业秘密管理部门和权属部门分别进行登记备案（以下简称登记备案）。

（一）定密

企业应根据经营活动实际和相关法律规定，确定本企业商业秘密的范围，以下统称涉密信息。

1. 涉密技术信息

①研发信息：与科学技术有关的设计程序、图纸、模型、样板、测试记录、关键信息资源储备、数据等。

②生产信息：原料、配方、工艺、流程、样式、技术参数、电子数据、制作方法、技术诀窍等。

③配置信息：设备仪器的型号、配置参数、特别要求等。

④软件信息：源代码、应用程序、数据算法等。

⑤其他信息。

2. 涉密经营信息

①公司基础信息：公司组织架构、决议文件、内部通知、规章制度、会议纪要等。

②决策信息：与经营活动有关的战略规划（计划）、投融资决策、研发策略、商业模式、管理方法、产权交易、股权激励方案、专利规划布局等。

③经营信息：产购销计划（方案）、产购销协议、招（投）标标书、产购销记录（订单）、运营成本、内部定价文件、产品合格率、库存量、创意管理等。

④客户信息：客户名单、供应商名单以及对特定客户的网络电子信息、名称、地址、联系方式、交易习惯、交易内容、特定需求等信息进行整理、

加工后形成的客户信息等。

⑤财务信息：财务账簿、财务报表、融资报表、预决算报告、审计报告、股权分配资料等。

⑥人力资源信息：员工名册、通讯录、工资表、社保公积金清单等。

⑦信息技术信息：应用系统、网络拓扑图、信息安全风险报告、运维日志等。

⑧其他信息。

3. 不宜作为企业商业秘密的信息

《最高人民法院关于审理侵犯商业秘密民事案件适用法律若干问题的规定》第三条规定："权利人请求保护的信息在被诉侵权行为发生时不为所属领域的相关人员普遍知悉和容易获得的，人民法院应当认定为反不正当竞争法第九条第四款所称的不为公众所知悉。"第四条规定："具有下列情形之一的，人民法院可以认定有关信息为公众所知悉：（一）该信息在所属领域属于一般常识或者行业惯例的；（二）该信息仅涉及产品的尺寸、结构、材料、部件的简单组合等内容，所属领域的相关人员通过观察上市产品即可直接获得的；（三）该信息已经在公开出版物或者其他媒体上公开披露的；（四）该信息已通过公开的报告会、展览等方式公开的；（五）所属领域的相关人员从其他公开渠道可以获得该信息的。将为公众所知悉的信息进行整理、改进、加工后形成的新信息，符合本规定第三条规定的，应当认定该新信息不为公众所知悉。"

（二）分级

企业应对涉密信息进行分级管理，按层级履行审批手续。

1. 层级

涉密信息可分为核心商业秘密、重要商业秘密、普通商业秘密三级，密级标注为"核心商密""重要商密""普通商密"。

2. 分级标准

涉密信息的分级标准，由企业根据经营活动实际并参考下列因素自行确定：

①涉密信息的经济价值。

②企业产生涉密信息投入的成本。

③涉密信息对企业的重要程度。

④竞争对手获取涉密信息后产生的价值。

⑤涉密信息泄露后造成的经济损失。

⑥涉密信息泄露后可能承担的法律责任。

⑦涉密信息在企业内部可查阅的范围。

⑧其他。

3. 国家秘密

商业秘密泄露后有可能影响国家安全和利益的，应依法定程序将其确定为国家秘密。

（三）保密期限

企业可根据经营活动实际以及涉密信息的密级等情况，自行设定保密期限。

一般情况下，涉密信息可预见解密期限的，可以年、月、日计；不可预见解密期限的，可定为“长期”或者“公布前”，企业在商业秘密对外披露前一般都选择保密期限为长期。

（四）知悉范围

企业可根据经营活动实际以及涉密信息的密级，自行确定知悉范围。

一般情况下，知悉范围应明确限定到具体的业务部门、具体岗位和具体人员，并按照密级实行分类管理。

（五）解密

1. 涉密信息出现下列情形时可予以解密

①保密期限已满或者信息已公开的（自行解密）。

②商业秘密已不再具有保护价值。

③其他特定因素导致涉密信息被公开的。

2. 企业实施涉密信息解密，可采取以下措施

①移除涉密区域。

②消除或变更密级标识。

③电子文档解密。

④其他方式。

（六）变更

企业可根据经营活动实际，自行确定涉密信息的密级、保密期限、知悉范围等变更事项。涉密信息有关事项如需变更的，应履行审核审批程序，进行登记备案。

四、国有企业保密管理措施

保密管理措施一般是指权利人为防止信息泄露所采取的与其商业价值等具体情况相适应的合理保护措施，通常应当根据商业秘密及其载体的性质、商业秘密的商业价值、保密措施的可识别程度、保密措施与商业秘密的对应程度以及权利人的保密意愿等因素，认定权利人是否采取了相应保密措施。

关于怎样的措施才具有商业秘密中的保密性，《最高人民法院关于审理侵犯商业秘密民事案件适用法律若干问题的规定》第六条给予了相应参考："具有下列情形之一，在正常情况下足以防止商业秘密泄露的，人民法院应当认定权利人采取了相应保密措施：（一）签订保密协议或者在合同中约定保密义务的；（二）通过章程、培训、规章制度、书面告知等方式，对能够接触、获取商业秘密的员工、前员工、供应商、客户、来访者等提出保密要求的；（三）对涉密的厂房、车间等生产经营场所限制来访者或者进行区分管理的；（四）以标记、分类、隔离、加密、封存、限制能够接触或者获取的人员范围等方式，对商业秘密及其载体进行区分和管理的；（五）对能够接触、获取商业秘密的计算机设备、电子设备、网络设备、存储设备、软件等，采取禁止或者限制使用、访问、存储、复制等措施的；（六）要求离职员工登记、返还、清除、销毁其接触或者获取的商业秘密及其载体，继续承担保密义务的；（七）采取其他合理保密措施的。"

采取保密措施是商业秘密维持其正当性的基本要求，但保密措施只需要达到合理的程度即可，结合国有企业的日常经营，主要从以下方面进行保密措施管理。

（一）标志管理

企业应对涉密信息及其载体实行标志管理，标志情况应进行登记备案。

涉密信息标志由涉密信息的名称或编号、密级、保密期限以及权属单位四部分组成，具体标志形式由企业根据涉密信息的类别及性质等自行确定。

涉密信息标志工作由该信息权属部门负责。涉密信息的密级和保密期限等事项一经确定，即应在该涉密信息的所有载体上做出明显标志。

未做标志的涉密信息载体不得进行流转。

涉密信息的密级、保密期限等事项变更后，权属部门应对原标志内容进行修改。

（二）涉密档案管理

企业应对涉密信息档案实行分级分类管理，按权限使用。涉密档案存放地点和具体管理方式，由企业根据经营活动实际及涉密信息的密级、性质等自行确定。

①涉密档案包括：含有涉密信息的纸质档案和电子档案资料两类（含涉密信息存储介质、应用系统、数据库等）。

②商业秘密管理部门与涉密信息权属部门，应分别建立涉密信息档案，两部门涉密档案应相互对应，内容翔实完整。

③涉密信息权属部门为涉密档案管理的第一责任人。权属部门应制作本部门涉密信息档案清单或台账，逐项登记记录本部门涉密信息的名称、密级、保密期限、权属、载体形式、存管地点、存管形式、管理人（责任人）、查阅范围以及该信息产生、流转、复制、发布、变更、解密、销毁等翔实情况。涉密信息清单或台账应报商业秘密管理部门登记备案。

④涉密档案的存放场所应划定为涉密区域。

⑤涉密档案的查阅、借阅、复制（含打印、复印、扫描、摘抄、网络传输等）、跨区域转移、向第三方披露或提供第三人使用前、销毁等管理全过程，均应履行审核审批程序和登记备案手续。

⑥涉密档案资料的复制件（复印件）的密级、保密期限等与原件保密管理要求相同。

⑦涉密档案的销毁应经审核审批程序后实施，并进行登记备案。销毁涉密档案应采取以下监督措施：不少于两名员工见证、对销毁过程录像、在视频监控范围内销毁等；纸质类档案资料应作粉碎性处理，电子信息类档案资料的存储硬盘、光盘、磁性介质、U 盘及其他移动存储介质，应永久删除，或采用其他销毁方式永久删除。

（三）涉密物品及载体管理

企业应对涉密信息载体及相关物品的制作、收发、传递、使用、存管、销毁等全过程实施控制，确保安全。

1. 涉密产品

企业应根据经营活动实际需要，对涉密项目的半成品、样品等物品，安排专门场地存放，专人管理，并进行登记备案；物品存管地应划为涉密区域。

涉密产品需要报废或销毁的，应经审核审批程序，同时进行登记备案。

2. 涉密计算机等设备、数据库和各类应用系统

（1）涉密账户权限管理

应对涉密用户账户、密码实行统一登记、动态赋权、备案管理，建立涉密用户操作日志，实时记录或定期检查用户登录、获取信息和异常侵入等情况信息。

（2）加密存储数据信息

涉密计算机等设备、数据库及应用系统工作数据，应存储于企业授权的存储设备和应用系统，采用加密方式存储；核心商密、重要商密等级的数据，应采用多层级权限管理、多层级审批方式，定期备份保存。

（3）设置保密义务提醒

涉密计算机等设备、数据库及应用系统等账户登录、系统操作界面等各类应用场景中，应进行保密义务提醒。涉密电子文档首页、页眉、页脚、页面水印等应设置保密义务提醒；涉密音（视）频开头应进行保密义务提醒。

（4）电子信息传输实行加密管理

涉密电子信息网络流转应使用内部局域网或互联网加密通道方式进行传输；通过电子邮箱发送涉密电子信息时，应采用内容加密、设备绑定、限定打开次数、限定打开时限、设置编辑权限等保密措施。

（5）设备维修报废实行销密管理

涉密计算机等硬件设备、数据库及应用系统等进行维修、维护、报废前，均应采取由专人拆除涉密存储设备，或备份后删除涉密数据信息等防护措施。涉密计算机等硬件设备、数据库及应用系统维修、维护、报废等，应经审核审批程序，同时进行登记备案。

（四）涉密场所管理

1. 划分涉密区域

企业应按照涉密信息及其载体的密级、性质等，将办公场所划分为涉密区域、办公区域、外部接待区域三级。下列部门或场所应列为涉密区域，采取防护与管理措施：

①产品研发设计、实验室、重要生产场所、信息存储的数据中心等。

②信息管理、财务、人力资源等部门。

③涉密档案室，涉密产品、物品、载体等存放场所。

④企业认为其他应列为涉密区域的场所。

2. 涉密区域管理

（1）物理隔离

所有涉密区域应采用门、墙、隔断等物理措施进行防护隔离，形成独立封闭的办公区域。

（2）张贴禁止性警示标识

在涉密区域的入口处，应张贴非授权勿入、禁止携带违禁品、禁止拍摄等禁止性警示标识。

（3）设置安防措施

有条件的企业，根据经营活动实际，可在涉密区域出入口配备安保人员或配置安防设备等，加强对涉密区域的安全防护。

（五）员工管理

企业应根据经营管理实际，从员工入职、在职和离职三个环节，全面加强对全体员工开展商业秘密保护知识教育及防范泄密风险管理，并设置涉密员工脱密期。

1. 入职管理

企业应根据岗位涉密情况，在与员工签订的劳动合同中增加企业商业秘密保密条款或签订保密协议。

①对非涉密岗位的普通员工，企业与其签订劳动合同时，应增加一般性商业秘密保密条款，明确其应遵守的企业商业秘密管理制度规定，以及其应履行的与岗位职责、工作内容相适应的保密义务及违约责任等。

②对涉密岗位的员工及高级管理人员、高级技术人员等其他负有保密义务的人员，企业应根据其所在部门、岗位涉密密级、担任的职务以及知晓商业秘密的范围等实际情况：

——与其签订保密协议，协议中除明确其应遵守的企业商业秘密管理制度规定外，还要明确其应当履行的具体保密义务及违约责任等。

——与其签订竞业限制协议（或增加竞业限制条款），协议（或条款）中应明确竞业限制的范围、地域、期限（不得超过两年）等，并约定在解除或终止劳动合同后，在竞业限制期限内给予的经济补偿及违约金额等。竞业限制的约定内容，不得违反《劳动合同法》等有关法律、法规的规定。

③对入职员工曾有与本企业有（或潜在有）竞争关系的企业工作经历的，

还应当在劳动合同中增加不侵犯原企业商业秘密承诺的条款，或签订不侵犯原企业商业秘密的协议，明确规定入职员工在本企业工作期间不得使用、公开、泄露原单位的商业秘密。同时定期对其所从事的工作进行审核，以排除使用、公开、泄露原单位商业秘密情形。

2. 在职管理

（1）保密教育培训

企业应制订年度员工保密教育培训计划，组织新入职员工、重点岗位、重要涉密人员以及全体员工参加有针对性的保密教育培训。员工保密教育培训有关材料应进行登记备案。

员工保密教育培训应包括以下内容：国家有关商业秘密的法律、法规、规章规定，企业制定的商业秘密保护管理制度，员工泄露或侵害企业商业秘密的行为表现及应承担的法律责任，典型案例以及其他与商业秘密保护有关的内容。

（2）履职监督检查

企业商业秘密管理部门应会同业务主管部门，定期对在职员工履职过程中，执行企业商业秘密管理制度情况进行监督、检查。对员工履职情况监督检查的记录应进行登记备案。

（3）调岗管理

涉密岗位员工调整岗位时，企业应安排商业秘密管理部门与其谈话，告知其应承担的保密义务和违反保密义务应承担的法律责任，监督其办理涉密信息资料和涉密物品的交接手续。涉密岗位员工离岗及交接情况应进行登记备案。

3. 离职管理

企业在涉密岗位员工离职前，商业秘密管理部门应会同离职员工所属业务部门开展离职检查，离职检查情况应进行登记备案。

①与离职员工谈话，告知其承担的保密义务以及违反保密义务应承担的法律责任。

②制作离职员工工作交接清单，翔实列出离职员工应移交的所有涉密文件资料、电脑等硬件设备、账号、密码、数据及其载体等，安排专人与其办理交接手续，逐项核对回收其保管的所有涉密物品。

③回收并注销离职员工使用的域名、应用系统、网络系统、门禁系统账

号或访问权限等。

④检查离职员工所负责的涉密信息在一定期限内的查阅、使用情况有无异常，电子数据信息是否完整，有无非工作时间登录、频繁登录、更改账户、批量下载、删除修改、访问外部邮箱等违规和异常操作痕迹等情况，同时应做好病毒防范和病毒库的升级、查杀病毒等防范工作。

⑤如发现离职员工涉嫌侵害企业商业秘密的，应及时收集并固定证据，按照商业秘密泄露事件管理规定处置。

⑥应及时通知与离职员工有关的供应商、客户、合作单位，告知工作交接情况。

⑦应定期掌握涉密离职员工在竞业限制期限内的任职去向，如发现离职员工存在竞业限制情形的，视情形启动竞业限制，维护企业权益。

4. 脱密期管理

对涉密员工离岗或离职实行脱密期管理。企业应根据员工岗位涉密的密级确定脱密期限，同时采取相应措施，确保涉密员工在脱密期内继续按照规定履行保密义务，不得以任何方式泄露商业秘密。

（六）商务活动管理

企业开展涉及商业秘密的商务谈判、技术评审、成果鉴定、合作开发、技术转让、外部审计、清产核资等商务活动时，应与相关方签订保密合同（协议），或在商务合同（协议）中规定涉密信息保密要求，约定具体的保密内容、保密范围、保密期限、保密责任义务及违约责任等。双方签订的保密合同（协议）应进行登记备案，同时注意留存双方往来的与涉密信息有关的原始信息资料（包含电子邮件、微信等媒介传输的电子信息）。

企业聘用或委托外聘专家、顾问、律师等可能接触企业涉密信息的外部人员从事经营活动的，应与其签订保密合同（协议）或签订保密承诺书；可要求其使用企业提供的保密计算机，并对信息采取加密等措施保密。双方签订的保密合同（协议）或签订的保密承诺书应进行登记备案，同时注意留存双方往来的与涉密信息有关的原始信息资料（包含电子邮件、微信等媒介传输的电子信息）。

企业接受行政机关、具有行政管理职能的事业单位等外部单位检查等活动时，需要提供有关企业商业秘密资料的，应向其明示涉密信息事项、保密范围等义务。

企业组织召开会议、承办的其他商务活动或接待来访人员涉及商业秘密的，应采取以下保密措施：

①选择有保密条件的场所。

②限定参加人员的范围，指定参与涉密事项的人员。

③告知参加人员保密要求，必要时签订保密承诺书。

④设定参加人员活动区域。

⑤限定参加人员使用拍照、摄像、录音、信息存储等设备。

⑥休会或活动结束及时收回清点，登记涉密文件、资料等。

五、泄密事件管理

（一）应急处置

企业应将商业秘密保护工作纳入风险管理，制定泄密事件应急处置预案，建立泄密事件应急处置流程。如发现企业涉密信息泄露线索，应采取以下行动：

①迅速处置，采取补救措施，防止涉密信息进一步扩散或损失扩大。

②商业秘密涉及国家秘密的，应立即采取补救措施，第一时间向当地公安机关、国家安全机关和有关行政管理部门报告。

③启动对商业秘密泄露事件的调查，查明原因、涉事人员和责任人。

④收集并固定有关商业秘密泄露的证据。

⑤对商业秘密泄露、侵权所造成的损失进行评估鉴定。

⑥启动内部处理或外部维权。

⑦形成调查报告和改进方案。

（二）权益维护

企业对侵犯本单位商业秘密的违法行为，应依法主张权利，要求停止侵权，消除影响，赔偿损失。

1. 企业采取以下方式进行维权

①向市场监督管理部门投诉举报。

②向公安机关控告。

③申请劳动仲裁或商事仲裁。

④向人民法院提起民事诉讼。

⑤向人民检察院提起商业秘密诉讼活动法律监督等。

2. 企业应收集并固定以下证据

①企业是商业秘密的权利人。

②该商业秘密的具体内容和载体。

③该商业秘密不为一般公众普遍获知。(也可以申请非公知性鉴定)

④该商业秘密不为一般公众容易获得。(也可以申请同一性鉴定)

⑤企业对该商业秘密采取的保密措施。

⑥该商业秘密具有的商业价值。(也可以申请价值性鉴定)

⑦泄密人员、侵权人的身份等信息。

⑧泄密人员、侵权人接触到该商业秘密的证据。

⑨泄密人员、侵权人以不正当手段获取、披露、使用企业商业秘密等违反《反不正当竞争法》等法律法规规定的侵权行为。

⑩企业因该商业秘密被泄露造成的损失或侵权人的获利（许可使用费用)，以及因维权产生的律师费、鉴定费、评估费等费用。

⑪企业有关该商业秘密的开发费用等成本。

⑫企业主张法定赔偿的参考依据。

第二节　国企竞业限制管理典型案例与分析

竞业限制是保护企业商业秘密的重要手段，但与其他商业秘密保护方式不同，离职后的竞业限制影响到员工的择业自由，制度规范和具体操作更需要充分考量劳动关系双方当事人的权益平衡。

典型案例

【裁判要旨】

负有竞业限制义务的人员，到与本单位生产或者经营同类产品、从事同类业务的有竞争关系的其他用人单位工作，或者自己开业生产或者经营同类产品、从事同类业务的，即构成违反竞业限制义务。即使并未造成原用人单位的客户流失、构成强有力的竞争、造成实质影响等后果，也仍需依法承担违约责任。

【案情简介】

海某公司是业内知名企业，关联公司持有某知名游戏软件的计算机软件著作权登记证书。余某自2009年4月起在海某公司从事网络游戏开发运营。劳动合同约定，报酬体系中的200元/月为余某离职后承担不竞争义务的补偿费。2009年、2012年，双方先后签订了两份主要内容相同的《保密与不竞争承诺协议书》，余某作出保密与不竞争承诺，海某公司母公司则授予余某限制性股票作为对价，并约定若协议无效，余某行使限制性股票所获得的收益须全额返还给海某公司；若余某不履行约定义务，应当承担违约责任，对于已授予还未行使的限制性股票无权再行使；对于已行使限制性股票，海某公司有权追索所有任职期间行使限制性股票所生之收益；若收益数额难以确定的，以采取法律行动当日股票市值计算，除非余某可举证证明上述实际收益。余某违约行为给海某公司或关联公司造成损失的，余某应当承担赔偿责任。与前述两份协议书相对应，余某和海某公司母公司签订了共四份协议约定限制性股票数31100股，共五次解禁并过户至余某股票账户内的母公司限制性股票19220股，其中实际过户15832股，抵扣税款3388股。2014年5月，母公司股票一股拆五股。因余某离职，前述四份协议中未到解禁日的剩余11880股限制性股票被注销，未再过户。2014年6月，海某公司为余某办理了退工日期为2014年5月28日的网上退工手续。案外人某蒙公司为余某办理了招工日期为2014年6月的用工手续。某蒙公司成立日期为2014年1月，余某为该公司法定代表人、股东。某曲公司、某丫公司成立日期均为2014年11月，某丽公司成立日期为2015年1月，三公司的法定代表人、执行董事均为余某，某蒙公司为其股东，经营范围与海某公司及其关联公司有重合。2017年5月，海某公司申请仲裁，要求余某依据协议书支付人民币2312万余元；承担聘请律师费用等人民币20万元。仲裁委员会以海某公司的请求不属于劳动争议受理范围为由，通知不予受理。海某公司对此不服，向一审法院提起诉讼，要求余某支付人民币2355余万元，并承担律师费20万元。

【裁判结果】

一审法院认为，协议书系双方真实意思表示，其中关于余某承担竞业限制义务及相应违约责任的约定，于法无悖，应为有效。双方签订协议书明确约定，母公司的限制性股票作为对价被授予余某，并于余某在职期间就已解禁归属过户，由余某获利，故余某关于协议书中的竞业限制条款无效的理由不成立。竞业限制范围过大，并不必然导致竞业限制方面的约定全部无效，不代表余某无须遵守竞业限制方面的基本义务。余某的行为明显违反了劳动者应遵守的竞业限制方面的基本义务，应依法按约承担违约责任。双方签订的劳动合同虽约定10万元违约金，但双方之后又签订了协议书，针对余某的工作岗位特点，重新约定竞业限制方面的权利、义务内容，替代了之前的约定，应以此为准。根据协议书的约定，余某应承担的违约责任是向海某公司返还所有任职期间行使限制性股票所生之收益。该条可理解为竞业限制违约金条款。根据双方约定，结合余某违约情况以及系争股票价值变动情况，一审法院认为，以解禁股票的税前份数和解禁日的收市价来衡量双方在协议书约定的“行使”所产生之“实际收益”，作为余某应承担的违约金金额，较为合理，亦符合双方约定。由于双方当事人对各次解禁股票的解禁日收市价及相应汇率确认一致，一审法院予以确认，并据此确定余某应承担的违约金具体金额。由于送股发生在19220股限制性股票解禁归属余某之后，海某公司主张应按1股变为5股计算，缺乏合同依据，不予采纳。海某公司在要求余某承担违约金的情况下再行诉请律师费损失，与双方约定有悖，不予支持。一审判决：一、余某支付海某公司违约金人民币372万余元；二、驳回海某公司要求余某承担律师费的诉讼请求。上海一中院认为，一审认定余某明显违反竞业限制义务正确。劳动合同约定报酬体系中的200元/月为不竞争义务的补偿费，并不违反法律的强制性规定。而且，协议书明确约定，由海某公司的母公司授予余某限制性股票作为对价。余某虽坚持认为海某公司没有支付竞业限制的经济补偿，但其并未请求解除竞业限制约定。因此，二审中余某提出的海某公司无权主张违约金的理由均不成立。虽然劳动合同约定违约金为10万元，但劳动合同并未约定授予限制性股票。双方签订协议书约定授予限制性股票及违约责任，余某也根据协议书取得了限制性股票，因此双方已重新约定了相应的权利义务，其应根据协议书的约定承担违约责任。鉴于股票价格一直在变动，股票所生之收益，应当包括股票价格变动的部分。一审以“行使”限制性股票即解禁日确定收益，与约定不符。鉴于余某拒不提供交易记录，其主张曾有卖出，不予采信。且由于余某不提供交易记录，导致收益数额难以确定，因此应以海某公司采取法律行动当日股票市值计算。2014年5月15日该股票一股折为五股，因此股票数量为79160股。综上，余某应支付海某公司19403333元。据此改判余某支付海某公司 19403333 元。

一、什么是竞业限制

"竞业限制"，又称为"竞业禁止"。根据《劳动合同法》第二十三条、第二十四条规定，竞业限制，指在劳动合同解除或终止后，在约定的期限内，负有竞业限制义务的劳动者不得到与原用人单位生产或者经营同类产品、从事同类业务或有其他竞争关系的用人单位工作，也不得自己开业生产或者经营同类产品、从事同类业务。简单而言，就是限制离职的劳动者从事与原单位有竞争关系的工作和行业，故名"竞业限制"。

二、竞业限制的主体

根据《劳动合同法》第二十四条第一款的规定，竞业限制的人员限于用人单位的高级管理人员、高级技术人员和其他负有保密义务的人员。高级管理人员可参考《公司法》的规定，指的是公司的经理、副经理、财务负责人，上市公司董事会秘书和公司章程规定的其他人员。对于高级技术人员及其他负有保密义务的人员范围，现行法律没有明确规定。发生争议时，用人单位需要证明员工符合签订竞业限制协议的主体要求。如不能证明的，双方签订的竞业限制协议可能被认定为无效。因此，建议公司在内部规章制度中明确本公司高级技术人员和其他负有保密义务的人员范围，也可以通过采取保密措施、与相关人员签订保密协议，以明确负有保密义务的人员范围。

对于不必要予以竞业限制的劳动者，即使订立了竞业限制协议，也应当认定协议无效，以维护劳动者的择业自由和生存权。用人单位主张劳动者属于"其他负有保密义务的人员"的，应举证证明以下两个方面：本单位具有特定技术或经营秘密；劳动者存在接触商业秘密的可能。

《劳动合同法》对负有竞业限制义务人员范围作了明确规定，用人单位不加选择地全员签订竞业限制协议，虽然做到了对可能承担竞业限制义务的人员全覆盖，但双方发生争议时，如果用人单位不能对签订协议人员接触商业秘密的事实进行举证，可能会影响仲裁及法院对公司签订竞业限制协议效力的认定。

另外，与全体员工签订竞业限制协议会给公司带来更高的用工成本。根据《劳动合同法》第二十三条第二款的规定，对负有保密义务的劳动者，用人单位可以在劳动合同或者保密协议中与劳动者约定竞业限制条款，并约定在解除或者终止劳动合同后，在竞业限制期限内按月给予劳动者经济补偿。根据《最高人民法院关于审理劳动争议案件适用法律问题的解释（一）》第三十九条的规定，在竞业限制期限内，用人单位可以请求解除竞业限制协议。在解除竞业限制协议时，劳动者请求用人单位额外支付劳动者三个月的竞业限制经济补偿的，人民法院应予支持。

三、竞业限制的期限

《劳动合同法》第二十四条规定，竞业限制的期限由用人单位与劳动者约定，但不得超过两年。如果竞业限制协议约定的期限超过两年，不影响竞业限制协议的效力，但协议中约定超过两年部分无效。关于竞业限制的期限，除了期限长短之外，还存在竞业限制的生效以及期限起算问题。一般而言，竞业限制协议自双方签字或盖章之日起生效，期限从解除或终止劳动合同之日起算。但是，也有企业特别约定了竞业限制的生效条件，劳动合同法对此未有明确规定，可参考适用《民法典》的相关条款。如竞业限制协议特别约定："在双方劳动合同解除或终止时，以公司出具的书面通知为准。如公司通知员工履行竞业限制义务的，员工需按约履行竞业限制义务；如公司未通知员工履行竞业限制义务的，则竞业限制协议不生效，员工无需履行竞业限制义务。"该条款对生效条件约定清晰明确，可认定为合法有效。但企业在约定竞业限制生效条件时，应注意以下几点：第一，在签订竞业限制协议时，同时约定竞业限制的生效条件，对企业来说也是一把"双刃剑"，需要人力资源部门、法务部门加强管理。因为，一旦企业在员工离职时疏于通知，竞业限制将因此不发生效力，事后亦将无法补救。第二，协议中所约定的生效条件应当清晰明确，不得损害员工利益。比如，有竞业限制协议约定："劳动合同解除或终止后，单位未支付经济补偿的，视为竞业限制不生效。"类似条款将竞业限制的生效条件取决于单位违约的消极情形，有些约定甚至要求员工主动询问单位是否需要履行竞业限制。如果相关条款约定不明，或者对员工科加过多义务和负担，很可能被仲裁委员会和人民法院认定为无效。

四、竞业限制的补偿金

（一）竞业限制补偿金的支付标准

根据《劳动合同法》第二十三条第二款规定，对负有保密义务的劳动者，用人单位可以在劳动合同或者保密协议中与劳动者约定竞业限制条款，并约定在解除或者终止劳动合同后，在竞业限制期限内按月给予劳动者经济补偿，用人单位可自行与劳动者约定竞业限制补偿。若竞业限制协议中未约定竞业限制补偿金金额，双方可根据《最高人民法院关于审理劳动争议案件适用法律问题的解释（一）》第三十六条规定，即劳动者可以要求按照劳动合同解除或者终止前十二个月平均工资的30%按月支付经济补偿，进行结算。

（二）若双方在竞业限制协议中未约定竞业限制补偿金，应当如何处理

根据《最高人民法院关于审理劳动争议案件适用法律问题的解释（一）》第三十六条的规定，用人单位在与劳动者签署的竞业限制补偿金协议中未明确约定竞业限制补偿金的金额或者计算公式，劳动者履行了竞业限制义务的，有权要求用人单位按照劳动合同解除或者终止前十二个月平均工资的30%按月支付经济补偿，由此可以看出，即使劳资双方在签订的竞业限制协议中未对竞业限制补偿金作出约定，也应当认定协议合法有效。

五、劳动者违反竞业限制行为的认定

劳动者的竞业行为存在多种情形，既包括直接入职或投资同业组织的行为，也包括劳务派遣、关系挂靠、人事代理或股份代持等隐蔽性更强的竞业行为。后几种情形下，劳动者是否存在竞业行为的认定存在较大困难。对劳动者是否从事与原用人单位“同类产品、同类业务”的认定，因专业性较强，仅凭常识往往难以作出准确判断，主要有以下两个方面。

（一）同业的认定

同业的竞争关系应由用人单位承担举证责任。一般可以通过营业执照登记内容、实际生产产品与提供服务的调查、企业官网宣传或其他登记资料、共同供应商或客户的证言等来综合考量。

（二）竞业的认定

劳动者直接入职或者投资同业单位的情况可通过用工登记、税费缴费情

况（社会保险费、住房公积金、个人所得税等）、公司登记信息等证据查明。对隐蔽性竞业行为的事实认定，往往需要用人单位提供初步的证据。法院将会据此考量取证难度并分配举证责任，或者要求用人单位进一步举证证明劳动者存在竞业行为的事实，抑或要求劳动者就其存疑行为进行合理解释并提供证据予以证明，继而根据高度盖然性的证明标准对法律事实进行综合认定。司法实践中主要有以下方式证明员工前往竞争对手公司工作：

①劳动者与新用人单位签订的劳动合同、入职登记表、工资发放证明，包括签收的工资条、考勤记录等。

②劳动者缴纳个人所得税证据及缴纳社会保险、公积金的证据。

③劳动者以新单位员工名义签订的合同等业务方面的证据。

④劳动者在新单位的名片、电子邮件及新单位对劳动者在新单位网站、宣传册、广告等载体上的记载。

⑤劳动者进出新单位工作场所的影像资料、快递签收证明、打电话到前台落实员工信息。

⑥劳动者、劳动者配偶或其他近亲属设立竞业企业的工商登记信息。劳动者在离职后设立或入股竞业单位，成为竞业单位的股东、董事、监事等高级管理人员，这种情况下，可通过查询竞业单位的工商登记档案来获取相应的证据。如果劳动者以其配偶或其他近亲属名义设立或入股竞业单位，同样也可被认定为变相违反竞业限制义务。

⑦劳动者个人注册的微信公众号、微信朋友圈、QQ 空间。

⑧劳动者代表竞争对手接触供应商、参加展会或行业会议、以新用人单位员工或代理人名义签订合同和开展业务等方面的证据。

以上取证过程中，用人单位应注意证据取得方式的合法性，尤其是视听证据资料，未经对方同意、私自摄录并不必然导致视听证据无效，但根据民诉法相关证据规则，视听资料的证据效力应当以不侵害他人合法权益或者违反法律禁止性规定、不以严重违背公序良俗方式取得为必要条件。在私密场所摄录，或以黑客方式窃听窃取，或胁迫恐吓，或恶意探听他人隐私等行为，都有可能被认定不合法而导致证据无效，因此，重要的证据建议交由专业律师进行取证。

六、违反竞业限制的责任

（一）用人单位违反竞业限制的责任

《最高人民法院关于审理劳动争议案件适用法律问题的解释（一）》第三十七条规定："当事人在劳动合同或者保密协议中约定了竞业限制和经济补偿，当事人解除劳动合同时，除另有约定外，用人单位要求劳动者履行竞业限制义务，或者劳动者履行了竞业限制义务后要求用人单位支付经济补偿的，人民法院应予支持。"第三十八条规定："当事人在劳动合同或者保密协议中约定了竞业限制和经济补偿，劳动合同解除或者终止后，因用人单位的原因导致三个月未支付经济补偿，劳动者请求解除竞业限制约定的，人民法院应予支持。"

可见，现行法律规定下，竞业限制义务虽属于用人单位对负有保密义务的劳动者在其在职期间及离职后一定期限内的择业权进行限制的约定，但作为对价，用人单位需履行按约按时向劳动者支付一定的经济补偿等义务。如用人单位出现逾期或未足额支付竞业限制经济补偿金的情况的，劳动者有权选择：①履行竞业限制义务并要求用人单位足额支付经济补偿；②在用人单位三个月未支付经济补偿的情况下，通知用人单位解除竞业限制协议，并有权要求用人单位支付此前的竞业限制经济补偿。

（二）劳动者违反竞业限制的责任

1. 支付违约金

根据《劳动合同法》第二十三条第二款的规定，劳动者违反竞业限制约定的，应当按照约定向用人单位支付违约金。司法实务中，竞业限制违约金金额的上限在各个司法案例中的标准并不相同，将由法官根据案件中用人单位的实际损失、劳动者因违反竞业限制义务的实际收益以及违约行为的恶性程度等综合考虑。

2. 返还补偿

实践中，用人单位常以违反竞业限制协议为由要求劳动者返还已支付的补偿金。如果双方在竞业限制协议中对返还补偿金进行约定，司法实务中，法院一般都将予以支持；如果双方未作上述约定，但劳动者确实因违约行为而额外获益的，则用人单位关于要求劳动者返还补偿金的诉求亦可能得到支持。

3. 继续履行竞业限制协议

竞业限制保护的是用人单位的商业秘密，但劳动者对已发生的违约行为承担责任并不意味着用人单位的该权益得到完整、永久的保护。劳动者违约后，仍可能在竞业限制期限内实施新的违约行为，导致用人单位的商业秘密继续存在泄露风险。因此，在竞业限制期内，劳动者违反竞业限制约定并承担违约责任后，用人单位仍有权要求劳动者继续履行竞业限制协议，劳动者仍须承担继续履行竞业限制协议的责任。

4. 赔偿损失

《劳动合同法》第九十条规定："劳动者违反本法规定解除劳动合同，或者违反劳动合同中约定的保密义务或者竞业限制，给用人单位造成损失的，应当承担赔偿责任。"

因此，如双方未约定劳动者违反竞业限制义务的违约金，或者违约金不足以弥补单位损失的，单位可以要求劳动者承担赔偿责任。

第九章　国企“走出去”用工管理

第一节　国企“走出去”用工概述

一、“走出去”战略简要历程

（一）改革开放的必然选择

1979 年 8 月，国务院提出“出国办企业”，第一次把发展对外投资作为国家政策，由此开始尝试性地对外直接投资。1997 年亚洲金融危机后，为了扩大出口，国家实行了鼓励企业开展境外加工装配业务的战略，《关于鼓励企业开展境外带料加工装配业务的意见》出台，提出了支持我国企业以境外加工贸易方式“走出去”的具体政策措施。

（二）21 世纪成为国家战略

2000 年 3 月，第九届全国人大三次会议期间，“走出去”战略正式提出。党的十五届五中全会首次明确提出“走出去”战略，并把它作为四大新战略（西部大开发战略、城镇化战略、人才战略和“走出去”战略）之一。

“走出去”战略在“十一五”期间得到全面落实。党的十七大报告中关于“引进来”和“走出去”的论述，标志着我国“走出去”“引进来”的双向开放向纵深发展。随后，温家宝总理在十一届全国人大三次会议上作政府工作报告时强调，要进一步简化各类审批手续，落实企业境外投资自主权，加快实施“走出去”战略，鼓励符合国外市场需求的行业有序向境外转移产能，支持有条件的企业开展海外并购，深化境外资源互利合作，提高对外承包工程和劳务合作的质量。

（三）新时代以“一带一路”为主轴展开

党的十八大以来，根据党中央、国务院的决策部署，各部委和地方政府牢固树立创新、协调、绿色、开放、共享的新发展理念，以“一带一路”建设为引领，加强规划引导、推进业务创新、加大政策支持、强化服务保障、营造良好环境，对外直接投资蓬勃发展，对深化我国与有关国家经贸关系、扩大进出口、培育企业竞争优势、促进产业转型升级发挥了积极作用。这一时期，我国加快从对外投资大国向对外投资强国迈进。

习近平总书记在党的十九大报告中明确指出，要以“一带一路”建设为重点，坚持引进来和走出去并重，创新对外投资方式，促进国际产能合作，形成面向全球的贸易、投融资、生产、服务网络，加快培育国际经济合作和竞争新优势。中央经济工作会议提出，要围绕“一带一路”建设，创新对外投资方式，以投资带动贸易发展、产业发展，有效引导支持对外投资。这为新时代做好对外投资工作指明了方向。

“走出去”立法工作在新时代加速推进，针对“一带一路”的对外经营战略给建设工程施工企业造就了新形势，2017 年 3 月，国务院修订了《对外承包工程管理条例》，2017 年 9 月，商务部修订了《对外承包工程项目投标（议标）管理办法》①《对外劳务合作风险处置备用金管理办法（试行）》等配套规定。针对境外直接投资的监管，2014 年 9 月，商务部修订了《境外投资管理办法》，2017 年 12 月，国家发改委修订了《企业境外投资管理办法》，两个部门区分职能，同时确立了“备案为主、核准为辅”的审核模式，极大地简化了中小企业走出去的流程。同时，主管部门不断完善“走出去”活动中的报告统计和风险处置制度，为“一带一路”建设的深入推进和“走出去”的快速发展提供政策和法治保障。

2021 年 12 月 6 日，习近平总书记在主持十九届中共中央政治局第三十五次集体学习时强调，要坚持统筹推进国内法治和涉外法治，加强涉外领域立法，推动我国法域外适用的法律体系建设。要把拓展执法司法合作纳入双边多边关系建设的重要议题，提升涉外执法司法效能，坚决维护国家主权、安全、发展利益。习近平总书记的讲话为国企“走出去”提供了强大信心和后盾，因为中资企业特别是国企在海外的业务是国家发展利益的重要组成部分，而这类企业海外业务的相关纠纷正涉及涉外法治。

① 已失效。

二、“走出去”用工现状概览

（一）“一带一路”及RCEP[①]强力驱动

对外劳务合作增长强劲。“一带一路”倡议的广泛成功实施，极大地刺激了“走出去”用工需求的增长，截至2020年4月，中国已与53个“一带一路”沿线国家签署避免双重征税协定。截至2020年12月，中国已与51个“一带一路”沿线国家签订双边投资保护协定，并累计与26个国家（地区）签署19个自由贸易协定。沿线国家劳务需求呈明显增长趋势，成为我国出国劳务的热门目的地。[②]

对外承包工程潜力凸显。沿线国家已成为中国企业对外承包工程合作的重要目的地。从2013年到2020年，中国在“一带一路”沿线国家承包工程新签合同额由715.7亿美元增至1414.6亿美元，年均增长10.2%，完成营业额由654亿美元增至911.2亿美元，年均增长4.9%。同期，与沿线国家承包工程新签合同额和完成营业额，占中国对外承包工程新签合同总额和完成营业总额比重整体呈现稳步增长趋势，始终保持在40%以上，2017年以来均超过50%。即使在2020年新冠疫情暴发，全球经济往来受阻的情形下，中国在沿线国家承包工程总体规模在总对外承包工程中的占比仍有稳步提升，在沿线国家承包工程新签合同额、完成营业额占比分别为55.4%、58.4%，其中完成营业额占比较2019年上升了1.7%，推进我国与“一带一路”沿线国家基础设施互联互通不断深化。

创造大量本土岗位。“一带一路”建设在推动相关国家经济增长的同时，也产生了积极的就业效应，为相关国家创造大量就业机会。中国与非洲地区的劳务合作为当地就业市场注入更大活力，中非合作论坛成立20年来，中国连续多年对非洲经济增长贡献率超过20%，累计为非洲国家创造了450余万个就业岗位。印度尼西亚（以下简称印尼）雅万高铁项目坚持项目属地化发展，大力吸收印尼本土劳动力，2020年7月，中国企业和印尼当地企业联合举办雅万高铁专场线上招聘，为印尼提供优质工作岗位，为疫情中的印尼社

① 《区域全面经济伙伴关系协定》。

② 参见商务部国际贸易经济合作研究院编撰的《2021中国“一带一路”贸易投资发展报告》。

会注入信心。巴基斯坦卡洛特水电站项目不仅给当地提供就业岗位，还在项目工地周围形成“周末集市”，聚拢当地商贩集中售卖，为当地民众开辟了新的就业渠道。中白工业园重视聘用当地员工，2019 年普通员工本地化率已达 85%，中层员工本地化率已达 50%，累计为当地提供超过 5000 个就业岗位。

我国进入新发展格局后，2022 年 1 月 1 日，区域全面经济伙伴关系协定（RCEP）正式生效，使得“一带一路”沿线国的东盟十国在与中国、日本、韩国、澳大利亚、新西兰的深入区域开放合作中获得更多增长动能。商务部国际贸易经济合作研究院发布的《RCEP 对区域经济影响评估报告》模拟结果显示，到 2035 年，RCEP 将带动区域出口和进口累计增量规模达 8571 亿美元和 9837 亿美元，为本地区和全球经济增长注入强大动力。2022 年 1 月 24 日发布的《商务部等 6 部门关于高质量实施〈区域全面经济伙伴关系协定〉（RCEP）的指导意见》（商国际发〔2022〕10 号），为地方、产业和企业适应区域市场更加开放的环境、更加充分的竞争、更好把握 RCEP 带来的机遇提供了政策指引。

（二）各地政府有的放矢

就业问题事关民生大计，各地政策在解决本地人口就业工作中，以双循环思路为指导，紧紧围绕“加快构建以国内大循环为主体、国内国际双循环相互促进的新发展格局”的中央战略部署，双向用力改善就业形势。在对外解决就业的方向上，各地根据地域产业特点形成了不同的外派用工思路，为国企“走出去”用工的精准招募提供了指引。

山西省于 2020 年发布《山西省人力资源和社会保障厅、山西省财政厅、山西省商务厅、山西省教育厅、山西省扶贫开发办公室关于做好对外劳务输出工作的通知》。明确要深化“人人持证、技能社会”建设，强化职业技能培训的就业导向，开拓国际就业市场，助力脱贫攻坚，从当年起着力推动对外劳务输出，首先打开日本劳务市场，逐步进军新加坡、以色列、韩国、德国等国际市场。具体政策上，针对劳务输出机构的对接合作、劳务输出培训、政策优惠支持、法律权益维护等方面制定了具体措施，为出国人员遴选提供了指引。

江苏省于 2017 年 3 月被商务部遴选为《中华人民共和国商务部和以色列国内政部关于招募中国工人在以色列国特定行业短期工作的协议》框架下中以劳务合作两个试点省份之一，截至 2020 年 2 月已派出共计 57 批次建筑劳务人员。

但是，新冠疫情出现后，全球合作趋势有所减缓。以江苏省为例，根据江苏省商务厅2022年1月的最新数据，当月派出人数617人，比去年同期下降15.94%，期末在外劳务人员总数25111人，比去年下降15.04%。面对疫情长期持续的形势，如何做好“走出去”用工的人员有序转移和用工策略的转变，是需要深入研究和实践的一大课题。

（三）行业现状各有冷暖

根据2019年商务部发布的数据，我国在外各类劳务人员主要分布在建筑业、制造业和交通运输业三大行业，合计人数72.9万人，较2017年的71.8万人有所上升，占比73%与上年持平。其中，建筑业一直是我国对外劳务合作优势行业，长期占据我国对外劳务合作行业规模首位。

从市场分布情况看，非洲地区占据我国对外承包工程项下外派劳务人员规模的主导地位。其中，阿尔及利亚、马来西亚、沙特阿拉伯、巴基斯坦为接收对外承包工程项下外派人员的主要国家。

从总体趋势上看，受疫情影响，相对零散且目标雇主为境外企业的对外劳务合作项目衰退较为明显，而具有国资背景，承载“一带一路”建设使命的对外承包工程项目规模相对稳定，在“走出去”战略中的地位作用更加重要，做好国有企业“走出去”活动的法律保障，对维护对外经济合作良好秩序和效能尤为关键，其中，用工问题是最基础的环节。

从用工来源上看，自2014年以来，中国的对外承包工程项下外派人数缓慢下降，对外承包工程企业属地化用工和第三国劳务用工的数量一直在持续增加。属地化用工管理合规成为更加重要的课题。

三、“走出去”用工三大模式

（一）派出去用工：企业投资外派和对外承包工程项下外派劳务

企业投资外派和对外承包工程的用工，在本质上有一个共同点——直接劳动关系，这也是区别于其他用工模式的最大特质。根据我国劳动法规，企业投资外派和对外承包工程的用工必须直接签订劳动合同，不得以第三方为中介进行变相的劳务派遣。

中国企业在全球化经营发展的过程中，不可避免需要在投资目的地国家或地区通过新设或并购的方式创办子公司和下属企业。2013年10月15日，商务部发布了《商务部关于加强对外投资合作在外人员分类管理工作的通知》，明确：对外投资企业可向其境外企业派出已经与其签订《劳动合同》的自有员工，并为外派员工办理符合派驻地法律规定的工作手续。

企业投资外派是指中国境内企业在对外投资的过程中将中国人员派驻到该企业的境外实体子公司、分支机构、办事处或代表处工作。这一行为虽有“派出”“派驻”等表达，但根据《劳务派遣暂行规定》第二十六条的相关规定，并非劳动法意义上的劳务派遣。在司法实践中，通常认定境内企业与外派员工之间构成劳动关系，即使境外机构对外派员工进行直接管理和工资发放等事项，相关部门倾向于保护劳动者与境内企业的劳动关系，境内企业仍无法回避外派人员由境内企业招募的事实。在这种情形下，企业投资外派需严格按照中国劳动法规对外派人员履行用人单位义务，包括缴纳社会保险、代扣代缴个人所得税等，双方权利义务及争议解决适用中国法律法规。

对外承包工程项下外派劳务是指具有对外承包工程经营资格的中国企业向其在境外签约实施的承包或分包工程项目派遣各类劳务人员的行为。如前所述，对外承包工程项下外派劳务中，对外承包工程企业与所派各类劳务人员构成劳动关系。根据《对外承包工程项下外派劳务管理暂行办法》《对外承包工程管理条例》及《商务部关于加强对外投资合作在外人员分类管理工作的通知》等相关规定，具有对外承包经营资格的企业向其在境外签约实施的承包工程项目派遣各类劳务人员，应当与外派人员签订劳动合同，所派各类劳务人员受雇于对外承包工程企业。对外承包工程企业在招用外派人员的时候，可以自行招用，也可以通过中介机构招用，但是只能通过取得国务院商务主管部门许可并合法经营的从事对外承包工程外派人员的中介机构进行招用。无论是通过何种方式招用的外派人员，对外承包工程企业都必须与其订立劳动合同并为其购买境外人身意外伤害保险。

实践中，一些企业通过“劳务中介雇佣”“境外企业雇佣”等方式转嫁自身的用人单位责任，一旦发生争议，对外承包工程企业就会被认定与外派人员具有劳动关系，进而承担用人单位责任和违规责任。在对外承包工程发生分包时，所涉及的外派劳务项目可由总包商保留自营，也可一并分包给具有对外承包工程经营资格的分包商，但是分包商不得将工程及项下外派劳务再分包或转包。同样地，劳动合同须由总包商或分包商与外派劳务人员直接签订，不得由其他中介机构或个人与外派劳务人员订立劳动合同。

（二）引出去用工：通过对外劳务合作向境外关联公司输送劳动力

2012 年 6 月，国务院发布了《对外劳务合作管理条例》，其中第二条明确定义对外劳务合作“是指组织劳务人员赴其他国家或者地区为国外的企业或者机构（以下统称国外雇主）工作的经营性活动”，并且“国外的企业、机构或者个人不得在中国境内招收劳务人员赴国外工作”。对外输出劳力由此成为由各级商务部门规范管理的专营活动，具体管理方式为省级或者设区的市级人民政府商务主管部门，在审核从事对外劳务合作单位的企业法人、实缴资本、人员资质等硬性条件的基础上，结合其他证明材料审查通过后予以批准，颁发对外劳务合作经营资格证书。在外部市场格局上，由于劳务合作需要适格的企业机构接收从境内输出的劳务，因此主要输向经济相对较发达的国家（地区）。根据商务部的数据，我国对外劳务合作的主要目的地国家（地区）集中在亚洲，其中规模最大的为中国的港澳地区及新加坡和日本。

在劳务合作的形式下，存在对外劳务合作企业、劳务人员、国外雇主三个法律主体。对外劳务合作企业与国外雇主签订劳务合作合同，与劳务人员签订服务合同，劳务人员与国外雇主订立确定劳动关系的合同。在此期间，《对外劳务合作管理条例》规定了对外劳务合作企业严格的居间义务，其不仅应对国外雇主的用人资格进行调查了解，还应在劳务人员与国外雇主订立劳动合同的过程中对劳务人员告知权益风险、协商购买人身意外伤害保险，并在发生争议时协助维护劳务人员权益。对外劳务合作企业没有充分履行对劳务人员的义务时，可能承担相应责任甚至完全替代国外雇主承担对劳务人员的赔偿责任。

根据《对外劳务合作管理条例》第二十三条第二款的规定，对外劳务合作企业可以组织与其建立劳动关系的劳务人员赴国外工作，这一模式因劳动关系保留在国内而更多地属于本书中“派出去用工”的分类。在实践中，极少有对外劳务合作企业采用这一方式组织人员出国务工，因为由国外雇主接收劳务而由对外劳务合作企业自身承担更多风险，显然不符合对外劳务合作企业的利益追求。下一节的问题剖析中，将呈现因工作程序不合规导致劳动关系归于对外劳务合作企业的案例。

（三）属地化用工：在项目所在地招聘当地员工

属地化用工的出现和增长，有多方面的原因。

一是我国政策和战略思维转变，特别是“一带一路”倡议和“构建人类命运共同体”重要战略思想提出以来，我国在“走出去”战略中为当地经济的贡献模式，已逐渐由单一的承接项目加强当地基建、促进经济发展，向创造更多就业岗位、培养更多本土技能人才转变，即由“授人以鱼”向“授人以渔”的转变。

二是各国法律政策要求，特别是在议会制国家，执政党引进外资是否对本国有成效，一个重要的指标就是该举措是否带动当地就业，这往往与其执政地位和下届选举密切相关，因此各国越来越重视通过立法要求国外投资者必须提供一定比例的本国就业岗位，方能开展投资业务。

三是“走出去”企业的自主决策，主要是在国内派出人员和属地招募成本间的权衡。国内派出人员技能较为娴熟，但是需要语言文化培训成本及运输成本，且2020年之后，人员出入境运输成本大幅飙升，使得考虑属地化用工更加实际。同时，改革开放和经济发展的成果使得我国人力资源成本逐年上升，在向较为落后的第三世界国家“走出去”时，属地化用工的用工成本更为低廉。

比较典型的案例如，2016年4月，中国河钢集团同塞尔维亚斯梅代雷沃钢厂签署收购协议，成立河钢塞尔维亚公司，保留了该钢厂5000名原本面临失业的员工。不仅如此，河钢塞尔维亚公司坚持“用人本地化、利益本地化、文化本地化”的原则，中方派驻人员只有9人，其余员工几乎都是本地人，还有几名塞尔维亚员工担任公司高管。一系列用工措施带来的效益，不仅让濒临破产的钢厂起死回生，让斯梅代雷沃这座小城重新焕发勃勃生机，而且提升了我们国家和企业自身在塞尔维亚及周边地区的国际形象，加强了集团公司的国际竞争力。

第二节　国企“走出去”用工管理中的典型问题

“走出去”用工管理，主题简明，但内容庞杂，包罗万象，不仅需要审查“走出去”企业在中国劳动法律体系下的合规性，还要通过了解考察用工目的地国家（地区）的劳动法律体系和劳动力市场潜力，综合全局全面分析以制定合规的用工方案。本节在前节的概览基础上，从国内法院典型案例和国外属地规则两个角度，对国企“走出去”用工管理的常见问题进行逐一梳理研究。

一、外派人员的劳动关系之争

典型案例：员工被境内母公司外派至境外子公司工作，且与两家公司均未签署劳动合同的，由境内母公司承担用工责任

【案情简介】

武某于2001年12月28日入职中国某公司，工作地点在尼日利亚，双方未签订书面劳动合同。工作期间该公司的境外投资企业尼日利亚某有限公司每季度将工资打至武某的银行账户。武某于2014年5月9日离职后申请劳动仲裁，因其对劳动仲裁结果不服向法院起诉要求确认其与中国某公司存在劳动关系。中国某公司则主张武某与尼日利亚某有限公司存在劳动关系。

【裁判结果】

法院经审理认为，中国某公司系尼日利亚某有限公司的股东之一，从武某提供的部分工作文件中可以看出尼日利亚某有限公司是以项目部的名义对武某进行管理。另外，武某接受了中国某公司的培训后被派往尼日利亚，其非因私出国受雇于尼日利亚某有限公司。综上，尼日利亚某有限公司对武某的管理及支付工资行为，实则代表中国某公司。故法院判决确认武某与中国某公司存在劳动关系。

【劳达分析】

本案中，武某在尼日利亚工作期间，尼日利亚某有限公司均以项目部名义对其进行管理、支付报酬，而中国某公司系尼日利亚某有限公司的股东之一，且武某出国由该中国某公司培训，故本案用工主体按照投资外派认定，中国某公司对武某承担用工单位责任。

【劳达建议】

在缺少正式劳动合同的情形下，海外用工劳动关系的认定往往采取“谁培训谁负责、谁组织谁负责”的基本原则。国内总公司在组织员工培训并将员工派往国外时，不能存在侥幸心理，以为凡是派出去的都与国内公司无关。一定要注重合理设计劳动合同、服务合同等文本及框架体系，明确各方权利义务，避免因未签署相关合同而被认定具有劳动关系承担高额赔偿。国内母公司需要向国外子公司输送劳动力时，既可以直接采取企业投资外派的形式将员工劳动关系保留在国内母公司，向国外子公司外派员工；也可以采取劳

务合作等形式让劳动者与劳务合作企业或国外子公司签订劳动合同；如果是建设工程项目，还可以采取项目分包的方式将用工责任一并转移给承包人。无论哪种形式，都应通过合同文本予以明确。

典型案例：海外投资企业用工不规范导致劳动关系归于国内公司

【案情简介】

董某经人介绍于2013年4月18日入职中国某公司，随后出境到达巴布亚新几内亚（以下简称巴新），在某工程项目工作，担任工程技术人员。其工资由中国某公司巴新子公司直接汇入其在中国银行的账户，社会保险未缴纳，团体意外险由中国某公司投保。2014年5月17日，董某在项目工地遇当地人员袭击受重伤回国治疗，董某找到中国某公司请求承担治疗费用并结算剩余工资，中国某公司认为董某应向巴新子公司主张相应权利，董某与中国某公司无劳动关系。董某要求确认与中国某公司存在劳动关系。

【裁判结果】

法院基于三个理由认定董某与中国某公司自2013年4月18日起存在劳动关系：第一，中国某公司作为对外承包工程的单位应当依法与其招用的外派人员董某订立劳动合同；第二，依据《对外劳务合作管理条例》第二条第二款之规定，中国某公司的境外子公司巴新公司作为外国企业不具备直接招用中国雇员的资格，即巴新公司不能直接与中国劳动者建立劳动关系、订立劳动合同，故董某系由中国某公司招用并由中国某公司外派出国并为其承包的工程提供劳动；第三，《对外承包工程管理条例》第十二条要求行为主体应当或必须做出一定积极行为，中国某公司亦应当按照前述规定履行用人单位的义务，不得转移。

【劳达分析】

本案在审理期间受到社会舆论广泛关注，国内主要媒体上，《中国某总公司涉嫌违规用工》《中国某总公司涉违规用工，员工国外遭袭公司撇清责任》等文章广泛传播，给该公司的形象造成了极大负面影响。据媒体的深度报道，董某在经人介绍加入中国某公司后，该公司并未立即与其签订劳动合同，而是在其到达巴新后，由中国某公司巴新子公司与其签订劳动合同。这一操作是在打法律规定的“擦边球”。在现行对外用工的法律框架下，中国某公司巴新子公司作为外国企业，能够依法与中国员工签订劳动合同的唯一途径是通过对外劳务合作的模式。董某前往巴新工作时，既没有对外劳务合作模式的完整要件，也缺乏企业投资外派中的“自有员工”身份，更不是《对外劳务合作管理暂行办法》第六条所排除适用的“公民个人到境外自谋职业的活动”，所以在意外遭遇工伤后没有用人单位愿意担责。法院在审理过程中，从出国前的培训、出国组织、出国后的事实管理关系等方面综合分析，确认了董某与中国某公司的劳动关系，一方面体现了对弱势劳动者的保护，另一方面也给外派用工不规范的企业敲响了警钟。同时需要注意的是，既然劳动关系已经被认定至国内公司，根据《社会保险法》第四十一条及《工伤保险条例》第四十四条的规定，劳动者被派遣至境外工作，不能参加工作地工伤保险的，其国内的工伤关系不会中止，如果劳动者所在单位未依法缴纳工伤保险费，发生工伤事故的，由用人单位支付工伤保险待遇。

【劳达建议】

随着“一带一路”倡议的深入推进，RCEP 区域全面经济伙伴关系正式运行生效，我国“走出去”活动的国内立法和国际规则日臻完善。国内企业意图通过不签订劳动合同、让员工到境外后与境外公司直接签订劳动合同等方式达到降低人力成本的目的，将越来越难以达成。在外代表国家形象的国企，须更加注重“走出去”用工合规，避免因用工问题带来的经济和社会负担。在本案例中，中国某公司是具备对外劳务合作经营资格的，如果该公司希望将外派人员的用工关系放在其巴新子公司，完全可以以对外劳务合作企业的身份与境外子公司签订劳务合作合同，并与劳动者签订服务合同，最后由境外子公司与劳动者签订劳动合同。

二、属地化用工抽样分析

在本章概述中已分析过，因外部政策、内部决策、全球趋势等多重因素，属地化用工在国企“走出去”用工所占比例和地位越来越高。属地化用工的劳动关系受投资目的地国家的法律调整，需要有针对性地研究。近几年来，疫情给“走出去”的属地化用工带来了双重影响。一方面，从国内招募劳动者的经济成本和时间成本剧增，使得更多企业向属地化用工倾斜；另一方面，疫情发生给各国经济带来不同程度的冲击，海外企业也无法置身事外，属地化用工中的劳资纠纷数量明显增多。笔者根据“走出去”的方向选取了几个重点投资对象国，分析各国劳动法律对我国国企“走出去”用工的影响，特别是鼓励性及限制性政策，为比较用工成本、合理选择用工模式提供参考。

（一）印尼

2020年末，中国共在东盟设立直接投资企业超过6000家，雇用外方员工超55万人。而印尼是中国对东盟直接投资存量最大的国家，也是2020年中国对外承包工程完成营业额前十位的国家。这是由于印尼在近些年政治相对稳定，经济改革趋向明显，经济发展成就显著，同时，印尼的用工成本是东盟十国中最低的。

印尼的劳动法律体系主要由以下三部法律构成：2003年第13号《劳工法》，后于2020年由第11号《就业促进法》修正（以下简称印尼《劳工法》）。2004年第2号《工业关系争议解决法》（以下简称印尼《争议解决法》）。2000年第21号《员工/劳工大会法》（以下简称印尼《工会法》）。

1. 劳动关系的形成

根据印尼《劳工法》，劳动关系的事实依据是雇主和劳动者之间形成了劳动合同，劳动合同可以口头约定+聘书或书面形式达成。但是根据工作岗位的基本区分——固定期限岗位和无固定期限岗位，不同形式的用工协议有不同的适用范围和要件要求。（见表9-1）

表9-1　劳动合同期限选择适配表

固定期限劳动合同	无固定期限劳动合同	外籍劳工劳动合同
●书面形式 ■否则将被视为无固定期限用工 ●不能约定试用期 ●须以印尼语的拉丁文形式 ■不符合语言文字要求的协议将被视为无固定期限劳动合同 ■如协议文本为双语，协议理解上的分歧以印尼语的理解为准	●书面形式或口头形式 ●只有无固定期限用工可以约定试用期 ●试用期不超过3个月 ●试用期内须至少按最低工资标准支付报酬	●书面形式 ■否则将被视为无固定期限用工 ■不能约定试用期

2. 薪资标准

同中国一样，印尼的最低工资标准由各地区规定，每年根据经济形势调整，特殊行业还有特别规定。印尼有34个省级行政区，2022年，首都雅加达地区的法定最低工资标准为约445万印尼卢比（约合人民币2011元）。

3. 工时和休息

印尼劳动法规定，每周的最长工作时间为40小时，其中对于5天工作制，每天工作时间不得超过8小时；对于6天工作制，每天不得超过7小时。加班时，每天加班时间不超过3小时，每周总加班时间不超过14小时。

印尼法律规定了多种员工假期，除了公共节假日外，还有至少12天的年假、病假、育儿假等。

员工在连续工作12个月后，有权带薪休年假至少12天，年假的具体安排可在劳动合同、员工章程或与工会的集体协议中明确。值得注意的是，如果安排员工分段休年假，每段假期不得少于6天。

病假是单独权利，不得从年假中扣除，如果有适格医师的医疗证明，员工有权申请病假，病假中的带薪标准随着时间延长而有所不同。（见表9-2）另外，女性员工在经期的第一天和第二天，如能证明病痛无法完成工作，也有 权享受带薪假期。

表9-2　病假期间带薪标准

带薪比例	病假时长
100%	最初4个月
75%	第二段4个月
50%	第三段4个月
25%	后续期间

印尼劳动法还规定了多种享受带薪假的法定事由，除常见的“死生婚育”以外，还有不同于我国习惯的宗教文化事由值得注意。（见表9-3）实务中，依然可以在劳动合同中明确员工申请休假时提供相应证明的程序和方式。

表9-3　法定带薪假相关规定

休假原因	带薪天数
结婚	3天
子女结婚	2天

续表

休假原因	带薪天数
儿子的割礼	2天
子女受洗	2天
妻子生产或流产	2天
配偶、子女、配偶的父母、子女的配偶去世	2天
其他一起生活的家庭成员去世	1天

怀孕的女性员工在1.5个月至生产后1.5个月、流产后的1.5个月有权享受全薪假期，均须由有执业资格的产科医生或助产士提供证明。根据医生的医疗建议，生产/流产的假期还可能延长。在工作场所，用人单位应当为哺乳期的女性员工提供哺乳的时间和场所便利。

此外，还有其他可享受带薪休假的事由：履行国家义务，进行法律承认的宗教义务，参加用工单位安排的学习培训，经用工单位许可参加工会活动。这几项需要更深入地研读印尼当地的法律解释和实践操作，以维护用工单位自身权益。如印尼《劳工法》对“国家义务”的解释是仅以“法律规定”作为限制，更是明确企业必须在国家补贴之外再行支付，以保证在此期间员工的总收入相当于全薪。

4. 保险政策

印尼的社会保险制度不够健全，员工的社会保险（包括工作期间的意外险、死亡险、养老储蓄、医疗保险、退休金）由其医疗和社会保障部门BPJS设计并运行，保费额度、企业和员工分别承担的比例也由该部门每年更新政策，其中，员工的意外险和死亡险全部由企业承担。关于员工的保险政策主要有以下两条：

①所有员工及其家人（包括配偶及最多3个21岁以下的未婚无业子女）均有权参加社会保险。

②在印尼务工时间超过6个月的外籍员工应当参加社会保险和医疗保险项目。

5. 劳动关系的终止

印尼2021年第35号政府令重新规范了劳动关系终止程序及补偿要求，企业应当至少提前14个工作日书面通知劳动者终止劳动关系的事由、离职补偿和劳动者权利。劳动者在收到通知后，如有异议，应于7个工作日内书面提出反对意见及理由。如果劳动者对终止劳动合同没有异议，用工单位应当将终止劳动关系的通知报当地劳动部门以完成解雇。不过，如果劳动者自身有严重违反劳动合同、企业规定或集体协议的行为，企业可以情况紧急为由终止劳动关系而无需遵循通知规则。

离职补偿主要由四部分构成：解雇补偿、服务期补偿、权利补偿、离职费。

解雇补偿是企业一方决定终止劳动关系时，必须支付的补偿金，具体金额根据工作时间和工资标准而定。（见表9-4）

表9-4　解雇补偿金计算标准

员工在企业的工作年限	解雇补偿标准（×个月工资）
<1	1
1—2	2
2—3	3
3—4	4
4—5	5
5—6	6
6—7	7
7—8	8
>8	9

服务期补偿是对终止劳动关系时为企业工作超过3年的员工支付的补偿金，同解雇补偿一样，其具体金额由工作时间和工资标准确定，但是计算方法有所不同。（见表9-5）

表9-5　服务期补偿金计算标准

员工在企业的工作年限	服务期补偿标准（×个月工资）
3—6	2
6—9	3
9—12	4
12—15	5
15—18	6
18—21	7

续表

员工在企业的工作年限	服务期补偿标准（×个月工资）
21—24	8
>24	10

权利补偿主要包括未休的法定年假补偿和员工从工作岗位返回雇佣地的交通费两项。

离职费只在劳动者个人提出终止劳动关系时才支付，印尼的相关法律没有明确离职费的具体数额，留给劳资双方自由约定，为了防止不必要的纠纷，企业可在与劳动者签订劳动合同时通过协议约定，或在员工章程或与工会的集体协议中明确。

所有补偿金的计算方式取决于劳动关系终止的原因，最新的 2021 年第 35 号政府令按照解雇补偿的倍数不同，将诸多劳动关系终止事由区分为 7 个层级的补偿方案。（见表 9-6）

表 9-6　无固定期限员工解雇补偿总表

序号	劳动关系终止原因	解雇补偿倍数	服务期补偿倍数	权利补偿倍数	离职费倍数
1	员工长期疾病、残疾致使超过 12 个月无法工作	2	1	1	0
2	员工死亡	2	1	1	0
3	员工退休	1.75	1	1	0
4	企业合并或分立后，员工不愿继续履行劳动合同，或新的雇主不接收员工	1	1	1	0
5	企业为防止损失的裁员	1	1	1	0
6	企业并购	1	1	1	0
7	因企业方违约，员工选择终止劳动关系	1	1	1	0
8	企业陷入债务纠纷，尚未遭受损失	1	1	1	0
9	不可抗力，但尚不致企业倒闭	0.75	1	1	0

续表

序号	劳动关系终止原因	解雇补偿倍数	服务期补偿倍数	权利补偿倍数	离职费倍数
10	因企业并购导致员工工作性质的变化	0.5	1	1	0
11	企业因遭受损失而裁员	0.5	1	1	0
12	企业因不可抗力而倒闭	0.5	1	1	0
13	企业破产	0.5	1	1	0
14	员工违反劳动合同，在收到警告函后仍继续违约行为	0.5	1	1	0
15	企业因遭受损失而陷入债务纠纷	0.5	1	1	0
16	法院裁判，认定员工对企业的指控不成立	0	0	酌情	1
17	员工自愿离职	0	0	酌情	1
18	员工未经批准连续旷工五天	0	0	酌情	1
19	员工因违规行为导致企业遭受损失	0	0	酌情	1
20	员工因被拘捕而超过6个月不能工作，造成企业损失	0	0	酌情	0
21	员工因被拘捕而超过6个月不能工作，未造成企业损失	0	1	酌情	0

6. 争议解决

针对劳动关系终止的相关纠纷，印尼《争议解决法》和2021年第35号政府令规范了争议解决的程序方法。印尼的劳资争议解决有法定的三个程序：(劳、资) 双边谈判—（人力部、劳、资）三方谈判—法院出现争议，企业应当与劳动者（或集体协议中的工会）进行双边谈判，寻求友好解决方案。

这是法定步骤，无论谈判是否成功，双边谈判中的历次会议记录都应当良好整理保存以待后续程序使用。

双边谈判失败或超过 30 天无法达成协议时，劳资双方都有权向印尼人力部的当地办公室报告，由人力部门根据双方意愿进行调解或仲裁。劳动合同中也可以约定仲裁条款，但并不具有强制性，人力部门会向劳资双方发出通知，要求在调解或仲裁手段中进行选择，如果 7 日内没有收到回复，将直接安排进行调解。调解失败的，争议双方逐级向地方法院劳动关系法庭和最高法院起诉。

理论上，从出现争议到最高法院最终解决争议只需要 140 天，但是在实践中，劳动法院判决后，如仍有不服，往往需要一到两年的时间形成终局解决方案。

▶▶ 典型案例

【案情简介】

某中资企业跨国收购印尼本土某银行，拟在印尼成立新的有限公司，随后印尼本土银行管理层发布公告，员工可以选择继续或者结束劳动关系。本案原告员工选择结束劳动关系后，向该公司提出补偿要求。但是，由于跨国收购中公司所有权的变动问题，无论是印尼本土银行还是该中资印尼公司，均未向该员工支付任何补偿。调解无果后，次年员工将该公司诉至印尼泗水地方法院，请求法院判决该中资印尼公司向其给付解雇补偿、服务期补偿、权利补偿及调解和诉讼期间的工资。

【劳达分析】

根据前文总结的表格，可以清楚地定位各项补偿金的标准为《无固定期限员工解雇补偿总表》中的第 6 项，均执行一倍的补偿标准。本案的争议点之一是，被收购后的中资印尼公司是否还有支付义务？印尼的法律体系受荷兰影响颇深，同属大陆法系，从法理推断，印尼本土银行对离职劳工的法律义务应当由其法人人格的继承者——中资印尼公司承担。而 2003 年印尼《劳工法》第六十一条第三款也明确，在公司涉及转让时，员工/劳动者的权利归于新的企业，但转让协议中就员工/劳动者的权利作出了不损害其利益的约定的除外。因此，如果在收购协议中没有对员工的离职补偿方案作出明确的且不损害员工利益的约定，法院极有可能判决由中资印尼公司承担因收购而选择终止劳动关系的前印尼本土银行员工的解雇补偿。

【劳达建议】

在印尼投资企业招募本地员工，还有三个现实因素必须纳入考量：其一，印尼劳动法律在21世纪以来已经历了数次修订和补充，有的规定变动较大；其二，由于印尼中央集权程度不高，各省均有权在国家法律的基础上对企业和劳动者的权利义务作出具体的或变通的规定；其三，自2020年以来，受新冠疫情影响，印尼各级政府在劳动用工领域出台了临时性规定，包括可暂时实发低于最低工资标准的薪资（剩余薪资最多可延迟12个月发放）、认定新冠病毒感染者为全薪休假的普通病假员工、社会保险制度改革、以工业关系法庭的判例认定政府防疫政策构成企业裁员的“不可抗力”事由等。诸多复杂的法律政策和形势因素，需要国企在向印尼“走出去”的过程中使用专业团队审慎研究所在国家或省份的法律，分析各种用工模式的利弊，合理制定用工方案。

（二）越南

越南是中国在亚洲进行对外投资设立境外企业最多的发展中国家。虽然效仿中国改革开放的政策实施了革新开放，大力引进外资和技术，经济水平有一定提升，但是越南的劳动力成本相比中国仍相对低廉。2019年，越南劳动力的月均用工成本为300美元至350美元，约为中国的一半。中国在越南的直接投资非常广泛。根据越南官方数据，截至2017年4月的数据显示，中国在越南63个省级行政区中的54个有投资项目。排名第一的平顺省有总投资20.3亿美元的7个项目，排名第二的西宁省有总投资16.5亿美元的46个项目，排名第三的北江省有价值9.6亿美元的61个项目。而我国商务部的报告显示，2020年末，越南居于我国对外直接投资存量国家的第8位。

越南的主要劳动法规是2019年11月由越南第14届国会通过，自2021年1月1日起生效的2019年《劳动法》①，另外还有其他单行法规作为补充，如针对在越外籍员工的2020年第152号政府令、针对新冠疫情防控措施下用工政策的劳动、荣军和社会事务部的2020年第1064号行政令，等等。

---

① 参见商务部官网：http：//hochiming. mofcom. gov. cn/article/ddfg/laogong/202208/20220803337824. shtml，最后访问时间：2023年2月21日。

1. 劳动关系的形成

同印尼一样，越南规定劳动合同必须用本国语言和文字书面签订，如果劳资双方有一方来自外国（包括外商投资企业），劳动合同可以双语签订，但是出现争议时以越南语文本的理解为准。劳动关系自劳动合同签订时生效，并需由企业在30日内将用工情况报至劳动行政主管部门，后期若有变化则每6个月报告一次。通行的工资支付规则是，越南籍的员工必须以越南盾支付工资，外籍员工可约定其他货币。

外籍员工的用工形式分为国外总部外派和越南本土签约两种形式。无论何种形式，2019年《劳动法》均规定有适用管辖权。特别是当外籍员工与在越南注册的公司签订劳动合同时，该劳动关系的争议解决严格适用2019年《劳动法》，劳资双方关于争议解决适用他国法律的约定无效。

关于试用期，在越南雇用新员工时约定试用期是通行做法，2019年《劳动法》规定，试用期的约定形式有在劳动合同中约定和单独签订试用合同约定两种方式。相比于在劳动合同中约定试用期，以试用合同单独约定对用人单位较为有利，这样用人单位无需在试用期承担员工的社会保险。总的规定是，试用期的工资不能低于该工作岗位正常工资的85%，劳资双方在试用期均有权终止劳动关系而无需提前通知或支付赔偿。关于试用期期间的规定详见表9-7。

表9-7 越南法定试用期期间

工作性质及要求	最多试用期天数
公司经理	180
大学学历或高技术要求岗位	60
中等技术要求专业岗位	30
其他无需培训的岗位	6

2. 薪资标准

根据越南2019年《劳动法》第九十一条的规定，由国家工资委员会，以地区和月/时工资为基础每年调整发布最低工资标准。越南的工资标准在2017年至2019年三连涨，但是在2020年后由于遭受新冠疫情冲击长期维持不变。2022年3月，有报道指出越南劳动总工会已向越南国家工资委员会建议在2022年提高最低工资标准。在新的标准出台之前，越南仍执行着2020年1月

1 日起生效的 2019 年第 90 号政府令规定的最低工资标准。（见表 9-8）同时根据该标准的具体规定，最低工资标准仅适用于简单工种，而依法需要职业培训或实习期的工种，其工资须高于最低工资标准至少 7%。

表 9-8　越南最低工资标准（2020 年 1 月 1 日生效）

地区编号	地区范围	最低工资标准（越南盾/月）	约合人民币（元/月）
地区 1	河内、胡志明市城市地区	442 万	1229
地区 2	河内、胡志明市农村地区及芹苴、岘港、海防等国家级主要城市	392 万	1090
地区 3	北宁省、北江省、海阳省、其他省会城市	343 万	953
地区 4	其他地区	307 万	853

3. 工时和休息

2019 年《劳动法》允许企业雇用未成年人，但对未成年人的劳动合同签订模式、工作内容性质有极严格的规定，并针对未成年人工时有单独规定。（详见表 9-9）

表 9-9　越南 2019 年《劳动法》的工时规定

劳动者年龄	工时限制
15 周岁以下	不超过 4 小时/天，不超过 20 小时/周，不得安排加班和夜班
15—18 周岁	不超过 8 小时/天，不超过 40 小时/周
18 周岁以上	不超过 8 小时/天，不超过 48 小时/周 如果以周为单位综合计算工时，则不超过 10 小时/天，不超过 48 小时/周
注：夜班时间为 22：00—次日 6：00	

针对加班时间，规定单日加班时间不得超过正常工时的 50%，每月加班时间不超过 40 小时，每年加班时间不超过 200 小时，部分行业如出口服装加工、电子、通信、原油加工等，在向省级人民委员会下属的劳动主管部门备案后，可以获准加班时间达到 300 小时。加班费标准基本与我国劳动法规定一致，即：平时加班需要支付劳动者 1.5 倍工资，周末加班需支付劳动者双

倍工资，法定节假日需支付三倍工资。另外值得注意的是，越南2019年《劳动法》对于固定上夜班的劳动者在白天加班、夜间加班后继续上白班的情形，还规定了更高比例的加班费。

带薪休假日主要由年假、法定节假日、带薪事假组成。一般来讲，员工享有每年12天的带薪休假期间，每工作满5年增加1天，针对特殊工种和人群还有特殊规定。2019年《劳动法》规定了6个法定节假日，总计11天，外籍员工在此基础上还享有在自己文化日历中的新年当天和本国国庆日当天带薪休假的权利。法定的带薪事假的事由主要有本人结婚（3天）、子女结婚（1天）、父母子女或配偶去世（3天），另外在祖辈去世、兄弟姐妹结婚等场合，员工享有休1天无薪假的权利，在劳动合同中劳资双方还可就无薪假期做出更多的约定。

越南劳动法比较特别的规定是关于怀孕女员工的待遇问题。2019年《劳动法》规定员工生产期间，企业无需支付工资，员工的生活费用由社会保险覆盖。正常的产假为6个月，员工最晚在产前2个月开始休假，在休4个月后可向企业申请并经医疗证明提前返回岗位，也可在休6个月后与企业协议延长产假。

4. 保险政策

越南有强制性的社会保险、健康保险和失业保险项目，以员工的工资为基数，由企业和员工分别按比例承担。企业负责在发放工资时按比例扣除，并将两部分保险费用一并上交保险部门。根据越南政府2018年第143号政府令，在经过2018年12月1日至2021年12月31日的过渡期之后，越南于2022年1月1日正式施行新的社会保险费率，强制签订1年以上劳动合同的外籍员工购买越南社会保险，并在产假和病假的基础上，将养老金和看护服务也纳入了社会保险范畴。(见表9-10)

表9-10　2022年1月1日起越南社会保险费率

项目名称	本国员工		外籍员工	
	本人	雇主	本人	雇主
社会保险	8%	17.5%	8%	17.5%
健康保险	1.5%	3%	1.5%	3%
失业保险	1%	1%	—	—

续表

项目名称	本国员工		外籍员工	
	本人	雇主	本人	雇主
工会经费	—	2%	—	—
总计	10.5%	23.5%	9.5%	20.5%
注：根据越南政府2021年第68号决定，为支持新冠疫情期间的企业运转，自2021年7月至2022年6月，雇主的社会保险缴费比例临时降低0.5%。				

5. 劳动关系的终止

越南2019年《劳动法》第三十四条规定了13个劳动关系终止的法定事由，对劳动者的偏向比较明显，在出现争议时，往往按照对劳动者有利的方法解释法律。即使是合同到期、工作完成等约定的合法劳动关系终止事由，也可能会发生补偿。（见表9-11）

表9-11 2019年《劳动法》关于劳动关系终止的相关规定

序号	劳动关系终止事由	通知义务	解雇赔偿	条件限制
1	劳动合同到期	—	每一年服务期补偿0.5个月工资	—
2	约定工作完成	—	每一年服务期补偿0.5个月工资	—
3	协议解约	—	每一年服务期补偿0.5个月工资	—
4	员工被判入狱或其他导致无法工作的刑罚	—	每一年服务期补偿0.5个月工资	—
5	员工丧失民事行为能力、失踪、死亡	—	每一年服务期补偿0.5个月工资	—
6	企业停止运营或被官方撤销执照	—	每一年服务期补偿0.5个月工资	—
7	员工因纪律原因被开除	—	—	须经职工大会等法定程序，须提前30天向劳动行政部门报备

续表

序号	劳动关系终止事由	通知义务	解雇赔偿	条件限制
8	员工单方解除合同	标准通知时间： 一年以内固定期限合同——3个工作日；固定期限合同——30天；无固定期限合同——45天。 针对特殊产业和岗位的特别通知时间： 一年以内固定期限合同——1/4的合同期限；其他劳动合同——120天	员工不仅能获得解雇赔偿，还应向雇主支付法定的赔偿金并返还职业培训支出	员工可任意解除 法定事由（须遵守通知规则）： 工作岗位和环境不符合合同约定； 工资未按时足额发放； 遭受雇主侮辱、虐待、强迫劳动； 在工作场所遭受性骚扰； 怀孕女员工； 员工被任命为国有独资公司的经理职务
9	企业单方解除合同	标准通知时间： 一年以内固定期限合同——3个工作日；固定期限合同——30天；无固定期限合同——45天。 针对特殊产业和岗位的特别通知时间： 一年以内固定期限合同——1/4的合同期限；其他劳动合同——120天	解雇赔偿、退休金或失业补助	法定事由：员工工作表现不合格； 员工长期病休； 不可抗力致使企业减产； 员工到达退休年龄； 员工提供不实信息； 员工无故旷工连续超过5天； 企业重整、合并、分立等
10	员工被裁员	—	—	—
11	外籍员工工作签证到期	—	—	—
12	外籍员工被驱逐出境	—	—	—
13	实习表现不合格	—	—	即使实习表现没有问题，任何一方也有权在实习期解除合同

在越南劳动法实务中，协议解除劳动关系是最常见的方式。因为单方解约存在巨大的争议风险和时间成本。协议解约不仅能在解约时间、补偿费用等方面进行良好约定以规避纠纷，更能迅速完成劳动关系解除而不必消耗单方解约中的法定程序性时间。

6. 争议解决

越南劳动法对劳动争议作了较细致的区分规定，2019 年《劳动法》第一百七十九条作了以下分类：个人劳动争议、集体劳动争议、劳动权利争议和劳动利益争议。该法同时明确了有权处理劳动争议的机构：劳动调解员/劳动调解委员会、劳动仲裁委员会、人民法院。一般而言，劳动调解委员会是劳动争议诉诸仲裁或审判的前置条件，但是有六项法定例外的情形，其中对我国国企属地化用工最为关键的一项例外是“关于单方终止劳动关系或开除的争议”，这意味着，用人单位在选择单方面与员工终止劳动关系时，必须对可能面临的仲裁或诉讼有应对的法律方案。相关数据显示，越南 90%的劳动争议最终都是以仲裁或者判决形式解决的，越南劳动争议的普通诉讼时效为 1 年，较短的时效期间更需要细致的预案。

至于选择仲裁还是诉讼，企业应针对自身关注焦点进行分析。对当事人而言，法院审理相比于仲裁经济成本更低，程序更为正规，能够更好地确保企业获得公正的结果。但是，越南对劳动争议的诉讼有严格的公开审理规则，这对注重保护商业秘密的企业是一大困扰。因此很多有顾虑的企业往往争取在诉讼之前的谈判、调解、仲裁过程中达成终局解决方案。

在越南，出现劳动争议后，工人往往有罢工的传统，2019 年全年越南发生了 121 起有报告的自发罢工，都是要求更高的薪水和更好的劳动环境，这已经比 2018 年减少了一半，但是新冠疫情发生之后，2020 年 1—5 月就发生了 91 起罢工事件，比 2019 年同期增长了 25 起，主要原因是很多企业在降薪裁员的过程中处理不当导致劳资关系紧张。关于罢工期间劳资双方的权利义务，越南劳动法明显偏向劳动者，即使部分工人的非法罢工导致企业停摆，企业仍应当支付其他大部分未参加罢工的待岗员工的工资。因此稳妥的预防措施是在劳动和办公环境内营造友善氛围并宣传好企业依越南法律对员工权益的公正合理的保障，确保即使出现纠纷，也能理性地沿着该国劳动法规定的正式轨道解决争议。

▶▶典型案例

【案情简介】

某企业在承建越南一个热电厂项目时，为按时完工，加之聘期短、手续繁杂等原因，抱有侥幸心理，未给部分中方人员依法办理劳动许可证，而让其使用3个月期的商务签证在厂工作，但最后在越方组织的突击检查中被处以违者每人约7000元人民币的罚款，并限期离境。可以说，既延误了工期，又给企业形象带来了不小的负面影响。

【劳达分析】

企业规避工作签证的做法往往有节省时间成本和经济成本的双重目的，从时间上讲，为中国籍员工准备申请劳动许可证需要耗费较多人力进行材料准备和申请工作，从经济上讲，越南新的社会保险规定征收外籍员工社保费，也给企业增加了不小的开支。但是在更详尽的劳动法规出台之后，长期怀着侥幸心理游走在投资目的地国家法律的边缘，并非企业发展长远之计。

【劳达建议】

越南法律对外籍员工的严苛控制，体现了对本国劳工的保护。企业在越南进行经营活动时，可以因时就势合理规划用工计划。首先，可以同越南当地政府协商在用工过程中为当地培训熟练工人的合作项目，争取获得支持或补贴，将一线劳工的用工尽量属地化。其次，针对我国有大量熟练工人而越南本地劳工欠缺技能的情况，可以选择性地确定一批必须由中国“熟练技术工人或专家”执行的关键技能岗位，依据越南2019年《劳动法》第一百五十四条第五款的规定，从技术和法律层面向主管部门争取免签工作许可。

（三）荷兰

荷兰是我国在欧盟的主要投资目的地国家，在2018年《荷兰赴华经贸代表团手册》的前言中，时任荷兰首相吕特开宗明义地表示，“这次访问最重要的主题是‘连接欧亚’，发挥荷兰作为欧洲门户的作用，参与中国‘一带一路’倡议”。2020年，中国对荷兰投资流量同比增长26.8%，约占对欧盟投资流量的48.9%，主要投向采矿业、信息传输/软件和信息技术服务业、批发和零售业等。

荷兰的劳动法律体系主要包括《荷兰宪法》《荷兰民法典》及诸多法案、判例、劳动法规、集体劳动法和集体劳动协议。其中荷兰劳动争议法庭的判例是荷兰劳动法的重要渊源，也为争议处理提供最新指南。另外，作为欧盟国家，荷兰的劳动立法也受到欧洲法院的判例约束。荷兰劳动法明确其保护对象是雇主和员工之间依劳动合同形成的合法劳动关系，不包括自由职业者及公务人员。

1. 劳动关系的形成

荷兰法律不强制劳动合同的形式，劳动合同可以书面形式达成，也可以口头约定。但是在以口头约定劳动合同形成劳动关系之后的一个月之内，雇主依法应将劳动关系的主要条款书面通知员工，包括员工职责、合同期限、社保条款等。这里需要雇主方注意的是，应当明确要求员工在一份前述的书面通知上签字并送回雇主方，这样做是为了确保主要条款经双方确认无误，以避免在出现纠纷后因没有相应回执而处于不利地位。

劳动合同根据期限区分为固定期限劳动合同和无固定期限劳动合同。根据《荷兰民法典》的规定，连续订立三次固定期限劳动合同之后，应当订立无固定期限合同。相同工作在订立无固定期限合同之后，再次订立固定期限合同的，将被法律视为无固定期限合同。试用期的约定应当以书面形式。六个月以下期限的劳动合同不得约定试用期。六个月至两年的固定期限合同可以约定不超过一个月的试用期。无固定期限合同可以约定不超过两个月的试用期。

2. 薪资标准

荷兰政府每年于1月1日和7月1日更新两次全职工作的最低税前工资标准。荷兰的最低工资水平在欧洲处于前列，高于包括法国和比利时在内的大部分国家。同时，对于欧盟以外的员工，最低工资的要求更为严格，即使员工年龄不足21周岁或者工作性质非全职，也必须执行21周岁以上的全职工资标准。(见表9-12)

表9-12　荷兰最低工资标准（2022年1月1日生效）

年龄	每月（欧元）	每周（欧元）	每天（欧元）
21周岁以上	1725.00	398.10	79.62
20周岁	1380.00	318.50	63.70
19周岁	1035.00	238.85	47.77
18周岁	862.50	199.05	39.81
17周岁	681.40	157.25	31.45

续表

年龄	每月（欧元）	每周（欧元）	每天（欧元）
16 周岁	595.15	137.35	27.47
15 周岁	517.50	119.45	23.89

3. 工时和休息

荷兰有专门的《工作时间法案》及其政府配套的《工作时间法令》对劳动者的工作时间区分行业和工作性质进行具体规范。一般而言，员工的单日最长工作时间不得超过 12 小时，单周最长不得超过 60 小时，连续 4 周的平均工作时间不得超过 55 小时/周，连续 16 周的平均工作时间不得超过 48 小时/周。企业在劳动合同中约定劳动时间时，需要谨慎对待，不符合法律时间规定的工时约定条款将没有法律效力。另外，根据《荷兰民法典》，如果实质劳动关系已经持续超过 3 个月，那么合同的约定工时将推定为过去 3 个月的平均每月工时。

因其国家经济水平总体较高，荷兰法律规定的员工带薪休假时间也较长。全勤的员工有权享受 4 倍于合同约定的每周工作天数的假期（一般为 20 天），怀孕的员工有权享受 4 个月的产假，其伴侣有权享受 5 天的护理假，因病休假的员工在最初两年的病假中有权享受 70% 的薪资。但是，为照看 8 岁以下小孩而累计最多可以休 26 周的法定育儿假不是带薪假期。企业需要对员工休假作出良好的约定和动态管理，因为员工有自由安排休假时间的权利，根据假期类型不同，员工和企业均负有通知义务。例如，如果未在劳动合同中限定休年假的时间，员工临时申请休年假时，企业应当在两周之内根据工作安排做出批准与否的决定并通知员工，在未及时通知的情况下，员工有权按申请的计划休假。

4. 保险政策

荷兰的社会保险政策将社会保险区分为劳动者须参与的雇员保险，和每名荷兰永久居留人员须购买的国家保险。企业对员工的两种保险都有代扣代缴及分担义务。雇员保险包括失业保险、病假保险、工作和收入保险、丧失工作能力保险，企业应当按照官方每年更新两次的比例缴纳，也可以选择自己成为员工的保险人，即不向荷兰官方缴纳相应保费，在员工患病或残疾时由企业向员工支付其应享有的福利费用。国家保险包括养老保险、儿童福利、长期护理、基本生存等项目，缴纳比例每年更新一次。总体而言，企业应承担的员工保险缴纳比例为其总工资的6%。

值得注意的是，对于从国内外派的员工及其随行家属，履行相关手续后可不再购买荷兰的社会保险。中荷两国政府于2016年9月12日正式签署了《中华人民共和国政府和荷兰王国政府社会保障协定》，中国人力资源社会保障部与荷兰社会事务和就业部同日签署了《关于实施中华人民共和国政府和荷兰王国政府社会保障协定的谅解备忘录》，实现了双方社保的互认互免。免险种范围，中国为职工基本养老保险、失业保险，荷兰为养老保险、失业保险和遗属保险。

5. 劳动关系的终止

固定期限合同（包括以完成一定任务为期限的合同）在期限届至或工作完成时依法自然终止，无通知终止决定的义务。但是，荷兰法律规定雇主有通知合同是否延期的义务，包括对六个月以上的固定期限合同员工，提前至少一个月通知员工是否会续签合同，以及及时详告固定期限合同员工企业中的无固定期限合同岗位的空缺情况。

非固定期限合同的劳动关系终止方式有：企业获荷兰雇员保险局许可后通知解雇，员工同意企业未经许可解雇，诉讼程序解雇，协议终止劳动关系，紧急解雇，雇员辞职。

企业因经济成本或员工长期不能履行工作等原因解雇员工时，必须提交充分证明材料，以获得荷兰雇员保险局的许可。雇员保险局一般会考察解雇理由的充分性以及企业为员工换岗的可能性等事项，在四周以内决定是否批准企业的裁员计划，企业在获得许可后应至少提前一个月向员工通知解雇。绝对禁止以通知形式解雇的情形有：员工休病假未满两年，员工怀孕，员工是职工委员会成员等。

在极罕见的情况下，员工可能会同意企业未得到雇员保险局许可的通知解雇，这意味着其可能失去失业保险的福利。荷兰法律为了进一步保护员工，规定了14天的反悔期，企业有义务在员工首次表示同意之后明确告知员工反悔期的存在，如果没能尽到该义务，反悔期将延长至21天。

企业也可以向法院提交材料申请终止劳动关系，合法的事由有：员工经常旷工、除疾病以外的履职不能、工作重大疏忽或犯罪行为、拒绝工作、严重恶化的工作关系等。法院将在员工辩护、听证庭审等程序后决定终止劳动关系、解除劳动合同或者驳回企业申请。

劳资双方可以协议解除劳动关系，在此情形下，双方没有通知义务，企业不必提供需向雇员保险局或法院提交的“充分解雇理由”，员工在接受企业的终止协议后仍将获得失业保险。当然，协议解除的关键是双方对解雇赔偿方案充分协商并达成一致。同员工同意企业未经许可解雇一样，员工有 14 天或 21 天的反悔期。

《荷兰民法典》第六百七十八条和第六百七十九条分别规定了企业和员工以紧急事由终止劳动关系的主要情形，其中企业紧急解雇的情形包括：员工在签订劳动合同时造假、履职能力严重不足、工作场所酗酒、长期严重违纪、故意破坏企业财物、攻击雇主及其家人等。紧急事由解雇即时生效，无需得到官方许可，也没有通知期限或反悔期限的规定。

员工一方除了可同意企业提出的终止劳动关系提议或以紧急事由终止劳动关系外，在劳动关系存续期间，还享有随时通知离职的权利。这种随时通知离职的权利根据《荷兰民法典》应当有至少一个月的通知时限。

6. 争议解决

在荷兰，劳动争议解决没有强制性的诉前程序。争议双方可以自由选择调解、仲裁或诉讼等争议解决模式。

劳动争议诉讼可直接提起，由劳动关系发生地的地区民事法庭管辖，如对判决有争议还可上诉至上诉法院及高等法院。地区法院的一审诉讼审理期限为三个月，一审裁定或判决下达后，当事人有三个月的上诉期，上诉受理后的审理过程一般为四个月。

由于诉讼程序的耗时较长且费用不菲，在荷兰的实务中劳资双方也经常选择仲裁、调解等其他争议解决方式。劳动仲裁由荷兰国家仲裁协会管辖，该协会是荷兰国内唯一的全国性仲裁机构，其他仲裁机构均为专门的行业仲裁机构。2015 年 1 月 1 日，荷兰新的仲裁法案正式生效，对仲裁、执行和上诉程序进行了精简合并，提高了仲裁程序的效率和灵活性，使得当事人在荷兰能以最利于争议解决的方式来组织和调整其仲裁程序和方法。根据新的仲裁法案，劳资双方如对仲裁结果不服，可越过地方法院，于三个月内直接向上诉法院请求撤销仲裁裁决。国家仲裁协会也提供一种具有调解性质的仲裁前置程序——小型审理。在小型审理模式下，时间和经济成本大幅降低，双方能自由选择理想的专家担任调解员，同时整个程序依法非公开进行，因此如果劳资双方有较强的达成和解的意愿，可以选择这一模式进行快速的争议解决。

荷兰主要的调解机构是国家调解协会。根据《国家调解协会调解规则1995》，调解过程中的自主性比较强，劳资双方可以合意选择调解员，如不能就调解员的选择达成合意，将由国家调解协会提议，劳资双方将就此项过程付费。调解协议未达成之前，包括调解员在内的各方均可随时退出调解，调解员有比仲裁员或法官更大的自由空间，可以高效地引导双方达成创造性或变通性的解决方案。需要特别注意的是，荷兰法律规定，最终达成的调解协议具有法律效力。另外，荷兰也在积极推行法院内设调解机构的模式，如果法院经初步审查确定该争议适合进行调解，将赋予三个月的暂停审理期，由法院的调解办公室组织调解。

▶▶典型案例

【案情简介】

美国打车软件科技公司 Uber（优步），近年连续在荷兰遭遇劳动争议诉讼，2020 年 11 月，荷兰雇员保险局以“没有充分证据证明工作量下降”为由拒绝了 Uber 的裁员申请，Uber 不得解雇 10 名拒绝离职的员工，使得该公司于当年 5 月宣布的裁员计划受挫。2021 年 9 月 13 日，在荷兰最大工会 FNV（工会联合会）诉 Uber 的案件中，阿姆斯特丹上诉法院裁定其平台司机与 Uber 的关系模式应认定为“现代劳动关系”，平台司机不是自营承包商而是 Uber 的正式雇员。这一判决将无差别地适用于所有 Uber 司机，并且司机还受该国现有集体劳动协议的保护。

【劳达分析】

荷兰最近几年对新型用工的法律地位认定经历了一定发展过程，针对另一家新型网络公司——英国外卖平台 Deliveroo（户户送），荷兰地方法院在 2018 年 12 月还裁决一名外卖骑手为“自由职业者”。在那之后，FNV 继续针对 Deliveroo 发起诉讼。至 2021 年 12 月，Deliveroo 在多起诉讼中得到了高等法院的最终判决：平台骑手为公司员工，受该工会的《专业货运集体劳动协议》的保护。此类判决将使平台司机和骑手的工资标准及病假等福利得到更大保障。而各大公司方面将不得不承担更多的薪资成本、财税成本及员工履职风险成本。

【劳达建议】

荷兰的工会组织较为健全，在劳资纠纷中发挥着关键作用。企业在荷兰本地招工用工时，要注重同工会的良好沟通，熟悉集体劳动协议的各项规则。只有适应才能良好生存发展，通过压缩用工成本控制总体成本的思路在发达国家很难行得通。企业需要对用工环境和法律发展进行充分的研究，抓住该国法律体系和判例与我国的关键区别，适应该国用工环境，充分发挥其高素质人力资源的效能，达到经营目的。

（四）阿尔及利亚

早在1991年，我国对外承包工程“走出去”战略的早期，我国企业在阿尔及利亚签订的对外承包工程合同总额就已超过5000万美元。到了2020年，阿尔及利亚成为我国对外承包工程完成营业额前十位的国家（地区）之一，也是该榜单中唯一的非洲国家，同时是当年我国对非洲直接投资的主要目的地国。阿尔及利亚国内年轻人口的失业率较高，为保护本国公民就业，该国实行外国人准证制度，而且在主合同中对使用外国人员的数量作了限制性规定（外国员工与当地雇员比例一般为1∶7），在该承包工程和投资项目施工所需的作业层人员往往只能从当地招聘。

阿尔及利亚在殖民时代是非洲的法属殖民地之一，因此其法律体系，特别是该国以往部落社会所没有的劳动法体系，受法国殖民影响较大，而同时因宗教文化传统影响，其劳动法体系又有一定的传统色彩。阿尔及利亚的劳动法律体系主要包括《阿尔及利亚宪法》《劳动关系法》《自由结社法》《劳动争议解决法案》等。其中最主要的《劳动关系法》于1990年颁布，最近一次修正于2015年。2015年至今，阿尔及利亚也不断地在出台劳动领域单行法规和政府令。

1. 劳动关系的形成

劳动合同的形式没有硬性规定，阿尔及利亚《劳动关系法》第九条规定“劳动合同应当按照缔约双方的适合形式拟订”，实践中既可以是口头合同也可以是书面合同。但是，口头合同将被认定为无限期合同，因为阿尔及利亚的法律规定劳动合同的基本形式应当为无固定期限，除非法律另有规定。经过1996年的修正，目前该国法律允许签订固定期限劳动合同的情形一般有：从事工程施工或非重复性的工作、替代短期缺勤员工、提高短期工作效率、应对工作量短期上涨、季节性工作等。近几年来，由于阿尔及利亚的最低工资和税费的上涨，企业比以前更倾向于选择与员工签订固定期限劳动合同，更注重以书面形式写明签署固定期限的理由以及期间。该国劳动监察部门往往会重点检查签署固定期限合同的事由是否符合法律明确的规定，以及员工在入职后所从事工作的预计工期是否与合同相符。

在进行集体劳动协议的签订时，阿尔及利亚全行业劳工联合会（UGTA）在该国的集体协议谈判中作用较大，2019 年其工会成员占阿尔及利亚全国劳工的 37%，主要成员包括较多的公营和私营企业中的工人。

2. 薪资标准

2012 年以后，阿尔及利亚的月最低工资标准一直保持在 1.8 万第纳尔（约合 800 元人民币），直到 2020 年 5 月，该国政府才将月最低工资标准提高到 2 万第纳尔（约合 888 元人民币）。阿尔及利亚的全国平均工资约为最低工资的两倍，其中对外承包工程雇工最多的建筑施工工人的平均工资还略低于此。

3. 工时和休息

阿尔及利亚的一般周工作时间为 40 小时，雇主应当将 40 小时分配到每周的 5 个工作日中，并安排劳动者每周至少休息一天。由阿尔及利亚绝大部分人口所信仰宗教的礼拜日为星期五，因此法定至少保证的一天休息日为星期五，企业也可以与劳动者根据工作情况约定其他休息方案。

夜间工作时间为 21 时至次日 5 时，不满 19 周岁的人和妇女不得安排夜间工作。阿尔及利亚的法律规定 16 周岁以上的人才能正式进入劳动市场，满 15 周岁可以经正规程序成为学徒。

加班必须有充分的响应公共需求或应对突发事件的理由，且加班时间不得超过正常工作时间的 20%，加班工资高出正常工资的比例不得低于 50%。阿尔及利亚《劳动关系法》只规定了两项可以不受加班时间限定的事由：应对极有可能发生的事故或救援已经发生的事故，完成性质不能中断否则将造成损害的工作。如果企业有充分的证据和理由证明自身业务属于前述两项事由，可以向劳动监察部门申请豁免 20%的加班时间限额。

阿尔及利亚员工的带薪年假可达 30 天，具体计算方式是每全勤工作 1 个月可享受 2.5 天的年假。员工休病假是，最初 15 天享受雇主支付的一定比例工资，从第 16 天开始，如果病情加重或住院，享受的工资比例还会提高。怀孕员工享有 14 周的全薪产假，其伴侣可有 3 天带薪陪产假。此外员工本人结婚、子女结婚和进行割礼、本人或配偶直系亲属死亡、本人赴圣地去朝觐时，均享有3天带薪休假的权利。

4. 保险政策

阿尔及利亚社会保险的主管部门是劳动、就业和社会保障部及其下属的国家雇员社会保险局、国家养老局、国家失业保险局。国家雇员社会保险局主管各种社会保险、工伤事故保险、职业病保险和家庭保险。国家养老局主管退休金、养老金及遗属补贴。国家失业保险局主管失业补贴，帮助困难企业进行裁员过程管理，帮助再就业及为30岁以上失业者创造就业机会。员工相关的保险项目缴费比例见表9-13。

表9-13　2020年1月1日阿尔及利亚员工保险缴费比例

项目	雇主	员工	社会事业基金	小计
社会保险（疾病、生育、残疾、死亡）	11.5%	1.5%	—	13%
工伤、职业病保险	1.25%	—	—	1.25%
退休	11%	6.75%	0.5%	18.25%
提前退休	0.25%	0.25%	—	0.5%
失业保险	1%	0.5%	—	1.5%
小计	25%	9%	0.5%	34.5%

需要注意的是，该比例为当年规定的通行比例，视具体情况可有所调整。如失业保险项目下，如企业能与所有员工均签订6个月以上的劳动合同，企业可以向主管部门申请降低自己承担的缴费比例，而如果劳动关系涉及公共事业或建筑行业，企业和员工的缴费比例均会增加0.375%。

2020年以后，受新冠疫情的冲击，阿尔及利亚官方没有再普遍调整保险费用缴费比例，而是出台各种政策稳定企业生产和就业市场。2020年4月，国家雇员保险局宣布当年缴纳社会保险费用的截止日期推迟一个月，2021年8月更是取消了当年延迟缴纳社会保险费用的罚款制度。

5. 劳动关系的终止

在阿尔及利亚，劳动关系的终止并不要求必须以书面形式，法律也允许劳资双方口头达成劳动关系终止的一致。但是在企业提前解雇员工，存在被索赔的风险时，应当谨慎地进行商议和书面协定。

阿尔及利亚《劳动关系法》第六十六条规定了劳动关系终止的法定事由：劳动合同无效或依法被撤销，固定期限合同到期，员工辞职，开除，依法认定员工无工作能力，企业裁员，企业终止经营，员工退休、死亡。

其中，“开除”一项严格限定在因纪律原因开除，禁止以员工工作能力不足为由开除。该法第七十三条列举了部分可作为纪律原因的情形，如果企业在签订劳动合同时，未在合同或所附员工手册中明确其他纪律事项，将只能在该条上寻找依据。“企业裁员”一项是指企业因经济原因压缩岗位的裁员，这一过程需要向当地法院办公室和劳动监察部门报告并接受指导，并严格按照该国《关于保持就业及保护非自愿失业者法令》（1994 年第 9 号，以下简称《保持就业法》）及《外国劳工就业环境法》（1981 年第10 号）的程序和时间规定，分别执行对阿籍员工和外籍员工的裁员。

员工被开除或裁员时，有权根据当地惯例或集体劳动协议的约定获得相应期间的待业期以寻找其他工作，企业应当为员工的待业期每天支付两个小时的正常工资。另外根据《保持就业法》，被裁员的员工有权获得三个月工资的赔偿，其工资计算基础是裁员前十二个月的平均工资。如果员工被裁员后以另行安排岗位、准许退休或提前退休等方式得到了合理安置，则企业可不再支付赔偿，但应支付未休假补助。

更严重的情况下，如果裁员行为依据《劳动关系法》第七十三条之四被认定为违法或违反强制条款，企业不仅要接受罚款，支付员工在裁员争议期的全额工资及其他可能的损害赔偿，还须另行支付六个月工资的赔偿。

6. 争议解决

在签订劳动合同时，双方也可以约定仲裁。阿尔及利亚的仲裁庭对本国和外籍员工的劳动关系都有管辖权。但是如涉及公法人，除国际贸易和政府采购事务外，禁止进入仲裁程序。仲裁结果具有既判力，仍有争议可在一个月内向法院提起诉讼。该国仲裁机制缺乏完备的体系和程序，实务中不是争议解决的首选。

出现劳资纠纷后，企业和员工可在遵守“交易规则”的前提下进行协商，实质就是双方为解决纠纷各自做出让步后签订和解合同。

另外，工会、企业联合会（如阿尔及利亚工业和制造商联合会）及政府参与的“社会对话”/“集体协商”在劳资关系处理全程中也起到相当重要的作用。除了工会和企业的劳动合同谈判、工会和政府的两方对话之外，阿尔及利亚政府通过定期组织政府主管部门参与的三方会谈机制，定期对劳工工资、培训、劳动环境、安全保护等内容进行协商解决。

如无法协商和解，双方可将争议递交至有管辖权的劳动监察局，由其指派劳动监察员进行调解。2017 年，阿尔及利亚全国有 853 名劳动监察员。当劳动争议发生后，监察员应当在立案后 8 日内安排第一次调解会，了解争议情况和各方立场。如因争议双方无法达成一致、无故缺席等原因致使无法形成调解协议，调解员会出具未调解的会议纪要作为诉讼证据。

由法庭程序解决争议时，地区法庭接受一审劳动诉讼案件。在审理劳动争议案件时，地区法院常常要依照被告住所地进行管辖，并可能会调查企业纪律措施、员工工资单、劳工许可等事项。省级法院为二审法院，在审理时由三名法官组成委员会合议审理。

▶▶典型案例

【案情简介】

中方某企业在阿尔及利亚当地承包工程，招募了大量该国工人。在施工现场管理中，中方现场管理人员发现当地员工经常出现消极怠工、不遵守劳动纪律、不服从工作安排等情况，在出现激烈口头冲突后将涉事员工直接开除。被开除员工向当地法院起诉，由于中方没能提供充分证据证明员工违反劳动纪律的情况，法院判决中方企业败诉，须向被开除员工支付六个月工资的标准赔偿及其他补偿。

【劳达分析】

中方企业在该项目的属地化用工管理过程中，首先没能研究清楚阿尔及利亚的基本劳动法框架，关于开除的条件，前文已提到阿尔及利亚《劳动关系法》第七十三条列举了部分可作为纪律原因的情形，同时赋予企业通过协议约定和员工章程明确等方式对劳动纪律进行合法细化的权利。其次是管理过程中，可能因项目任务繁重，没能将国内人力资源管理的良好习惯带出去，特别是对员工违纪情况的调查取证、书面通知预警等，没有完善的程序和闭合回路的证据材料，从而造成了本可妥善解决的事由企业承担更多法律责任。

【劳达建议】

“走出去”企业的管理团队应当具备属地化用工管理经验，可以在“走出去”之前充分利用企业内部的其他项目经验进行培训。同时，引入专业的劳动法律师，将企业的属地化管理经验，从内部管理和外部法律两个层面上进行提炼总结，形成模块化的操作，达到事半功倍的效果。最后，针对人力资源管理部门苦于当地法规繁杂难以适从的问题，寻找专业的涉外律师进行合作，对目的地国家的法律进行专题编译，形成可持续使用的法律工具。

第三节　如何搭建“走出去”用工管理风控体系

一、派出去用工重点完善外派制度

（一）明确法律关系

劳动合同关系是企业投资外派和对外承包工程项下用工的基本法律关系。如果企业为了降低用工成本而希望在这两个基本项下变通用工方式，那么法律关系有可能因第三方的介入而落入其他用工方式的领域中。但更常见的情况是，如第二节中的案例所展现的，在材料证据不足，且实质劳动关系要件齐全的情况下，企业的变通方式往往导致历经烦琐法律程序后仍被认定无效，企业不仅需要承担用人单位的主体责任，还必须支付更多的赔偿费用和诉讼费用，在用工市场和国内舆论的声誉也将受损。因此，在法律框架内实施了外派用工和对外承包工程用工的方式之后，第一步就是要站稳用人单位的基本点，明确同员工的劳动合同关系，尽到法定的信息通知、保险购买等义务，并以此为基础约定双方权利义务。

（二）建立健全企业内部用工制度

因法律不可能面面俱到，企业应充分利用劳动合同、员工规章制度等明确劳资双方权利义务。员工被外派时，对派驻国外的劳动者的派驻年限、权利义务、工时制度、薪资报酬、福利待遇、社会医疗保障等各方面要有明确规定，防止出现纠纷时无据可寻。在实务中，有的外派员工到岗后无法胜任，有的在外派期满后因留恋驻在国的生活条件而非法滞留，有的因回国之后另行安排的岗位不满意而将企业诉诸公堂。种种案例可为镜鉴，企业应有参照性和预见性地设计外派员工选拔、培训、外派、回流、安置等全流程闭环制度体系。

对于对外承包工程项下的劳务外派，《对外承包工程项下外派劳务管理暂行办法》明确要求“总包商或分包商须直接与外派劳务人员签订《劳务派遣和雇用合同》，不得委托任何中介机构或个人招收外派劳务”。在签订合同时，应依照诚实信用原则在合同中明确拟从事工作名称、性质、内容、技术要求、地点、期限、法律手续中的各方权利义务、劳动保障和保险、争议解决方式等内容。《对外贸易经济合作部关于印发〈劳务输出合同主要条款内容〉的通知》（〔1996〕外经贸合发第105号）对企业的业务办理至今仍有指导作用，可参照该通知规定的必要条款进行劳动制度和劳动合同的设计。

（三）内外兼顾：国内和境外法律的双重合规

涉及域外用工的境内企业除应严格遵守我国《劳动法》《劳动合同法》及其他劳动法律法规外，还应梳理用工国家（地区）对外来劳动的具体规定，在全流程管理中确保境外用工的合规性。如对于员工的基本权益，我国法律规定对外承包工程项下劳务人员的工资标准不应低于所在国法律规定的同行业、同工种或雇用外籍劳务人员的最低工资；如我国政府主管部门规定了协调价格，应按协调价格执行。这要求相关企业对用工国家（地区）的劳动法律有深入和动态的掌握，避免因一味追求降低成本而在国内和国外均遭遇法律纠纷。又如社会保险问题，我国在外交领域持续推动社会保障双边互免，目前承认的国家有德国、韩国、丹麦、加拿大、芬兰、瑞士、荷兰、西班牙、日本、塞尔维亚和卢森堡，但双边互免的内容因国家不同而各有不同，在有的国家，即使与我国签署了社会保障双边互免协定，也只是免除了部分险种，剩余的职工强制缴纳的如失业、工伤保险，员工被派遣至该国后企业仍需在该国依法缴纳。再如妇女儿童保护和反歧视政策上，各国有不同的重视程度和侧重点，需要针对性地进行研究和合规管理。

二、引出去用工明确区分三方身份地位

劳动关系归于国外企业的用工方式涉及务工人员、境内对外劳务合作机构、国外雇主三方主体。在招收务工人员的过程中，如果没有按照法定程序和要式对三方主体及相互法律关系进行明确的界定，可能导致劳动关系、用工成本和行政处罚风险的转移。

（一）国外雇主与对外劳务合作企业

双方是对外劳务合作关系。对外劳务合作企业应当与国外雇主订立书面

劳务合作合同。未与国外雇主订立书面劳务合作合同的，不得组织劳务人员赴国外工作。劳务合作合同应当就以下事项进行明确的约定：劳务人员的工作内容、工作地点、工作时间和休息休假；合同期限；劳务人员的劳动报酬及其支付方式；劳务人员社会保险费的缴纳；劳务人员的劳动条件、劳动保护、职业培训和职业危害防护；劳务人员的福利待遇和生活条件；劳务人员在国外居留、工作许可等手续的办理；劳务人员人身意外伤害保险的购买；因国外雇主原因解除与劳务人员的合同对劳务人员的经济补偿；发生突发事件对劳务人员的协助、救助；违约责任。

双方各负谨慎考察对方资质的义务，如疏于对对方行业资质及法律地位的考察，将对由此导致的劳务人员损失承担法律责任。对外劳务合作企业依法应当事先了解国外雇主和用工项目的情况以及用工项目所在国家或者地区的相关法律，用工项目所在国家或者地区法律规定企业或者机构使用外籍劳务人员需经批准的，对外劳务合作企业只能与经批准的企业或者机构订立劳务合作合同。国外雇主（包括在国外依法注册的中资企业或机构）在境内选择对外劳务合作企业时，必须确定其在国家商务主管部门处取得了对外劳务合作的主体资格，并通过劳务合作合同的约定和限制督促适格的对外劳务合作企业程序合规，特别是必须直接或通过经县级以上人民政府批准的对外劳务合作服务平台招收劳务人员，并与其签订符合规定的合同，不得允许其他任何单位和个人“借牌经营”以及委托其他任何单位和个人招收劳务人员。如果双方不是疏于互相考察资质，而是明知存在违规情况而串通进行非法招收劳务人员的活动，还有可能触及涉外劳务犯罪，遭受刑事处罚。

（二）对外劳务合作企业与劳务人员

双方一般来说是劳务服务关系（除极少数情形下劳务合作企业也选择直接签订劳动合同，形成劳动关系）。在签订合同时，双方互负信息告知和诚实守信义务。在订立服务合同或者劳动合同时，对外劳务合作企业应当将劳务合作合同中与劳务人员权益保障相关的事项以及劳务人员要求了解的其他情况如实告知劳务人员，并向劳务人员明确提示包括人身安全风险在内的赴国外工作的风险，不得向劳务人员隐瞒有关信息或者提供虚假信息。因对外劳务合作企业隐瞒有关信息或者提供虚假信息等原因，导致劳务人员在国外实际享有的权益不符合合同约定的，对外劳务合作企业应当承担赔偿责任。劳务人员需向对外劳务合作企业如实说明其与订立服务合同、劳动合同直接相关的个人基本情况。

对外劳务合作企业在信息上属于绝对的优势方，因此要在信息互告过程中主动作为。一是把相关利益保障和风险情况尽量周全地通报给劳务人员，可采取一般手册通告与个别咨询答疑结合的方式。二是根据劳务人员自身特点和诉求谨慎分析某出国劳务项目对其的可行性，有时细节问题往往会产生蝴蝶效应，企业可以引入劳务人员个人负面清单机制，请劳务人员列明绝对无法接受的劳动环境、待遇、工作安排等，防止已组织出国务工后现场出现三方纠纷。三是与地方商务主管部门充分协作，依法定程序和权限了解劳务人员的工作背景和有无犯罪情况等，以合理审慎地筛选劳务人员。

（三）劳务人员与国外雇主

双方根据所在国家（地区）的法律签订劳动合同，形成劳动关系。国外雇主应当按照当地法律合理履行用人单位的权利义务，劳务人员与国外雇主对劳动合同及履行情况有争议的，适用劳动关系发生当地法律解决。但是，各国劳动法律对合同的订立、履行、争议解决、权利保障等有着不同的规定，这使得不具有语言能力和法律技能的一般劳务人员很难在境外有效维护自身劳动权利。因此，我国《对外劳务合作管理条例》规定，在合同签订后出国劳务执行过程中，对外劳务合作企业对劳务人员有辅助维权的义务。劳务人员在国外实际享有的权益不符合合同约定的，对外劳务合作企业应当协助劳务人员维护合法权益，要求国外雇主履行约定义务、赔偿损失；劳务人员未得到应有赔偿的，有权要求对外劳务合作企业承担相应的赔偿责任。对外劳务合作企业不协助劳务人员向国外雇主要求赔偿的，劳务人员可以直接向对外劳务合作企业要求赔偿。劳务人员在国外实际享有的权益不符合用工项目所在国家或者地区法律规定的，对外劳务合作企业应当协助劳务人员维护合法权益，要求国外雇主履行法律规定的义务、赔偿损失。

三、属地化用工深度嵌入当地法律政策

由于境内劳动力成本不断提高，加之投资国对于本国就业的保护力度不断加大，以及国家层面商贸往来过程中关于创造就业的约定也越来越具体，无论从成本、便利还是从政策角度分析，境外中资企业都应当重视充分利用投资国当地的劳务资源，在投资国当地招聘劳动力。但是因劳动习惯、语言

文化和法律体系的不同，属地化用工一直是中资企业“走出去”的棘手问题。在“走出去”国家战略及“一带一路”倡议、RCEP协议等框架下进行跨国用工时，加强属地化用工的合规管理，不仅能大幅降低企业的管理成本，也是对国家形象的良好维护。

属地化用工因地域的全球性而不能一言以蔽之，需要具体分析，一国一策，一项目一方案。总体来看，企业在开展属地化用工时，需要做好以下几件事情。

（一）一份人力市场调查报告

从第二节的属地化用工典型国别分析中可以看出，各国经济发展水平不一，人力市场情况千差万别，即使是同一经济水平的国家（地区），也会因为法律政策和文化传统等原因而形成不同的用工环境。在投资之前应对各国劳动力市场进行综合考察，包括劳动力的数量、年龄分布、技能素质、行业工资水平、劳动法律政策、劳动行政处罚成本等，综合比较属地化用工与其他用工方式的优劣，或者说在同一经营目标下的用工成本高低。这一综合分析也是项目启动后迅速在当地取得用工许可和招募理想员工的必要条件，能够大量节省招工的时间成本。

（二）一本属地化用工管理合规手册

域外属地化用工的另一个重要问题是对违规成本的预判和避免。不同国家（地区）的劳动法律对相同情况的劳动违规有不同程度的处罚措施，对企业来说，有时可能认为“钱能解决的问题都不是问题”，但是在涉及超时加班、劳动环境差等情形时，有时招致的处罚不仅仅是罚款，还有经营许可的限制甚至主管人员的刑罚。总体来说，“走出去”之后的团队，对当地劳动法律和人文环境陌生，一定要持如履薄冰的态度对待属地化用工管理，可由专业法律人员进行培训并制作合规手册，帮助一线人事和管理人员“避雷”。

（三）两国资深劳动法律专家

实务中，我们遇到过中资企业在境外涉诉后高价委托当地“知名律师”代理结果却不甚理想的情况，究其原因，在于该企业没有精通当地语言并能研究当地法律政策的中国律师与当地代理律师沟通，造成当地项目团队与代理律师之间对证据取得和整理等诸多环节存在理解偏差和沟通延时，导致庭审时中方的证据未得到采信，使企业最终败诉。因此，企业应当重视在涉外用工时合理搭配使用中、外律师团队，以更好地进行用工风险全过程管控，确保争议出现后及时妥善适用当地法律解决。

（四）三方良好对话关系

企业在投资国（或地区）设立机构或项目，取得属地化用人资格，本身就是对当地经济社会的深度融入。为了减少分歧，建立有效的争议解决机制，企业需要同政府主管部门加强沟通对话，争取在创造就业机会和助力经济增长的同时，换取更多的政府补贴及其他鼓励措施。企业与主管部门形成良性的相互信任和依赖关系，在劳资争议出现后，企业可以积极寻求主管部门的调解机制解决问题。此外，有的国家（地区）工会组织比较发达，企业需要重视与工会的集体谈判机制，依法进行集体谈判并在必要时申请劳动主管部门居中调解，形成固定的沟通渠道，提高各类劳资纠纷在诉前解决的比例，减少争议解决成本。

当然，对话和沟通是以语言互通、文化互融为前提的，企业在组织管理层外派执行项目任务时，要积极地提前做好跨文化沟通管理及关于当地习惯、法律的培训，减少沟通障碍带来的劳资纠纷，提高属地化用工效能。

第十章　劳动争议应对

第一节　劳动争议的受案范围、管辖及程序

一、劳动争议的受案范围

（一）概述

劳动争议又称劳动纠纷，是指劳动者和用人单位在执行劳动法律、法规或履行劳动合同过程中，就劳动权利和劳动义务关系所产生的争议。如因订立、履行、变更、解除和终止劳动合同发生的争议；因劳动报酬、奖金、加班、年休假发生的争议；因社会保险、住房公积金发生的争议；因经济补偿、赔偿金、违约金发生的争议等，这些均属于劳动争议，但劳动者与用人单位之间发生的劳动争议并不都属劳动争议的受案范围。劳动争议的受案范围，是指劳动争议处理机构受理劳动争议案件的范围即主管范围。实践中，在仲裁阶段，指的就是劳动人事争议仲裁委员会（以下简称仲裁委员会）的受案范围。在诉讼阶段，指的就是人民法院受理劳动争议案件的范围。

根据《劳动争议调解仲裁法》第二条和《最高人民法院关于审理劳动争议案件适用法律问题的解释（一）》第一条的规定，将劳动争议案件的受案范围归纳如下：

①因确认劳动关系发生的争议；

②因订立、履行、变更、解除和终止劳动合同发生的争议；

③因除名、辞退和辞职、离职发生的争议；

④因工作时间、休息休假、社会保险、福利、培训以及劳动保护发生的争议；

⑤因劳动报酬、工伤医疗费、经济补偿或者赔偿金等发生的争议；

⑥劳动者与用人单位之间没有订立书面劳动合同，但已形成劳动关系后发生的纠纷；

⑦劳动者与用人单位解除或者终止劳动关系后，请求用人单位返还其收取的劳动合同定金、保证金、抵押金、抵押物发生的纠纷，或者办理劳动者的人事档案、社会保险关系等移转手续发生的纠纷；

⑧劳动者以用人单位未为其办理社会保险手续，且社会保险经办机构不能补办导致其无法享受社会保险待遇为由，要求用人单位赔偿损失发生的纠纷；

⑨劳动者退休后，与尚未参加社会保险统筹的原用人单位因追索养老金、医疗费、工伤保险待遇和其他社会保险而发生的纠纷；

⑩因企业自主进行改制发生的纠纷；

⑪法律、法规规定的其他劳动争议。

（二）典型问题分析

虽然法律对劳动争议的受案范围作出了规定，但在司法实践中，劳动者与用人单位之间尚存在许多其他类型的劳动争议，如劳动者要求用人单位补缴社保或自行缴纳后要求用人单位支付相应的费用、支付报销款、兑现股权激励奖金，用人单位要求劳动者归还借款，以及因劳动者侵犯用人单位商业秘密，用人单位要求其承担侵权责任等各种类型的争议，这些争议是否属于劳动争议的受案范围并没有明确的法律规定。本书对实践中经常遇到的或典型的劳动争议是否属于劳动争议的受案范围进行分析。

1. 因社会保险而引发的争议是否属于劳动争议案件的受案范围

《劳动争议调解仲裁法》第二条已明确规定了社会保险争议属于劳动争议的受案范围，但因社会保险争议包含社会保险缴纳争议、社会保险待遇争议及与社会保险有关的其他争议，在司法实践中，仲裁委员会和人民法院并没有将所有的社会保险争议纳入劳动争议的受案范围。

社会保险缴纳争议，主要是因用人单位未缴或未足额缴纳社会保险或缴费年限不足，劳动者要求用人单位补缴而引发的劳动争议；社会保险待遇争议，主要是因用人单位未缴纳社会保险，且社会保险经办机构不能补办导致劳动者无法享受社会保险待遇而要求用人单位赔偿损失引起的劳动争议；与社会保险有关的其他争议，比如用人单位未给劳动者缴纳社会保险费，劳动者自行缴纳或通过其他渠道自行缴纳保险费后，要求用人单位据此支付费用而引发的劳动争议。

对于社会保险缴纳争议，在司法实践中，仲裁委员会和人民法院均不予受理。其理由主要是，根据《劳动法》第一百条“用人单位无故不缴纳社会保险费的，由劳动行政部门责令其限期缴纳；逾期不缴的，可以加收滞纳金”；《社会保险法》第六十三条第一款“用人单位未按时足额缴纳社会保险费的，由社会保险费征收机构责令其限期缴纳或者补足”以及《社会保险费征缴暂行条例》第二十六条“缴费单位逾期拒不缴纳社会保险费、滞纳金的，由劳动保障行政部门或者税务机关申请人民法院依法强制征缴”之规定，用人单位不缴、少缴社会保险费，应由社会保险机构处理，属于社会保险机构行使行政职权的范畴，带有社会管理的性质，故这种争议归根结底还是征收与缴纳之间的纠纷，不是单一的劳动者与用人单位之间的社保争议。加之有些地方对社会保险缴纳争议不属于劳动争议的受案范围已作出了明确的规定，比如北京①、江苏②地区，因此，当劳动者申请劳动仲裁要求用人单位补缴社会保险，仲裁委员会不予受理。劳动者起诉到人民法院后，人民法院也会以裁定的方式予以驳回。

对于社会保险待遇争议，《最高人民法院关于审理劳动争议案件适用法律问题的解释（一）》第一条已明确规定了其属于劳动争议的受案范围。

对于与社保有关的其他争议，比如，实践中经常遇到的用人单位未给劳动者缴纳社会保险费，劳动者自行缴纳或通过其他渠道自行缴纳保险费后，要求用人单位据此支付保险费而引发的劳动争议是否属于劳动争议的受案范围。但在司法实践中，仲裁委员会和人民法院一般不予受理，理由主要有

---

① 《北京市高级人民法院、北京市劳动争议仲裁委员会关于劳动争议案件法律适用问题研讨会会议纪要》规定：“用人单位未为劳动者建立社会保险关系、欠缴社会保险费或未按规定的工资基数足额缴纳社会保险费的，劳动者主张予以补缴的，一般不予受理，告知劳动者通过劳动行政部门解决。”

② 《江苏省人力资源和社会保障厅、江苏省高级人民法院转发人力资源和社会保障部、最高人民法院关于加强劳动人事争议仲裁与诉讼衔接机制建设意见的通知》（苏人社发〔2018〕32号）第二条规定：“……对于劳动者以用人单位未为其建立社会保险帐户，且社会保险经办机构不能补办导致其无法享受社会保险待遇，要求用人单位赔偿损失而发生的争议，作为劳动争议处理；对于劳动者与用人单位之间因办理社会保险登记、补缴社会保险费、补足社会保险缴费基数、增加社会保险险种、变更参保地而发生的争议，以及劳动者自行缴纳社会保险费后，向用人单位追偿其已缴纳的保险费而发生的争议，不作为劳动争议……”

两种。

一种是，劳动者的这两种社保缴费形式与劳动关系的真实状态不符，违反《社会保险法》的规定，对社会保险的登记、核定、缴纳、支付等正常秩序造成影响，因此劳动者自行缴纳社会保险费后，要求用人单位支付相应费用的，不属于劳动争议案件的受案范围。比如，北京地区（2021）京03民终16361号民事判决书中，法院认为，劳动者自行缴纳社会保险费与劳动关系的真实状态不符，对社会保险的登记、核定、缴纳、支付等正常秩序造成影响，故对劳动者自行缴纳保险费后要求用人单位支付相应社会保险费用的主张，应不予支持。本案中，刘某以自行办理了社会保险缴纳事宜为由要求某公司予以支付单位应缴部分，不属于法院受理劳动争议案件的受案范围，因一审法院已对本案予以受理，故应当裁定驳回刘某的起诉，一审裁定作出的认定处理依据充分，应予维持。福建地区（2021）闽0111民初319号民事判决书中，法院认为，用人单位未给劳动者缴纳社会保险费，劳动者自行缴纳的，由于该社保缴费形式与劳动关系的真实状态不符，违反《社会保险法》的规定，对社会保险的登记、核定、缴纳、支付等正常秩序造成影响，因此劳动者自行缴纳社会保险费后，要求用人单位支付相应费用的，不属于劳动争议案件的受案范围。故一审法院对陈某自行补缴基本养老保险费后，要求某公司返还的诉讼请求不予审理。

另一种与社保缴纳争议不被仲裁委员会和人民法院受理的理由大体相似，即行政法规赋予了劳动行政部门对用人单位为劳动者办理社会保险的专属管理权、监察权和处罚权，用人单位、劳动者就欠费发生争议，是征收与缴纳之间的纠纷，属于行政管理的范畴，带有社会管理的性质，不是单一的劳动者与用人单位之间的社会保险争议，此类纠纷应由社会保险管理部门解决处理，因此不属于仲裁委员会与人民法院受理劳动争议案件的受案范围。比如山东地区（2017）鲁0102民初5499号民事判决书中，对于辛某要求某公司返还其垫付的保险费42236.92元的诉讼请求，法院认为，《社会保险法》第六十三条规定："用人单位未按时足额缴纳社会保险费的，由社会保险费征收机构责令其限期缴纳或者补足……"第八十六条规定："用人单位未按时足额缴纳社会保险费的，由社会保险费征收机构责令限期缴纳或者补足……"另，根据《山东省高级人民法院关于印发〈全省民事审判工作座谈会纪要〉的通知》（鲁高法〔2005〕201号）"（二）因单位拖欠社会保险费用引发纠纷的处理问题”阐明的“已经参加社会保险统筹的用人单位如果不能按时足额给劳动者缴纳社会保险费用，应由税务机构或者劳动行政部门设立的社会保险经办机构负责征收，这属于行政管理行为，由此产生的争议，应属于行政复议或者行政诉讼的范围……对于用人单位没有参加社会保险统筹的……社会保险机构不允许劳动者个人开立帐户，法院在判决中也无法确定社会保险费的缴纳数额，这就造成法院对社会保险费的案件难以执行，因此对这类案件目前以暂不受理为宜”。在用人单位同意劳动者代用人单位缴纳应由其承担的社会保险费，后劳动者要求用人单位返还的，此类案件属于劳动合同存续期间的争议，在性质上应属于劳动争议案件，但是本案中，辛某未提交证据证明某公司同意其代为缴纳应由单位承担的社会保险费，故综上所述，辛某的该项诉讼请求不属于一审法院的受理范围。

另外，北京①、江苏等地也对此种情况不属于劳动争议案件的受案范围作出了明确规定。

2. 劳动者与用人单位之间因借款而引发的争议是否属于劳动争议案件的受案范围

在企业经营的过程中，劳动者向用人单位借款的情况很常见。现实中，主要是出于工作原因提前填借款单预支款项，待出差、业务招待、采购或相应的事宜办理完后再凭票据或相关凭证冲抵借款，但也有因个人原因向用人单位借款的。当劳动者离职时，未冲抵或偿还完全部借款便离开用人单位，用人单位对于劳动者未冲抵的部分借款或未偿还的借款是否可以通过劳动仲裁向劳动者追偿？

对于劳动者离职后，用人单位要求劳动者偿还借款的案件是否属于劳动争议案件的受案范围，法律未作明确的规定。在司法实践中，如果是非因劳动关系（非职务行为）产生的借款，不属于劳动争议案件的受案范围，一律按照民间借贷处理，即用人单位只能以民间借贷纠纷向人民法院起诉。如果

① 《北京市高级人民法院、北京市劳动争议仲裁委员会关于劳动争议案件法律适用问题研讨会会议纪要（二）》（京高法发〔2014〕220号）规定：“50. 用人单位未给劳动者缴纳社会保险费，劳动者通过其他渠道自行缴纳保险费后，要求用人单位据此支付费用是否支持？劳动者通过其他渠道缴纳保险费包括劳动者自行缴纳和在其他用人单位缴纳两种形式，这两种形式均与劳动关系的真实状态不符，违反社会保险法的规定，对社会保险的登记、核定、缴纳、支付等正常秩序造成影响，因此仲裁委、法院不予支持。”

是因劳动关系产生的借款，是否属于劳动争议案件的受案范围，不同地区之间判法不一，有的地区认为属于，有的地区认为不属于。即便同一地区内的不同区县也可能会出现有的仲裁委员会受理，有的不受理，或者仲裁委员会不受理，但人民法院受理的情况。

例如，在山东地区（2020）鲁1312民初1514号民事判决书中，法院认为，根据《最高人民法院关于职工执行公务在单位借款长期挂账发生纠纷法院是否受理问题的答复》之规定，劳动者因工作原因向用人单位预借支款项的行为系职务行为，其与单位之间不存在平等主体间的债权债务关系，人民法院不应作为民事案件受理。受托事项完成后，因未及时报销冲账与用人单位发生纠纷的，应由用人单位按其内部财会制度处理。但劳动合同解除后，用人单位要求劳动者返还应当返还部分的预借支款项的，人民法院应当按照劳动争议案件处理。北京地区（2019）京01民再169号案件中，某公司申请劳动仲裁，要求蔡某归还未冲抵的借款，仲裁委员会以该仲裁请求不属于劳动人事争议仲裁委员会处理范围为由对某公司的申请不予受理。后某公司不服该通知书诉至法院。法院按照劳动争议纠纷判决蔡某偿还某公司未冲抵的借款。而在深圳地区，对于因劳动关系产生的借款，明确规定了不属于劳动争议案件的受案范围。《深圳市中级人民法院关于审理劳动争议案件的裁判指引》第五条规定："职工履行职务在单位借款挂帐发生的纠纷，一方以劳动争议或以其他理由向人民法院起诉的，裁定不予受理；已受理的，裁定驳回起诉。"

如果劳动者向用人单位所借的款项中既有因职务行为借的，也有因非职务行为借的，在劳动者离职后，用人单位向劳动者追偿时是申请劳动仲裁还是以民间借贷纠纷向法院起诉？在（2016）最高法民申2655号案件中，张某在某公司任职期间涉及多笔借款，借款凭证载明的用途有出差、办事、购买礼品、注册公司及张某个人借款等。最高人民法院认为，若张某不能证明涉案借款全部属于执行职务，某公司主张的民间借贷关系可以成立。某公司与张某之间的债权债务纠纷应属于民事诉讼受理范围，应在民事诉讼程序中对某公司的诉讼请求是否支持以及支持多少予以认定和判决。简言之，劳动者向用人单位所借的款项中既有因职务行为借的，也有因非职务行为借的，在劳动者离职后，借款如为职务行为按劳动争议处理，如为非职务行为按民间借贷处理。如因借款用途未写明或有歧义，用人单位按照民间借贷纠纷起诉的，劳动者主张借款为职务行为的，由劳动者承担举证责任。若劳动者不能证明的，按民间借贷处理。

3. 因劳动者违反保密义务的约定而引发的争议，属于劳动争议纠纷还是侵害商业秘密纠纷

在司法实践中，劳动者违反劳动合同中的保密条款或保密协议约定而引发的争议，归结起来主要有三种情形：

第一种情形，用人单位与劳动者在劳动合同或保密协议中约定了保密与竞业限制义务，而劳动者离职后违反了竞业限制义务同时可能也存在侵犯商业秘密的行为，但用人单位仅有证据可以证明劳动者违反了竞业限制义务，而无法证明劳动者存在侵权行为。因此，用人单位以劳动者违反竞业限制义务要求其承担违约责任，从而引发争议。

第二种情形，用人单位与劳动者在劳动合同或保密协议中约定了保密与竞业限制义务，而劳动者在职期间或离职后违反了竞业限制义务同时也存在侵犯商业秘密的行为，用人单位既有证据可以证明劳动者违反了竞业限制义务，又有证据可以证明劳动者及第三人（一般是劳动者自营的或入股经营的企业，或新聘用单位）共同存在侵害商业秘密的行为。因此，用人单位要求劳动者及第三人共同承担责任引发的争议。

第三种情形，用人单位与劳动者在劳动合同或保密协议中约定了保密义务及违约责任，当劳动者违反保密义务时，用人单位要求其承担违约责任引发的争议。例如，用人单位与劳动者约定，其不得泄露用人单位的商业秘密，否则构成违约，应承担20万元违约金。劳动者违反该约定，用人单位要求其承担违约金引发的争议。

对于第一种情形，用人单位因劳动者违反竞业限制义务要求其承担违约金的争议，属于劳动争议，必须先经过劳动仲裁的前置程序，不可以直接向人民法院起诉。对于第二种情形，劳动者在职期间或离职后违反了竞业限制义务同时也存在侵犯商业秘密的行为，如果用人单位要求劳动者和第三人共同承担责任，因第三人与用人单位之间仅存在侵权责任，不存在违约责任，故用人单位仅能以不正当竞争为由向人民法院起诉，要求劳动者和第三人承担共同侵权责任。如果用人单位仅要求劳动者承担责任，此时涉及违约责任与侵权责任的竞合，因我国法律并未特别要求劳动合同当事人只能依据劳动合同提起劳动争议，违反劳动合同的行为同时构成侵权行为的，法律并不排

除当事人针对侵权行为要求行为人承担侵权责任。因此，用人单位既有权选择通过劳动争议处理程序要求劳动者承担违约责任，也有权选择以侵权案件为由直接向人民法院提起诉讼。对于第三种情形，当劳动者存在违反保密义务的行为，用人单位要求其承担违约金时，属于劳动争议。用人单位申请劳动仲裁，在证据充分的情况下，仲裁委员会一般会支持。但不排除有少数仲裁委员会可能会以《劳动合同法》仅规定了违反服务期和竞业限制承担违约金的情形，并未规定违反保密义务承担违约金的情形，而予以驳回。遇到这种情况，用人单位可以继续以劳动争议为案由向人民法院起诉，或综合案件证据情况，考虑劳动者是否同时构成侵权，以侵犯商业秘密为由直接向人民法院提起侵权之诉。

综上可知，当劳动者违反保密义务时，用人单位不同救济途径的选择，不仅取决于劳动者违反的具体行为，还取决于用人单位所收集和掌握的证据是否全面、充分。因此，用人单位应慎重考虑多种因素后再作出选择，全面而有效地维护自身合法权益至关重要。

（三）劳达建议

第一，劳动争议案件在实践中带有明显的地域性和政策性，当用人单位作为受害者一方拟通过法律途径维权时，可以先了解一下当地有关争议事项的政策性规定及判例，以判断争议事项是否属于仲裁委员会和人民法院受理劳动争议案件的范围，避免走弯路，浪费时间。

第二，实务中，用人单位作为被申请人的情况较多，当用人单位作为被申请人时，应先查阅或向律师等劳动法专业人士咨询劳动者的诉求是否属于上述劳动争议仲裁的受案范围，若发现并非属于劳动仲裁的受案范围，及时与调解员、仲裁员进行沟通。调解员、仲裁员向劳动者释义后，可能会降低劳动者的一些期望值，进而可以使案件调解成功的概率大大增加。若庭前未协商或调解解决纠纷的，用人单位在开庭时，也可以以某请求事项不属于仲裁的受案范围为由提出抗辩意见。

第三，对于管理过程中经常发生的借款事项，应要求劳动者写明借款用途，尤其是劳动者用于个人的借款更应该明确。对于报销挂账，及时催促劳动者结清。

另外，当用人单位未与劳动者约定过“未偿还的借款可以在工资中扣除”的情况下，劳动者离职时，用人单位是不可以从劳动者未发放的工资中直接扣除的。所以，建议用人单位在与劳动者签订的劳动合同中约定诸如“离职时对于未还清的借款，劳动者同意用人单位在其未发放的工资中予以抵扣”等之类的条款。这样一来，对于劳动者未冲抵的借款或未偿还的个人借款，用人单位在劳动者离职时便可以直接从未发的工资中抵扣，在一定程度上可以减少劳动争议的发生。

二、劳动争议的管辖

（一）概述

当确定劳动者与用人单位之间发生的劳动争议属于劳动争议案件的受案范围后，下一个问题就是去哪里申请劳动仲裁，也就是法律上的“劳动争议案件的管辖”。根据《劳动争议调解仲裁法》第二十一条第二款的规定，劳动合同履行地或者用人单位所在地的劳动争议仲裁委员会均有管辖权。多数情况下，劳动者是在用人单位所在地提供劳动。但因大中型公司基本上都会在很多城市设有分子公司，劳动者有可能被借调或委派到非用人单位所在地的城市工作，也就是说劳动合同履行地和用人单位所在地不在同一地。如果发生劳动争议，既可以到劳动合同履行地申请劳动仲裁，也可以到用人单位所在地申请劳动仲裁。

如何确定“劳动合同履行地”及“用人单位所在地”呢？根据《劳动人事争议仲裁办案规则》第八条第一款的规定，劳动合同履行地为劳动者实际工作场所地，用人单位所在地为用人单位注册、登记地或者主要办事机构所在地。但有时会出现劳动者和用人单位分别向劳动合同履行地和用人单位所在地的仲裁委员会申请仲裁的情形，在此情形下，用人单位所在地的仲裁委员会会将案件移送给劳动合同履行地的仲裁委员会审理。有多个劳动合同履行地的，由最先受理的仲裁委员会管辖。劳动合同履行地不明确的，由用人单位所在地的仲裁委员会管辖。

劳动争议案件原则上由“劳动合同履行地或用人单位所在地”管辖，但企业规模大或注册资金较高的国企、外企，或案件在本市有重大影响，即便用人单位所在地和劳动合同履行地在同一地，也不一定由所在区县的仲裁委员会管辖，有可能会由市或省劳动人事争议仲裁委员会管辖。比如，根据《北京市人力资源和社会保障局关于调整我市劳动人事争议仲裁案件管辖的通知》（京人社仲发〔2022〕5号）第一条的规定，劳动合同履行地与用人单位注册地均位于通州区，注册资本在壹仟万美元以上或者相当于壹仟万美元以上（含壹仟万美元或者相当于壹仟万美元）的，外国及港澳台投资者单独或者与中央、市属单位共同设立的外商及港澳台商投资企业与劳动者发生的劳动争议案件，由北京市劳动人事争议仲裁委员会管辖，而不是由所在区的仲裁委员会管辖。对于劳动争议仲裁的管辖，很多地方都有详细的规定，所以申请劳动仲裁时，需要了解清楚当地对于劳动争议仲裁的管辖范围，若当地没有进一步规定的，按照《劳动争议调解仲裁法》的规定执行。

当一方或双方当事人不服仲裁委员会的裁决结果向人民法院起诉时，如何确定管辖法院呢？根据《最高人民法院关于审理劳动争议案件适用法律问题的解释（一）》第三条第一款、第四条的规定，劳动争议案件由用人单位所在地或者劳动合同履行地的基层人民法院管辖。当用人单位和劳动者就同一仲裁裁决分别向有管辖权的人民法院起诉的，后受理的人民法院应当将案件移送给先受理的人民法院。

（二）典型问题

用人单位与劳动者在劳动合同中约定管辖是否有效？

在实践中，很多用人单位会在劳动合同中约定“发生劳动争议后由用人单位所在地的仲裁机构管辖”或“发生劳动争议后由用人单位所在地的人民法院管辖”，对于类似的约定，司法实践中基本上认为约定管辖无效，但也有过个别地区的法院在早前的判决中认为约定管辖有效。

《劳动争议调解仲裁法》第二十一条及《最高人民法院关于审理劳动争议案件适用法律问题的解释（一）》第三条已经明确规定了，劳动争议由劳动合同履行地或者用人单位所在地的劳动争议仲裁委员会/基层人民法院管辖。故按照法律和司法解释的规定，在发生劳动争议后，双方当事人均可以自由选择劳动合同履行地或者用人单位所在地的劳动争议仲裁委员会；在诉讼阶段，均可以自由选择劳动合同履行地或者用人单位所在地的人民法院起诉。因而用人单位与劳动者在劳动合同中约定管辖与法律相冲突，应认定无效。

另外，最高人民法院在（2020）最高法民辖27号民事裁定书中明确了约定管辖的效力。最高人民法院认为，根据《民事诉讼法》第三十四条的规定，合同或者其他财产权益纠纷的当事人可以书面协议选择被告住所地、合同履行地、合同签订地、原告住所地、标的物所在地等与争议有实际联系的地点的人民法院管辖，但不得违反本法对级别管辖和专属管辖的规定。[①] 可见，协议管辖的适用领域为合同或者其他财产权益纠纷，这里的合同纠纷包括因合同订立、履行、变更、解除、违约等所产生的纠纷，其他财产权益纠纷包括因物权、知识产权中的财产权而产生的民事纠纷，因身份关系产生民事纠纷的不能协议选择管辖法院。劳动争议案件涉及的法律关系为用人单位与劳动者之间的劳动关系，具有人身属性，不适用协议管辖的有关规定。因此，劳动合同中所约定的管辖条款无效。

（三）劳达建议

由于各地仲裁委员会和人民法院针对劳动领域的某些问题存在不同的理解和裁判口径，所以当劳动合同履行地与用人单位所在地不在同一城市时，给企业提供以下两点建议：

第一，用人单位作为申请人时，在提起劳动仲裁前，建议先熟悉合同履行地和其所在地的规定，了解争议事项是否能被受理，以及哪个地方的裁判口径对自己更有利，然后再选择仲裁地。

第二，用人单位作为被申请人时，虽在劳动仲裁阶段无法对管辖地作出选择，但对裁决结果不服，可以在诉讼阶段选择对自己有利的地域起诉，但一定要在收到裁决书后尽快提起诉讼，因为劳动者同样也有权提起诉讼。双方就同一仲裁裁决分别向有管辖权的人民法院起诉的，后受理的人民法院应当将案件移送给先受理的人民法院。所以谁先起诉，谁就争取到了对自己有利的裁判口径。而一旦一审法院确定后，当事人将无法选择二审法院，因为二审法院必须是一审法院的上级法院。另外，用人单位选择有利于自己裁判口径的法院，也就相当于增加了一个协商谈判的筹码，有利于案件的调解。

三、劳动争议的程序

（一）概述

我国劳动争议案件采用“一调一裁两审”为主，部分案件“一裁终局”为辅的处理模式。所谓“一调”，就是调解，调解完全是当事人自愿选择的程序，不属于单独的审理阶段，贯穿于劳动争议处理的全过程，在“一裁两审”

---

① 现相关规定见2021年修正的《民事诉讼法》第三十五条。

过程中同样适用。“一裁”是指劳动仲裁，仲裁是诉讼前置程序，不经仲裁，当事人不能直接向人民法院提起诉讼。“两审”指不服仲裁委员会作出的仲裁裁决，可以向人民法院提起诉讼，人民法院作出一审判决后，当事人仍不服的，可以上诉至上一级人民法院。人民法院审理劳动争议案件，与普通民事诉讼一样适用《民事诉讼法》，实行两审终审制。“一裁终局”即对于小额争议、基准争议（因执行国家的劳动标准在工作时间、休息休假等方面发生的争议）而言，仲裁裁决为终局裁决，裁决书自作出之日起发生法律效力。[①]“一裁终局”仅针对用人单位对于此类仲裁裁决无权起诉，劳动者对此类仲裁裁决不服的，仍可以自收到仲裁裁决书之日起十五日内向人民法院提起诉讼。但《劳动争议调解仲裁法》第四十九条规定了用人单位有证据证明终局裁决违法的，可以自收到仲裁裁决书之日起三十日内向仲裁委员会所在地的中级人民法院申请撤销裁决。具体的劳动争议处理流程可参见图 10-1。

---

① 《劳动争议调解仲裁法》第四十七条规定：“下列劳动争议，除本法另有规定的外，仲裁裁决为终局裁决，裁决书自作出之日起发生法律效力：（一）追索劳动报酬、工伤医疗费、经济补偿或者赔偿金，不超过当地月最低工资标准十二个月金额的争议；（二）因执行国家的劳动标准在工作时间、休息休假、社会保险等方面发生的争议。”

《劳动人事争议仲裁办案规则》第五十条规定：“仲裁庭裁决案件时，申请人根据调解仲裁法第四十七条第（一）项规定，追索劳动报酬、工伤医疗费、经济补偿或者赔偿金，如果仲裁裁决涉及数项，对单项裁决数额不超过当地月最低工资标准十二个月金额的事项，应当适用终局裁决。前款经济补偿包括《中华人民共和国劳动合同法》（以下简称劳动合同法）规定的竞业限制期限内给予的经济补偿、解除或者终止劳动合同的经济补偿等；赔偿金包括劳动合同法规定的未签订书面劳动合同第二倍工资、违法约定试用期的赔偿金、违法解除或者终止劳动合同的赔偿金等。根据调解仲裁法第四十七条第（二）项的规定，因执行国家的劳动标准在工作时间、休息休假、社会保险等方面发生的争议，应当适用终局裁决。仲裁庭裁决案件时，裁决内容同时涉及终局裁决和非终局裁决的，应当分别制作裁决书，并告知当事人相应的救济权利。”

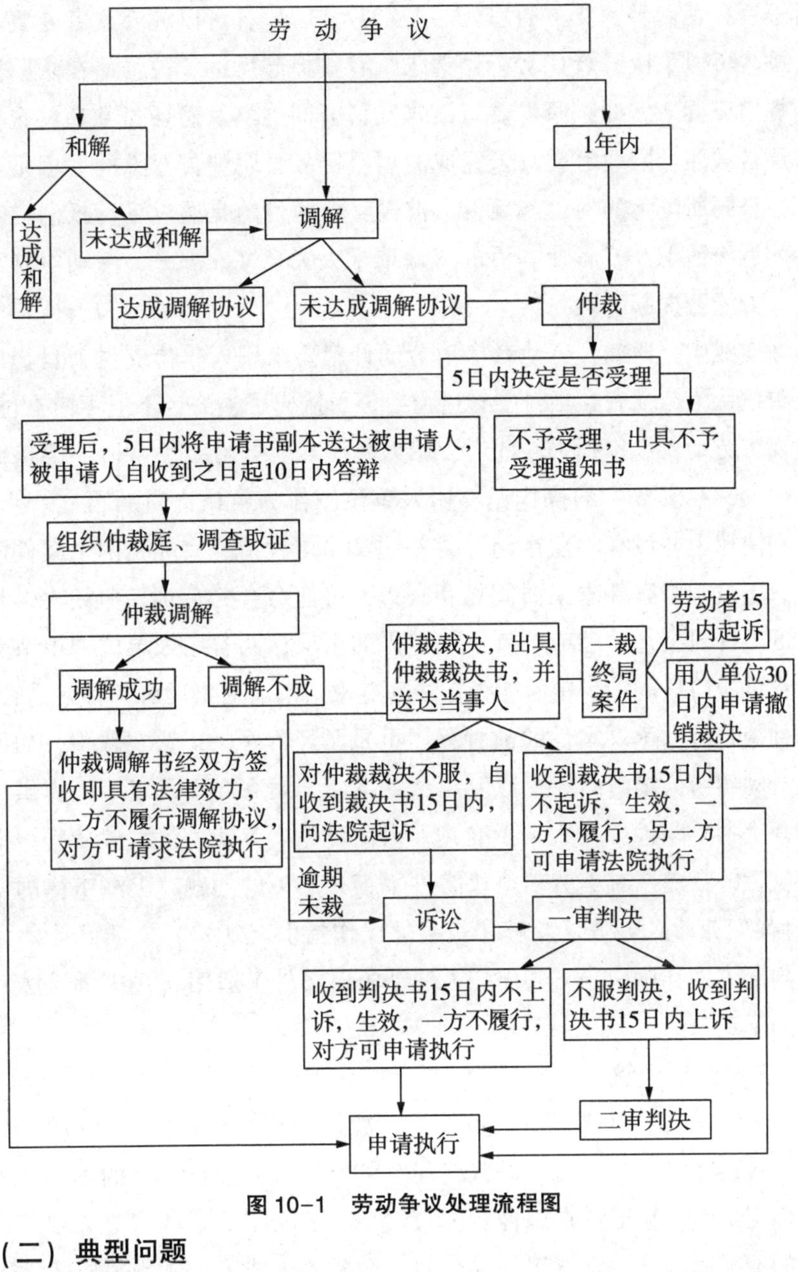

图 10-1　劳动争议处理流程图

（二）典型问题

劳动争议案件中是否存在反诉?

民事诉讼中的反诉，是指在已经开始的民事诉讼程序中，本诉的被告以本诉的原告为被告，向受诉人民法院提起的与本诉有牵连的诉讼请求。根据《民事诉讼法》第五十四条和《最高人民法院关于适用〈中华人民共和国民事诉讼法〉的解释》第二百三十二条的规定，原告可以放弃或者变更诉讼请求。被告可以承认或者反驳诉讼请求，有权提起反诉。被告应在法庭辩论结束前提出反诉。例如，原告要求被告支付合同尾款及逾期付款违约金，被告要求原告按照合同约定履行未完成的项目服务，原被告双方的诉求是基于履行同一合同所发生的本诉与反诉。被告反诉的目的是通过反诉抵消或者吞并本诉的诉讼请求，或者使本诉的诉讼请求失去意义。那么，劳动争议案件中被告一方能否提起反诉呢？

在实践中，比如，劳动者申请劳动仲裁要求用人单位支付项目提成，而用人单位认为劳动者在项目中有过错给公司造成了损失，不但不应支付提成，还应要求劳动者承担损失。此时，用人单位若要提出“反申请”要求劳动者承担损失，在实务中的操作是，用人单位应作为申请人重新再立一个案件。其实在法律上并没有“反申请”这一说法，这种情况实际是两个案件两个案号，只不过两个案件立案时间相距较近，可能会合并审理，但裁决书是分开制作的。针对上述要求劳动者承担损失的事项，倘若用人单位未申请劳动仲裁，在诉讼阶段的一审中，能否在法庭辩论结束前提出反诉？答案是否定的。劳动仲裁是劳动争议案件的前置程序也是必经程序，司法实践中，如果当事人以劳动纠纷为案由向人民法院申请立案，立案庭会要求当事人提供劳动仲裁的裁决书复印件，否则不予受理。由此可见，劳动争议案件从程序上已排除了反诉的存在。对于劳动争议案件不存在反诉的问题，上海市律师协会在《律师代理劳动人事争议调解仲裁案件操作指引（2017）》第八十八条中还专门规定了“律师应当告知委托人劳动争议案件不适用《民事诉讼法》关于反诉的规定”。

（三）劳达建议

因劳动争议采用“一调一裁两审”为主，部分案件“一裁终局”为辅的处理模式。所以，一个非“一裁终局”的案件如果经过所有的程序，少则一年，多则两年，甚至存在因仲裁委员会、法院积压的案件多等导致三年才能结案的情况。因此。建议用人单位对于金额不大或证据不充分、败诉风险较大的案件，可以根据案件情况综合考虑，在调解阶段或劳动仲裁阶段与劳动者调解解决。尤其对于标的额不大，可能会被“一裁终局”的案件，只要劳动者愿意降低标的额协商解决，建议用人单位考虑庭外和解或调解。这样既可以减少在案件上浪费精力和诉讼成本，也可以在一定程度上降低用工成本，还可以缓解与劳动者之间的对立情绪。

第二节　劳动仲裁申请时效

法谚有云：法律不保护躺在权利上睡觉的人。如果权利人长期不行使权利，法律就不再予以保护。这在我国的现行法律规定中主要以时效制度体现。所谓时效，是指当事人的合法权益受到侵害时，必须在法律规定的期限内主张权利。如果未在法定期限内主张，便丧失了胜诉权的一种法律制度。在劳动争议案件中，劳动者或用人单位的合法权益受到侵害时，在法定的时效期间内未申请劳动仲裁，当时效期间届满且对方当事人提出时效抗辩时，仲裁委员会和人民法院将不再对其权利进行保护，劳动仲裁申请人即便有理也无法胜诉。

一、劳动仲裁的时效

（一）劳动仲裁时效分类

根据《劳动争议调解仲裁法》的规定，劳动仲裁时效分为一般时效和特殊时效。一般时效的时效期间从当事人知道或者应当知道其权利被侵害之日起计算一年。劳动关系存续期间因拖欠劳动报酬发生争议的适用特殊时效，其时效期间从劳动关系解除或终止之日起计算一年。

（二）时效中断与中止

当事人申请劳动仲裁，对于所诉事项从时间上看已超过仲裁时效，但当事人提出其存在时效中断或中止的情况时，裁审机关将会审查申请人申请仲裁时是否超过仲裁时效，若未超过，则申请人还是存在胜诉的可能性。那么，何谓时效中断、中止？

1. 中断

所谓中断，是指中断情形发生之后，时效期间从头开始计算。中断的情形包括：当事人一方向对方当事人主张权利；向有关部门请求权利救济（如向有关部门投诉、向仲裁委员会申请劳动仲裁等），如用人单位拖欠劳动报酬的时效期间是从劳动关系解除或终止之日起计算一年，若解除后劳动者向劳动监察部门投诉，则劳动仲裁时效不再从解除之日起计算而是从投诉之日起重新计算一年；对方当事人同意履行义务而中断。

2. 中止

所谓中止，是指因不可抗力因素或者有其他正当理由，当事人不能在规定的仲裁时效期间内申请仲裁的，仲裁时效中止。从中止时效的原因消除之日起，仲裁时效期间继续计算。不可抗力是指不能预见、不能避免并不能克服的客观情况。不可抗力的来源既包括自然现象，如地震、洪水、台风等，也包括社会现象，如军事行动等。例如，自然灾害造成交通中断，从而导致当事人无法申请劳动仲裁，那么仲裁时效期间自交通中断之日起停止计算，待交通恢复正常后再继续计算。对于其他正当理由，例如劳动者患病住院治疗无法申请劳动仲裁，待病愈时时效再继续计算。

二、常见的劳动纠纷之仲裁时效问题

实践中，常见的劳动争议主要有以下五类：一是确认劳动关系；二是拖欠工资类（劳动者主张欠发/克扣的工资、奖金、提成、加班费等）；三是解除/终止劳动合同的补偿类（劳动者主张解除/终止劳动合同的经济补偿、违法解除/终止劳动合同赔偿金）；四是未（续）签（无固定期限）劳动合同二倍工资差额；五是未休年休假工资。第二类主张拖欠劳动报酬，按照《劳动争议调解仲裁法》的规定，适用特殊时效，即从解除或终止之日起计算一年。第三类主张解除或终止劳动合同经济补偿或赔偿金，如果劳资双方约定了具体支付时间，用人单位未在约定的支付日期履行承诺的，仲裁时效期间自支付之日起计算一年；劳资双方未约定具体支付时间的，仲裁时效期间自解除或终止之日起计算一年。这两类在司法实践中不存在争议。但第一类、第四类及第五类在司法实践中存在较大分歧，接下来，就确认劳动关系、未签书面劳动合同二倍工资及未休年休假工资的仲裁时效进行重点分析。

（一）确认劳动关系的仲裁时效

确认劳动关系是否受仲裁时效的限制，在司法实践中存在两种截然不同的观点。一种观点认为，确认劳动关系不受一年仲裁时效的限制。理由是，根据民法理论，诉讼时效的适用范围仅限于请求权，不包括形成权。确认之诉属于形成权，不受诉讼时效限制，而确认劳动关系属于确认之诉，因此确认劳动关系也不应受仲裁时效期间限制。持有该观点的地区，如北京、上海、河北。

北京市高级人民法院（2018）京民申 4792 号民事裁定书认为，诉是一种请求，指当事人就特定民事争议向法院提出保护自己民事实体权益的请求。按请求的性质分为确认之诉、给付之诉、变更之诉。根据《最高人民法院关于审理民事案件适用诉讼时效制度若干问题的规定》第一条规定，当事人可以对债权请求权提出诉讼时效抗辩，债权请求权性质的民事权利适用诉讼时效。刘某在本案中的请求为确认与某公司、某某公司存在劳动关系，按诉的分类属确认之诉。劳动争议属于民事案件范畴，民事诉讼的基本原则和基本制度对劳动争议案件理应适用。本案中，某公司、某某公司以刘某要求确认劳动关系的请求已超过仲裁时效，应予驳回的申请再审理由不能成立。

上海市第二中级人民法院（2019）沪 02 民终 8183 号民事判决书认为，本案中某公司确认其与谢某在 2011 年 7 月 19 日至 2014 年 7 月 19 日之间存在劳动关系，并签有书面劳动合同，但主张谢某相关诉请已超过诉讼时效。然根据相关法律规定，确认劳动关系属确认之诉，不受诉讼时效的限制。一审法院认为，谢某要求确认双方存在劳动关系之诉请并未超过诉讼时效，无不妥。

河北省高级人民法院（2019）冀民申 8374 号民事裁定书认为，杜某要求确认其与某公司 2001 年 6 月 8 日至 2004 年 6 月 30 日存在劳动关系，而某公司称该段时间与杜某不存在劳动关系，故本案系因确认劳动关系引发的劳动争议，属于确认之诉，不适用仲裁时效的规定，故二审法院以杜某的诉请超过申请仲裁时效期间为由驳回杜某的诉讼请求不妥，应予纠正。

另一种观点认为，确认劳动关系属于劳动争议，既然劳动争议有一年仲裁时效期间的规定，确认劳动关系也应受一年仲裁时效期间限制。实践中持此类观点的地区包括广东、海南、吉林、内蒙古、天津等地，而天津[①]更是通过会议纪要的方式予以明确规定。

广东省高级人民法院（2019）粤民申 3245 号民事裁定书认为，本案中赵某已于 2014 年 12 月 31 日与盛某物业公司解除劳动关系，直至 2018 年 4 月 13 日才提起本案诉讼，明显已超过《劳动争议调解仲裁法》规定的一年仲裁时

---

① 《天津市高级人民法院、天津市人力资源和社会保障局印发〈关于审理劳动人事争议案件的会议纪要〉的通知》（津高法〔2019〕296 号）规定："4. 确认劳动关系之诉的仲裁时效问题　依据《调解仲裁法》第二条、第二十七条第一款的规定，劳动者申请仲裁确认劳动关系的时效期间为一年。从其知道或者应当知道权利被侵害之日起计算。"

效期间，二审对其诉讼主张不予支持符合法律规定。

海南省高级人民法院（2019）琼民申1979号民事裁定书认为，因确认劳动关系是否存在而产生的争议属于劳动争议，适用劳动争议调解仲裁法。在劳动争议案件处理中，对劳动争议仲裁时效与诉讼时效的关系问题上，根据《最高人民法院关于审理劳动争议案件适用法律若干问题的解释》[①] 第三条的规定，劳动争议调解仲裁法规定的仲裁时效就是劳动争议案件的诉讼时效。

吉林省高级人民法院（2019）吉民申2950号民事裁定书认为，关于郑某提出确认劳动关系不适用仲裁时效的主张，《劳动争议调解仲裁法》第二条规定："中华人民共和国境内的用人单位与劳动者发生的下列劳动争议，适用本法：（一）因确认劳动关系发生的争议……"第二十七条第一款规定："劳动争议申请仲裁的时效期间为一年。仲裁时效期间从当事人知道或者应当知道其权利被侵害之日起计算。"根据以上法律规定，劳动关系确认争议属于《劳动争议调解仲裁法》的调整范围，理应适用仲裁时效的规定，郑某提出确认劳动关系不适用仲裁时效的主张，于法无据。

内蒙古自治区高级人民法院（2015）内民申字第01255号民事裁定书认为，1995年11月15日某公司以未在限定时间内来厂报到为由将贾某除名后，至2014年3月21日贾某向包头市东河区劳动争议仲裁委员会申请仲裁，此期间长达十九年，双方对该事实无争议。依照《劳动争议调解仲裁法》第二十七条、《最高人民法院关于审理劳动争议案件适用法律若干问题的解释》第三条之规定，贾某要求确认劳动关系存在的申请超过仲裁时效期间，故本院不予支持。

在山东地区，笔者从搜索到的案例中发现同为山东省高级人民法院审理的关于"确认劳动关系"的劳动争议案件在是否受仲裁时效限制的问题上，有的案件采用第一种观点，有的案件采用第二种观点。采用第一种观点的，如（2019）鲁民终2303号民事判决书认为，根据诉辩双方的意见，本案二审争议的焦点问题是：孙某的起诉是否超过诉讼时效期间？本案为确认劳动关系之诉，解决的是当事人之间是否存在劳动法律关系，不涉及实体权利义务，原审认定不适用诉讼时效的规定并无不当。采用第二种观点的，如（2019）

---

① 已失效。

鲁民申6923号民事裁定书认为，根据原审在卷证据和已查明事实，申请人的诉讼请求为确认双方于1998年6月1日至2008年5月5日期间存在劳动关系，根据《劳动争议调解仲裁法》第二条、第二十七条的规定，因确认劳动关系发生的争议属于该法的调整范围，适用一年的仲裁时效。

综上，确认劳动关系受一年仲裁时效限制吗？目前来看显然没有标准答案。因法律上没有统一的规定，实践中，仲裁员、法官的思维和角度不同，裁判结果自然也不同。因此，当用人单位遇到劳动者要求确认劳动关系的案件，且劳动者是在劳动关系解除或终止一年后才申请的劳动仲裁，能否支持劳动者的诉求，用人单位只能依据当地的相关政策或裁判口径。

（二）未签书面劳动合同二倍工资的仲裁时效

正如前文所述，劳动报酬适用的是特殊时效，若二倍工资的性质被认定为劳动报酬，时效是从劳动关系解除或终止之日起开始计算一年；若被认为是一种具有惩罚性质的赔偿金，则适用一般时效，即从权利被侵害之日起计算一年。到底是适用一般时效还是特殊时效？仲裁时效期间从何时起算？法律和相关司法解释未对此作出规定，最高人民法院也未发布过关于该问题的指导性案例。在审判实务中，各地裁判标准不统一。一种观点认为二倍工资属于劳动报酬，适用特殊时效。但仅有少数地区的一些案件中，认可该观点。另一种观点认为二倍工资虽然也称为工资，但实际加付的一倍是一种具有惩罚性质的赔偿金，因此不属于劳动报酬，应适用一般时效，此观点是司法实践中的主流观点。

湖北地区对二倍工资时效的规定是，自劳动关系终止之日起算，即二倍工资适用特殊时效。[①] 但在司法实践中，笔者从搜索到的案例中发现同为湖北省高级人民法院审理的关于二倍工资的劳动争议案件，有的适用一般时效，有的适用特殊时效。如（2018）鄂民申2972号民事裁定书对二倍工资的时效是按照特殊时效作出认定的。在该裁定书中，法院认为，罗某于2017年7月31日与某公司终止了劳动关系，故本案应自2017年7月31日起计算仲裁时

① 《湖北省高级人民法院民事审判工作座谈会会议纪要》（鄂高法〔2013〕342号）第三十一条规定："用人单位自用工之日起超过一个月不满一年未与劳动者订立书面劳动合同并一直未补订的，应当按照《劳动合同法实施条例》第七条的规定，自用工之日起满一个月的次日至满一年的前一日向劳动者每月支付两倍的工资。双倍工资的申请仲裁时效自劳动关系终止之日起算，期间为一年。"

效。即二倍工资从终止劳动关系之日起计算，实际上该认定就相当于认可“二倍工资”属于“劳动报酬”，适用特殊时效。但（2017）鄂民申2088号民事裁定书中，法院认为，关于此双倍工资的性质认定，属法律对未与劳动者签订书面劳动合同的用人单位的一种惩罚，性质上为赔偿金，并非用人单位应支付给劳动者的工资报酬，故而未签订书面劳动合同的双倍工资应适用一年的仲裁时效。可见，即便湖北地区对二倍工资时效有相关规定，在高级法院层面，不同审判人员对二倍工资时效的理解与适用也存在较大分歧。海南地区与湖北地区一样，在司法实践中对二倍工资时效的适用，两种情况都存在。如（2017）琼01民终3719号民事判决书适用的是一般时效，而（2014）琼民抗字第10号民事判决书适用的则是特殊时效。

实践中，大多数地区认为二倍工资是具有惩罚性质的赔偿金，适用一般时效，如北京、上海、四川、广东、内蒙古、山东、湖南、浙江、江苏。不过，这些地区对仲裁时效期间的起算点及计算方法也不尽相同，归纳起来主要有如下两种：

其一，仲裁时效从劳动者主张权利之日起向前倒推计算一年，并按日/按月计算仲裁时效期间。实际给付的二倍工资，对于一直未签劳动合同的不超过11个月。具体而言就是，仲裁时效是从劳动者申请仲裁之日向前倒推一年，计算出“时效的临界点”，在临界点之后，若存在可主张的二倍工资则予以支持；若不存在可主张的二倍工资，说明仲裁时效已过，劳动者若无时效中止或中断的证据则丧失胜诉权。如北京[①]、上海[②]、四川[③]、广东、内蒙古[④]倾向于采用该种算法，只不过北京地区按日计算仲裁时效期间，而上海、四川、广东地区则按月计算。

---

① 《北京市高级人民法院、北京市劳动争议仲裁委员会关于劳动争议案件法律适用问题研讨会会议纪要（二）》规定："28.《劳动合同法》第八十二条'二倍工资'的认定与起止时间、计算方法？(1) 依据《劳动合同法》第十条、第八十二条第一款规定，用人单位自用工之日起超过一个月不满一年未与劳动者订立书面劳动合同的，自用工之日满一个月的次日起开始计算二倍工资，截止点为双方订立书面劳动合同的前一日，最长不超过十一个月。(2) 用人单位因违反《劳动合同法》第十四条第三款规定，自用工之日满一年不与劳动者订立书面劳动合同，视为用人单位与劳动者已订立无固定期限劳动合同的情况下，劳动者可以向仲裁委、法院主张确认其与用人单位之间属于无固定期限劳动合同关系。在此情况下，劳动者同时主张用人单位支付用工之日满一年后的二倍工资的不予支持。(3) 如果劳动合同期满后，劳动者仍在用人单位工作，用人单位未与劳动者订立书面劳动合同的，计算二倍工资的起算点为自劳动合同期满的次日，截止点为双方补订书面劳动合同的前一日，最长不超过十二个月。(4) 用人单位违反《劳动合同法》第十四条第二款、第八十二条第二款规定，不与劳动者订立无固定期劳动合同的，二倍工资自应订立无固定期限劳动合同之日起算，截止点为双方实际订立无固定期限劳动合同的前一日。(5) 二倍工资中属于劳动者正常工作时间劳动报酬的部分，适用《调解仲裁法》二十七条第四款的规定；增加一倍的工资属于惩罚性赔偿的部分，不属于劳动报酬，适用《调解仲裁法》二十七条第一款的规定，即一年的仲裁时效。二倍工资适用时效的计算方法为：在劳动者主张二倍工资时，因未签劳动合同行为处于持续状态，故时效可从其主张权利之日起向前计算一年，据此实际给付的二倍工资不超过十二个月，二倍工资按未订立劳动合同所对应时间用人单位应当正常支付的工资为标准计算。"北京市高级人民法院《2014年部分劳动争议法律适用疑难问题研讨会会议纪要》第三条规定："二倍工资仲裁时效按天起算，不再按整段起算，时效可从劳动者主张权利之日起向前计算一年，据此实际给付的二倍工资不超过十二个月。"

② 《上海市高级人民法院关于审理劳动争议若干问题的解答》(2010年12月) 规定："2. 关于双倍工资的时效问题　我们认为，鉴于双倍工资的上述性质，双倍工资中属于双方约定的劳动报酬的部分，劳动者申请仲裁的时效应适用《劳动争议调解仲裁法》第27条第2至第4款的规定，而对双方约定的劳动报酬以外属于法定责任的部分，劳动者申请仲裁的时效应适应《劳动争议调解仲裁法》第27条第1款至第3款的规定，即从未签订书面劳动合同的第二个月起按月分别计算仲裁时效。"

③ 《四川省高级人民法院民事审判第一庭关于印发〈关于审理劳动争议案件若干疑难问题的解答〉的通知》(川高法民一〔2016〕1号) 规定："31. 劳动者请求用人单位支付未订立书面劳动合同二倍工资差额的，仲裁时效期间应依照《劳动争议调解仲裁法》第27条第1、2、3款的规定确定，从未订立书面劳动合同满一月的次日起计算一年。上述仲裁时效期间应按月计算，从劳动者主张权利之日起向前倒推一年，对超过一年的二倍工资差额不予支持……"

④ 《内蒙古自治区高级人民法院、内蒙古自治区劳动人事争议仲裁委员会关于劳动人事争议案件适用法律若干问题的指导意见》(内高法〔2015〕193号) 第十四条规定："二倍工资中属于劳动者正常工作时间劳动报酬的部分，适用《调解仲裁法》第二十七条第四款的规定；增加一倍的工资属于惩罚性赔偿的部分，不属于劳动报酬，适用《调解仲裁法》第二十七条第一款的规定，即一年的仲裁时效，时效可从其主张权利之日起向前计算一年。"

以北京地区举例，李某于2018年8月15日到某公司工作，双方未签订劳动合同，至2019年9月16日双方劳动关系终止。李某于2020年1月22日申请仲裁要求支付未签订劳动合同的二倍工资。仲裁委员会能支持的二倍工资的期间是什么？

自2018年9月15日用工满一个月应开始支付二倍工资，到2019年8月15日用工满一年视为订立无固定期限劳动合同。不考虑时效问题，李某能主张二倍工资的时间段为2018年9月15日至2019年8月14日。如用人单位提出时效抗辩，则李某于2020年1月22日申请仲裁，往前计算一年为2019年1月22日。故该案二倍工资的支付期间为2019年1月22日至2019年8月14日。

其二，仲裁时效从用人单位不签订书面劳动合同的违法行为结束之次日开始计算一年；如劳动者在用人单位工作已经满一年的，劳动者申请仲裁的时效从一年届满之次日起向后计算一年。因未签订劳动合同二倍工资可视为同一合同项下约定的具有整体性和关联性的定期给付之债，应当作为整体之债对待，所以对于劳动者所主张的未签订劳动合同的二倍工资时间段，其只要有一天在仲裁时效时间内，整体11个月的二倍工资全部支持。山东①、湖

---

① 《山东省高级人民法院、山东省人力资源和社会保障厅关于审理劳动人事争议案件若干问题会议纪要》第二十一条规定："关于二倍工资争议的仲裁时效适用问题　劳动合同法第八十二条规定的'二倍工资'中加付的一倍工资具有惩罚性赔偿金性质，不属于劳动报酬。用人单位自用工之日起超过一个月未与劳动者订立书面劳动合同，劳动者要求用人单位支付二倍工资的，劳动者申请仲裁的时效为一年。劳动者请求用人单位支付未签订劳动合同二倍工资可视为同一合同项下约定的具体整体性和关联性的定期给付之债，应当作为整体之债对待，仲裁时效应从用人单位与其补订劳动合同之日或者视为双方已订立无固定期限劳动合同之日起计算。"

南[1]、浙江[2]采用此种时效计算方法。

以第一种计算方法的案例为例，李某能主张二倍工资的时间段为 2018 年 9 月 15 日至 2019 年 8 月 14 日。按照第二种计算方法，仲裁时效从 2019 年 8 月 15 日开始计算，至 2020 年 8 月 14 日止。李某于 2020 年 1 月 22 日申请仲裁，故该案二倍工资的支付期间为 2018 年 9 月 15 日至 2019 年 8 月 14 日，李某所主张的二倍工资全部可以得到支持。

用人单位自用工之日起超过一个月不满一年未与劳动者订立书面劳动合同的，二倍工资自用工之日满一个月的次日开始计算。但对于未续签或应签未签订无固定期限劳动合同，在计算二倍工资的起算点时，很多地区不再有未签劳动合同的一个月的宽限期，而是从合同期满次日或应签订无固定期限劳动合同之日起算，具体详见各地的相关规定。

（三）未休年休假工资的仲裁时效

《职工带薪年休假条例》第五条规定："单位根据生产、工作的具体情况，并考虑职工本人意愿，统筹安排职工年休假。年休假在 1 个年度内可以集中安排，也可以分段安排，一般不跨年度安排。单位因生产、工作特点确有必要跨年度安排职工年休假的，可以跨 1 个年度安排。单位确因工作需要不能

---

① 《湖南省人力资源和社会保障厅关于印发〈湖南省劳动人事争议仲裁办案若干标准〉（试行）的通知》（湘人社发〔2016〕48 号）第四十条规定："法律规定用人单位支付劳动者未签劳动合同的二倍工资，从应当支付二倍工资之日起一年内提出，支付二倍工资存在连续状态的，时效从应当支付二倍工资行为终了之日起计算，即从签订书面劳动合同或视为已经订立无固定期限劳动合同之日起计算。"

② 《浙江省高级人民法院民一庭关于审理劳动争议纠纷案件若干疑难问题的解答》（2012 年 12 月）第四条规定："《劳动合同法》第八十二条所称的'二倍工资'中加付的一倍工资并不属于劳动报酬，劳动者申请仲裁的时效为一年。用人单位自用工之日起超过一个月未与劳动者订立书面劳动合同，劳动者要求用人单位支付二倍工资的，仲裁时效应从用人单位与其补订劳动合同之日或者视为双方已订立无固定期限劳动合同之日起计算。"

《浙江省高级人民法院民事审判第一庭、浙江省劳动人事争议仲裁院关于审理劳动争议案件若干问题的解答（二）》（浙高法民一〔2014〕7 号）规定："六、用人单位违反法律规定超过一年未与劳动者签订书面劳动合同或者签订无固定期限劳动合同，在仲裁时效内，劳动者主张二倍工资的，应否全额支持？答：依据劳动合同法第十四条第三款和《劳动合同法实施条例》第七条的规定，用人单位自用工之日起满一年未与劳动者订立书面劳动合同的，视为双方已订立无固定期限劳动合同。因此，未订立书面劳动合同情形下二倍工资的最长支付期限为 11 个月……劳动者有关支付最长 11 个月二倍工资的诉请符合相关法律规定，且最后一个月的二倍工资请求未超过仲裁时效的，应予全额支持。"

安排职工休年休假的，经职工本人同意，可以不安排职工休年休假。对职工应休未休的年休假天数，单位应当按照该职工日工资收入的300%支付年休假工资报酬。”《企业职工带薪年休假实施办法》第十条第一款规定：“用人单位经职工同意不安排年休假或者安排职工年休假天数少于应休年休假天数，应当在本年度内对职工应休未休年休假天数，按照其日工资收入的300%支付未休年休假工资报酬，其中包含用人单位支付职工正常工作期间的工资收入。”

通过上述这两个规定可以得知，未休年休假工资报酬包含用人单位支付职工正常工作期间的工资收入，即未休年休假工资报酬由职工正常工作期间的工资收入（100%部分）和未休年休假工资差额（200%部分）构成。因未休年休假工资（100%部分）一般已随工资支付，所以劳动者申请劳动仲裁时只能主张200%的未休年休假工资。那么，对于劳动者所能主张的200%未休年休假工资报酬的仲裁时效如何适用，主要涉及两个问题：一是未休年休假工资是适用一般时效还是适用特殊时效。二是未休年休假工资仲裁时效的起算点如何确定。

第一个问题主要涉及未休年休假工资的性质如何定性。虽然上述两个规定中叫“未休年休假工资报酬”，但实际是否属于劳动报酬，现有的法律法规、地方性法规和部门规章对此未予以明确。而在司法实践中，也是存在争议的。有的地区认为是劳动报酬，应适用特殊时效。有的地区认为支付未休年休假的工资报酬与正常劳动工资报酬、加班工资报酬的性质不同，用人单位未安排劳动者休年休假，侵害的是劳动者的休假权利，200%部分属于用人单位未安排休年休假应当承担的法定义务，属于惩罚性赔偿，而并不属于劳动报酬，所以应当适用一般仲裁时效一年的规定，而不应当适用特殊时效。

在实践中，认为未休年休假工资属于劳动报酬，应适用特殊时效的地区如重庆、云南。重庆市高级人民法院（2020）渝民申3137号民事裁定书中，法院认为，关于未休年休假工资的性质及其适用的时效问题。劳动报酬是指劳动者基于劳动关系，向用人单位提供劳动所获得的收入。从文义解释看，未休年休假工资理应属于工资也即劳动报酬范畴，可以视为劳动者牺牲法定的年假休息权，基于超时工作而依法获得的“加班工资”。同时，未休年休假工资性质的认定应当符合劳动法的立法意旨，如将其理解为福利待遇并适用一年的仲裁时效，将客观上纵容用人单位不安排劳动者休假的违法行为，有悖于该制度保护劳动者合法权益的基本立场。因此，未休年休假工资属于劳动报酬，适用特殊时效，刘某在劳动关系解除之日起一年内申请劳动仲裁，亦未超出法律规定的期间。云南省昆明市中级人民法院（2020）云 01 民终 10444 号民事判决书中，法院认为，关于未休年休假的问题。被告主张原告诉请的未休年休假工资已过诉讼时效，但双方劳动关系于 2019 年 7 月 2 日解除，原告在劳动关系解除之日起一年内提出仲裁申请，要求被告支付带薪年休假工资，未超过仲裁时效期间。

认为未休年休假工资属于劳动报酬，应适用一般时效的地区如北京、深圳、浙江、江西、江苏。这些地区虽然适用一般时效，但不同地区对于仲裁时效的起算点也有差异，可能出现支持两年或三年未休年假工资的不同裁判结果。这就是未休年休假工资涉及的第二个问题。

对于第二个问题，未休年休假工资的仲裁时效起算点如何确定。目前司法实践中，主要存在以下四种不同的计算方式：一是，仲裁时效从第二年的 12 月 31 日起算。如劳动者主张 2019 年的未休年休假工资，仲裁时效从 2020 年 12 月 31 日起往后计算一年，即只要在 2021 年 12 月 30 日前申请劳动仲裁就未过时效。适用该种计算方式的地区如北京①。二是，仲裁时效从第三个年度的 1 月 1 日当天开始计算。但双方劳动合同解除或终止的，应从劳动合同解除或终止之日起计算。适用该种计算方式地区如深圳②。三是，仲裁时效从次年的 1 月 1 日起计算。经劳动者同意跨年度安排年休假的，顺延至下一年度的 1 月 1 日起计算；劳动关系解除或者终止的，从解除或者终止之日起计

① 《北京市高级人民法院、北京市劳动人事争议仲裁委员会关于印发〈审理劳动争议案件法律适用问题的解答〉的通知》第十九条规定，劳动者要求用人单位支付未休带薪年休假工资的，如何处理？对劳动者应休未休的年休假天数，单位应当按照该职工日工资收入的 300% 支付年休假工资报酬。劳动者要求用人单位支付其未休带薪年休假工资中法定补偿（200%福利部分）诉请的仲裁时效期间应适用《劳动争议调解仲裁法》第二十七条第一款规定，即劳动争议申请仲裁的时效期间为一年。仲裁时效期间从当事人知道或者应当知道其权利被侵害之日起计算。考虑年休假可以集中、分段和跨年度安排的特点，故劳动者每年未休带薪年休假应获得年休假工资报酬的时间从第二年的 12 月 31 日起算。

② 《深圳市中级人民法院关于审理劳动争议案件的裁判指引》第一百一十一条规定："未休年休假工资的申请劳动仲裁时效期间应从第三个年度的 1 月 1 日当天开始计算。但双方劳动合同解除或终止的，应从劳动合同解除或终止之日起计算。"

算。适用该种计算方式的地区如浙江①。四是，仲裁时效从次年的1月1日起计算。用人单位允许跨年度安排劳动者休年休假的，请求权时效顺延至下一年度的1月1日起计算；劳动关系已经解除或者终止的，从劳动关系解除或者终止之日起计算。第四种和第三种的区别是，时效顺延至下一年度的1月1日起计算的原因不同，第三种跨年度安排的前提是经劳动者同意，第四种跨年度安排的权利归属于用人单位，只有用人单位同意跨年安排的，时效才会顺延。适用该种计算方式的地区如江西②。

【劳达建议】

面对劳动者提起的不同仲裁请求事项，企业应及时了解当地相关的仲裁时效规定和裁判口径。在仲裁过程中，对于已超过仲裁时效的，应积极提出时效抗辩。很多劳动争议案件，若不通过打“时效”，案件很可能会败诉。例如，劳动者主张未休年假工资，而企业确实未安排劳动者休过年假，此时，如果企业仅围绕休假去应对，则该争议将面临败诉的风险，倘若企业懂得并利用好仲裁时效，变换应诉策略，案件可能会“柳暗花明又一村”，反败为胜。因为对于仲裁时效已过的事项，若企业未提出时效抗辩，仲裁委员会和人民法院是不能主动审查适用的。

另外，当事人在仲裁阶段未对仲裁时效期间提出抗辩，根据《最高人民法院第八次全国法院民事商事审判工作会议（民事部分）纪要》（法〔2016〕399号）第二十七条第一款的规定，在劳动人事仲裁机构作出实体裁决后，

---

① 《浙江省高级人民法院民事审判第一庭、浙江省劳动人事争议仲裁院关于审理劳动争议案件若干问题的解答（二）》第十九条规定：“劳动者与用人单位就未休年休假的工资报酬发生争议的，申请仲裁的时效期间及起算点应如何确定？答：用人单位未安排劳动者年休假，侵害的是劳动者的休假权利，支付未休年休假工资报酬是因用人单位未安排年休假而应当承担的法律义务，故适用一般的时效规定。劳动者要求用人单位支付未休年休假工资报酬的仲裁时效从次年的1月1日起计算。经劳动者同意跨年度安排年休假的，顺延至下一年度的1月1日起计算；劳动关系解除或者终止的，从解除或者终止之日起计算。”

② 《江西省高级人民法院、江西省人力资源和社会保障厅印发〈关于办理劳动争议案件若干问题的解答（试行）〉的通知》（赣高法〔2020〕67号）第二十五条规定：“劳动者主张未休年休假补偿工资的仲裁时效及起算点应如何确立？劳动者要求用人单位支付其未休带薪年休假工资诉请的仲裁时效期间应适用《中华人民共和国劳动争议调解仲裁法》第二十七条第一款之规定，从应休年休假年度次年的1月1日起计算；用人单位允许跨年度安排劳动者休年休假的，请求权时效顺延至下一年度的1月1日起计算；劳动关系已经解除或者终止的，从劳动关系解除或者终止之日起计算。”

当事人在诉讼阶段又以超过仲裁时效期间为由进行抗辩的，人民法院是不予支持的。因此，企业进行时效抗辩一定要在仲裁阶段提出。

对于经常发生的劳动纠纷，在合规管理方面有以下两点建议。

其一，国有企业在用工过程中，一般不会出现未签劳动合同的情况，很多是因为企业与劳动者之间本身已构成劳动关系，但为规避劳动关系的风险，与劳动者签订了劳务协议或兼职协议。劳动者在离职后申请劳动仲裁要求确认劳动关系，并以此要求企业承担未签劳动合同二倍工资、要求企业补缴社会保险等，导致劳动争议案件的出现。在司法实践中，仲裁委员会和人民法院在审查双方当事人之间是否属于劳动关系时，不是仅从形式上作出判断，而是要根据《劳动和社会保障部关于确立劳动关系有关事项的通知》（劳社部发〔2005〕12号）的规定对双方之间的法律关系性质进行实质性审查。所以建议国有企业在用工时分析双方之间是否符合劳动关系，若属于劳动关系，一定要签订书面的劳动合同，以避免将来产生劳动纠纷且承担更多的用工成本。

其二，对于年休假的休假天数，有些国有企业在《职工带薪年休假条例》规定的年休假天数的基础上，根据员工的司龄增加年休假天数，但对于增加的天数员工未休完时如何处理并没有规定，导致员工在离职时要求企业支付年休假工资或离职后申请劳动仲裁要求企业承担未休年休假工资。对于此部分，建议相关国有企业加强对规章制度的完善，以避免引起不必要的劳动纠纷。

第三节 劳动仲裁的启动与答辩

当发生劳动争议，一般情况下，用人单位与劳动者会先进行协商，但协商不成时，必定会通过劳动仲裁去解决。作为申请人一方，在申请劳动仲裁前应做好哪些准备工作，在仲裁立案时应准备哪些材料以及书写仲裁申请书应注意哪些事项；作为被申请人一方，应如何答辩，答辩时有哪些注意事项，这些问题都是当事人在劳动仲裁中最关心的问题。而申请书中的主张、所陈述的事实及答辩状中所陈述的事实，多数情况下又直接决定着权利能否实现或案件的胜败。因此，当事人从案件一开始就应严谨、认真地对待。接下来，本节就当事人所关心的这些问题进行重点介绍。

一、劳动仲裁的启动

（一）启动前的准备工作

1. 确定管辖地

发生劳动争议，用人单位拟申请劳动仲裁，应先了解案件的管辖地（详见本章第一节第二部分），并向管辖地的仲裁委员会了解申请仲裁（立案）所需要的材料。实践中，很多仲裁委员会对提交仲裁申请书的格式有要求，申请人需要按照要求填写才给予立案。

2. 确定是否属于劳动争议案件的受案范围

了解拟主张的事项是否属于劳动争议案件的受案范围（详见本章第一节第一部分）。有的争议仲裁委员会不受理，但法院可以作为劳动争议案件受理，而有的争议属于民事争议，不属于劳动争议的受案范围。正如典型问题分析所述，用人单位认为劳动者及新的用人单位侵犯其商业秘密，存在不正当竞争行为，可以按照《反不正当竞争法》要求劳动者及新的用人单位承担侵权责任，该争议就属于民事争议，不属于劳动争议。因此，用人单位应提前了解清楚，再根据不同情况确定是向仲裁委员会提起仲裁还是以民事争议向人民法院起诉，以免走弯路浪费时间、精力及维权成本。

3. 确定是否在仲裁时效内（详见本章第二节）

如果超过仲裁时效，要注意是否存在时效中止或中断的情形，然后再根据情况决定是否启动仲裁程序。

4. 检查拟仲裁事项所依据的证据是否已取证、固定完毕

诉前的调查取证是启动劳动仲裁程序前的必备环节，非常重要。在未进入法律程序前，还可以进行协商谈判，这个过程也是最佳的取证时期。而一旦启动仲裁程序，便很难再从对方当事人处获取证据。另外，对于需要固定的证据，应在启动前做好证据的固定工作。例如，劳动者以“生病”为由请假，实际外出旅游，并在朋友圈晒图，用人单位应在发现后的第一时间做好公证，避免劳动者删除晒图信息，后期在要求劳动者返还工资的庭审中无法提供原件。因此，如果未取证或未固定好证据，应在启动前操作完毕。

（二）启动——仲裁立案

1. 准备并提交书面的仲裁申请书

仲裁申请书应按照被申请人人数+1 的份数提交。若仲裁委员会有固定格式，需要按照固定格式填写；若没有固定格式，仲裁申请书应当载明的内容如下：

（1）当事人双方的具体信息（以用人单位作为申请人为例）。

①申请人（此处需要载明）：用人单位的名称、住所、法定代表人或主要负责人的姓名、性别、职务、联系方式（有的仲裁委员会可能会要求载明用人单位性质、组织机构代码、主管机关）。

②被申请人（此处需要载明）：劳动者的姓名、性别、年龄、身份证号、住所、现工作单位、职业、联系方式（有的仲裁委员会可能会要求载明民族、户口性质等）。

（2）仲裁请求（编序号将请求事项一一写清楚）。

（3）事实与理由（建议简明扼要叙述请求事项所依据的事实与理由，详细情况在庭审过程中再进行陈述）。

（4）证据和证据来源、证人的姓名和住所（实践中，此项无严格要求）。

（5）在申请书的落款“申请人”上加盖用人单位公章。

2. 准备并提交立案所需要的其他材料及委托手续

（1）营业执照副本复印件、法定代表人身份证明书。

（2）授权委托书、代理人为用人单位的工作人员，则应当提交身份证件和与用人单位有合法劳动人事关系的证明材料。

（3）证明与劳动者存在劳动关系的证明材料（实践中，有的仲裁委员会有此要求）。

（三）书写仲裁申请书的注意事项

①请求事项应明确到具体日，如自××年××月××日起至××年××月××日止。

②请求事项应准确、精确，其表述应与产生该项请求的法律规定、证据材料等依据保持一致。例如，要求劳动者返还多发放的奖金，若此前发放时注明的并非奖金，而是其他名称，劳动者在答辩时可能会以根本未收到该奖金为由进行抗辩。

③请求事项杜绝错别字的出现，以免产生歧义。

二、劳动仲裁的答辩

（一）答辩前的准备工作

①收集反驳仲裁请求的相关证据材料。

②检索法律规定及同类案例的裁判口径。

③结合收集到的材料及同类案例的裁判口径，确定案件的应对策略。

（二）答辩状主要内容

①答辩人的基本信息：答辩人公司名称、法定代表人及职务、住所地、联系方式。

②答辩内容：围绕申请书中的请求事项一一进行答辩，回应是否同意支付。若不同意，载明不同意支付的理由。对事实和理由进行（部分）反驳或（部分）认可。

③在答辩状的落款处上加盖用人单位公章。

（三）答辩的技巧及注意事项

第一，核查申请书中的公司名称是否正确。实践中有劳动者或其代理人因粗心将用人单位的名称写错，所以收到申请书后应先审查公司名称是否正确，若不正确，可以在答辩时提出“申请人所诉的公司并非本公司”。出现这种情况，若用人单位不同意修改申请书中公司名称的错别字，劳动者只能选择撤诉或者被仲裁委员会驳回。尤其在一审中，若劳动者将起诉状中的公司名称写错，公司作为被告提出异议后，劳动者要么撤诉，要么被法院驳回，而此时由于十五天的起诉期限已过，劳动者不能就同一事实再次起诉，仲裁裁决结果直接对劳动者生效。

第二，按照《劳动争议调解仲裁法》第三十条第二款的规定，被申请人收到仲裁申请书副本后，应当在十日内向仲裁委员会提交书面答辩书，被申请人不提交答辩书的，也不会影响仲裁程序的进行。因此，用人单位作为被申请人时，可以选择提交答辩状，也可以选择不提交。在上述规定的提交答辩书的期限内，如果未考虑好案件应对思路，建议用人单位先不提交答辩状，待开庭后当庭答辩。因为提交答辩状后，仲裁委员会会将答辩状送达对方一份，答辩状中陈述的对自己不利的事实属于自认，劳动者无需再就相关事实举证，而用人单位后期欲反悔必须有足够证据予以推翻，否则仲裁委员会会直接予以确认。

第三，在答辩状中或口头答辩时，不可随意承认对己方不利的事实。《最高人民法院关于民事诉讼证据的若干规定》第三条规定，在诉讼过程中，一方当事人陈述的于己不利的事实，或者对于己不利的事实明确表示承认的，另一方当事人无需举证证明。在证据交换、询问、调查过程中，或者在起诉状、答辩状、代理词等书面材料中，当事人明确承认于己不利的事实的，适用前款规定。《最高人民法院关于适用〈中华人民共和国民事诉讼法〉的解释》第九十二条第一款规定："一方当事人在法庭审理中，或者在起诉状、答辩状、代理词等书面材料中，对于己不利的事实明确表示承认的，另一方当事人无需举证证明。"《人力资源社会保障部　最高人民法院关于劳动人事争议仲裁与诉讼衔接有关问题的意见（一）》（人社部发〔2022〕9号）第九条规定："当事人在诉讼程序中否认在仲裁程序中自认事实的，人民法院不予支持，但下列情形除外：（一）经对方当事人同意的；（二）自认是在受胁迫或者重大误解情况下作出的。"从这些规定可知，一方当事人在答辩状中承认于己不利的事实，对方无需举证，且在诉讼程序中否认在仲裁程序中自认事实的，除非对方当事人同意或证明是在受胁迫或者重大误解情况下作出的，否则人民法院是不予支持的。因此，用人单位在答辩时切不可随意承认对己方不利的事实。

三、劳达建议

企业作为申请人一方准备申请劳动仲裁的，若委托律师，建议在启动前咨询及委托。因为对于某些请求事项，律师认为不合适需要变更的，在举证期限届满前还可以再次变更，如果在举证期限届满后变更，必须经对方当事人同意，而一般情况下，对方当事人是不会同意的。另外，举证期限届满后就不能再提交证据，除非是仲裁员要求提供或对方同意提供。因此，对于仲裁请求事项主张金额比实际损失额少或主张事项错误对案件结果可能会产生影响的，或者因提交的证据与律师的代理思路不一致，可能影响律师在整个案件中发挥的，届时企业只能选择撤诉后再重新申请仲裁。

企业作为被申请人一方需要应诉的，同样建议在答辩前咨询及委托律师。答辩状提交后，意味着案件的应对思路基本上已固定，尤其是答辩状中有对己不利的事实，即便是律师代理，无足够的证据也很难推翻，最终有可能出现本来案件通过律师的全程参与代理是可以获胜的，但因委托时间较晚，答辩状和证据均已提交，律师可以发挥的空间有限，导致案件出现相反的结果。

第四节 劳动争议中的证据

所谓证据，就是可以用于证明案件事实的材料。事实包括客观事实和法律事实。客观事实就是实际发生的情况，除了实际参与人（当事人），无人了解真实情况。法律事实，是通过证据反映的情况，而证据所反映的有可能是案件的真实情况，也有可能不是（全部的）真实情况。司法裁判中，仲裁员和法官眼里的事实不是客观存在的事实，而是由当事人提交的证据证明的事实，并根据证据情况决定是否支持当事人的主张。因此，证据在仲裁或诉讼中的重要性不言而喻。劳动争议在举证等证据方面有别于一般的民事诉讼，本节就劳动争议案件中常见的证据种类、证据的收集与整理、证据的举证责任承担、举证期限、庭审中的质证技巧，这些对于劳动争议案件当事人必须掌握的证据问题一一进行梳理与分析。

一、证据类型

根据《民事诉讼法》第六十六条第一款的规定，证据包括当事人的陈述、书证、物证、视听资料、电子数据、证人证言、鉴定意见、勘验笔录八类，但在劳动争议的案件中，并不是所有的证据类型都会出现。接下来，仅对劳动纠纷常见的证据类型进行介绍。

（一）劳动纠纷常见的证据类型

1. 当事人的陈述

劳动争议案件中的当事人的陈述，是指当事人在仲裁、诉讼中就与本案有关的事实，向仲裁委员会、人民法院所作的陈述。劳动争议案件中，仲裁申请书、起诉状、答辩状及庭审过程中的陈述都属于当事人陈述。如果某项诉求只有当事人的陈述，仲裁委员会、人民法院会结合本案的其他证据，审查确定能否作为认定事实的根据。

2. 书证

书证，指的是以文字、符号、图案等表示的内容来证明待证事实的有关情况的文字材料。例如，劳动合同、解除劳动合同通知书、入职登记表、考勤表等都属于书证。在劳动争议案件中，书证是常见的证据类型。

3. 物证

物证，是指以其存在的外形、特征、质量、性能等来证明案件待证事实的物品。劳动争议案件中，常见的物证有工作服、门禁卡。因现代办公几乎都是无纸化、机械化，所以物证在劳动争议案件中越来越少出现。

4. 视听资料

视听资料，是指借助录音、录像、电子计算机设备等技术手段记载和再现的声音、图像、数据等信息资料。存储在模拟信号介质中的录音、录像资料均属于视听资料证据。例如，录音笔所录制的音频、摄像机所拍摄的视频、办公区的监控设备所拍摄的视频都属于视听资料。

5. 电子证据

电子数据，是指通过电子邮件、电子数据交换、网上聊天记录、博客、微博客、手机短信、电子签名、域名等形成或者存储在电子介质中的信息。存储在电子介质中的录音资料和影像资料，适用电子数据的规定。

根据《最高人民法院关于民事诉讼证据的若干规定》（法释〔2019〕19号）第十四条的规定，电子数据分为以下五大类：

①网络平台发布类信息，包括网页、博客、微博客等。实际上，抖音短视频、视频号、朋友圈、贴吧、论坛、网盘中包含的信息也都属于网络平台发布的信息。

②网络应用服务类通信信息，包括手机短信、电子邮件、即时通信、通讯群组等。其中，微信、QQ 属于即时通信，而微信群、QQ 群属于通讯群组。

③记录类信息，包括用户注册信息、身份认证信息、电子交易记录、通信记录、登录日志等。

④电子文件类，包括各类电子文档、电子图片、音频、视频、数字证书、计算机程序等。

⑤其他电子信息，即其他以数字化形式存储、处理、传输的能够证明案件事实的信息。

电子办公年代，电子证据在企业用工管理的过程中扮演着越来越重要的角色。在劳动争议案件中，常见的电子数据证据包括：网页、手机短信、电子邮件、与某个特定人的微信及微信群的聊天记录、朋友圈、录音（手机录音及通话录音）、手机录像、钉钉中的记录、OA 系统信息等。

6. 证人证言

证人证言，是指证人以口头或书面方式向人民法院所作的对案件事实的陈述。证人所作的陈述，既可以是自己听到、看到的，也可以是从其他人、其他地方间接得知的。

（二）劳动争议案件中有关证据种类的常见问题

1. 关于电子劳动合同在司法实践中的效力问题

关于电子劳动合同的效力，人力资源社会保障部办公厅于 2021 年 7 月 1 日发布的《电子劳动合同订立指引》，对具有法律效力的电子劳动合同所应具备的条件作出了详细的规定。电子劳动合同在司法实践中能被认定为有效所应具备的条件归结如下：

（1）通过符合法律规定的电子劳动合同订立平台订立

所谓符合法律规定的电子劳动合同订立平台应满足的条件和要求：一是能通过有效的现代信息技术手段提供劳动合同订立、调取、储存、应用等服务；二是具备身份认证、电子签名、意愿确认、数据安全防护等能力；三是确保电子劳动合同信息的订立、生成、传递、储存等符合法律法规规定；四是满足真实、完整、准确、不可篡改和可追溯等要求。

（2）进行电子签名并应附带可信时间戳

根据《电子劳动合同订立指引》的相关规定，用人单位和劳动者要使用符合《电子签名法》要求、依法设立的电子认证服务机构颁发的数字证书和密钥，进行电子签名。电子劳动合同经用人单位和劳动者签署可靠的电子签名后生效，并应附带可信时间戳。

实践中，很多企业在劳动合同到期后，因各种原因导致无法与员工及时面签，而采用微信或邮件的形式沟通并续签了劳动合同。但由于用人单位在操作过程中的种种不规范，极其容易导致所签订的电子劳动合同的效力不被仲裁委或法院认可，从而使用人单位承担未签订劳动合同二倍工资的后果。因此，如果用人单位采用电子形式与劳动者订立劳动合同的，一定要注意电子劳动合同有效性所应具备的条件。只有符合法律规定的电子劳动合同，才能被认定为有效。另外，在选择电子劳动合同订立平台时，建议用人单位优先选用人力资源社会保障部门等政府部门建设的电子劳动合同订立平台。

2. 关于证人证言在司法实践中的效力问题

证人证言作为民事诉讼八大证据类型之一，在民事诉讼中具有重要地位，在劳动争议案件中，更是非常重要且常见的证据类型。但由于劳动争议案件发生在用人单位内部，所以证人也多为用人单位的员工。那么，在劳动争议案件中，证人证言的效力如何？在司法裁判中，如果仅有证人证言没有其他辅助证据，证人证言就是孤证，这种情况下，证人证言的效力很弱，被仲裁委员会和法院采纳的可能性就较小。如果证人证言能够与其他证据相互印证，证人证言就会被认为具有较强的证明力，被仲裁委员会和法院采纳的可能性就较大。

为了增强证人内心约束，提高证人证言的可信度和诚信度，2019 年《最高人民法院关于民事诉讼证据的若干规定》修改时新增加了如下内容：

一是证人宣读保证书和伪证制裁的规定，即人民法院应当要求证人在作证之前签署保证书，并在法庭上宣读保证书的内容。证人故意作虚假陈述，人民法院应当根据情节，依照《民事诉讼法》第一百一十一条的规定，对证人进行处罚。

二是证人作证时不得以宣读事先准备的书面材料的方式陈述证言。

因此，作为用人单位一方，在己方证人出庭前，应做好证人普法工作，特别是告知证人：如实、客观陈述其亲身感知的事实；作证时不使用猜测、推断或者评论性话语；不能宣读事先准备的书面材料；当被对方询问时应谨慎回复等。劳动争议案件中，有时证人作证对于当事人是把“双刃剑”，用人单位应充分考虑证人的身份、待证事实与案件的关联性，以及出庭作证时法庭和对方可能的询问等，综合评估证人作证的必要性，用好证人证言。

二、证据材料的收集与提交

（一）证据材料的收集

在劳动仲裁、诉讼过程中要赢得主动，让仲裁委员会和人民法院支持己方的主张或抗辩意见，除了案件基本事实、诉求或抗辩意见精准外，更重要的是收集并运用好对自己有利的证据。用“胜也证据，败也证据”来形容证据的重要性，一点都不为过。

一般来讲，收集的证据材料应具备“三性”，即真实性、合法性和关联性。只有符合“三性”（“三性”缺一不可）的证据，才能确保其效力。

1. 真实性

指的是能够反映案件真实情况的证据。伪造、涂改、变造属于裁判机关审查证据真实性的范畴。一方当事人举证后，另一方当事人否认证据真实性时，应提供充分的反驳证据加以反驳。例如，用人单位提供了有劳动者签字的员工手册确认书，如果劳动者认为该证据系伪造的，不认可签字系本人所签，应申请笔迹鉴定，否则该证据将被认定具有真实性，劳动者应承担不利后果。

2. 合法性

指的是证据的形式、收集的方法要符合法律的要求，证据材料转化为证据必须经过法律规定的程序。证据的合法性，在劳动争议案件中主要体现在以下三个方面：一是证据的形式合法。例如用人单位向劳动者送达的解除劳动合同通知书应加盖公司公章。一般情况下，裁判机关是结合证据的真实性与合法性一并进行审查，例如，离职证明通常都加盖公章，如果劳动者提供了盖有财务章的离职证明，因形式与内容不一致，仲裁员就会询问劳动者该证据的来源，从而审查该证据是否具有真实性。二是证据的取证方式合法。根据《最高人民法院关于适用〈中华人民共和国民事诉讼法〉的解释》第一百零六条的规定，对以严重侵害他人合法权益、违反法律禁止性规定或者严重违背公序良俗的方法形成或者获取的证据，不得作为认定案件事实的根据。在劳动争议案件中，未经对方许可所做的录音录像（非安装窃听设备），只要不侵犯对方隐私权，该类证据就属于合法证据。例如，在办公区域、会议室、走廊安装监控所拍摄的录像，劳动者与用人单位 HR 的通话或现场谈话所偷录的录音（不涉及对方隐私权）都属于合法证据。三是证据的程序合法。即证据只有经过质证，才能作为定案的依据。

3. 关联性

指的是证据应与待证事实相关联。如果证据与待证事实不相关，即便证据是真实的、合法的，也不可能成为认定案件事实的依据。所以，在收集证据材料时，应先自行审查拟收集的证据材料与待证事实有无关联性，无关联性的证据材料无需提交。证据材料并非越多越好，重要的是拟提交的证据材料是否具备证据的“三性”。当然，某一证据材料可能与待证事实无直接关联，但与其他证据材料可以形成一个完整的证据链条，从而达到证明某个待证事实的目的，这样的证据材料也应收集并提交。

（二）证据的提交要求

与其他民事争议一样，劳动争议案件证据的形式及提交要求，也应依照

《最高人民法院关于民事诉讼证据的若干规定》的相关规定执行。结合该规定及司法实践中的要求，用人单位应按照如下要求准备证据并提交：

①证据应当提供原件、原物及与原件、原物核对无异的复制件。

②以视听资料作为证据的，开庭时应当提供存储该视听资料的原始载体。例如录音笔所做的录音，录音笔就属于原始载体，开庭时应携带。

③提供录音证据的，应当拷贝并提交两份光盘和两份完整的书面对话记录；提供视频证据的，应当拷贝并提交两份光盘。

④以电子数据作为证据的，根据证据情况截图提交打印件或提交光盘，开庭时应当提供原件。实践中，原件的展示可以是原始载体当庭显示，也可以是提交公证书原件。电子数据的内容经公证机关公证的，人民法院应当确认其真实性，但有相反证据足以推翻的除外。

⑤提供证人证言的，应当在举证期限届满前提交申请书（申请书应当载明证人的姓名、职业、住所、联系方式，作证的主要内容，作证内容与待证事实的关联性，以及证人出庭作证的必要性）。证人应当到庭作证接受询问，无正当理由未出庭的证人以书面等方式提供的证言，不得作为认定案件事实的根据。证人确有困难不能出庭作证，申请以书面证言、视听传输技术或者视听资料等方式作证的，应当提交申请书。申请书中应当载明不能出庭的具体原因。证人经仲裁委员会或人民法院准许，以书面证言方式作证的，应当签署保证书；以视听传输技术或者视听资料方式作证的，应当签署保证书并宣读保证书的内容。

⑥提供外文书证或外文说明资料的，应当提供有翻译资质的单位翻译的中文译本。

⑦应当对提供的证据材料逐一分类编号，并填写《证据材料目录》，对证据材料的来源、证明对象和内容作简要说明，签名/盖章，注明提交日期，依照对方当事人人数+1 的份数准备副本提交给仲裁委员会或人民法院。

三、举证期限与举证责任

（一）举证期限

举证期限是仲裁委员会或人民法院指定当事人提供证据证明其主张的事实的期限。对于劳动争议中当事人的举证期限，按照《民事诉讼法》第六十八条及《最高人民法院关于民事诉讼证据的若干规定》第五十一条、第五十二条及第五十四条的相关规定确定。举证期限的主要规定内容如下：

①举证期限可以由当事人协商，并经人民法院准许。人民法院指定举证期限的，适用第一审普通程序审理的案件不得少于十五日，当事人提供新的证据的第二审案件不得少于十日。适用简易程序审理的案件不得超过十五日。举证期限届满后，当事人提供反驳证据或者对已经提供的证据的来源、形式等方面的瑕疵进行补正的，人民法院可以酌情再次确定举证期限，该期限不受前述规定的期间限制。

②当事人在该期限内提供证据确有困难的，可以向人民法院申请延长期限，人民法院根据当事人的申请综合判断后，确定是否适当延长。

③当事人申请延长举证期限，应当在举证期限届满前向人民法院提出书面申请。申请理由成立的，人民法院应当准许，适当延长举证期限，并通知其他当事人。延长的举证期限适用于其他当事人。

关于劳动仲裁的举证期限，《劳动争议调解仲裁法》《劳动人事争议仲裁办案规则》均没有规定。实践中，各地区对于证据的举证期限要求不一样，甚至同一地区不同区县的仲裁委员会对举证期限的要求也不尽相同。归结起来有三种情况：一是在指定的日期前提交；二是在指定的证据交换时间内提交；三是开庭当日提交。一般情况下，仲裁委员会会向当事人送达举证通知书或在出庭通知书上明确举证期限，所以企业应注意举证通知书上的举证时间及逾期举证的法律后果，并在规定的时间内提交证据。

（二）举证责任

举证责任，是指对于有待证明的事实向仲裁委员会或人民法院提出证据加以证明的责任。举证责任的一般原则是“谁主张，谁举证”，但因劳动争议案件中劳动者普遍处于弱势地位且很多证据都由用人单位掌控，所以为了确保举证责任分配的公平，法律规定某些事实的举证责任不再按照一般规则，而是采取举证责任倒置，由用人单位承担举证责任。关于劳动争议案件的举证责任分配问题，法律、司法解释作出了详细的规定，具体归结如下。

第一，《劳动争议调解仲裁法》第六条及第三十九条第二款规定更加合理地分配了举证责任，并突出了用人单位举证不能应当承担不利的后果。

①发生劳动争议，当事人对自己提出的主张，有责任提供证据。与争议事项有关的证据属于用人单位掌握管理的，用人单位应当提供；用人单位不提供的，应当承担不利后果。

②劳动者无法提供由用人单位掌握管理的与仲裁请求有关的证据，仲裁庭可以要求用人单位在指定期限内提供。用人单位在指定期限内不提供的，应当承担不利后果。

第二，《劳动人事争议仲裁办案规则》第十三条至第十六条对证据的收集及当事人的举证责任作出了如下规定：

①当事人对自己提出的主张有责任提供证据。与争议事项有关的证据属于用人单位掌握管理的，用人单位应当提供；用人单位不提供的，应当承担不利后果。

②法律没有具体规定、按照本规则第十三条规定无法确定举证责任承担的，仲裁庭可以根据公平原则和诚实信用原则，综合当事人举证能力等因素确定举证责任的承担。

③承担举证责任的当事人应当在仲裁委员会指定的期限内提供有关证据。当事人在该期限内提供证据确有困难的，可以向仲裁委员会申请延长期限，仲裁委员会根据当事人的申请适当延长。当事人逾期提供证据的，仲裁委员会应当责令其说明理由；拒不说明理由或者理由不成立的，仲裁委员会可以根据不同情形不予采纳该证据，或者采纳该证据但予以训诫。

④当事人因客观原因不能自行收集的证据，仲裁委员会可以根据当事人的申请，参照民事诉讼有关规定予以收集；仲裁委员会认为有必要的，也可以决定参照民事诉讼有关规定予以收集。

第三，依据《最高人民法院关于审理劳动争议案件适用法律问题的解释（一）》第四十二条、第四十四条的规定，用人单位对如下类型的劳动争议负有举证责任：

①劳动者主张加班费的，应当就加班事实的存在承担举证责任。但劳动者有证据证明用人单位掌握加班事实存在的证据，用人单位不提供的，由用人单位承担不利后果。

②因用人单位作出的开除、除名、辞退、解除劳动合同、减少劳动报酬、计算劳动者工作年限等决定而发生的劳动争议，用人单位负举证责任。

第四，《工伤保险条例》第十九条第二款规定，职工或者其近亲属认为是工伤，用人单位不认为是工伤的，由用人单位承担举证责任。

第五，《劳动和社会保障部关于确立劳动关系有关事项的通知》第二条对用人单位未与劳动者签订劳动合同，在确认劳动关系可参考的凭证及举证责任分配上进行了详细的规定：

①工资支付凭证或记录（职工工资发放花名册）、缴纳社会保险费记录。

②用人单位向劳动者发放的工作证、服务证等能够证明身份的证件。

③劳动者填写的用人单位招工招聘的登记表、报名表等招用记录。

④考勤记录。

⑤其他劳动者的证言等。

其中，第一项、第三项、第四项的有关凭证由用人单位负举证责任。

第六，《最高人民法院关于民事诉讼证据的若干规定》第十条规定："下列事实，当事人无须举证证明：（一）自然规律以及定理、定律；（二）众所周知的事实；（三）根据法律规定推定的事实；（四）根据已知的事实和日常生活经验法则推定出的另一事实；（五）已为仲裁机构的生效裁决所确认的事实；（六）已为人民法院发生法律效力的裁判所确认的基本事实；（七）已为有效公证文书所证明的事实。前款第二项至第五项事实，当事人有相反证据足以反驳的除外；第六项、第七项事实，当事人有相反证据足以推翻的除外。"

四、五大常见劳动纠纷的举证责任

（一）关于年终奖的举证责任

1. 因年终奖支付发生劳动争议，举证责任的分配

①劳动者应就与用人单位存在年终奖的约定承担举证责任，如果劳动者不能证明双方存在年终奖约定的事实，除非用人单位认可，否则其主张年终奖一般不会得到支持。

②劳动者举证证明了与用人单位存在年终奖的约定，在此情况下，用人单位应就年终奖的发放条件、发放标准以及劳动者不符合发放条件等情况进行举证。

③劳动者虽无法举证与用人单位有书面的约定或用人单位的单方承诺等，但可以证明往年有发放年终奖的惯例，在此情况下，用人单位是否需要就年终奖的发放条件等承担举证责任，主要取决于仲裁委员会或人民法院对于举证责任的分配。而在司法实践中，对于用人单位是否需要就年终奖的发放条件等承担举证责任，存在两种完全相反的观点。一种观点认为，双方未约定年终奖，但存在向劳动者每年发放年终奖的惯例，用人单位应举证证明不予

发放的原因，否则应承担举证不能的不利后果。该观点采取的是举证责任倒置，由用人单位承担举证责任。另一种观点认为，根据“谁主张，谁举证”的原则，劳动者应当对其符合年终奖发放条件进行举证，否则应承担举证不能的不利后果。该观点认为年终奖的性质属于福利待遇，与用人单位的经营状况和经济效益密切相关，属于用人单位自主决定范畴，不能以往年的发放惯例就推断必然存在年终奖的约定。

④用人单位向劳动者发放了年终奖，劳动者主张年终奖差额。在此情况下，用人单位应就发放依据及计算方式举证证明。

2. 关于年终奖，用人单位承担举证责任时，可以根据情况收集、提交的证据材料

①规章制度中有年终奖发放的详细规定的，在作为是否发放的依据提交时（如为电子版的，可以提交打印件），应同时提交规章制度经过民主程序的相关材料（如经过职代会或全体职工开会讨论的，提交签到表、会议记录；以邮件形式征询讨论的，提交邮件往来记录；当职工代表或员工提出意见时，需要提交与工会或员工协商的记录）、规章制度经过公示（告知）程序的相关材料（如员工签字的确认书；以培训形式告知的，提交培训的视频、签到表；以邮件形式告知的，提交邮件打印件，建议对邮件进行公证）。

②劳动合同中对年终奖发放有详细约定的，可以提交劳动合同。

③录用通知书中有年终奖的单方承诺，且明确了发放条件等发放要求的，可以提交录用通知书。

④年终奖系经过考核确定的，提交考核的相关表单、考核依据以及考核结果告知劳动者的材料等。

⑤如果已支付年终奖的，应提交支付凭证，如银行转账记录。

（二）关于年休假的举证责任

1. 因年休假工资支付发生劳动争议，举证责任的分配

①劳动者应就曾经“连续工作满 12 个月”（该举证责任仅限于劳动者主张入职第一年未休年休假工资）及入职前的累计工作年限举证，以此证明其应休天数。劳动者不能进行相应举证的，只能根据入职新公司的期限确定是否具备享有年休假的资格及可以休假的天数。

②用人单位应就已安排劳动者休假或已支付年休假工资的事实进行举证。

③用人单位虽未安排劳动者休年休假，但主张劳动者自愿不休的，此情

况下，用人单位应承担举证责任。

2. 关于年休假，用人单位承担举证责任时，可以根据情况收集、提交的证据材料

①证明劳动者已休年休假的，可以提供劳动者请假的材料，如书面的请假单、OA 系统截图或钉钉等软件的请假截图、安排休年假的通知、考勤记录等。

②证明已向劳动者支付了年休假工资的，可以提供支付记录，如解除劳动合同的经济补偿金已包含未休年休假工资，可以提供解除劳动合同的协议及支付凭证等。

③证明已安排劳动者休假但劳动者自愿不休的，可以提供劳动者书面放弃休假的证明材料。

（三）关于加班的举证责任

1. 因加班工资支付发生劳动争议，举证责任的分配

①原则上，劳动者主张加班工资的，应当就加班事实的存在承担举证责任。如果劳动者无法完成加班事实的存在这一初步的举证责任，此时用人单位无需举证，劳动者应承担举证不能的不利后果。

②如果劳动者完成了初步的举证责任，用人单位应就考勤情况或加班工资已支付情况进行举证。

③如果劳动者有证据证明用人单位掌握加班事实存在的证据，此时劳动者无需再就加班事实的存在承担举证责任，而是转由用人单位承担举证责任，用人单位不提供的，应承担不利后果。哪些可以视为劳动者有证据证明用人单位掌握加班事实存在的证据，法律法规及司法解释并没有规定。在司法判例中，例如，劳动合同约定或规章制度规定每周工作六天，劳动者提交了劳动合同或规章制度，此时可以视为劳动者有证据证明用人单位掌握加班事实存在的证据，如果用人单位拒不提供考勤记录，应承担不利后果。再比如，用人单位存在加班审批制度，劳动者提供的微信聊天记录可以证明其已将领导审批过的加班审批表交付给 HR，应视为劳动者有证据证明用人单位掌握加班事实存在的证据。

2. 关于加班，用人单位承担举证责任时，可以根据情况收集、提交的证据材料

①证明劳动者无加班事实，可以提交考勤记录。如果规章制度中有规定

不视为加班的情形（前提是制度内容合法合理），而劳动者主张的加班系不视为加班情形之一的，用人单位可以提交规章制度及制度经过民主程序、公示程序的证据材料。

②证明已安排劳动者调休的，可以提交考勤记录及调休申请单或安排调休的通知等证据材料。

③证明已支付加班工资的，可以提供银行转账记录等支付凭证。如果劳动合同中约定的工资已包含加班工资的，可以提供劳动合同。

（四）关于解除劳动合同的举证责任

关于劳动者主张违法解除劳动合同赔偿金的举证责任的分配，劳动者仅需证明用人单位与其解除了劳动合同，而用人单位应对解除劳动合同的合法性承担举证责任。因用人单位解除的事由与依据不同，故所应承担的举证责任也不相同。此处，仅以实务中用人单位经常出现的违法解除的情形为例进行梳理。即对以“劳动者试用期内不符合录用条件、劳动者严重违反用人单位规章制度、用人单位因劳动者不胜任工作”为由解除劳动合同所应承担的举证责任及证据材料收集、提交进行梳理，具体如下：

1. 以“劳动者试用期内不符合录用条件”为由解除劳动合同，用人单位所应承担的举证责任及应提交的证据材料

（1）就录用条件的内容及录用条件已告知劳动者承担举证责任

用人单位可以提交有劳动者签字确认的录用条件告知书/确认书，如果录用条件告知书/确认书是以邮件等电子数据形式告知劳动者的，应提供邮件打印件或截屏，同时应保证录用条件内容的合法合理性。

（2）就劳动者存在不符合录用条件的事实进行举证

例如，用人单位的录用条件中明确了提交虚假材料等欺骗行为视为不符合录用条件的情形，且劳动者在入职时提交了虚假学历证书的复印件，此时用人单位应提交该证书的复印件，以此证明劳动者存在不符合录用条件的事实。又如，用人单位对试用期经过考核后确定不符合录用条件解除劳动合同的，可以提交考核的相关材料及考核打分依据的材料，以及考核结果已告知劳动者或劳动者签字确认的证据材料。

（3）就解除程序符合劳动合同法的规定承担举证责任

根据《劳动合同法》第四十三条的规定，用人单位单方解除劳动合同，应当事先将理由通知工会。《最高人民法院关于审理劳动争议案件适用法律问

题的解释（一）》第四十七条规定，建立了工会组织的用人单位解除劳动合同符合劳动合同法第三十九条、第四十条规定，但未按照劳动合同法第四十三条规定事先通知工会，劳动者以用人单位违法解除劳动合同为由请求用人单位支付赔偿金的，人民法院应予支持，但起诉前用人单位已经补正有关程序的除外。根据这两个规定，用人单位以试用期内不符合录用条件为由解除劳动合同，用人单位有工会的，应先通知工会，工会无意见的，再向劳动者送达解除劳动合同通知书。

因此，用人单位有工会的，应提交的证据包括：一是通知工会的证据，如通知工会函。工会有意见的，应提交两份通知工会函（一份是第一次通知函，另一份是用人单位将处理结果再次通知工会的函件）。二是提交向劳动者送达解除劳动合同通知书的证据，以快递邮寄送达的，提交快递单及快递公司官网显示的签收信息截图；当面送达的，提交签收回执。有录音录像的，提交录音录像；以邮件形式送达的，提交邮件截图打印件。用人单位未建立工会的，但用人单位所在地或劳动合同履行地有政策规定解除劳动合同必须通知用人单位所在地工会或所在地上级工会的，或该两地在司法实践中裁审观点认为应通知的，均应履行通知工会的程序，并提交通知的证据。

2. 以“劳动者严重违反用人单位规章制度”为由解除劳动合同，用人单位所应承担的举证责任及应提交的证据材料

（1）就劳动者存在严重违反用人单位规章制度的事实进行举证

例如，用人单位将劳动者在工作场所打架列为严重违反规章制度的行为，当发生劳动者在工作场所打架的情况时，比如监控录像拍摄了整个过程的，可以提交监控录像、其他劳动者的证人证言、与打架的员工面谈过程中的录音、检讨书等，这些均可以作为劳动者存在严重违反用人单位规章制度的事实的证据。

（2）就解除劳动合同的依据（即规章制度）承担举证责任

仍以劳动者在工作场所打架为例，用人单位应将写明劳动者在工作场所打架属于严重违纪的规章制度作为证据提交，还应就规章制度的合法有效进行举证。即规章制度应经过民主程序和公示（告知）程序。相关的证据收集、提交详见前述“关于年终奖的举证责任”部分。

（3）就解除程序符合劳动合同法的规定承担举证责任

与上述“劳动者试用期内不符合录用条件”为由的解除程序的举证责任

与证据收集、提交一致。

3. 以“劳动者不能胜任工作”为由解除劳动合同，用人单位所应承担的举证责任及应提交的证据材料

（1）用人单位举证责任

按照《劳动合同法》第四十条第二项的规定，用人单位以“劳动者不能胜任工作”为由解除劳动合同存在四个阶段：①员工不胜任；②培训或调岗；③再次不胜任；④解除。每一个阶段都需要用人单位提交充分的证据进行证明，从而形成完整的证据链条，这样才有可能被仲裁委员会或人民法院认可解除的合法性。在司法实践中，用人单位普遍存在缺少某个阶段的证据或证据不足的问题，从而导致败诉率非常高，故用人单位应谨慎适用“不能胜任工作”解除劳动合同。

（2）相关证据材料收集与提交

①关于“员工不胜任”的证据收集与提交，以销售经理不胜任工作解除劳动合同为例，可以收集的证据有：劳动者签字的销售任务书、实际完成任务的确认单、将未完成任务视为不胜任工作的制度或书面约定依据、培训的相关凭证或调岗的通知以及再次不胜任工作（未完成任务的）的证据等。如果劳动者从事非销售性质的工作，可以收集考核结果之类的证据。如考核制度、考核表单、考评所依据的客观事实材料等。

②关于“培训或调岗”的证据收集与提交，如培训通知、培训视频、调岗通知等。

③关于“再次不胜任”的证据收集与提交，如果为培训，可以提交培训后仍不能胜任原岗位工作的证据材料；如果为调岗，可以提交调岗后不能胜任新岗位的材料，如岗位责任书、考核材料等。

④关于“解除”的证据收集与提交，与上述“劳动者试用期内不符合录用条件”为由的解除程序的举证责任与证据收集、提交一致。

（五）关于竞业限制的举证责任

因竞业限制发生劳动争议的情况有两种，一种是劳动者要求用人单位支付竞业限制补偿引发的劳动争议；另一种是因劳动者违反竞业限制义务，用人单位主张违约金引发的劳动争议。接下来，就两种情况的举证责任分配及证据材料收集分别进行梳理。

1. 因竞业限制补偿支付发生劳动争议，举证责任的分配

劳动者应举证证明与用人单位之间存在竞业限制约定。如果劳动者提供了约定有竞业限制等相关协议的证据，而用人单位认为虽有约定但未要求劳动者履行竞业限制义务，此时用人单位应承担举证责任。诸如双方签订的竞业限制协议中有“离职时未告知需要履行竞业限制义务，则劳动者不需要履行”等类似的内容；或者劳动者离职时已明确告知不需要遵守竞业限制义务的告知书。这些都可以作为用人单位的证据提交。

如果用人单位认为劳动者违反了竞业限制义务，故不应向劳动者支付竞业限制补偿，则用人单位应就此承担举证责任。用人单位已支付竞业限制补偿的，应举证证明支付情况。

2. 因劳动者违反竞业限制义务主张违约金发生劳动争议，举证责任的分配

①用人单位应举证证明与劳动者之间存在竞业限制约定，劳动者没有遵守竞业限制的义务。为此，可以证明的证据有：劳动合同（劳动合同中有竞业限制约定）、竞业限制协议、保密协议（保密协议中有竞业限制约定）。

②用人单位应就劳动者违反竞业限制义务承担举证责任，即证明劳动者入职了与本企业有竞争关系的其他企业或者自己从事竞业限制业务。履行该举证责任有两步：第一步是证明劳动者所入职或自行经营的企业与本企业存在竞争，可以通过国家企业信用信息网站查询对方公司的经营范围、相关的新闻报道以及对方公司的官网介绍等公开信息加以证明；第二步是证明劳动者进入了与本企业有竞争关系的其他企业或者自己从事竞业限制业务，可以通过一定的技巧向劳动者所入职的新用人单位打电话调查（同时录音）、跟拍劳动者进入新入职单位的录像、查询新用人单位官网中是否有该劳动者的宣传资料（通过公证形式加以固定相关证据）。

③如果用人单位提交了劳动者多次进入与本企业有竞争关系的企业的录像，而劳动者不认可本人在该企业工作的，则举证责任转移至劳动者。此时，用人单位也可以向法院提出要求该劳动者提交工资发放记录、社保缴纳记录，劳动者不提供或不能做出合理解释的，劳动者将承担不利的后果。

④用人单位应就要求劳动者支付违约金的依据承担举证责任。如果劳动者违反竞业限制约定，但双方并未约定违约金，用人单位将可能因主张违约金无依据而承担不利的后果。此情况下，如果劳动者给用人单位造成损失的，

用人单位可以按照《劳动合同法》第九十条的规定向劳动者主张赔偿责任，但应就损失承担举证责任。

五、质证

所谓质证，就是由当事人围绕证据的真实性、关联性、合法性，针对证据证明力有无以及证明力大小进行质证、说明与辩驳。所有证据都应当在仲裁或诉讼活动中进行质证，未经质证的证据不能作为认定案件的依据。接下来，就用人单位质证所应了解的质证技巧进行梳理。

（一）用人单位应掌握的六个质证技巧

1. 先看证据“三性”中的关联性

司法实践中，对于证据“三性”一般是按照证据的“真实性、合法性、关联性”的顺序进行质证的。但在质证前，先不去考虑证据的真实性、合法性，而是先看对方提供的证据与本案有无关联性，若无关联性，可以直接以“该证据与本案无关联性”为由进行否定，无需再就真实性、合法性进行说明。

2. 质证时应要求对方出示所有的证据原件并仔细核对

很多情况下，劳动者有可能只有复制件没有原件。例如，只有微信聊天记录的截屏，但无法提供原件。此时，用人单位可以根据案件情况决定是否认可真实性。另外，应仔细核对劳动者提供的证据原件，查看劳动者提供的是扫描件还是原件。实践中，有使用扫描件冒充原件的情况发生。

3. 对方扩大的证明内容不予认可

认真查看劳动者证据的证明内容，对扩大的证明内容不予认可。某个证据可能仅能证明一个内容，但劳动者证明了多个内容，这种情况在实践中很常见。当事人往往会扩大证明内容，以此达到自己的证明目的。应细心研究证据，判断劳动者提交的证据能否达到其所述的所有证明内容，如果不能，及时提出异议。

4. 从对方的证据中寻找对己方有利的证据

在交换证据后，应认真仔细研究劳动者的证据，如果能从中找出对己方有利的证据，有可能会成为案件胜诉的关键点。例如，劳动者主张因用人单位未足额支付绩效工资，故提出解除劳动合同。而实际上劳动者先是向部门负责人提交了一份离职原因为“个人原因”的离职审批表，但因部门负责人未及时处理，该表单被劳动者拿走，过了两天劳动者又填写了一份离职原因为“用人单位未足额支付绩效工资”的离职审批表，以快递形式邮寄给了HR。仲裁过程中，用人单位主张劳动合同的解除时间早于劳动者所述的离职时间且离职原因为“个人原因”，但用人单位只有部门负责人的证人证言。而劳动者不小心将写有“个人原因”及“用人单位未足额支付绩效工资”的两份离职审批表都提交给仲裁委员会。如果用人单位认真查看对方证据，并发现这份对己方有利的证据，就可以与部门负责人的证人证言相互印证。本身可能败诉的案件，因用人单位的细心和劳动者的疏忽，从而出现相反的结果。

5. 看对方提供的证据是否与其主张相矛盾，或证据与证据之间是否相互矛盾

当劳动者提供的证据较多或未请专业人士指导或代理时，有可能会出现提供的证据与其主张相矛盾，或证据与证据之间相矛盾。如果用人单位从劳动者的证据中发现这些问题，就有可能推翻劳动者所要达到的证据目的。例如，劳动者主张用人单位违法解除劳动合同，而用人单位主张是劳动者自己提出的离职，但因劳动者未办理离职手续且离职时劳动者与其部门主管是通过微信沟通的，部门主管已离职，用人单位无法获取该微信聊天记录的证据。仲裁过程中，劳动者为了证明用人单位与其解除了劳动合同，故提交了与其部门主管的微信聊天记录，显示“部门主管：你这两天没来办公室，去客户那儿了吗？什么情况？劳动者：我老家有事，忘了跟你说了。部门主管：有事应先走请假审批流程，你已经不是一次这样了，你还想不想干了？劳动者：你威胁我，不干就不干”。该聊天记录可以证明并非用人单位提出的解除劳动合同，而是劳动者自己提出的离职，故用人单位可以利用该证据来证明劳动者提供的证据与主张相矛盾，从而推翻劳动者想要证明用人单位违法解除劳动合同的目的。

6. 不可随意认可对方的证据

根据《最高人民法院关于民事诉讼证据的若干规定》第三条第二款的规定，在证据交换过程中，当事人明确承认于己不利的事实的，另一方当事人无需举证证明。因此，用人单位在发表质证意见前应认真鉴别劳动者证据的真伪，切不可随意认可对方的证据，否则将有可能承担不利的后果。

（二）劳动争议案件中常见证据的质证技巧

1. 书证的质证技巧

对于书证，比如劳动者提供的诊断证明等书证材料，主要看是否有原件。劳动者提供了原件的，可以从证据材料的来源及形式上是否具有合法性进行质证。一般情况下，用人单位不认可证据的真实性，应申请鉴定，否则应承担不利的后果。

2. 录音证据的质证技巧

用人单位对录音证据可以从以下两个方面进行质证：

一是，看录音证据是否具有原始载体，如劳动者无法提供原始载体，实践中就无法进行司法鉴定。通常情况下，用人单位会以“无原件无法进行核对”等类似抗辩理由不予认可真实性。

二是，在劳动者提供了原始载体的情况下，可以从录音的完整性、清晰程度、关联性等角度进行抗辩。需要注意的是，如果劳动者提供的录音证据，是与用人单位的法定代表人、股东、实际控制人、总经理或庭审过程中仍在职的相关负责人、HR 的谈话录音，用人单位在对录音证据进行质证时，仅对录音的真实性提出异议，仲裁委员会会询问用人单位是否对录音申请司法鉴定，如不申请，则应承担不利后果。但劳动者需要对录音中相关人员的身份加以证明，否则在用人单位否认且无法证明相关人员身份的情况下，往往不构成鉴定的前提条件，劳动者将承担不利的后果。

3. 证人证言的质证技巧

劳动争议案件由于发生在用人单位内部，证人多为用人单位的员工，因此对劳动争议案件中的证人证言主要从以下三个方面进行质证：

一是，看证人是否出庭作证，如果劳动者仅提交了书面的证人证言，证人未出庭作证且未出庭作证未经过仲裁委员会或人民法院的同意，可以从证人证言内容对己方的利弊进行判断，再决定是否认可对方证人证言的真实性。

二是，看证人是否与劳动者、用人单位存在利害关系，如果证人是已离职员工或与用人单位曾发生或也正在进行劳动仲裁的员工，用人单位可以提出该证人证言与己方有利害关系，如果劳动者为了证明某事实仅提供了证人证言，而无其他证据材料无法形成证据链条，其证明力就会减弱，有可能不会作为定案的依据。

三是，抓住证言对对方不利或对己方有利的关键点向证人发问，从而看证人陈述的证言内容是否连贯、是否无法证明案件细节情况、其当庭陈述是否与书面证词一致，是否与劳动者提供的其他证据相互矛盾。如果证人陈述不连贯、无法说清楚所要证明的案件细节情况、出现与书面证词不一致或与劳动者提供的其他证据存在矛盾，其证言的可信度在仲裁员或法官心中就会大大降低。

第五节　劳动争议案件的执行

劳动争议案件打赢后，败诉一方迟迟不履行生效法律文书中确定的义务，对于胜诉一方而言，申请强制执行便是保护其合法权益的最后保障。如何启动执行程序？执行的时限是多久？向哪个法院申请执行以及被执行人拒不执行面临的后果是什么？对于这些问题，本节将一一进行梳理。

一、启动执行

（一）申请执行的期间

对于已经发生法律效力的调解书、仲裁裁决书、判决书，申请执行的期间为两年。申请执行时效同样适用时效中止、中断的规定（关于时效中止、中断的介绍，详见本章第二节）。对于两年的计算：从法律文书规定履行期间的最后一日起计算；法律文书规定分期履行的，从最后一期履行期限届满之日起计算；法律文书未规定履行期间的，从法律文书生效之日起计算。

（二）申请执行的材料

1. 申请执行书

申请执行书中一般应载明申请执行人、被执行人的基本情况、执行依据、执行标的、申请执行人所了解的被执行人财产线索等，并由法定代表人签名、单位盖章。

2. 作为执行根据的生效法律文书及该法律文书已经生效的相关证明材料

（1）仲裁/民事调解书

在仲裁委员会或人民法院主持下达成的调解书，经双方当事人签收后，发生法律效力。

（2）仲裁裁决书

一裁终局的裁决书，对用人单位而言，自作出之日起即发生法律效力。非一裁终局的裁决书，自收到仲裁裁决书之日起满十五日未起诉的，裁决书发生法律效力。

（3）民事判决书

当事人收到一审判决书之日起满十五日未起诉的，判决书发生法律效力。二审判决书自作出之日起生效。

3. 申请执行人的身份、主体资格证明材料

用人单位作为申请执行人，应提交法定代表人身份证明书及营业执照副本复印件，均需加盖单位公章。

（三）执行案件的管辖法院

在劳动争议纠纷中，申请执行人可以向被执行的财产所在地或被执行人住所地的基层人民法院申请。

二、未履行生效法律文书的后果

在劳动争议案件中，一方当事人未履行生效法律文书，另一方当事人申请强制执行的，作为被执行人一方可能面临的后果如下：

（一）承担执行费用

根据《民事诉讼法》第二百五十九条的规定，对判决、裁定和其他法律文书指定的行为，被执行人未按执行通知履行的，人民法院可以强制执行或者委托有关单位或者其他人完成，费用由被执行人承担。

（二）向人民法院报告当前以及收到执行通知之日前一年的财产情况

根据《民事诉讼法》第二百四十八条的规定，被执行人拒绝报告或者虚假报告的，人民法院可以根据情节轻重对被执行人或者其法定代理人、有关单位的主要负责人或者直接责任人员予以罚款、拘留。

（三）被执行人的财产被扣押、冻结、划拨、变价、拍卖、变卖

根据《民事诉讼法》第二百四十九条第一款的规定，被执行人未按执行通知履行法律文书确定的义务，人民法院有权向有关单位查询被执行人的存款、债券、股票、基金份额等财产情况。人民法院有权根据不同情形扣押、冻结、划拨、变价被执行人的财产。根据第二百五十一条第一款的规定，被执行人未按执行通知履行法律文书确定的义务，人民法院有权查封、扣押、

冻结、拍卖、变卖被执行人应当履行义务部分的财产。但应当保留被执行人及其所扶养家属的生活必需品。

（四）被执行人是劳动者的，法院可以扣留、提取其收入

根据《民事诉讼法》第二百五十条第一款的规定，被执行人未按执行通知履行法律文书确定的义务，人民法院有权扣留、提取被执行人应当履行义务部分的收入。

（五）被执行人未履行给付金钱义务的，应当加倍支付迟延履行期间的债务利息

根据《民事诉讼法》第二百六十条的规定，被执行人未按判决、裁定和其他法律文书指定的期间履行给付金钱义务的，应当加倍支付迟延履行期间的债务利息。

（六）被限制出境、被记录在征信系统、被媒体曝光

被执行人为单位的，法院可以对法定代表人、主要负责人或者影响债务履行的直接责任人员限制出境。根据《民事诉讼法》第二百六十二条的规定，被执行人不履行法律文书确定的义务的，人民法院可以对其采取或者通知有关单位协助采取限制出境，在征信系统记录、通过媒体公布不履行义务信息以及法律规定的其他措施。《最高人民法院关于适用〈中华人民共和国民事诉讼法〉执行程序若干问题的解释》第二十四条第一款的规定，被执行人为单位的，可以对其法定代表人、主要负责人或者影响债务履行的直接责任人员限制出境。

（七）被限制高消费

根据《最高人民法院关于限制被执行人高消费及有关消费的若干规定》第一条的规定，被执行人未按执行通知书指定的期间履行生效法律文书确定的给付义务的，人民法院可以采取限制消费措施，限制其高消费及非生活或者经营必需的有关消费。纳入失信被执行人名单的被执行人，人民法院应当对其采取限制消费措施。根据其第三条的规定，被执行人为自然人的，被采取限制消费措施后，不得有以下高消费及非生活和工作必需的消费行为：

①乘坐交通工具时，选择飞机、列车软卧、轮船二等以上舱位。

②在星级以上宾馆、酒店、夜总会、高尔夫球场等场所进行高消费。

③购买不动产或者新建、扩建、高档装修房屋。

④租赁高档写字楼、宾馆、公寓等场所办公。

⑤购买非经营必需车辆。

⑥旅游、度假。

⑦子女就读高收费私立学校。

⑧支付高额保费购买保险理财产品。

⑨乘坐 G 字头动车组列车全部座位、其他动车组列车一等以上座位等其他非生活和工作必需的消费行为。

被执行人为单位的，被采取限制消费措施后，被执行人及其法定代表人、主要负责人、影响债务履行的直接责任人员、实际控制人不得实施前款规定的行为。

（八）被纳入失信被执行人名单

根据《最高人民法院关于公布失信被执行人名单信息的若干规定》第一条的规定，被执行人未履行生效法律文书确定的义务，并具有下列情形之一的，人民法院应当将其纳入失信被执行人名单，依法对其进行信用惩戒：

①有履行能力而拒不履行生效法律文书确定义务的。

②以伪造证据、暴力、威胁等方法妨碍、抗拒执行的。

③以虚假诉讼、虚假仲裁或者以隐匿、转移财产等方法规避执行的。

④违反财产报告制度的。

⑤违反限制消费令的。

⑥无正当理由拒不履行执行和解协议的。

根据其第二条的规定，纳入失信被执行人名单的期限为二年。但被执行人以暴力、威胁方法妨碍、抗拒执行情节严重或具有多项失信行为的，可以延长一至三年。失信被执行人积极履行生效法律文书确定义务或主动纠正失信行为的，人民法院可以决定提前删除失信信息。

另外，根据《最高人民法院关于公布失信被执行人名单信息的若干规定》第七条、第八条的规定，一旦被纳入失信被执行人名单，人民法院将采取下列措施：

①将失信被执行人名单信息录入最高人民法院失信被执行人名单库，并通过该名单库统一向社会公布。

②可以根据各地实际情况，将失信被执行人名单通过报纸、广播、电视、网络、法院公告栏等其他方式予以公布，并可以采取新闻发布会或者其他方式对本院及辖区法院实施失信被执行人名单制度的情况定期向社会公布。

③将失信被执行人名单信息，向政府相关部门、金融监管机构、金融机构、承担行政职能的事业单位及行业协会等通报，供相关单位依照法律、法规和有关规定，在政府采购、招标投标、行政审批、政府扶持、融资信贷、市场准入、资质认定等方面，对失信被执行人予以信用惩戒。

④将失信被执行人名单信息向征信机构通报，并由征信机构在其征信系统中记录。

⑤对于国家工作人员、人大代表、政协委员等被纳入失信被执行人名单的，人民法院应当将失信情况通报其所在单位和相关部门。

⑥对于国家机关、事业单位、国有企业等被纳入失信被执行人名单的，人民法院应当将失信情况通报其上级单位、主管部门或者履行出资人职责的机构。

(九) 可能会触犯刑法，构成拒不执行法院判决、裁定罪

根据《最高人民法院关于审理拒不执行判决、裁定刑事案件适用法律若干问题的解释》第一条的规定，被执行人、协助执行义务人、担保人等负有执行义务的人对人民法院的判决、裁定有能力执行而拒不执行，情节严重的，应当依照刑法第三百一十三条的规定，以拒不执行判决、裁定罪处罚。

第十一章　附录

一、十类典型案例及分析

（一）员工参加培训期间的工资是否属于专项培训费用

典型案例

【案件来源】人力资源社会保障部、最高人民法院联合发布第一批劳动人事争议典型案例之九

【案情简介】

2013年6月1日，张某与A公司订立了无固定期限的劳动合同。2014年7月3日，A公司为增强张某的个人技能，给企业带来更大的经营价值，派张某到某地进行学习培训，培训期为1年。双方签署培训合同，培训协议书规定：学习培训期内由A公司承担培训费和差旅费等有关费用，并根据双方达成的劳动合同的规定及时足额给张某支付学习培训期内的工资；张某在完成培训后可回到A公司工作，并在A公司服务满5年；但如果张某在服务期间终止了劳动合同，张某应按照培训合同的约定向A公司承担培训期间支出的一切费用或损失。培训期内，A公司提供：培训费47000元、差旅费5600元，以及培训期间补贴33000元。学习培训结束后，张某于2015年7月3日回到A公司上班。2018年3月1日，张某向A公司提交了书面离职文件，并申请于一个月后离职。A公司在收到该文件后，需要张某缴纳违约金85600元（47000元+5600元+33000元），在缴纳违约赔偿金之前，A公司可以拒绝向张某提供已经解除劳动合同的证据。张某为了成功进入新企业工作，向A公司交纳了违约金。但之后向劳动人事争议仲裁委员会提出了仲裁申请，要求裁决A公司退还其已交纳的违约金85600元。

【裁判结果】

A公司给付张某学习培训期内的33000元劳务薪酬并不构成专项培训费用。专项培训经费为52600元（培训费47000元+差旅费5600元），培训协议约定张某培训结束后的服务期限为5年（即60个月），张某已实际履行的服务期限为33个月，服务期未结束的部分则为27个月。所以，如果张某依法需要交纳的违约责任金是23670元（52600元÷60个月×27个月），A公司应当赔偿张某61930元（85600元－23670元）。故仲裁裁决A公司补偿张某61930元。

【劳达分析】

此案的争议焦点为：其一，离职员工是否应该向公司支付违反服务期辞职的违约金；其二，公司在员工学习培训期间给付员工的薪酬，是否构成专项培训费用。

关于第一个争议焦点，《劳动合同法》第二十二条第一款、第二款规定："用人单位为劳动者提供专项培训费用，对其进行专业技术培训的，可以与该劳动者订立协议，约定服务期。劳动者违反服务期约定的，应当按照约定向用人单位支付违约金。违约金的数额不得超过用人单位提供的培训费用。用人单位要求劳动者支付的违约金不得超过服务期尚未履行部分所应分摊的培训费用。"公司为了给员工提供这次学习培训的机会，付出了人力以及财力，但员工却中途离职，严重违反双方关于培训协议服务期限的约定。员工作为完全民事行为能力人，理应知晓并须承担签署协议书所产生的相应法律后果。培训期间公司支付相关的培训费、差旅费等确实存在一定成本支出。员工在约定的服务期限内离职，该行为必然导致公司在人才引进及接替员工招聘成本方面产生一定损失，有违诚实信用原则。故员工中途离职的行为构成违约，应按照双方约定向公司支付培训费等相关费用。

关于第二个争议焦点，首先，用人单位已经支付的工资是否可以要求劳动者返还。关于这一点，《劳动法》第五十条规定给了我们明确的答案："工资应当以货币形式按月支付给劳动者本人。不得克扣或者无故拖欠劳动者的工资。"所以，支付劳动报酬是用人单位对劳动者的一项法定义务。那么既然是法定义务，且劳动者也接受公司的安排并提供劳动，那么用人单位又有何种权利要求返还工资呢，故此项请求必定成为一个败局。

其次，专项培训费用包括哪些？《劳动合同法实施条例》第十六条规定：

“劳动合同法第二十二条第二款规定的培训费用，包括用人单位为了对劳动者进行专业技术培训而支付的有凭证的培训费用、培训期间的差旅费用以及因培训产生的用于该劳动者的其他直接费用。”从上述法条可知，专项培训费用是用于培训的直接支出，支付的主体不是劳动者本人，而是培训服务单位，且是因为用人单位安排劳动者参加培训而产生的。从支付的主体、支付的原因以及支付的属性来看，工资是劳动者提供劳动的报酬，支付的主体就是劳动者本人，是基于用人单位与劳动者签订的《劳动合同》的约定。故劳动者的工资应不属于专项培训费。

最后，本案中，张某在劳动合同存续期间接受单位的安排参加培训，张某的该行为应该视为服从公司的工作安排，履行劳动义务。培训协议约定张某培训结束后的服务期限为5年（即60个月），张某已实际履行的服务期限为33个月，服务期未结束的部分则为27个月。依据《劳动合同法》第二十二条第二款的规定，用人单位要求劳动者支付的违约金的数额不得超过服务期尚未履行部分所应分摊的培训费用。所以，如果张某依法需要交纳的违约责任金是23670元［（培训费47000元+差旅费5600元）÷60个月×27个月］，A有限公司应当赔偿张某61930元（85600元-23670元）。

通过分析本案，结合国企的实际情况，可以得知法律有规定且提倡用人单位与劳动者约定专业技术培训服务期，保障用人单位的合法权益，这既有利于劳动者职业技能的提升，也有利于用人单位提高经营业绩，节省用人成本，且有利于稳固劳动关系。《劳动合同法》第二十二条第一款规定，用人单位为劳动者提供专项培训费用，对其进行专业技术培训的，可以与劳动者订立协议，约定服务期。上述规定从劳动立法层面上首肯服务期。司法实践中，服务期约定常见于以下两种情形：一是用人单位为劳动者提供专业技术培训机会；二是用人单位为劳动者解决落户、住房等特殊待遇。在实操环节中，用人单位在与员工订立服务期协议时，应当注意对服务期限、违约金等事项进行明确约定。特别需要注意的是，协议约定的违约金不得超过用人单位提供的专项培训费用，实际要求劳动者支付的违约金数额也不得超过服务期尚未履行部分所应分摊的培训费用。否则协议有可能被认定无效或被撤销。

（二）落户即离职——关于违反落户服务期协议的损失赔偿问题

典型案例

【案号】（2017）京01民终3780号

【案情简介】

李某于2015年6月入职A公司，双方签订了期限为2015年6月16日至2018年6月30日的劳动合同。2015年7月A公司与李某签订了《非北京户籍留学回国人员引进特别协议》，载明“就甲方出资为乙方办理非北京户籍留学回国人员引进手续相关事宜约定如下：一、根据乙方申请，甲方同意为乙方办理留学回国人员引进的相关手续。二、由于现行管理制度限制，甲方为乙方办理非北京户籍留学回国人员引进手续，需委托相关人才中介机构代理甲方办理相关手续，由此产生的人事代理费、手续费、咨询费、交通费、资料费、集体户口管理等相关费用，由甲方承担。三、由于相关制度要求，甲方为乙方办理非北京户籍留学回国人员引进手续后，乙方应本着诚实信用的原则，自签订劳动合同之日起，应在甲方服务满5年。四、乙方在本协议约定的服务期限未满而提前解除与甲方的劳动关系的，乙方应赔偿甲方为乙方办理留学回国人员引进手续所承担的费用，包括但不限于人事代理费、手续费、咨询费、交通费、资料费、集体户口管理等相关费用。五、乙方在本协议约定的服务期限未满而提前解除与甲方的劳动关系的，乙方同意赔偿甲方由此造成的损失人民币150000元整，其中每服务满一年赔偿金按全额逐年递减20%，即人民币30000元整，直至费用为0元为止”。协议订立后，A公司为李某办理了户籍进京手续。

2016年6月李某因个人原因提出辞职。A公司主张李某在公司为其办理完落户北京手续后辞职，违背了诚实信用原则，亦违反单方承诺，造成该公司北京户籍指标的流失，没有达到吸引人才、稳定人才、长期发展壮大的目的，给公司造成了不可挽回的损失。遂以李某违反《非北京户籍留学回国人员引进特别协议》第五条约定的服务期，提前解除劳动关系给其造成损失为由，申请劳动仲裁。仲裁委员会作出京海劳人仲字（2016）第13712号裁决书，裁决驳回了A公司的仲裁请求。A公司不服该裁决结果，于法定期限内向北京市海淀区人民法院提起诉讼，请求判令：李某赔偿因违反《非北京户籍留学回国人员引进特别协议》的约定而给其公司造成的损失12万元。北京市海淀区人民法院一审经审理认为：李某与A公司签订了《非北京户籍留学回国人员引进特别协议》，约定A公司为李某办理户籍进京手续并承担所需费用，李某应在A公司服务满5年，上述条款并未违反法律法规的强制性规定。李某虽主张A公司利用强势地位迫使其签订上述协议，但未能就此提供证据，其作为完全民事行为能力人，理应知晓并须承担其签字行为所产生的法律后果。进而，双方协议约定李某在本协议约定的服务期限未满而提前解除与A公司的劳动关系的，同意赔偿A公司由此造成的损失15万元整。针对双方对该条款的性质产生的不同理解，法院认为，该条款明确载明系损失赔偿，措辞与文意上不存在歧义，显然并非李某所称的违约金条款。最后，依据A公司为李某办理户籍进京手续之时的社会现状，户籍进京指标具备稀缺性。A公司自觉履行了协议约定为李某办理了户籍进京手续，而李某明知协议约定了5年的服务期，现履行服务期仅满一年即辞职，其辞职行为给A公司在人才引进及招用同岗位人员方面带来一定损失。

【裁判结果】

依据《民法通则》第四条①、《劳动法》第七十九条之规定，一审法院判决李某于本判决生效之日起10日内向A公司赔偿损失2.4万元。一审宣判后，李某不服，提起上诉。北京市第一中级人民法院经审理判决驳回上诉，维持原判。

【劳达分析】

本案的争议焦点为：劳动者违反落户协议约定的服务期，是否应当向用人单位赔偿损失？

劳动关系存续期间，劳动者和用人单位签订《落户协议》，协议约定服务期，该约定是双方当事人的意思自治，对双方有特殊约束力。《劳动合同法》第二十二条第一款规定，用人单位为劳动者提供专项培训费用，对其进行专业技术培训的，可以与劳动者订立协议，约定服务期。从上述规定可以看出国家从立法上给予了服务期一定的法律效力。

在国企日常运营管理中，常见的服务期约定有两种情形：一是用人单位为劳动者提供专业技术培训机会并约定服务期的；二是用人单位为劳动者解决落户问题。关于第一种情形我们在上一个案例中已经进行了分析。关于第二种情形，双方签订落户服务期协议，用人单位除了向劳动者提供了正常劳

---

① 现相关规定见《民法典》第五条、第六条、第七条。

动报酬之外，还为劳动者解决了户口问题，劳动者从中获益后，自愿让渡一定期限内的辞职权，向用人单位承诺服务期限，使用人单位付出对价从而想获得的期待利益不至落空，所以，双方签订的落户协议符合公平、平等自愿、协商一致的原则，双方均应当秉承契约精神，诚实信用地自觉履行协议约定。

《劳动合同法》第二十五条关于违约金有明确的规定："除本法第二十二条和第二十三条规定的情形外，用人单位不得与劳动者约定由劳动者承担违约金。"《劳动合同法》第二十二条是关于公司为员工出资培训并约定违反服务期应支付违约金的情况，第二十三条是关于违反保密义务和竞业限制应支付违约金的情况。法律、行政法规并未禁止用人单位与劳动者约定服务期，故应当尊重双方的意思自治。且在本案中用人单位并没有因员工违反服务期的约定主张违约金，而是主张劳动者违反了诚实信用原则，给用人单位造成损失的，劳动者应当予以赔偿。本案中，李某明知北京市户口指标系重要的稀缺资源，并在服务期内违反诚实信用原则单方提出辞职，势必会给 A 公司造成人才引进及接替员工招聘成本方面相应的经济损失，故李某在服务期限内离职，应当向 A 公司赔偿经济损失。

既然要赔偿用人单位经济损失，那么劳动者向用人单位赔偿损失的法律依据及判定标准是什么？

根据《工资支付暂行规定》第十六条的规定，因劳动者本人原因给用人单位造成经济损失的，用人单位可按照劳动合同的约定要求其赔偿经济损失。所以基于双方间的协议约定，劳动者违约离职，给用人单位造成的成本损失，无论是投入的时间、人力、资金等成本，还是户籍指标稀缺资源数量的有限性上，用人单位均有经济损失。故应当在合理范围内确定损失赔偿数额。

如果在类案中企业的权益得不到伸张，必定会给社会一个不好的示范作用，不利于构建和谐社会，也不利于构建诚实信用的社会体系。

（三）年终奖——没有对年终奖进行明确约定，是否需要每年支付年终奖

典型案例

【案号】（2019）京 02 民终 10213 号

【案情简介】

王某某与 A 公司于 2011 年 9 月 16 日签订《劳动合同书》，合同签订后 A

公司将王某某派遣到B公司工作。后王某某与A公司分别签订了两次固定期限的劳动合同，王某某一直被派遣到B公司工作。2018年双方因无法达成无固定期限的劳动合同，王某某向仲裁委员会提起仲裁，要求A公司支付违法解除劳动合同赔偿金。北京市西城区劳动人事争议仲裁委员会于2018年8月24日作出京西劳人仲字［2018］第1902号裁决书，其中针对违法解除劳动合同赔偿金的裁决为：A公司支付王某某解除劳动关系赔偿金63194.69元。后王某某因年终奖问题、赔偿金问题（因此前计算违法解除劳动合同赔偿金的月均工资标准时没有将年终奖计算在内，故再次申请支付赔偿金）两项请求再次提起仲裁，仲裁驳回后起诉，后又上诉至北京市二中院。王某某为证明存在年终奖，向法院提交银行个人账户对账单及《考核表》。其中对账单显示2012年度至2016年度B公司向其发放的考核奖从1000元至4000元不等，以此说明每年度的年终奖标准为4000元；《考核表》记载有王某某的个人总结、部门鉴定评语、部门提出考核是否合格建议及分管领导意见等内容，以此说明公司对其进行了考核。A公司对王某某提交的两份证据真实性均认可，但强调王某某主张的年终奖实为生活补助，确实是每年进行考核，考核合格后发放，但是属于公司自主发放的范畴，金额不等，且王某某2017年劳动合同到期，工作不满一年，故不应支付。

【裁判结果】

王某某的请求不能成立，应予驳回。劳动者向用人单位主张年终奖的，应当对其符合发放年终奖的条件以及其所主张的年终奖数额承担举证责任，虽然银行个人账户对账单显示其2012年至2016年获得了年终奖，但双方历次签订的书面劳动合同中并无关于年终奖的约定内容，王某某亦不能提交能够证明公司已经建立了相应年终奖制度的员工手册、薪酬办法等规章制度，王某某提供的《考核表》亦并没有记录年终奖的情况，并且王某某每年的奖金数额并不固定，以上事实可以表明王某某已经获得的年终奖，属于用人单位根据自身生产经营状况和需要自主决定的事项。

【劳达分析】

本案的争议焦点为：没有对年终奖进行明确约定，是否需要每年支付年终奖？

要厘清这个问题，首先要明确年终奖的性质。从法律条文上看，年终奖属于工资总额的组成部分。

《关于工资总额组成的规定》第四条明确规定，工资总额由下列六个部分组成：计时工资、计件工资、奖金、津贴和补贴、加班加点工资、特殊情况下支付的工资。

《国家统计局〈关于工资总额组成的规定〉若干具体范围的解释》第二条则明确规定，年终奖属于奖金范畴。所以，年终奖应当属于工资。

那是否意味着，无论是否有约定，用人单位均须向员工发放年终奖呢？不是。

年终奖的发放应遵循“约定”原则。年终奖是用人单位根据企业效益、劳动者工作表现等为奖励突出贡献的劳动者而发放的特殊的工资。劳动法及相关法律法规规定必须按照劳动合同的约定发放工资，但没有对发放年终奖作出强制性规定。因此，用人单位发放年终奖属于用人单位自主决定的范畴，如果用人单位在劳动合同或规章制度中未明确发放年终奖，则通常情况下司法实践中认可用人单位无需向员工发放年终奖。用人单位可以根据自己的经营状况和劳动者的表现自主决定年终奖发放与否、发放范围、发放条件，此系用人单位的经营自主权。

但是，我们能否当然得出结论：不明确约定年终奖，用人单位就可以任意决定是否发放年终奖、发放年终奖的金额呢？也不是。

在既未有约定，又无制度规定的情况下，如果用人单位有发放年终奖的惯例，用人单位需要充分举证不发放的依据，否则司法实践中一般仍会支持参照往年的惯例发放年终奖。

典型案例

【案号】（2020）京02民终1383号

【案情简介】

2005年4月25日，王某与C公司签订劳动合同，2012年8月16日双方签订无固定期限劳动合同。2019年4月11日，C公司通知王某与其解除劳动关系，双方一致确认该日为解除劳动合同之日。王某于2019年6月12日向北京市劳动人事争议仲裁委员会提出仲裁申请，其要求有一项是请求公司支付2012年至2019年销售佣金及奖金3073547元。C公司不同意仲裁裁决，起诉至法院。C公司主张不予支付王某2019年年终奖，理由为该公司不存在年终奖制度，年终奖发放属于公司的好意施惠行为，公司会根据经营状况发放，以前发放过不代表以后会发放。法院认为，在双方劳动仲裁过程中，C公司在答辩环节明确指出，依据该公司规章制度及其提交的证据可知，自王某入职该公司以来，该公司每年均会向王某支付年终花红奖励，这充分证明C公司存在固定发放年终奖的制度，故法院对C公司提出的该公司不存在年终奖制度，要求不予支付王某2019年年终奖的请求不予支持。判决C公司支付王某2019年年终奖15971.83元。二审中，双方均未提交新证据。本院对一审查明的事实予以确认。

【劳达分析】

为什么前后两个案子会有不同的判决，且来自相同的法院？是同案不同判吗？不是。

前案：双方历次签订的书面劳动合同中并无关于年终奖的约定内容，王某某亦不能提交能够证明公司已经建立了相应年终奖制度的员工手册、薪酬办法等规章制度，并且王某某每年的奖金数额并不固定，以上事实可以表明王某某已经获得的年终奖，属于用人单位根据自身生产经营状况和需要自主决定的事项。

后案：依据该公司规章制度及其提交的证据可知，自王某入职该公司以来，该公司每年均会向王某支付年终花红奖励，这充分证明C公司对于年终奖励不仅存在固定发放年终奖的制度，还存在固定发放年终奖的惯例。故法院对C公司提出的该公司不存在年终奖制度，要求不予支付王某2019年年终奖的请求不予支持。

可见，是否支付年终奖不仅要看规章制度是否约定，还要看按照惯例每年是否发放，或者依据同工同酬，其他岗位的员工是否发放等情况决定。

如果劳动合同未约定、规章制度亦没有对年终奖作出规定，则需要考虑两个因素：第一，用人单位是否有发年终奖的惯例。第二，《民法典》的相关规定。《民法典》第四百九十条第二款规定："法律、行政法规规定或者当事人约定合同应当采用书面形式订立，当事人未采用书面形式但是一方已经履行主要义务，对方接受时，该合同成立。"

因此，为避免在未约定年终奖的情况下仍要承担支付义务，提出以下建议：

第一，如果用人单位没有约定年终奖，或年终奖是否发放存在不确定性，则不应以年终奖的名义向员工发放奖金。

第二，在此前提下，可以将“年终奖”以其他方式发放，例如在日常支付劳动报酬时将相应的数额折算为工资后发放；或者建立公平合理、能鼓励员工良性竞争的绩效考核等激励制度，让作出贡献的员工获得应得的奖励。

（四）无过失性辞退——劳动合同订立时所依据的“客观情况发生重大变化”

典型案例

【案件来源】2017—2019年海口两级法院劳动争议十大典型案例之四（海南省高级人民法院民事申请再审案件）

【案情简介】

纪某于1995年8月和海南A公司签订了《劳动合同书》，约定合同期限为无固定期限，岗位为叉车司机。2013年2月，海南A公司停产，纪某自此停工待岗。在待岗期间，海南A公司按照最低工资标准向纪某支付工资。2014年11月11日，海南A公司重组并改变经营范围。2015年5月13日、6月10日和7月23日，海南A公司先后三次在《海南日报》刊登公告，要求含纪某在内的待岗职工于2015年5月19日前、6月30日前和7月31日前回公司报到并参加转岗培训。纪某按要求回公司报到并参加转岗培训，培训期结束后海南A公司安排纪某上班，但纪某未再去上班直至离职。海南A公司于2016年7月15日作出《通知》，内容为：海南A公司多次通知纪某回公司上班，但纪某不服从，现再次通知纪某于2016年7月22日前回公司上班，若不愿意，请在2016年7月22日前回公司协商变更或解除劳动关系，否则，视为纪某未能就变更劳动关系达成一致意见或旷工自动离职，届时公司将按照相关公司规章制度或法律规定解除劳动关系。纪某未在规定期限内回公司上班，海南A公司遂解除了与纪某的劳动合同，并按照公司最低标准向纪某支付了24个月的经济补偿金，额外支付了一个月工资。纪某不服公司决定，先后向仲裁委员会申请仲裁，向法院起诉请求判决确认海南A公司向其发出《解除劳动合同通知书》的行为违法，并要求海南A公司支付违法解除劳动合同的赔偿金。

一审法院认为，2013年2月，海南A公司因产能过剩导致经营困难，造成停产后纪某待岗，但直至2016年7月，海南A公司并未以经济困难而裁员，而是继续参照最低工资标准向纪某发放工资或生活费。海南A公司通过合并、重组、转产等形式积极筹划恢复正常经营，并通知包含纪某在内的待岗职工参加转岗培训。纪某按照海南A公司要求回公司报到并参加转岗培训，培训期结束后海南A公司安排纪某上班，但纪某未再去上班直至离职，纪某的行为应视为其不同意海南A公司的转岗要求。海南A公司将纪某调岗系生产经营所必需，且调岗后纪某的工资水平与原岗位基本相当。故海南A公司于2016年7月25日向纪某发出《解除劳动合同通知书》的行为符合《劳动合同法》第四十条规定的情形。因此，纪某主张海南A公司发出《解除劳动合同通知书》的行为违法并要求海南A公司向纪某支付违法解除劳动合同的赔偿金，缺乏事实和法律依据，一审法院不予支持。

纪某不服一审判决结果向海口中院提起上诉，二审判决驳回上诉，维持原判。纪某不服二审判决，向海南省高级人民法院申诉，海南省高级人民法院裁定驳回纪某申诉请求。

【裁判结果】

一审法院判决：海南A公司无须支付纪某解除劳动合同经济赔偿金及代通知金。二审法院判决：驳回上诉，维持原判。海南省高级人民法院裁定驳回纪某申诉请求。

【劳达分析】

用人单位与劳动者建立劳动关系，订立书面劳动合同，对劳动者岗位作书面规定。《劳动合同法》第四十条规定："有下列情形之一的，用人单位提前三十日以书面形式通知劳动者本人或者额外支付劳动者一个月工资后，可以解除劳动合同：……（三）劳动合同订立时所依据的客观情况发生重大变化，致使劳动合同无法履行，经用人单位与劳动者协商，未能就变更劳动合同内容达成协议的。"用人单位经重组并改变经营范围的，劳动者没有正当理由拒绝用人单位调岗安排的，应予认定为用人单位未能与劳动者就协商变更劳动合同达成一致，用人单位可以解除劳动关系，无需支付解除劳动合同赔偿金。

本案中，海南A公司因产能过剩导致经营困难，造成停产后纪某待岗，但公司并未以经济困难而裁员，而是继续参照最低工资标准向纪某发放工资或生活费。后该公司通过合并、重组、转产等形式积极筹划恢复正常经营，并通知包含纪某在内的待岗职工参加转岗培训，纪某按照A公司要求回公司报到并参加转岗培训，培训期结束后公司安排纪某上班，但纪某未再去上班，所以纪某的行为应视为其不同意公司的转岗要求。转岗后的薪资较原岗位薪资基本不发生变化，但是原岗位在合并、重组、转产后不复存在，且企业的合并、重组、转产是为了让企业重生而不得不为，所以原岗位不复存在，劳动者又不同意调岗，属于劳动合同订立时所依据的客观情况发生重大变化，致使劳动合同无法履行，经用人单位与劳动者协商，未能就变更劳动合同内容达成协议。

关于如何判断“客观情况发生重大变化”，通过研究司法案例以及裁判规则，总结出以下几点供参考学习：

(1) 根据我国原劳动部办公厅发布的《关于〈劳动法〉若干条文的说明》第二十六条的规定可知，劳动合同订立时所依据的客观情况发生重大变化，致使原劳动合同无法履行中的“客观情况”主要是指发生不可抗力或出现致使劳动合同全部或部分条款无法履行的其他情况，如企业迁移、被兼并、企业资产转移等，且应当排除用人单位濒临破产进行法定整顿期间或者生产经营状况发生严重困难，确需裁减人员的情况。

(2) 因劳动者的身体健康状况发生变化、劳动能力部分丧失等诸多劳动者自身方面的原因导致劳动合同无法继续履行的情况。

(3) 用人单位经上级主管部门批准或根据市场变化决定转产、调整生产任务或者生产经营项目。

(4) 市场及经营原因，由于出现市场萎缩、下滑，经营状况不佳，公司亏损，资金链断裂，重要业务失去等非公司可控的经营状况变化，造成劳动合同继续履行不能。

(5) 由于政府部门、集团公司、上级主管部门等对公司具有管理权的主体作出指示或责令关停，以及因政策变更、上级战略调整等非公司可控的外部原因造成合同继续履行不能。

但值得注意的是，如果是用人单位内部结构调整不属于客观情况发生重大变化，认定构成客观情况发生重大变化，要求导致劳动合同无法继续履行的因素应当是外部因素，用人单位自主进行内部组织结构调整的行为是基于商业考量和自身经营作出的主动行为，带有主观意识，不具有外部性和被动性，随意企业内部结构调整也不足以导致劳动合同无法继续履行。可参考下面的案例。

▶▶典型案例

【案号】（2021）京02民终13264号

【案情简介】

白某于2010年3月1日入职B公司，双方于2017年6月1日签订无固定期限劳动合同。白某的工作岗位为产品研发人员，其工作内容为：在实验室内调配饮料，成型后给客户品尝，并针对客户的反馈意见进行调整，直至客户满意。后B公司以因客观情况发生重大变化与白某无法达成一致和白某解除劳动合同。白某不服遂提起仲裁，仲裁裁决B公司属于违法解除劳动合同。B公司不服起诉至法院，庭审中B公司辩称由于因客观情况发生重大变化，公司客户群体区域发生变化，导致公司在北京区域已经没有销售人员，而白某的工作岗位需要听取销售人员及时的情况汇报，才能对饮品及时进行口味更新。且长期以来白某均和相关销售人员做面对面沟通，故在北京没有市场和销售人员的情况下，也导致了白某的劳动合同无法履行。公司与白某协商去上海工作，但双方并未就变更劳动合同达成协议，故公司依据《劳动合同法》第四十条第三项规定，依法解除劳动合同。

一审法院认为，劳动合同订立时所依据的客观情况发生重大变化，致使劳动合同无法履行，经用人单位与劳动者协商，未能就变更劳动合同内容达成协议的。用人单位提前三十日以书面形式通知劳动者本人或者额外支付劳动者一个月工资后，可以解除劳动合同。用人单位违反法律规定解除或者终止劳动合同的，应当依照法律规定的经济补偿标准的二倍向劳动者支付赔偿金。根据B公司向白某送达的解除劳动合同通知书中所载明的内容，B公司系在白某“所在的工作业务整体转移到上海”，双方就将白某的工作地点调整协商未果的情况下，与白某解除的劳动合同。然而，根据B公司的陈述，整体业务转移系其公司根据客户所处地域范围的变化做出的调整，B公司作为市场经济条件下的市场主体，相应情况并不属于其公司与白某订立合同时无法预见的客观情况。综上，B公司与白某解除劳动合同的行为，缺乏事实依据，不符合法律规定，白某有权要求B公司支付违法解除劳动合同赔偿金。二审驳回上诉，维持原判。

【劳达分析】

公司内部结构调整应慎用《劳动合同法》第四十条第三项的规定与员工

解除劳动合同，以免被认定违法解除面临巨额的赔偿金支付。

（五）过失性辞退——严重违反公司规章制度

典型案例

【案号】一审：（2017）苏0214民初4563号

二审：（2017）苏02民终4227号

【案情简介】

翁某于2009年4月1日入职A公司。2016年2月，公司依民主程序制定了《关于〈员工行为规范〉的说明》《员工行为规范（2016版）》，并对发布行为进行了公证。《员工行为规范（2016版）》附件五为亲属关系诚信申报承诺书，要求员工主动申报与A公司集团及外部供应商、代理商、经销商员工存在的亲属关系，并具体列明了亲属关系的情形；未主动申报前条任一情形的，公司有权对员工予以解除劳动关系。翁某知晓该规章制度，并每年填写承诺书。2017年4月，公司经调查发现翁某未如实填写承诺书，隐瞒了其父亲在供应商江某粉末公司工作的事实。4月19日，A公司找翁某谈话，翁某提及“父亲刚去江某粉末公司没几个月”“去年元月1日开始”“他刚去没多长时间，我申报之前他说不想干了，我也没有问他”，并认为父亲仅为“临时工”；后公司再找翁某谈话，希望翁某如实申报，但翁某仍否认其存在不实申报的行为。公司向工会征求意见后于2017年4月26日以翁某严重违反公司规章制度为由解除双方劳动关系。翁某申请仲裁，请求确认A公司违法解除劳动合同并支付赔偿金。仲裁委未支持翁某的仲裁请求。翁某诉至法院。

法院认为，用人单位有权根据本单位的经营需要和特点制定相应的规章制度。A公司基于经营环境、秩序的构建以及对员工诚信的要求，规定内部申报亲属关系并不违法。从翁某与A公司谈话看，翁某在填写申报表之前就已经知晓其父亲在供应商工作的事实且工作已超过一年，但其在填写申报表时并未将该情况如实填写，属于明知故犯，且在公司找其谈话时无悔改之意，构成严重违反规章制度，A公司可以据此解除劳动合同，遂判决驳回翁某的诉讼请求。

【裁判结果】

一审法院认定构成严重违反规章制度，判决驳回翁某的诉讼请求。二审维持原判。

【劳达分析】

本案中，用人单位依据《劳动合同法》第三十九条第二项规定，以严重违反用人单位的规章制度为由，与劳动者解除劳动合同。针对员工有严重违反规章制度的事实行为用人单位负有举证责任，并应该提供符合法律规定且经过民主程序的规章制度。

关于翁某严重违反用人单位规章制度的事实，本案用人单位提供了相应证据：A公司规章制度，且该制度不违反法律，经过了民主程序，并对发布行为进行了公证；翁某与A公司谈话记录；与A公司集团及外部供应商、代理商、经销商员工不存在的亲属关系的承诺书。故本次用人单位的规章制度在形式要件（民主程序和公示程序）方面均符合法律的规定，且也确实有可以提供员工违纪的证据，所以翁某行为构成严重违反规章制度，A公司可以据此解除劳动合同。A公司要求员工如实申报与竞争企业及经营上有关联企业存在亲属关系的情况，系基于防范商业秘密泄露和及时作出风险防控的需要作出的规定，并不涉及侵犯员工的个人隐私，故应认可其合理性。而且严重违反规章制度并不以造成公司重大损失为前提，足以造成相当的风险即可，否则企业发现了“危险分子”却不能解雇，而要等到损失发生后才能追责，未免对企业过于苛刻。故应当尊重企业合理的经营管理方式和规章制度。本案中，翁某明知故犯，在公司与其谈话时无悔改之意，有违诚实信用原则，已构成严重违反A公司规章制度，A公司可以依法解除双方的劳动合同关系。

司法实践中，关于用人单位以“严重违反用人单位规章制度”为由解除劳动合同，要求极为严格。用人单位负有举证责任，且所依据的规章制度不仅应内容合法，还要符合民主程序和公示程序。《劳动合同法》第四条规定：“用人单位应当依法建立和完善劳动规章制度，保障劳动者享有劳动权利、履行劳动义务。用人单位在制定、修改或者决定有关劳动报酬、工作时间、休息休假、劳动安全卫生、保险福利、职工培训、劳动纪律以及劳动定额管理等直接涉及劳动者切身利益的规章制度或者重大事项时，应当经职工代表大会或者全体职工讨论，提出方案和意见，与工会或者职工代表平等协商确定。在规章制度和重大事项决定实施过程中，工会或者职工认为不适当的，有权向用人单位提出，通过协商予以修改完善。用人单位应当将直接涉及劳动者切身利益的规章制度和重大事项决定公示，或者告知劳动者。”所以，在实践中，用人单位在提供证据时需要有完整的证据链条，制作并保留规章制度在制定过程中开会讨论，征求意见，协商的会议纪要，全体员工或职工代表参会的签到表，收到规章制度的签收单等证据。否则，证据不充分就存在违反解除劳动合同的风险，还存在被员工要求继续履行劳动合同的风险。

（六）劳务派遣——用工单位的改变，引发的用人单位支付违法解除劳动合同赔偿金

▶▶典型案例

【案号】 一审：（2020）沪0105民初24041号

二审：（2021）沪01民终13842号

【案情简介】

徐某2009年6月15日入职A人力资源公司，A人力资源公司与徐某签订的劳动合同期限为2009年6月15日至2011年6月14日。2011年6月15日，A人力资源公司与徐某签订劳动合同，期限为2011年6月15日至2016年6月14日，约定A人力资源公司将徐某派遣至B珠宝公司工作。2016年6月13日，A人力资源公司再次与徐某签订劳动合同，期限为2016年7月1日至2018年6月30日，约定A人力资源公司将徐某派遣至B珠宝公司工作。A人力资源公司最后一次与徐某签订劳动合同的期限为2018年7月1日至2020年6月30日，约定A人力资源公司将徐某派遣至B珠宝公司工作。2020年6月30日劳动合同到期，徐某继续在B珠宝公司工作至2020年7月10日。

2020年4月29日，B珠宝公司被C珠宝公司收购，B珠宝公司被纳入C珠宝公司体系内。B珠宝公司负责人向公司营运管理部多人发送邮件称将公司员工转签C珠宝公司的劳动合同，转签不影响公司服务年限。2020年6月23日，徐某向A人力资源公司提交书面续签要求，载明续签要求为要求续签A人力资源公司无固定期限合同，并维持原合同待遇不降低，用工单位改为C珠宝公司，并要求按照国家规定对此前与A人力资源公司的劳动合同按照年限进行补偿，即按此前12个月平均工资标准以N+1的方式结算。2020年7月2日，A人力资源公司向徐某邮寄一份劳动合同到期续签通知书，载明双方的劳动合同于2020年6月30日到期，经与用工单位研究，现决定与徐某续签劳动合同。因B珠宝公司被纳入C珠宝公司体系内，故用工单位由B珠宝公司改为C珠宝公司，合同起始日期为2020年7月1日，期限为无固定，原双方劳动合同中约定的劳动条件及待遇保持不变。如徐某决定续签，需要在

收到通知后2个工作日内前往A人力资源公司办公地址签署合同。如徐某不同意续签，请在收到通知后填写回执并于2个工作日内交与A人力资源公司。如徐某逾期不与公司续签劳动合同，或未向公司提交回执，将视为徐某不同意续签劳动合同等。徐某于次日签收该通知书。

2020年7月3日及7月9日，徐某均至A人力资源公司处协商续签事宜。2020年7月1日至7月10日期间，徐某仍在B珠宝公司处正常工作。

2020年7月10日，B珠宝公司向A人力资源公司发出一份派遣员工退工通知书，载明：因劳动合同期满，在维持或提供劳动合同约定条件下徐某拒绝续订的原因，现决定自2020年7月10日起将徐某退回A人力资源公司，请A人力资源公司与徐某办理终止劳动合同手续，B珠宝公司支付下列款项：1. 该员工服务费80元（服务期截止日期2020年7月10日）；2. 该员工7月的工资会结算至2020年7月10日，以实际发放金额为准。

2020年7月10日，A人力资源公司向徐某出具终止劳动合同通知书，载明：双方劳动合同期限于2020年6月30日届满，公司通知徐某维持劳动合同条件不变，用工单位由B珠宝公司变更为C珠宝公司续订无固定期限劳动合同，但徐某拒绝续订劳动合同，故依据《劳动合同法》第四十四条、第四十六条之规定，徐某与A人力资源公司签订的劳动合同即行终止。徐某于次日签收该通知书。

2020年7月22日，申请人（徐某）向上海市长宁区劳动人事争议仲裁委员会申请仲裁，要求裁决：1. 被申请人（A人力资源公司）支付违法终止劳动合同赔偿金215525.9元；2. 被申请人（A人力资源公司）支付2019年度未休年休假工资报酬9567.54元、2020年度未休年休假工资报酬4783.77元；3. 被申请人（B珠宝公司）承担连带责任。该委员会于2020年9月21日裁决如下：1. 被申请人（A人力资源公司）于裁决生效之日起七日内支付申请人（徐某）2020年未休年休假工资报酬9567.5元；2. 对申请人（徐某）的其他请求不予支持。徐某不服该裁决，法定期限诉至上海长宁区人民法院。仲裁裁决后，A人力资源公司向徐某支付了2020年未休年休假工资报酬9567.5元。

法院查明，2012年1月1日，B珠宝公司与A人力资源公司签订一份劳务派遣协议，约定由A人力资源公司为B珠宝公司提供劳务派遣服务。2020年6月22日，B珠宝公司、A人力资源公司、C珠宝公司签订一份补充协议，约定由C珠宝公司承接B珠宝公司于2012年1月1日签订的劳务派遣协议中的权利及义务。A人力资源公司配合B珠宝公司及C珠宝公司完成原合同中合作业务和人员的交接事宜。

徐某向法庭提交了2020年7月3日的录音材料（录音对象为徐某、被告A人力资源公司员工）以及派遣员工劳动合同书照片、2020年7月9日视频录像，证明2020年7月3日徐某与A人力资源公司经协商，签署了公司提供的以B珠宝公司为用工单位的派遣员工劳动合同书，当日A人力资源公司以已经下班为由未在劳动合同书上盖章。2020年7月9日，A人力资源公司拒绝在徐某已经签署的劳动合同上盖章，撕毁了劳动合同文本。

被告A人力资源公司意见如下：A人力资源公司无法提供以B珠宝公司为派遣对象的劳动合同。被告A人力资源公司提供如下证据材料：1. 劳动合同续签通知书、快递送达情况，证明A人力资源公司同意与徐某签无固定期限劳动合同。2. 通知续签劳动合同邮件，证明通知徐某续签劳动合同的条件，用工单位为C珠宝公司。3. 终止劳动合同通知书、快递送达情况，证明因徐某原因未能续签劳动合同，A人力资源公司合法终止劳动合同。4. （人才）劳务派遣协议、补充协议、关联企业证明、国家企业信用信息公示系统截屏，证明A人力资源公司与B珠宝公司间的劳务派遣关系。

被告B珠宝公司提供如下证据：1. 2020年4月29日邮件及公证书，证明B珠宝公司负责人向包括徐某在内的全体员工说明转签劳动合同原因，并明确工作年限连续计算，所有条件不变。2. B珠宝公司及C珠宝公司向A人力资源公司发送的函，证明C珠宝公司及B珠宝公司希望以原条件与徐某续签合同。3. C珠宝公司版本劳动合同及寄送凭证，证明因B珠宝公司被纳入C珠宝公司，故C珠宝公司希望以原条件与徐某续签劳动合同并连续计算工龄，将劳动合同书送达徐某。4. 微信聊天记录截屏及公证书，证明徐某与C珠宝公司人事关于转签劳动合同的微信聊天记录。5. 徐某续签劳动合同意愿书，证明徐某表示接受以C珠宝公司为用工单位的劳动合同，同时提出没有法律依据的所谓N+1的经济补偿要求。6. 派遣员工退工通知书，证明鉴于徐某未在规定时间内签订劳动合同，且派遣期限届满，B珠宝公司将徐某退回A人力资源公司。7. 股东决定书及公告，证明C珠宝公司收购了B珠宝公司，股东决定提前解散，依法发布公告。8. 劳动争议仲裁申请书，证明徐某另行提出仲裁请求要求支付经济补偿。

徐某对B珠宝公司提供的证据质证意见为：徐某确曾收到C珠宝公司版本劳动合同，但变更用人单位，徐某最后系与A人力资源公司续签用工单位为B珠宝公司的劳动合同。

法院认为，A人力资源公司与徐某之间的劳动合同于2020年6月30日到期终止，徐某被派遣至用工单位B珠宝公司的派遣期限亦于同一日到期。然自2020年7月1日起，徐某仍然在B珠宝公司处上下班打卡工作直至2020年7月10日。B珠宝公司发出的派遣员工退工通知书载明自2020年7月10日起将徐某退回派遣公司。A人力资源公司于2020年7月10日向徐某出具终止劳动合同的通知书。综上，法院认定2020年7月1日至7月10日期间徐某与A人力资源公司形成事实劳动关系，徐某被派遣至B珠宝公司的派遣期限延续至2020年7月10日，A人力资源公司于2020年7月10日终止与徐某的劳动关系，但未就其终止行为的合法性提供充分的证据，缺乏法律依据，应当支付违法终止劳动合同赔偿金。

【裁判结果】

一审法院判决A人力资源公司支付原告徐某违法终止劳动合同赔偿金。二审维持原判。

【劳达分析】

本案的争议焦点为徐某要求A人力资源公司支付违法终止劳动合同赔偿金是否具有事实及法律依据。

综观全案，B珠宝公司被纳入C珠宝公司，故C珠宝公司希望以原条件与徐某续签以C珠宝公司为用工单位的劳动合同并连续计算工龄，将劳动合同书送达徐某，徐某表示接受以C珠宝公司为用工单位的劳动合同，同时因用工主体变更提出没有法律依据的所谓N+1的经济补偿要求。此时的A人力资源公司如果拿出以C珠宝公司为用工单位的劳动合同就不会有本案的巨额赔偿，但是A人力资源公司在此时犯了一个低级错误，拿出了以B珠宝公司为用工单位的劳动合同要徐某签订。而此时的B珠宝公司已经被C珠宝公司收购，A人力资源公司意识到这个问题后，转头想撤销以B珠宝公司为用工单位的劳动合同，于是拒绝在这份合同上盖章。但徐某以其不同意续签劳动合同为由提起仲裁，并要求A人力资源公司支付违法解除劳动合同补偿。本案可以说是一个小错误带来的大赔偿，这个巨大的赔偿风险在A人力资源公司给徐某拿出以B珠宝公司为用工主体的劳动合同书时就已经埋下了。

A人力资源公司给徐某拿出以B珠宝公司为用工主体的劳动合同书时，就表示在维持所有用工条件的情况下与徐某续签劳动合同，但是后又不同意在以B珠宝公司为用工主体的劳动合同书上盖章时就表示不同意续签劳动合同。不续签的行为已经生效。即使A人力资源公司有说明不续签以B珠宝公司为用工主体的劳动合同的理由（即B珠宝公司被C珠宝公司收购，续签劳动合同应该为C珠宝公司），但是不续签的行为已经生效。即使再有理由也不能改变已经生效的法律行为。

综合全案分析，需要特别注意的是，在劳务派遣劳动合同签订时，用人单位一定要对用工单位的主体进行仔细核实，确定该主体是否为适格的主体，是否还能继续担任用工单位，合同一旦签订，要做更改就有可能带来变更劳动合同、不同意续签劳动合同等风险。

（七）管辖——抢出来的管辖

▶▶典型案例

【案号】（2015）民立他字第58号

【案情简介】

北京市东城区人民法院受理的原告辛某诉被告A公司的劳动争议纠纷一案，与上海市徐汇区人民法院受理的原告A公司诉被告辛某劳动争议纠纷一案，形成管辖权争议。北京市高级人民法院报请最高人民法院指定管辖。最高人民法院依法组成合议庭进行了审查。辛某向北京市东城区劳动人事争议仲裁委员会申请仲裁，北京市东城区劳动人事争议仲裁委员会于2015年6月30日作出京东劳人仲字［2015］第1144号裁决书，裁决A公司于裁决书生效之日起10日内，支付辛某违法解除劳动合同赔偿金38778元，驳回辛某其他仲裁请求。

A公司于2015年7月6日向上海市徐汇区人民法院提交起诉状并进入诉前调解程序，后因A公司不同意诉前调解，该案于2015年7月9日正式立案。

辛某于2015年7月9日向北京市东城区人民法院提交起诉状，北京市东城区人民法院于7月9日立案。后A公司提出管辖权异议，认为上海市徐汇区人民法院立案在先，应当将案件移送上海市徐汇区人民法院并案审理。

最高人民法院认为，根据《最高人民法院关于审理劳动争议案件适用法律若干问题的解释》的规定，劳动争议案件由用人单位所在地或者劳动合同履行地的基层人民法院管辖。[①] 北京市东城区人民法院作为劳动合同履行地的基层人民法院，上海市徐汇区人民法院作为用人单位所在地的基层人民法院，对案件均享有管辖权。当事人双方就同一仲裁裁决分别向有管辖权的人民法院起诉的，为了便于查清案件事实，保证裁判的统一性，宜由同一法院并案审理。考虑到劳动合同履行地及劳动者一方住所地在北京市，双方亦是先由东城区劳动人事争议仲裁委员会进行仲裁，为方便劳动者诉讼，便于法院查明案件事实，由北京市东城区人民法院并案审理为宜。

【裁判结果】

依照《民事诉讼法》第三十八条第二款的规定，指定A公司诉辛某劳动争议纠纷一案由北京市东城区人民法院管辖。

【劳达分析】

司法实践中，形容管辖经常是用“抢”的，本案中，用人单位和劳动者立案在同一天，最高人民法院作出劳动履行地的基层法院优先审理的裁定。这一裁定无疑是正确的，但是对于公司一方，明明在7月6日去立案，但是立案时间却在7月9日，3天的调解期成为公司“抢管辖”的绊脚石，实属遗憾。

关于管辖权，《最高人民法院关于审理劳动争议案件适用法律若干问题的解释》第九条规定：“当事人双方不服劳动争议仲裁委员会作出的同一仲裁裁决，均向同一人民法院起诉的，先起诉的一方当事人为原告，但对双方的诉讼请求，人民法院应当一并作出裁决。当事人双方就同一仲裁裁决分别向有管辖权的人民法院起诉的，后受理的人民法院应当将案件移送给先受理的人民法院。”[②]

在实践中建议：提前做好诉前的准备工作；鉴于国有企业汇报层级较多，要在诉前做好充分沟通交流。

---

① 该司法解释已废止，现相关规定见《最高人民法院关于审理劳动争议案件适用法律问题的解释（一）》第三条第一款。

② 该司法解释已废止，现相关规定见《最高人民法院关于审理劳动争议案件适用法律问题的解释（一）》第四条。

（八）医疗期——医疗期遇到劳动合同到期

典型案例

【案件来源】2016—2018 年上海市劳动争议典型案例之三

【案情简介】

鲁某与 A 公司签订了自 2014 年 5 月 19 日起至 2017 年 5 月 31 日止的劳动合同，鲁某职务为总部高级品质管理主任。2016 年 8 月 22 日，鲁某因患恶性肿瘤入院接受手术治疗，连续休病假至 2017 年 2 月 4 日。2017 年 2 月 6 日，鲁某回 A 公司上班。2017 年 5 月 16 日，鲁某请假赴医院就诊，医院向其连续开具病情证明单至 8 月 2 日。2017 年 5 月 31 日，A 公司向鲁某出具《不续签通知书》，告知双方签订的劳动合同于 2017 年 5 月 31 日到期终止。鲁某当即提出其正处于医疗期，劳动合同期限应当顺延至医疗期满，公司对此不予认可。之后，鲁某申请劳动仲裁，要求恢复劳动关系并按离职前月收入 12400 元的标准支付相应期间病假工资。仲裁委裁决：对鲁某的仲裁请求不予支持。鲁某不服仲裁裁决，向法院提起诉讼。法院审理后认为，鲁某因患恶性肿瘤需要住院接受手术治疗，虽在病休一段时间后回公司上班，但其仍需继续接受治疗。A 公司以鲁某未请病假为由不认可鲁某处于医疗期，却拒不提交由其保存的、载有鲁某请假情况的钉钉考勤系统信息，故法院认定其主张难以成立。鲁某再次请病假有医疗机构出具的病情证明单且未超出法律规定的医疗期，法院认为即便其未申请过病假，也不影响其处于医疗期的事实。

【裁判结果】

A 公司违反法律规定，与处于医疗期内的鲁某单方终止劳动合同，损害了鲁某的合法权益，应恢复劳动关系至医疗期届满。关于病假工资的计算，根据本市相关规定，职工疾病或非因工负伤待遇高于本市上年度月平均工资的，用人单位可按本市上年度月平均工资计发。鲁某主张按离职前月收入 12400 元的标准计算病假工资，该标准高于本市上年度月平均工资标准，法院遂依职权判定 A 公司与鲁某恢复劳动关系并按上年度月平均工资标准支付鲁某相应期间的病假工资。

【劳达分析】

医疗期是指劳动者因患病或者非因工负伤停止工作治病休息，而用人单位不得因此解除劳动合同的时限。医疗期是法律对患病劳动者进行“解雇保护”的一种具体表现形式，体现了国家对用人单位用工自主权的一种适当限制。

《劳动合同法》第四十二条规定：“劳动者有下列情形之一的，用人单位不得依照本法第四十条、第四十一条的规定解除劳动合同：……（三）患病或者非因工负伤，在规定的医疗期内的……”可见劳动者在规定的医疗期内，用人单位解除、终止权受到了限制。

《企业职工患病或非因工负伤医疗期规定》第三条规定：“企业职工因患病或非因工负伤，需要停止工作医疗时，根据本人实际参加工作年限和在本单位工作年限，给予三个月到二十四个月的医疗期：（一）实际工作年限十年以下的，在本单位工作年限五年以下的为三个月；五年以上的为六个月。（二）实际工作年限十年以上的，在本单位工作年限五年以下的为六个月；五年以上十年以下的为九个月；十年以上十五年以下的为十二个月；十五年以上二十年以下的为十八个月；二十年以上的为二十四个月。”

第四条规定：“医疗期三个月的按六个月内累计病休时间计算；六个月的按十二个月内累计病休时间计算；九个月的按十五个月内累计病休时间计算；十二个月的按十八个月内累计病休时间计算；十八个月的按二十四个月内累计病休时间计算；二十四个月的按三十个月内累计病休时间计算。”

同时第七条规定：“企业职工非因工致残和经医生或医疗机构认定患有难以治疗的疾病，医疗期满，应当由劳动鉴定委员会参照工伤与职业病致残程度鉴定标准进行劳动能力的鉴定。被鉴定为一至四级的，应当退出劳动岗位，解除劳动关系，并办理退休、退职手续，享受退休、退职待遇。”

基于以上关于医疗期的规定，无论是合同到期，还是需要调岗降薪都需要避开医疗期这个雷区。

虽然劳动者有医疗期的保护，但对于用人单位的权益也有相关的保护政策。《关于贯彻执行〈中华人民共和国劳动法〉若干问题的意见》第五十九条规定：“职工患病或非因工负伤治疗期间，在规定的医疗期间内由企业按有关规定支付其病假工资或疾病救济费，病假工资或疾病救济费可以低于当地最低工资标准支付，但不能低于最低工资标准的80%。”如果地方有特别规定，依照当地规定。

（九）竞业限制——“三个月”“两年”的时间点

典型案例

【案件来源】 上海一中院竞业限制纠纷典型案例

【案情简介】

滕某系A公司员工。2007年12月12日，双方签署保守商业秘密及竞业禁止协议，约定A公司将每月给予滕某一定的经济补偿，并约定如A公司违反约定，则支付违约金5万元；滕某违反约定，亦支付违约金5万元，还承诺如违反竞业限制约定，主动解除与其他单位的劳动合同。

2014年8月7日，双方劳动合同解除，A公司未向滕某支付过竞业限制补偿。后滕某先后提起仲裁、诉讼，要求与A公司解除竞业限制约定。生效判决以A公司在解除劳动合同后三个月未支付滕某竞业限制补偿为由，确认双方竞业限制约定于2014年11月26日解除。2015年2月5日，滕某又提起仲裁，要求A公司支付违反竞业禁止协议违约金50000元，以及2014年8月7日至2014年11月7日期间的竞业限制经济补偿金33900元。仲裁委员会裁决A公司支付滕某违反竞业禁止协议违约金50000元、2014年8月7日至2014年11月7日期间的竞业限制经济补偿金9923.63元。A公司不服该裁决，诉至原审法院。一审法院经审理后认为，A公司在双方劳动合同解除后三个月未支付滕某竞业限制补偿，显系对协议的违反，应根据协议约定向滕某支付违约金50000元。对仲裁裁决的A公司向滕某支付2014年8月7日至2014年11月7日期间的竞业限制经济补偿金9923.63元，因A公司未就该项裁决结果提起诉讼，视为对裁决结果的认可。

【裁判结果】

A公司支付滕某违反保守商业秘密及竞业禁止协议的违约金50000元，以及2014年8月7日至2014年11月7日期间的竞业限制经济补偿金9923.63元。二审法院判决驳回上诉，维持原判。

【劳达分析】

本案中双方签订的保守商业秘密及竞业限制协议是双方当事人的真实意思表示，关于违反协议约定而需承担违约责任的条款并未违反法律强制性、限制性规定，当属有效。

关于竞业限制，在国有企业用工合规管理中也是重中之重，相关人员应熟悉竞业禁止中关于“三个月”“两年”的规定：

1. “三个月”

根据《最高人民法院关于审理劳动争议案件适用法律若干问题的解释（四）》第八条的规定，当事人在劳动合同或者保密协议中约定了竞业限制和经济补偿，劳动合同解除或者终止后，因用人单位的原因导致三个月未支付经济补偿，劳动者请求解除竞业限制约定的，人民法院应予支持。①

所以滕某在前案诉讼中依据法定解除权解除了双方的竞业限制协议，但并不丧失后案向A公司主张违约金的权利。

2. “两年”

根据《劳动合同法》第二十四条第二款的规定，竞业限制期限不得超过两年。

以上为竞业限制中关于“三个月”“两年”的全部法律规定。

司法实践中，为了保护用人单位的商业秘密，法律允许用人单位与劳动者约定保密义务外，还允许双方约定竞业限制条款，但值得用人单位注意的是，应按月及时向劳动者支付经济补偿，否则违反协议规定需要支付违约金的同时，亦需要支付劳动者履行了竞业禁止义务期间的经济补偿金。

同理，如果劳动者没有履行竞业限制的义务，用人单位也可以依据《劳动合同法》第二十三条第二款的规定维护自身合法权益。该条款规定对负有保密义务的劳动者，用人单位可以在劳动合同或者保密协议中与劳动者约定竞业限制条款，并约定在解除或者终止劳动合同后，在竞业限制期限内按月给予劳动者经济补偿。劳动者违反竞业限制约定的，应当按照约定向用人单位支付违约金。

（十）一裁终局——一锤定音

典型案例

【案件来源】北京市人力资源和社会保障局发布的劳动争议典型案例

【案情简介】

丁某于2014年3月1日入职A公司，从事网络送餐工作，双方订立了为

---

① 该司法解释已失效，现相关规定见《最高人民法院关于审理劳动争议案件适用法律问题的解释（一）》第三十六条。

期三年的劳动合同，约定月工资为底薪4000元加提成。2015年10月31日，A公司以“业绩太差”为由与丁某解除劳动合同。丁某提出劳动仲裁申请，要求该A公司支付违法解除劳动合同的赔偿金2万元及工作期间休息日加班费4万元。

【裁判结果】

仲裁审理后认为，A公司解除劳动合同不符合法律规定，构成违法解除，且丁某存在休息日加班事实，A公司应向丁某支付休息日加班费。因双方当事人未能达成调解协议，最终仲裁委裁决A公司向丁某支付违法解除劳动合同的赔偿金2万元及休息日加班费18000元，且该裁决属于一裁终局裁决。

【劳达分析】

一裁终局的案件对于劳动者而言，大大缩短了诉讼时间，降低了诉讼成本，有利于维护劳动者的合法权益。但对于单位而言，一裁终局应该属于喜忧参半。

那么，究竟什么样的案子适用一裁终局呢？

根据《劳动争议调解仲裁法》第四十七条的规定，追索劳动报酬、工伤医疗费、经济补偿或者赔偿金，不超过当地月最低工资标准12个月金额的争议，以及因执行国家的劳动标准在工作时间、休息休假、社会保险等方面发生的争议，除《劳动争议调解仲裁法》另有规定的外，仲裁裁决为终局裁决，裁决书自作出之日起发生法律效力。

那么，如果用人单位对仲裁裁决不服的，是否就不能得到救济呢？不是。

用人单位对仲裁终局裁决不服的，虽然不能向有管辖权的法院直接提起诉讼，但是可以向仲裁委所在地的中级人民法院申请撤销裁决。

司法实践中，仲裁委员会有可能会根据劳动者提出的请求事项分别作出裁决，关于可以适用一裁终局的请求和其他请求分开裁决。在这样的情况下，用人单位就需要看一裁终局内容是否和其他请求的裁决有关联。如同案仲裁委员会出具两份裁决：一裁终局的裁决书是关于用人单位应该支付劳动者加班费；而同案的另外的一份裁决为因用人单位未按时支付加班费导致劳动者离职，用人单位应向劳动者支付经济补偿金。在这样的情况下，如用人单位对第二份裁决不服，那么对第二份裁决提起诉讼的同时，需要对第一份裁决申请撤销裁决。

可见，面对一裁终局的案子，用人单位若对裁决不服，申请撤销裁决也是一个可行的措施。根据《劳动争议调解仲裁法》第四十九条的规定，可以自收到仲裁裁决书之日起三十日内向劳动争议仲裁委员会所在地的中级人民法院申请撤销裁决。但撤裁的时间也要越快越好，因为劳动者起诉的权利是在15天内行使。

二、国有企业人员分流和安置常用法律法规及政策概览

（一）劳动法（节录）

（1994年7月5日第八届全国人民代表大会常务委员会第八次会议通过　根据2009年8月27日第十一届全国人民代表大会常务委员会第十次会议《关于修改部分法律的决定》第一次修正　根据2018年12月29日第十三届全国人民代表大会常务委员会第七次会议《关于修改〈中华人民共和国劳动法〉等七部法律的决定》第二次修正）

第十七条　订立和变更劳动合同，应当遵循平等自愿、协商一致的原则，不得违反法律、行政法规的规定。

劳动合同依法订立即具有法律约束力，当事人必须履行劳动合同规定的义务。

第二十三条　劳动合同期满或者当事人约定的劳动合同终止条件出现，劳动合同即行终止。

第二十四条　经劳动合同当事人协商一致，劳动合同可以解除。

第二十五条　劳动者有下列情形之一的，用人单位可以解除劳动合同：

（一）在试用期间被证明不符合录用条件的；

（二）严重违反劳动纪律或者用人单位规章制度的；

（三）严重失职，营私舞弊，对用人单位利益造成重大损害的；

（四）被依法追究刑事责任的。

第二十六条　有下列情形之一的，用人单位可以解除劳动合同，但是应当提前三十日以书面形式通知劳动者本人：

（一）劳动者患病或者非因工负伤，医疗期满后，不能从事原工作也不能从事由用人单位另行安排的工作的；

（二）劳动者不能胜任工作，经过培训或者调整工作岗位，仍不能胜任工作的；

（三）劳动合同订立时所依据的客观情况发生重大变化，致使原劳动合同

无法履行，经当事人协商不能就变更劳动合同达成协议的。

第二十七条 用人单位濒临破产进行法定整顿期间或者生产经营状况发生严重困难，确需裁减人员的，应当提前三十日向工会或者全体职工说明情况，听取工会或者职工的意见，经向劳动行政部门报告后，可以裁减人员。

用人单位依据本条规定裁减人员，在六个月内录用人员的，应当优先录用被裁减的人员。

第二十八条 用人单位依据本法第二十四条、第二十六条、第二十七条的规定解除劳动合同的，应当依照国家有关规定给予经济补偿。

第二十九条 劳动者有下列情形之一的，用人单位不得依据本法第二十六条、第二十七条的规定解除劳动合同：

（一）患职业病或者因工负伤并被确认丧失或者部分丧失劳动能力的；

（二）患病或者负伤，在规定的医疗期内的；

（三）女职工在孕期、产期、哺乳期内的；

（四）法律、行政法规规定的其他情形。

第三十条 用人单位解除劳动合同，工会认为不适当的，有权提出意见。如果用人单位违反法律、法规或者劳动合同，工会有权要求重新处理；劳动者申请仲裁或者提起诉讼的，工会应当依法给予支持和帮助。

第三十一条 劳动者解除劳动合同，应当提前三十日以书面形式通知用人单位。

第三十二条 有下列情形之一的，劳动者可以随时通知用人单位解除劳动合同：

（一）在试用期内的；

（二）用人单位以暴力、威胁或者非法限制人身自由的手段强迫劳动的；

（三）用人单位未按照劳动合同约定支付劳动报酬或者提供劳动条件的。

第九十一条 用人单位有下列侵害劳动者合法权益情形之一的，由劳动行政部门责令支付劳动者的工资报酬、经济补偿，并可以责令支付赔偿金：

……

（四）解除劳动合同后，未依照本法规定给予劳动者经济补偿的。

第九十八条 用人单位违反本法规定的条件解除劳动合同或者故意拖延不订立劳动合同的，由劳动行政部门责令改正；对劳动者造成损害的，应当承担赔偿责任。

(二) 劳动合同法 (节录)

(2007年6月29日第十届全国人民代表大会常务委员会第二十八次会议通过 根据2012年12月28日第十一届全国人民代表大会常务委员会第三十次会议《关于修改〈中华人民共和国劳动合同法〉的决定》修正)

第四条 用人单位应当依法建立和完善劳动规章制度，保障劳动者享有劳动权利、履行劳动义务。

用人单位在制定、修改或者决定有关劳动报酬、工作时间、休息休假、劳动安全卫生、保险福利、职工培训、劳动纪律以及劳动定额管理等直接涉及劳动者切身利益的规章制度或者重大事项时，应当经职工代表大会或者全体职工讨论，提出方案和意见，与工会或者职工代表平等协商确定。

在规章制度和重大事项决定实施过程中，工会或者职工认为不适当的，有权向用人单位提出，通过协商予以修改完善。

用人单位应当将直接涉及劳动者切身利益的规章制度和重大事项决定公示，或者告知劳动者。

第三十五条 用人单位与劳动者协商一致，可以变更劳动合同约定的内容。变更劳动合同，应当采用书面形式。

变更后的劳动合同文本由用人单位和劳动者各执一份。

第三十六条 用人单位与劳动者协商一致，可以解除劳动合同。

第三十七条 劳动者提前三十日以书面形式通知用人单位，可以解除劳动合同。劳动者在试用期内提前三日通知用人单位，可以解除劳动合同。

第三十八条 用人单位有下列情形之一的，劳动者可以解除劳动合同：

(一) 未按照劳动合同约定提供劳动保护或者劳动条件的；

(二) 未及时足额支付劳动报酬的；

(三) 未依法为劳动者缴纳社会保险费的；

(四) 用人单位的规章制度违反法律、法规的规定，损害劳动者权益的；

(五) 因本法第二十六条第一款规定的情形致使劳动合同无效的；

(六) 法律、行政法规规定劳动者可以解除劳动合同的其他情形。

用人单位以暴力、威胁或者非法限制人身自由的手段强迫劳动者劳动的，或者用人单位违章指挥、强令冒险作业危及劳动者人身安全的，劳动者可以立即解除劳动合同，不需事先告知用人单位。

第三十九条 劳动者有下列情形之一的，用人单位可以解除劳动合同：

（一）在试用期间被证明不符合录用条件的；

（二）严重违反用人单位的规章制度的；

（三）严重失职，营私舞弊，给用人单位造成重大损害的；

（四）劳动者同时与其他用人单位建立劳动关系，对完成本单位的工作任务造成严重影响，或者经用人单位提出，拒不改正的；

（五）因本法第二十六条第一款第一项规定的情形致使劳动合同无效的；

（六）被依法追究刑事责任的。

第四十条 有下列情形之一的，用人单位提前三十日以书面形式通知劳动者本人或者额外支付劳动者一个月工资后，可以解除劳动合同：

（一）劳动者患病或者非因工负伤，在规定的医疗期满后不能从事原工作，也不能从事由用人单位另行安排的工作的；

（二）劳动者不能胜任工作，经过培训或者调整工作岗位，仍不能胜任工作的；

（三）劳动合同订立时所依据的客观情况发生重大变化，致使劳动合同无法履行，经用人单位与劳动者协商，未能就变更劳动合同内容达成协议的。

第四十一条 有下列情形之一，需要裁减人员二十人以上或者裁减不足二十人但占企业职工总数百分之十以上的，用人单位提前三十日向工会或者全体职工说明情况，听取工会或者职工的意见后，裁减人员方案经向劳动行政部门报告，可以裁减人员：

（一）依照企业破产法规定进行重整的；

（二）生产经营发生严重困难的；

（三）企业转产、重大技术革新或者经营方式调整，经变更劳动合同后，仍需裁减人员的；

（四）其他因劳动合同订立时所依据的客观经济情况发生重大变化，致使劳动合同无法履行的。

裁减人员时，应当优先留用下列人员：

（一）与本单位订立较长期限的固定期限劳动合同的；

（二）与本单位订立无固定期限劳动合同的；

（三）家庭无其他就业人员，有需要扶养的老人或者未成年人的。

用人单位依照本条第一款规定裁减人员，在六个月内重新招用人员的，应当通知被裁减的人员，并在同等条件下优先招用被裁减的人员。

第四十二条　劳动者有下列情形之一的，用人单位不得依照本法第四十条、第四十一条的规定解除劳动合同：

（一）从事接触职业病危害作业的劳动者未进行离岗前职业健康检查，或者疑似职业病病人在诊断或者医学观察期间的；

（二）在本单位患职业病或者因工负伤并被确认丧失或者部分丧失劳动能力的；

（三）患病或者非因工负伤，在规定的医疗期内的；

（四）女职工在孕期、产期、哺乳期的；

（五）在本单位连续工作满十五年，且距法定退休年龄不足五年的；

（六）法律、行政法规规定的其他情形。

第四十三条　用人单位单方解除劳动合同，应当事先将理由通知工会。用人单位违反法律、行政法规规定或者劳动合同约定的，工会有权要求用人单位纠正。用人单位应当研究工会的意见，并将处理结果书面通知工会。

第四十四条　有下列情形之一的，劳动合同终止：

（一）劳动合同期满的；

（二）劳动者开始依法享受基本养老保险待遇的；

（三）劳动者死亡，或者被人民法院宣告死亡或者宣告失踪的；

（四）用人单位被依法宣告破产的；

（五）用人单位被吊销营业执照、责令关闭、撤销或者用人单位决定提前解散的；

（六）法律、行政法规规定的其他情形。

第四十五条　劳动合同期满，有本法第四十二条规定情形之一的，劳动合同应当续延至相应的情形消失时终止。但是，本法第四十二条第二项规定丧失或者部分丧失劳动能力劳动者的劳动合同的终止，按照国家有关工伤保险的规定执行。

第四十六条　有下列情形之一的，用人单位应当向劳动者支付经济补偿：

（一）劳动者依照本法第三十八条规定解除劳动合同的；

（二）用人单位依照本法第三十六条规定向劳动者提出解除劳动合同并与劳动者协商一致解除劳动合同的；

（三）用人单位依照本法第四十条规定解除劳动合同的；

（四）用人单位依照本法第四十一条第一款规定解除劳动合同的；

（五）除用人单位维持或者提高劳动合同约定条件续订劳动合同，劳动者不同意续订的情形外，依照本法第四十四条第一项规定终止固定期限劳动合同的；

（六）依照本法第四十四条第四项、第五项规定终止劳动合同的；

（七）法律、行政法规规定的其他情形。

第四十七条 经济补偿按劳动者在本单位工作的年限，每满一年支付一个月工资的标准向劳动者支付。六个月以上不满一年的，按一年计算；不满六个月的，向劳动者支付半个月工资的经济补偿。

劳动者月工资高于用人单位所在直辖市、设区的市级人民政府公布的本地区上年度职工月平均工资三倍的，向其支付经济补偿的标准按职工月平均工资三倍的数额支付，向其支付经济补偿的年限最高不超过十二年。

本条所称月工资是指劳动者在劳动合同解除或者终止前十二个月的平均工资。

第四十八条 用人单位违反本法规定解除或者终止劳动合同，劳动者要求继续履行劳动合同的，用人单位应当继续履行；劳动者不要求继续履行劳动合同或者劳动合同已经不能继续履行的，用人单位应当依照本法第八十七条规定支付赔偿金。

第四十九条 国家采取措施，建立健全劳动者社会保险关系跨地区转移接续制度。

第五十条 用人单位应当在解除或者终止劳动合同时出具解除或者终止劳动合同的证明，并在十五日内为劳动者办理档案和社会保险关系转移手续。

劳动者应当按照双方约定，办理工作交接。用人单位依照本法有关规定应当向劳动者支付经济补偿的，在办结工作交接时支付。

用人单位对已经解除或者终止的劳动合同的文本，至少保存二年备查。

第八十五条 用人单位有下列情形之一的，由劳动行政部门责令限期支付……经济补偿……逾期不支付的，责令用人单位按应付金额百分之五十以上百分之一百以下的标准向劳动者加付赔偿金：

……

（四）解除或者终止劳动合同，未依照本法规定向劳动者支付经济补偿的。

第八十七条 用人单位违反本法规定解除或者终止劳动合同的，应当依照本法第四十七条规定的经济补偿标准的二倍向劳动者支付赔偿金。

（三）劳动合同法实施条例（节录）

（2008年9月3日国务院第25次常务会议通过 2008年9月18日中华人民共和国国务院令第535号公布 自公布之日起施行）

第十条 劳动者非因本人原因从原用人单位被安排到新用人单位工作的，劳动者在原用人单位的工作年限合并计算为新用人单位的工作年限。原用人单位已经向劳动者支付经济补偿的，新用人单位在依法解除、终止劳动合同计算支付经济补偿的工作年限时，不再计算劳动者在原用人单位的工作年限。

第十八条 有下列情形之一的，依照劳动合同法规定的条件、程序，劳动者可以与用人单位解除固定期限劳动合同、无固定期限劳动合同或者以完成一定工作任务为期限的劳动合同：

（一）劳动者与用人单位协商一致的；

（二）劳动者提前30日以书面形式通知用人单位的；

（三）劳动者在试用期内提前3日通知用人单位的；

（四）用人单位未按照劳动合同约定提供劳动保护或者劳动条件的；

（五）用人单位未及时足额支付劳动报酬的；

（六）用人单位未依法为劳动者缴纳社会保险费的；

（七）用人单位的规章制度违反法律、法规的规定，损害劳动者权益的；

（八）用人单位以欺诈、胁迫的手段或者乘人之危，使劳动者在违背真实意思的情况下订立或者变更劳动合同的；

（九）用人单位在劳动合同中免除自己的法定责任、排除劳动者权利的；

（十）用人单位违反法律、行政法规强制性规定的；

（十一）用人单位以暴力、威胁或者非法限制人身自由的手段强迫劳动者劳动的；

（十二）用人单位违章指挥、强令冒险作业危及劳动者人身安全的；

（十三）法律、行政法规规定劳动者可以解除劳动合同的其他情形。

第十九条 有下列情形之一的，依照劳动合同法规定的条件、程序，用人单位可以与劳动者解除固定期限劳动合同、无固定期限劳动合同或者以完成一定工作任务为期限的劳动合同：

（一）用人单位与劳动者协商一致的；

（二）劳动者在试用期间被证明不符合录用条件的；

（三）劳动者严重违反用人单位的规章制度的；

（四）劳动者严重失职，营私舞弊，给用人单位造成重大损害的；

（五）劳动者同时与其他用人单位建立劳动关系，对完成本单位的工作任务造成严重影响，或者经用人单位提出，拒不改正的；

（六）劳动者以欺诈、胁迫的手段或者乘人之危，使用人单位在违背真实意思的情况下订立或者变更劳动合同的；

（七）劳动者被依法追究刑事责任的；

（八）劳动者患病或者非因工负伤，在规定的医疗期满后不能从事原工作，也不能从事由用人单位另行安排的工作的；

（九）劳动者不能胜任工作，经过培训或者调整工作岗位，仍不能胜任工作的；

（十）劳动合同订立时所依据的客观情况发生重大变化，致使劳动合同无法履行，经用人单位与劳动者协商，未能就变更劳动合同内容达成协议的；

（十一）用人单位依照企业破产法规定进行重整的；

（十二）用人单位生产经营发生严重困难的；

（十三）企业转产、重大技术革新或者经营方式调整，经变更劳动合同后，仍需裁减人员的；

（十四）其他因劳动合同订立时所依据的客观经济情况发生重大变化，致使劳动合同无法履行的。

第二十条 用人单位依照劳动合同法第四十条的规定，选择额外支付劳动者一个月工资解除劳动合同的，其额外支付的工资应当按照该劳动者上一个月的工资标准确定。

第二十一条 劳动者达到法定退休年龄的，劳动合同终止。

第二十二条 以完成一定工作任务为期限的劳动合同因任务完成而终止的，用人单位应当依照劳动合同法第四十七条的规定向劳动者支付经济补偿。

第二十三条 用人单位依法终止工伤职工的劳动合同的，除依照劳动合同法第四十七条的规定支付经济补偿外，还应当依照国家有关工伤保险的规定支付一次性工伤医疗补助金和伤残就业补助金。

第二十四条 用人单位出具的解除、终止劳动合同的证明，应当写明劳动合同期限、解除或者终止劳动合同的日期、工作岗位、在本单位的工作年限。

第二十五条 用人单位违反劳动合同法的规定解除或者终止劳动合同，

依照劳动合同法第八十七条的规定支付了赔偿金的，不再支付经济补偿。赔偿金的计算年限自用工之日起计算。

第二十七条　劳动合同法第四十七条规定的经济补偿的月工资按照劳动者应得工资计算，包括计时工资或者计件工资以及奖金、津贴和补贴等货币性收入。劳动者在劳动合同解除或者终止前12个月的平均工资低于当地最低工资标准的，按照当地最低工资标准计算。劳动者工作不满12个月的，按照实际工作的月数计算平均工资。

（四）国有企业富余职工安置规定

（国务院第115次常务会议通过　1993年4月20日中华人民共和国国务院令第111号发布　自发布之日起施行）

第一条　为了妥善安置国有企业富余职工，增强企业活力，提高企业经济效益，制定本规定。

第二条　安置国有企业（以下简称企业）中的富余职工，应当遵循企业自行安置为主、社会帮助安置为辅，保障富余职工基本生活的原则。

第三条　企业安置富余职工应当依照本规定采取拓展多种经营、组织劳务活动、发展第三产业、综合利用资源和其它措施。

企业行政主管部门、劳动行政主管部门和工会组织应当指导、帮助和支持企业做好富余职工安置工作，积极创造条件，培育和完善劳务市场，开辟社会安置渠道。

第四条　企业为安置富余职工而兴办的从事第三产业的独立核算企业，自开业之日起两年免征、三年减半征收企业所得税。

第五条　企业开办的劳动就业服务企业，应当承担安置本企业富余职工的任务。企业应当按照国家有关国有资产管理的规定，在资金、场地、原材料和设备等方面给予扶持。

第六条　企业组织本企业富余职工依法兴办的独立核算企业，可以承担本企业中原由外单位承包的技术改造或者劳务项目。

第七条　企业可以对富余职工实行待岗和转业培训，培训期间的工资待遇由企业自行确定。

第八条　经企业职工代表大会讨论同意并报企业行政主管部门备案，企业可以对职工实行有限期的放假。职工放假期间，由企业发给生活费。

孕期或者哺乳期的女职工，经本人申请，企业可以给予不超过二年的假期，放假期间发给生活费。假期内含产假的，产假期间按照国家规定发给工资。

第九条 职工距退休年龄不到五年的，经本人申请，企业领导批准，可以退出工作岗位休养。职工退出工作岗位休养期间，由企业发给生活费。已经实行退休费用统筹的地方，企业和退出工作岗位休养的职工应当按照有关规定缴纳基本养老保险费。职工退出工作岗位休养期间达到国家规定的退休年龄时，按照规定办理退休手续。职工退出工作岗位休养期间视为工龄，与其以前的工龄合并计算。

第十条 职工可以申请辞职。经企业批准辞职的职工，在办理辞职手续时，企业应当按照国家有关规定发给一次性生活补助费。

第十一条 按照本规定第八条、第九条规定发放的生活费在企业工资基金中列支，生活费标准由企业自主确定，但是不得低于省、自治区、直辖市人民政府规定的最低标准。

第十二条 企业因生产经营发生重大变化，必须裁减职工的，对劳动合同制职工，经企业职工代表大会讨论同意，可以提前解除劳动合同，但是应当按照合同约定履行义务；合同没有约定的，企业对被提前解除劳动合同的职工，按照其在本企业工作的年限，工龄每满一年，发给相当于本人一个月标准工资的补偿费。

第十三条 各级劳动行政主管部门和企业行政主管部门应当做好富余职工的社会安置和调剂工作，鼓励和帮助富余职工组织起来就业和自谋职业。企业之间调剂职工，可以正式调动，也可以临时借调；临时借调的，借调期间的工资和福利待遇由双方企业在协议中商定。

第十四条 富余职工由企业自行安置有困难到社会待业的，在待业期间，依法享受待业保险待遇。劳动行政主管部门和有关行政主管部门应当创造条件，帮助职工再就业。

第十五条 企业依照本规定兴办的独立核算企业安置的职工，按照国家有关规定纳入新办企业的职工人数和经济指标的统计范围。

第十六条 省、自治区、直辖市人民政府可以根据本规定制定实施办法。

第十七条 本规定由国务院劳动行政主管部门负责解释。

第十八条 本规定自发布之日起施行。

(五) 企业经济性裁减人员规定

(1994年11月14日劳部发〔1994〕447号公布　自1995年1月1日起施行)

第一条　为指导用人单位依法正确行使裁减人员权利，根据《中华人民共和国劳动法》的有关规定，制定本规定。

第二条　用人单位濒临破产，被人民法院宣告进入法定整顿期间或生产经营发生严重困难，达到当地政府规定的严重困难企业标准，确需裁减人员的，可以裁员。

第三条　用人单位有条件的，应为被裁减的人员提供培训或就业帮助。

第四条　用人单位确需裁减人员，应按下列程序进行：

(一) 提前三十日向工会或者全体职工说明情况，并提供有关生产经营状况的资料；

(二) 提出裁减人员方案，内容包括：被裁减人员名单，裁减时间及实施步骤，符合法律、法规规定和集体合同约定的被裁减人员经济补偿办法；

(三) 将裁减人员方案征求工会或者全体职工的意见，并对方案进行修改和完善；

(四) 向当地劳动行政部门报告裁减人员方案以及工会或者全体职工的意见，并听取劳动行政部门的意见；

(五) 由用人单位正式公布裁减人员方案，与被裁减人员办理解除劳动合同手续，按照有关规定向被裁减人员本人支付经济补偿金，出具裁减人员证明书。

第五条　用人单位不得裁减下列人员：

(一) 患职业病或者因工负伤并被确认丧失或者部分丧失劳动能力的；

(二) 患病或者负伤，在规定的医疗期内的；

(三) 女职工在孕期、产期、哺乳期内的；

(四) 法律、行政法规规定的其他情形。

第六条　对于被裁减而失业的人员，参加失业保险的，可到当地劳动就业服务机构登记，申领失业救济金。

第七条　用人单位从裁减人员之日起，六个月内需要新招人员的，必须优先从本单位裁减的人员中录用，并向当地劳动行政部门报告录用人员的数量、时间、条件以及优先录用人员的情况。

第八条　劳动行政部门对用人单位违反法律、法规和有关规定裁减人员的，应依法制止和纠正。

第九条 工会或职工对裁员提出的合理意见，用人单位应认真听取。

用人单位违反法律、法规规定和集体合同约定裁减人员的，工会有权要求重新处理。

第十条 因裁减人员发生的劳动争议，当事人双方应按照劳动争议处理的有关规定执行。

第十一条 各省、自治区、直辖市劳动行政部门可根据本规定和本地区实际情况制定实施办法。

第十二条 本规定自1995年1月1日起施行。

（六）关于国有大中型企业主辅分离辅业改制分流安置富余人员的实施办法（节录）

为贯彻落实《中共中央国务院关于进一步做好下岗失业人员再就业工作的通知》（中发［2002］12号，以下简称《通知》）精神，推进国有及国有控股大中型企业（以下简称国有大中型企业）主辅分离，辅业改制，分流安置富余人员，制定本办法。

一、总体思路和原则

（一）坚持党的十五届四中全会确定的国有企业改革方向，鼓励有条件的国有大中型企业在进行结构调整、重组改制和主辅分离中，利用非主业资产、闲置资产和关闭破产企业的有效资产（以下简称“三类资产”），改制创办面向市场、独立核算、自负盈亏的法人经济实体，多渠道分流安置企业富余人员和关闭破产企业职工，减轻社会就业压力（以下简称改制分流）。

（二）国有大中型企业改制分流遵循以下原则：

1. 正确处理改革、发展、稳定的关系，充分考虑企业、职工和社会的承受能力，整体规划，分步实施，确保稳定；

2. 实施改制分流要与企业的结构调整、改制重组和做强主业相结合，符合国家产业政策，有利于加快企业发展，促进企业资产结构、组织结构、人员结构的优化；

3. 实施改制分流要依法进行，规范操作，坚持“公开、公平、公正”的原则，维护国家、企业及职工的合法权益，防止国有资产流失和逃废银行债务。

七、劳动关系的处理

（十四）依法规范劳动关系。对从原主体企业分流进入改制企业的富余人员，应由原主体企业与其变更或解除劳动合同，并由改制企业与其变更或重新签订三年以上期限的劳动合同。变更或签订新的劳动合同应在改制企业工商登记后 30 天内完成。

（十五）对分流进入改制为非国有法人控股企业的富余人员，原主体企业要依法与其解除劳动合同，并支付经济补偿金。职工个人所得经济补偿金，可在自愿的基础上转为改制企业的等价股权或债权。

（十六）对分流进入改制为国有法人控股企业的富余人员，原主体企业和改制企业可按国家规定与其变更劳动合同，用工主体由原主体企业变更为改制企业，企业改制前后职工的工作年限合并计算。

（十七）改制企业要及时为职工接续养老、失业、医疗等各项社会保险关系。

（七）关于国有大中型企业主辅分离辅业改制分流安置富余人员的劳动关系处理办法

为贯彻落实《中共中央国务院关于进一步做好下岗失业人员再就业工作的通知》（中发〔2002〕12 号），切实做好国有大中型企业主辅分离、辅业改制中分流安置富余人员的劳动关系处理等工作，维护职工的合法权益，促进劳动关系的和谐稳定，根据《关于国有大中型企业主辅分离辅业改制分流安置富余人员的实施办法》（国经贸企改〔2002〕859 号），制定本办法。

一、关于国有企业改制分流中劳动关系处理工作

（一）国有大中型企业实行主辅分离、辅业改制的企业（以下简称“改制企业”）应当在工商登记后 30 日内，与原主体企业分流到本单位的职工签订劳动合同。

（二）对分流到国有法人绝对控股改制企业的职工，应当采取原主体企业解除劳动合同，改制企业签订新劳动合同的方式变更劳动合同，由改制企业继续与职工履行原劳动合同约定的权利与义务。

改制企业与职工重新签订劳动合同就劳动合同期限不能协商一致的，应当继续履行原劳动合同中尚未履行的期限；原劳动合同未履行期限短于 3 年的，应延长至 3 年。

符合签订无固定期限劳动合同条件的，职工提出签订无固定期限的劳动合同，用人单位应当签订无固定期限劳动合同。

（三）对分流到非国有法人控股改制企业的职工，原主体企业应当与其办理解除劳动合同手续，并依法支付经济补偿金；改制企业应当与职工重新签订劳动合同。劳动合同的期限由改制企业与职工协商确定，重新签订劳动合同的期限应不短于3年。

（四）对分流到国有法人绝对控股改制企业的职工，改制企业解除劳动合同时，对符合支付经济补偿金条件的，计发经济补偿金的年限应当将职工在原主体企业的工作年限与到改制企业后的工作年限合并计算。劳动合同期满，终止劳动合同时，支付生活补助费的办法按照《劳动保障部办公厅关于〈国营企业实行劳动合同制暂行规定〉废止后有关终止劳动合同支付生活补助费问题的复函》（劳社厅函〔2001〕280号）执行。

（五）企业解除劳动合同计发经济补偿金，按照《违反和解除劳动合同的经济补偿办法》（劳部发〔1994〕481号）的规定，根据劳动者在本单位工作年限，每满一年发给相当于一个月工资的经济补偿金，工作时间不满一年的按一年的标准发给经济补偿金。对从其他国有单位（包括国家机关、事业单位和国有企业）调入本单位的职工，其在国有单位的工龄可计入本单位工作年限。

经济补偿金的工资计算标准是指企业正常生产情况下劳动者解除劳动合同前12个月的月平均工资。其中，职工月平均工资低于企业月平均工资的，按企业月平均工资计发；职工月平均工资超过企业月平均工资3倍以上的，按不高于企业月平均工资的3倍标准计发。企业经营管理人员也应按照上述办法执行。

（六）企业改制分流时，对距法定退休年龄5年以内、符合内部退养条件的职工，原主体企业或国有法人控股的改制企业经与职工协商一致，可以实行内部退养。

职工在改制前已经办理内部退养手续的，一般由原主体企业继续履行与职工的内部退养协议。由改制企业履行原内部退养协议的，应当在改制分流总体方案中明确。

（七）企业改制分流时，已经与原主体企业解除劳动合同的职工，不能再回原主体企业参加改制。

（八）企业改制分流时，原主体企业要妥善处理好拖欠职工的工资和欠缴的社会保险费等债务。具体办法按照《财政部关于印发〈企业公司制改建有关国有资本管理与财务处理的暂行规定〉的通知》（财企〔2002〕313号）

执行。

（九）国有法人控股的改制企业再改制为非国有法人控股时，符合《关于国有大中型企业主辅分离辅业改制分流富余人员的实施办法》（国经贸企改〔2002〕859号）适用范围的，有关职工劳动关系的处理，按照本办法执行。

二、关于劳动保障部门审核国有企业改制分流方案工作

（一）劳动保障部门要按照《关于国有大中型企业主辅分离辅业改制分流富余人员的实施办法》（国经贸企改〔2002〕859号）和《关于中央企业报送主辅分离改制分流总体方案基本内容和有关要求的通知》（国经贸厅企改〔2003〕27号）的有关要求，对国有大中型企业实施改制分流的方案进行审核备案。

（二）审核备案范围包括：国有大中型企业利用非主业资产、闲置资产和关闭破产企业的有效资产改制为独立核算、自负盈亏的法人经济实体。

（三）国有大中型企业向劳动保障部门报送审核的内容：

1. 国有大中型企业确定的实施主辅分离辅业改制分流安置富余人员的工作原则，主要措施；改制企业的人员状况及分流安置意见。

2. 吸纳原主体企业富余人员情况。包括：改制后企业职工总数，分流的富余人员数及占职工总人数的比例。

3. 劳动关系处理情况。包括：改制为国有法人控股的企业与职工变更劳动合同情况（人数及劳动合同期限）；改制为非国有法人控股的企业与职工重新签订劳动合同情况（人数及劳动合同期限），原主体企业解除劳动合同情况（人数、支付经济补偿金标准、总额及资金来源）。

（四）国有大中型企业报送劳动保障部门备案的内容：

1. 债务偿还情况。包括：原主体企业拖欠分流安置富余职工工资、医药费等债务情况及偿还办法。

2. 原主体企业偿还欠缴分流安置富余职工的社会保险费情况。

3. 社会保险关系接续情况。包括：原主体企业为分流的职工缴纳社会保险费情况；改制企业为职工办理社会保险情况。

4. 其他需要提供的材料。包括：有关部门同意改制的批复，职工代表大会通过分流安置人员方案的决议。

（五）劳动保障部门审核备案办法：

1. 中央企业所属企业改制分流总体方案经国资委、财政部和劳动保障部联合批复后，由集团公司组织实施。中央企业在组织实施中涉及向劳动保障部门审核备案的内容，由企业所在地省级劳动保障部门审核并备案。其他国有大中型企业改制分流方案中涉及向劳动保障部门审核备案的内容，由省级劳动保障部门制定相应办法。

2. 省级劳动保障部门收到中央企业实施改制分流的具体方案后，应当在规定的工作日内完成审核工作，并出具审核意见书。

3. 省级劳动保障部门向中央企业出具的审核意见书一式两份，一份交被审核企业，一份报劳动保障部备案。

三、有关要求

（一）劳动保障部门要加强对国有大中型企业主辅分离辅业改制分流富余人员过程中劳动关系处理工作的指导，对企业制定职工分流安置方案中存在的问题，应及时与当地政府有关部门和企业进行协调，指导和帮助企业完善安置方案。

（二）各级劳动保障部门要指导改制企业按照劳动法律法规和建立现代企业制度的要求，规范用工行为，依法订立和履行劳动合同，加强劳动合同管理，完善劳动合同内容。

（三）劳动保障部门要与有关部门积极协调，制定和完善本地区的政策规定，充分发挥工会和企业组织的积极性，为企业和职工提供咨询和建议，维护职工合法权益，促进劳动关系和谐稳定，保持社会稳定。

图书在版编目（CIP）数据

一本书读懂国企用工合规管理 / 劳达律师顾问团著
. —北京：中国法制出版社，2023.4
ISBN 978-7-5216-3299-6

Ⅰ. ①一… Ⅱ. ①劳… Ⅲ. ①劳动法-研究-中国
Ⅳ. ①D922. 504

中国国家版本馆 CIP 数据核字（2023）第 021349 号

策划编辑：赵宏
责任编辑：王悦（wangyuefzs@163.com）　　封面设计：汪要军

一本书读懂国企用工合规管理
YI BEN SHU DUDONG GUOQI YONGGONG HEGUI GUANLI

著者/劳达律师顾问团
经销/新华书店
印刷/河北华商印刷有限公司
开本/710 毫米×1000 毫米　16 开　　印张/ 31　字数/ 503 千
版次/2023 年 4 月第 1 版　　2023 年 4 月第 1 次印刷

中国法制出版社出版
书号 ISBN 978-7-5216-3299-6　　定价：88.00 元

北京市西城区西便门西里甲 16 号西便门办公区
邮政编码：100053　　传真：010-63141600
网址：http://www.zgfzs.com　　**编辑部电话：010-63141831**
市场营销部电话：010-63141612　　**印务部电话：010-63141606**

（如有印装质量问题，请与本社印务部联系。）